新编高等院校
管理类
系列教材

企业价值评估
（第三版）

QIYE JIAZHI PINGGU

主编　徐爱农

中国金融出版社

责任编辑：王　君
责任校对：李俊英
责任印制：陈晓川

图书在版编目（CIP）数据

企业价值评估/徐爱农主编.—3版.—北京：中国金融出版社，2023.3
新编高等院校管理类系列教材
ISBN 978-7-5220-1890-4

Ⅰ.①企…　Ⅱ.①徐…　Ⅲ.①企业—价值论—高等学校—教材　Ⅳ.①F270

中国国家版本馆CIP数据核字（2023）第020696号

企业价值评估（第三版）
QIYE JIAZHI PINGGU（DI-SAN BAN）
出版
发行　中国金融出版社
社址　北京市丰台区益泽路2号
市场开发部　(010)66024766，63805472，63439533（传真）
网上书店　www.cfph.cn
(010)66024766，63372837（传真）
读者服务部　(010)66070833，62568380
邮编　100071
经销　新华书店
印刷　河北松源印刷有限公司
尺寸　185毫米×260毫米
印张　20
字数　450千
版次　2012年5月第1版　2018年7月第2版　2023年3月第3版
印次　2023年3月第1次印刷
定价　56.00元
ISBN 978-7-5220-1890-4

第三版前言

国民经济的发展离不开企业价值评估，企业价值评估遍及经济生活的方方面面。在证券投资领域，投资者买进还是卖出股票依赖于企业价值评估，投资大师巴菲特的成功正是得益于他非凡的企业价值评估能力；在企业内部，管理者一切活动的取向是企业价值最大化，对于项目投资、企业并购、薪酬制度设计等重大事项的决策都必须建立在企业价值评估基础之上；在股东维权、股权继承等法律诉讼中，企业价值评估结果是法院判决的重要依据……

我国市场经济的发展需要大量高层次的企业价值评估人才，而评估人才培养的重要一环是教材建设。由于我国企业价值评估实践起步较晚，评估理论和评估方法主要从西方国家引进，目前适合高等教育的企业价值评估教材非常匮乏；虽然国内证券投资、资产评估、财务管理等诸多专业或方向开设了企业价值评估课程，但教材的选择往往成为任教老师的一大棘手问题。

2012 年，在中国金融出版社王效端主任以及王君编辑的鼎力支持下，本人编写的教材《企业价值评估》得以顺利出版。该教材面世后得到了广大读者的厚爱，并相继被许多高校本科教学和专业硕士教学所选用。2018 年，针对国内外评估环境的显著变化，特别是《中华人民共和国资产评估法》的颁布实施以及评估准则的不断完善，本人对第一版教材进行了修订，并更新了一些案例和数据，使这本教材更好地跟上时代步伐。近年来，随着社会经济的发展，企业价值评估理论与实务得到了进一步发展，鉴于此，本人结合企业价值评估教学和科研工作，对教材进行了第二次全面修订。

第三版教材保持了原教材的基本框架和主要内容，系统论述了不同领域普遍适用的企业价值评估的基本概念、基本理论和基本方法，全书共十二章，分为三大部分。

第一部分主要阐述企业价值评估的基本理论知识，包括“第一章企业价值与企业价值评估”、“第二章企业价值评估基础”和“第三章企业价值驱动因素”，主要分析了企业价值的内涵以及企业价值评估的社会需求，明确了企业价值评估中的评估主体、客体、目的、方法、价值类型等评估要素，探讨了企业价值与现金流、风险以及成长性之间的关系。

第二部分主要阐述收益法、市场法、成本法、期权估价法四种评估方法，属于本教材的核心部分，包括“第四章收益法——评估模型”、“第五章收益法——现金流的预测”、“第六章收益法——折现率的确定”、“第七章收益法在企业价值评估中的应用”、“第八章市场法”、“第九章成本法”以及“第十章期权定价与企业价值评估”。其中，收益法的介绍为重中之重，分别从模型的选择、收益法各个参数（收益流、折现率）的确定等方面进行了阐述；对于其他三种评估方法，则分别介绍了各自的基本原理、应用步骤、注意事项、适用范围等。

第三部分是对评估理论和评估方法应用的拓展，包括“第十一章评估值的调整”和“第十二章特殊情形的企业价值评估”，主要分析了评估结果的控股权溢价/非控股权折价调整、流动性溢价/缺乏流动性折价调整，阐述了非常规的多业务企业、周期性企业、非上市企业的价值评估问题。

本教材适用于财务管理、资产评估、证券投资、会计学及相关专业或方向的本科及硕士教学，同时也可供企业、证券公司、基金公司、商业银行、资产管理公司、资产评估机构、会计师事务所等从事企业价值评估人员培训和自学之用。

综合考虑教材中各部分知识难度，建议“第四章收益法——评估模型”中的两阶段和三阶段评估模型、“第八章市场法”中有关高增长公司价值乘数以及“第十章期权定价与企业价值评估”不作为本科教学的重点，而硕士教学可进一步加以学习。

本教材在编写过程中参考了众多国内外作者有关企业价值评估方面的资料，在此表示衷心的感谢！同时感谢中国金融出版社王效端主任和王君编辑在本教材出版过程中的辛勤付出，感谢中国金融出版社对本教材出版所提供的支持和帮助。

企业价值评估在我国是一门新兴的学科，随着经济的发展，其内容在不断更新和丰富，由于本人学识有限，书中谬误和不足在所难免，敬请同行和读者批评指正。

徐爱农

2022 年 12 月

目 录

第一章

企业价值与企业价值评估

每个人都尽力使自己的资本创造最大的价值。通常，他既不会主动创造公共利益，也不知道自己到底创造了多少公共利益，他只是关心自己的安全和收益。正是被一只无形的手所引导，最终实现的是他自己未曾计划到的结果。在追逐个人利益的同时，他常常比自己所设想的更有效地创造出公共利益。

——**亚当·斯密**

【本章学习目的】

- 了解企业概念、企业特征和企业分类。
- 理解企业价值的经济学内涵。
- 了解国内外企业价值评估的产生与发展。
- 掌握企业价值评估的社会需求。

第一节　企业与企业组织形式

企业是国民经济的基本细胞，是社会财富的重要创造者。企业经济效益的增长与国家经济实力的增强、人民物质生活水平的提高息息相关。形形色色的企业通过相应的组织形式，来规范企业与出资人、企业与债权人、企业与政府、企业与企业、企业与职工等内外部的关系。

一、企业概念和特征

（一）企业的概念

企业是人类经济活动发展到一定历史阶段、社会生产力发展到一定水平的产物。作为社会体系的有机组成部分，企业在政治、经济、文化、民生等领域发挥着重要作用；同时，社会发展和进步也对企业的发展起着积极的推动作用。

在当代经济研究和社会经济生活中，“企业”是常见的一个词汇，但对于“企业”

的定义，不同的学者、不同的书籍往往不尽相同。新古典经济学将厂商和企业视为同一概念，认为厂商是把投入变为产出的一种分析方法，是完成技术任务的抽象实体。西方不少学者认为，企业是从事产品生产或提供服务以赚取利润的组织。

在我国，随着社会主义市场经济体制的逐步建立与完善，社会各界对企业性质、企业内涵的认识不断深入。目前，就企业的定义而言，虽然表述上略有不同，但普遍认为：企业是以营利为目的，为满足社会需要，依法从事商品生产、流通和服务等经济活动，实行自主经营、自负盈亏、自我约束、自我发展的经济组织和市场竞争主体。

（二）企业的特征

社会经济生活中的企业一般具有以下几个方面的主要特征。

1. 企业是以营利为目的的经济组织。“营利”意为追逐经济利益。企业不同于政府部门、事业单位，它必须追求经济效益，获取经营利润。企业通过生产和销售商品或提供商业性服务等经济活动，来满足人们生产和生活的需要以及社会发展的需要，并以此实现自己的最终目标——取得经营利润。很显然，营利的结果可能盈利，也可能亏损或保本。每一个企业都希望盈利，只有盈利，企业才能长久地生存发展，所以，从另一个角度看，企业也是一个以盈利为目的的组织。企业要盈利，就必须使自己的产品或服务能够满足社会的需要，即能够被社会认可。在市场经济条件下，一般来说，企业提供的产品或服务对需求者和社会的贡献越大，取得的利润也越多；反之，企业所提供的产品或服务对需求者和社会的贡献越小，取得的利润也越少。

2. 企业是实行自主经营、自负盈亏、独立核算的经济组织。企业能够根据市场的需要，独立自主地使用和支配其所拥有的人力、物力和财力，并能够对其经营结果独立享有相应的权益和承担相应的责任。自主经营是自负盈亏、独立核算的前提，企业只有具备了独立利用和支配其自身所拥有的人、财、物的权力，才能根据市场的变化作出对企业有利的决策。企业自负盈亏，以其经营的收入来抵销各项开支，若收大于支，产生盈余，则企业自主决定将盈余分配给投资者或用于企业发展；若收不抵支，发生亏损，则由企业自己抵补；独立核算，即企业具有独立的资产、负债、资金，是责、权、利相结合的经济实体，能进行独立、完整的会计核算。

3. 企业必须承担社会责任。企业的经营活动基于提供满足社会需要的产品和服务，其中，“满足社会需要”不仅指满足顾客和用户的需要，而且还包括满足股东、银行、职工、供应商、交易对象、同行业竞争者、政府、社区以及周围居民等一切与之相关的社会团体的需要。企业只有经过努力满足了他们的需要，才能正常运行，进而得以生存和发展，这就决定了企业不能只为自身谋利益，还要肩负起兼顾各方面利益的社会责任。企业的社会责任还表现在防止环境污染、节约社会资源、为社会提供就业机会和为社区建设作出贡献等方面。

4. 企业必须依法设立、依法经营。企业的设立要符合国家法律的规定：一是要符合国家法律法规规定的设立条件；二是要遵循国家法律法规规定的设立程序。同时，企业的经营活动不能超越法律法规允许的范围。

二、企业分类

由于当今社会经济生活的复杂性，作为基本经济单位的企业也就有很多类别，根据不同的标准可以划分为不同的种类。

（一）按企业所属行业划分

按企业所属行业可以将企业划分为工业企业、商业企业、农业企业、交通运输企业、邮电企业、建筑安装企业、旅游企业、金融企业及其他服务性企业，其中每一行业又包含许多子行业。

工业企业是从事工业产品或工业性劳务服务生产经营的企业。

商业企业是从事商品流通，提供批发、仓储、零售服务的企业。

农业企业是从事农、林、牧、采集等生产经营活动的企业。

交通运输企业是利用运输工具，专门从事运输生产或直接为运输生产服务的企业。

邮电企业是通过邮政和电信，传递信息，办理通信业务的企业。

建筑安装企业是从事土木建筑和设备安装工程施工的企业。

旅游企业是以旅游资源为依托，以服务设施为条件，通过组织旅行游览活动，向游客出售劳务的服务性企业。

金融企业是专门经营货币和信用业务的企业，如银行、证券、投资、信托、保险等企业。

其他服务性企业包括提供饮食、住宿、美容、咨询、信息等各种服务的企业。

不同行业的企业提供不同的产品和服务，每个行业有各自不同的技术应用、生产组织和产品销售特点，行业竞争状况、盈利水平和发展前景也各不相同。

社会经济的发展会催生一些新的行业，同时也会淘汰一些行业。

（二）按生产要素所占比重划分

按生产要素所占比重可以将企业划分为劳动密集型企业、资金密集型企业和知识密集型企业。

劳动密集型企业是指技术装备程度较低、用人较多、产品成本中劳动消耗所占比重较大的企业，如纺织企业、生活服务企业、食品加工企业、日用百货企业等。

资金密集型企业是指单位劳动力占有资金量（或资产量、资本）较多的企业，又称资本密集型企业。这种企业一般都具有技术装备率高、机械化和自动化水平高、投资量大、用人较少的特点。在某些情况下，资金密集型企业同时又是知识密集型企业，如电力企业、冶金企业、航天企业、石化企业、电子企业等。

知识密集型企业是建立在现代科学技术基础上，生产高、尖、精产品，集中大量科技人员，科研设备先进的企业。技术密集型企业是指技术装备程度比较高，所需劳动力或手工操作的人数比较少，产品成本中技术含量消耗占比较大的企业。知识密集型企业与技术密集型企业从本质上说是一样的。知识密集型企业相对更全面一些，包括管理科学化、营销创新化等。

（三）按企业内部分工协作方式划分

按企业内部分工协作方式可以将企业划分为单厂企业、多厂企业和企业集团。

单厂企业是由生产技术上有密切联系的若干生产部门所组成。企业实行统一经营、统一核算。

多厂企业是由多个单厂组成，按照专业化、联合化及经济合理的原则，将相互间具有依赖关系的若干分散的工厂组织起来，实行统一经营管理的经济组织。多厂企业的主要形式为总公司下设多个分厂或分公司，分厂、分公司不具有法人地位。

企业集团是指以一个或多个实力强的大企业为核心，以资本、产品、技术、管理等多种纽带，把多个具有法人地位的企业相互连接在一起而形成的具有多层次结构的经济联合体。它由核心层、紧密层、半紧密层、松散层等多层具有法人地位的企业构成。

（四）按企业规模划分

按企业规模大小可以将企业划分为大型企业、中型企业、小型企业和微型企业。企业规模大小的衡量指标有多种，2011 年，由工业和信息化部、国家统计局、发展改革委、财政部研究制定的《中小企业划型标准规定》，以从业人员、营业收入、资产总额等指标或替代指标作为企业规模的划分依据。随着科学技术水平和生产社会化程度的不断提高以及行业的不断发展，划分企业规模的指标选择以及具体数值可能会发生相应变化。

（五）按法律形式划分

按法律形式可以将企业划分为自然人企业和法人企业。自然人企业是由具有民事权利能力和民事行为能力的公民依法投资设立的企业。企业财产属于出资者私人财产的一部分，民事主体是自然人，而不是企业。自然人企业有个人业主制企业、合伙制企业等。

法人企业是具有国家规定的独立财产，有健全的组织机构、组织章程和固定场所，能够独立承担民事责任、享有民事权利和承担民事义务的企业。法人企业的典型形式是公司制企业。

（六）其他分类标准

除了上述企业分类标准外，还有其他一些企业分类标准，如根据企业组织形式、所有制形式等对企业进行分类。其中，企业组织形式是运用广泛的企业分类标准之一，以下将做详细阐述。

【知识链接 1-1】　　何谓“三资企业”

改革开放以来，三资企业逐渐成为我国企业体系的一个重要组成部分。三资企业对我国吸引外资、引进先进技术和先进管理经验发挥了积极作用。

三资企业包括中外合资经营企业、中外合作经营企业、外商独资经营企业，是经我国有关部门批准，遵守我国有关法规规定，从事某种经营活动，由一个或一个以上的国外投资方与我国投资方共同经营或独立经营，实行独立核算、自负盈亏的经济实体。

中外合资经营企业是外国企业、其他经济组织或个人，按照平等互利的原则，经中国政府批准，在中华人民共和国境内，与中国的企业或其他经济组织共同投资、共同经营、共担风险、共负盈亏而从事某种经营活动的企业。它的组织形式为有限责任公司。

中外合作经营企业是指为了扩大对外经济合作和技术交流，外国企业和其他经济组织或个人按照平等互利的原则，与中华人民共和国境内的企业或其他经济组织共同举办的，按合同规定的各方投资条件、收益分配、风险责任和经营方式等进行经营的非股权式的经济组织。合营方式既可以是法人企业，也可以是为实施某一项目或共同进行某一经济活动而形成的非法人式的组织。中外合作经营企业一般是由中国合作者提供土地（使用权）、自然资源、劳动力或现有厂房、设备和相应的水电设施等，外国合作者提供资金、先进设备和技术、材料等。

外商独资企业是在中国境内设立的，全部资本由外国企业和其他经济组织或个人投资的企业（不包括外国的企业和其他经济组织在中国境内设立的分支机构）。

三、企业组织形式

企业组织形式是指企业产权所有关系的构成方式，它决定了企业的法律地位、企业内部组织结构设计、企业经营管理方式等诸多重要方面，对企业盈利能力、企业持续发展以及企业价值创造产生至关重要的影响。常见的企业组织形式有个人业主制企业、合伙制企业、公司制企业。

（一）个人业主制企业

个人业主制企业由业主个人出资兴办，由业主自己直接所有和经营的企业，所以又称个人独资企业。业主享有企业的全部经营所得，同时对企业的债务负有无限责任（业主的一切财产，除法律规定的基本生活必需品外，都可抵偿债务，若不足清偿债务，债权人还可继续追债）。这种企业在法律上为自然人企业，不具有法人资格，是最古老、最简单的企业形式。

个人业主制企业一般规模较小，内部管理机构简单。它的优点是：建立和歇业程序简单易行；产权能够比较自由地转让；经营者与所有者合一，经营方式灵活，决策迅速，有较强的自主性；利润归个人所得，保密性强。

它的缺点在于：受个人出资的限制，多数个人业主制企业本身财力有限，而且由于受到偿债能力的限制，举债能力较差，难以从事需要大量投资的经营活动；企业的生命力弱、寿命有限，企业的生存与发展完全取决于个人业主，如果个人业主无意经营或因健康状况不佳无力经营，企业的业务就要中断；个人业主必须承担无限责任，经营风险较大。

（二）合伙制企业

合伙制企业是由两个或两个以上的业主按照协议共同出资、合伙经营、共同分享企业所得，并对营业亏损共同承担完全责任的企业。它可以由部分合伙人经营，其他合伙人仅出资但共负盈亏，也可以由所有合伙人共同经营。多数合伙制企业规模较小，合伙人数较少。在我国，常见的合伙制企业有律师事务所、会计师事务所、诊所等。

合伙制企业与个人业主制企业相比有比较明显的优点：每个合伙人都为企业提供资金，而且合伙人共同偿还债务减轻了债权人贷款的风险，使企业的筹资能力增强，资金来源扩大；合伙人共同决策，增强了企业的决策能力和决策质量，增加了企业发展壮大的可能性。

合伙制企业也有一些不足之处：一般情况下，若一个合伙人死亡或退出，企业往往因此而关闭，企业的生命力较弱；由于所有合伙人原则上都有权参加企业的经营，这样就很容易造成决策的延误，当重大决策都得到所有合伙人同意的时候，经营环境可能已发生变化；因为所有合伙人对于企业债务都负有连带无限清偿责任，这就使那些并不能控制企业的合伙人面临很大的偿债风险。

（三）公司制企业

公司制企业又称股份制企业，是指由两个以上投资人（自然人或法人）依法出资组建，有独立法人财产，自主经营、自负盈亏的法人企业。

与前两类企业相比，公司制企业有以下特点：首先，公司制企业可以通过吸收新的股东，或者向老股东增资的方式来募集资金，从而进行规模化生产经营；其次，公司制企业的股东一般以其出资为限对公司承担责任，公司以其全部资本为限对公司债务承担责任，从而降低了经营风险；再次，公司制企业的所有权与经营权分离，实行专家管理；同时，企业建立了权力机构、决策机构、执行机构、监督机构之间相互制衡的组织制度，从而有利于企业经营的规范化和科学化；最后，企业独立的法人地位摆脱了自然人的束缚，不再因股东或管理人员的变动等因素影响企业的生存与发展。

根据我国《公司法》，公司制企业主要有两种具体形式，即有限责任公司和股份有限公司。

有限责任公司是由50个以下股东共同出资，每个股东以其所认缴的出资额对公司承担有限责任，公司以其全部资产对其债务人承担责任的企业法人。其基本特征为：公司的全部资产不分为等额股份，公司向股东签发出资证明书，不发行股票；公司的股份转让有严格的限制；股东人数在法律上也有限制，股东按出资额享受权利和承担义务等。

股份有限公司是指注册资本由等额股份构成，并通过发行股票或股权证筹集资本，股东以其认购的股份对公司承担有限责任，公司以其全部资产对公司债务承担责任的企业法人。股份有限公司的股票可以上市交易转让，每一股有一票表决权；股东以其持有股份数，享有权利和承担义务。

（四）企业组织形式与企业价值评估

1. 企业组织形式的演变。从社会经济发展的历史看，企业组织形式的产生和应用是与特定生产力和生产关系相适应的。

在资本主义经济发展的早期，生产力水平尚不发达，生产三要素中，劳动力是最基本也是最普遍的要素，劳动者在生产过程中的结合方式，主要是简单协作和工场手工业。更高级一些的协作方式，如机器大工业，直至第一次产业革命基本完成才初露端倪。这一时期的企业组织形式，以个人独资（家族）经营或合伙经营为主。个人独资（家族）企业或合伙制企业由于其固有的局限性，难以适应复杂多变的外部环境以求得生存和发展。首先，个人独资（家族）企业或合伙制企业受管理方式和内部组织结构的限制，不可能在规模上进行较大扩张。其次，个人独资（家族）企业或合伙制企业所有权的集中性，使其难以建立起切实可行的风险承担和转移机制，难以吸收更多的经营资本。最后，由于以上原因，个人独资（家族）企业或合伙制企业难以适应机器大工业和科技进步所提出的大规模、高投入、集约化发展的要求。

社会经济在科学革命推动下得到飞速发展的同时，也对变革企业组织形式提出了要求。18 世纪中叶，产业革命的兴起和纺织机械、蒸汽机车等新兴工具在生产中的应用，引起了资本主义生产关系的调整和企业组织形式的变革，股份制企业应运而生。股份制企业的经济和社会特征，使其在资本主义经济中游刃有余，有力地促进了经济发展。首先，股份制企业是一种以信用为基础的企业，其内部有两个信用级次：股票（股权）持有者与企业的信用级次，所有者与经营者的信用级次。这两个信用级次的存在，使融资、筹资渠道扩大为面向全社会，从而极大地拓宽了企业的投资和经营渠道，并且造就了比较完善的企业风险承担和转移机制，使企业经营规模的大幅度扩张成为可能。其次，由规模扩张而导致的市场势力的扩大，使股份制企业具有更多的市场机会和更大的垄断力量，可以获得传统企业较难获得的超额利润。最后，由投资主体多样化而导致的工业资本与银行资本、工业资本与工业资本、工业资本与商业资本的融合，可以将经济生活的诸多层次、诸多侧面连接在一起，形成发展合力。

股份制企业作为新的企业组织形式，在 19 世纪后半叶大量出现并成为资本主义经济中占主导地位的企业组织形式。此后，随着资本主义的发展，股份制企业的主导地位不断加强。目前，在西方国家的社会经济生活中，股份制企业虽然在数量上不占优势，但在规模（资产、收入、利润等）和影响力等方面无疑具有绝对优势。

2. 改革开放后我国企业组织形式的演变。我国实行改革开放以来，企业组织形式经历了一个不断演变的过程。改革开放初期，仍然实行计划经济体制，企业产权属国家或集体所有，企业实行产品的计划生产和销售，当时的企业缺乏生产自主性，无须考虑企业盈亏问题，仅仅是计划产品的生产者。1984 年 10 月 20 日，中国共产党十二届三中全会通过了《中共中央关于经济体制改革的决定》，第一次明确提出：社会主义经济“是在公有制基础上的有计划的商品经济”，突破了把计划经济同商品经济对立起来的传统观念。企业从产品生产者转变为商品生产者，为适应有计划商品经济体制的发展，社会经济生活中的企业组织形式也在进行创新和改革。股份制作为转换企业经营机制、开辟新的融资渠道、促进生产要素的合理流动、提高国有资产运营效率的经济形式，被人们重新认识和重视。1984 年 11 月 18 日，我国社会主义条件下首家比较规范的股份制企业上海飞乐音响公司宣布成立。随后，在沈阳、上海、广州、深圳等地相继正式发行了股票，股份制在全国迅速推广，1990 年 12 月、1991 年 6 月，上海证券交易所和深圳证券交易所相继成立，股票公开发行上市进一步推动了股份制企业的发展。

1992 年 10 月召开的中国共产党第十四次代表大会明确提出社会主义市场经济体制是中国经济体制改革的目标模式，人们对发展股份经济的认识大大提高，明确了资本和资本机制在我国改革和发展中的地位和作用。1993 年 12 月 29 日《中华人民共和国公司法》（1999 年、2004 年、2005 年、2013 年、2018 年分别进行了修订）的颁布，标志着我国股份经济在立法和规范操作上有了突破性进展，标志着股份经济由试点阶段转向全面发展阶段。

1997 年 9 月，党的十五大把以公有制为主体、多种所有制经济共同发展作为社会主义初级阶段的一项基本经济制度确定下来之后，私营和个体等非公有制经济在中央和地方各级政府鼓励、引导并大力支持下得到了飞速发展，个体业主制企业和合伙制企业的数量急剧增加。

在我国社会主义经济体制的建立与完善过程中，企业组织形式得到不断丰富，各种类型的企业对推动我国经济发展、促进社会就业、提升国家竞争力作出了积极的贡献。在当前我国社会经济生活中，个人业主制企业、合伙制企业的数量要超过股份制企业，但从经济影响方面，股份制企业的主导地位是难以动摇的，这种情况与西方国家非常相似。

3. 企业价值评估涉及的企业组织形式。一般而言，企业价值评估所涉及的企业组织形式既包括股份制企业，也包括个人业主制企业和合伙制企业，但在实践中，企业价值评估主要针对的是股份制企业，个人业主制企业、合伙制企业由于自身的特殊性，较少进行价值评估，其原因主要有以下几个方面。

首先，企业价值评估大量服务于企业产权转让，但个人业主制企业、合伙制企业的产权转让却受到较多限制，产权转让很少发生，因为个人业主制、合伙制企业的所有者同时也是企业的经营者，企业的生产经营严重依赖企业的所有者，产权转让对企业的持续经营将会造成不利影响，甚至会导致企业生产经营难以为继；而在股份制企业中就不存在这种情况，企业所有权和经营权相分离，所有者股权转让对企业的持续经营影响不大，因而在产权交易所、股票交易所有大量股份制公司的股权在进行转让。

其次，个人业主制企业、合伙制企业由于融资能力限制以及管理瓶颈制约，规模扩大能力非常有限，因此很少通过兼并收购方式来扩大企业规模，这就意味着服务于并购决策的企业价值评估需求较少。

另外，在股份制企业中，企业所有者基于对经营者绩效考核而进行的企业价值评估，在个人业主制和合伙制企业中也没有进行评估的必要。

考虑到针对个人业主制企业和合伙制企业的价值评估需求较少，本教材以下部分将以股份制企业的价值评估作为讨论重点，若无特殊说明，所涉及的“企业”即指股份制企业。

第二节 企业价值的内涵

一、企业价值概念

企业价值中的“价值”是一个争议较大的经济学概念。马克思的劳动价值论认为，商品的价值是凝结在商品中的无差别人类劳动；劳动创造了价值，劳动具有抽象劳动和具体劳动二重性质，抽象劳动创造了商品的价值，具体劳动创造了商品的使用价值。

古典政治经济学的生产费用价值论则认为，商品使用价值的创造或商品的供给离不开所有要素的共同配合，价值的源泉不仅包括劳动要素，还包括资本、土地等非劳动要素，也就是说，构成商品成本范畴的各个因素都是商品价值的源泉，商品的价值是生产商品所消耗的各种生产要素的成本和费用。

奥地利学派的边际效用价值论从主观体验角度对价值概念和价值来源进行阐述，该理论认为，决定商品价值的因素并非供给方面的生产费用大小，而是消费者需求方面的主观因素，即商品给消费者所带来的边际效用大小才是决定商品价值的唯一因素，商品的价值是商品能够满足人们某种需要的属性。

“价值”究竟是一个主观范畴还是一个客观范畴？马歇尔通过均衡价值理论对这一问题进行了调和。在他看来，价值既取决于供给因素，又取决于需求因素。从供给方面看，生产费用是决定商品价值的因素；从需求方面看，效用或边际效用是决定商品价值大小的因素。商品最终价值的决定是供求双方共同作用的结果，这一价值理论就是所谓的均衡价值论或均衡价格论。由于供给方面的“费用”因素属于客观范畴，需求方面的“效用”因素属于主观范畴，因此，在马歇尔看来，价值这一概念既带有主观性，又带有客观性。

从价值评估的角度看，认为“价值”是“拥有某项商品或接受服务而具有的利益的判断”也许更容易得到认同，更准确地讲，价值是用货币表示的，在特定时点根据特定价值定义，对某项商品或服务所具有的利益的判断。这些利益可以是当期的，也可以是商品或服务带来的未来的利益。

具体到企业，企业设立与存续的目的是营利，对企业投资者而言，价值概念中的“利益”体现为投资者所拥有的企业未来盈利及相关权益，因此，企业价值可以定义为：用货币表示的，在特定时点根据特定价值定义，对企业未来盈利性和相关权益的判断。企业价值的概念表明企业价值具有以下几个方面的特点。

第一，整体性。企业盈利性是企业各种单项资产（有形资产和无形资产）构成的经济综合体，在现实市场环境、内部管理和外部影响等条件下的获利能力的体现。企业价值的载体是企业的整体资产或企业某一部分资产有机构成的资产组合，整个资产组合的价值并不简单等于各单项资产价值之和，而是在“1 +1 >2”的组合效应基础上体现出来的资产整体价值。

第二，前瞻性。企业价值在于企业未来的盈利，未来盈利能力越强，创造的经济利益越多，企业价值越大，反之则越小。企业过往盈利业绩只能成为历史，和企业价值没有必然联系，并不是说过去盈利能力强，企业价值就大，过去盈利能力弱，企业价值就小。

第三，动态性。企业面临不断变化的内部环境和外部环境，宏观经济政策、中观产业政策、微观经营管理政策的变化都会影响企业的盈利能力，进而影响企业价值的大小，也就是说，企业价值处于一个动态变化过程中，企业价值大小是针对某一特定时点而言，所谓企业价值评估是评估某一特定时点即评估基准日的企业价值。

二、企业价值的经济学分析

从“质”的角度看，企业价值取决于企业未来盈利，企业通过持续不断的经营活动创造盈利，满足投资者的逐利需求，即企业价值在于企业未来的收益流。从“量”的角度看，企业价值量的大小并不等于未来收益流的简单相加，而是等于未来收益流的折现值。之所以要对收益流进行折现，是由于投资者对财富（通常以货币资金代表）具有时间偏好，同时，对财富的消费存在边际效用递减现象。

投资者对财富的时间偏好表明，在对财富当期消费和未来消费进行选择时，投资者倾向于当期的财富消费，即财富当期消费效用大于财富未来消费效用。若以货币资金作为财富的代表，由于投资者存在对货币资金的时间偏好，同样数量的货币在不同时点具有不同的效用。投资者进行投资是跨期消费决策的结果，将财富转化为投资意味着投资者为了将来消费而放弃了当期消费，既然投资者放弃了当期的消费，那么就必须获得相应的补偿。举例说明，若投资者乐于将本用于当期消费的100元钱转化为投资，而1年后105元消费所带来的效用满足与当期100元消费所带来的效用满足相同，其中多出来的5元，就是给予投资者放弃当期消费的补偿。

一般而言，投资者时间偏好补偿的大小等于无违约风险资产的固定收益，此处的无违约风险资产意味着其所给予投资者的时间偏好补偿具有确定性，对于补偿数量、补偿时间和补偿方式，投资者事前能够准确预期，比如，1年期定期存款利率为2%，那么100元存1年后就有2元的利息，也就是说，时间偏好补偿是2元。然而，企业给予股权投资者的时间偏好补偿则具有不确定性，企业未来究竟能否盈利、能否给予股东补偿、补偿数量是多少，企业和投资者事先都不知晓，也就是说，企业对投资者的时间偏好补偿具有风险性，企业投资者因为承担了这种风险而需要另外再得到补偿，这种补偿是财富边际效用递减规律作用的结果。

财富边际效用递减规律表明，随着财富的增加，单位财富增加的效用满足不断下降，而随着财富的减少，单位财富导致的效用满足减少不断增加，为了使投资者的效用满足不因时间偏好补偿的不确定性而减少，则必须追加财富的消费。假设投资者将100元投资于年收益5%的国债，则1年后可以肯定获得105元的消费，效用满足为70个单位（见图1–1）。若将100元投资于企业，则无法肯定获得105元的消费（为方便起见，假定企业仅经营1年时间），假设企业有50%的概率给予投资者2元的股息，有50%的概率给予投资者8元的股息，加上100元股本金，则投资者1年后可消费财富有50%的概率为102元，有50%的概率为108元，财富期望值为105元。以105元的财富消费为基准，由于财富边际效用递减规律的作用，在获得2元股息、财富消费为102元的情况下，投资者获得的效用为68个单位，减少3元消费所带来的效用损失为2个单位；而在获得8元股息、财富消费为108元的情况下，投资者获得的效用为71.2个单位，增加3元消费所带来的效用增加仅为1.2个单位，最终投资者的效用期望值为69.6个单位（68×50%+71.2×50%），小于105元消费的效用70个单位。为了使投资者在不确定性情况下的消费效用与105元消费效用相同，即仍然为70个单位，则必须增加投资者的财富支出，即以105元消费为基准，增加8元消费所带来的效用满足与减少3元消费所带来的效用损失相同，同为2个单位，此时，投资者的效用期望值为70个单位，财富收益期望值为7.5元（期望收益率为7.5%），扣除时间偏好补偿5元，剩余的2.5元即为风险溢价（风险报酬率为2.5%）。

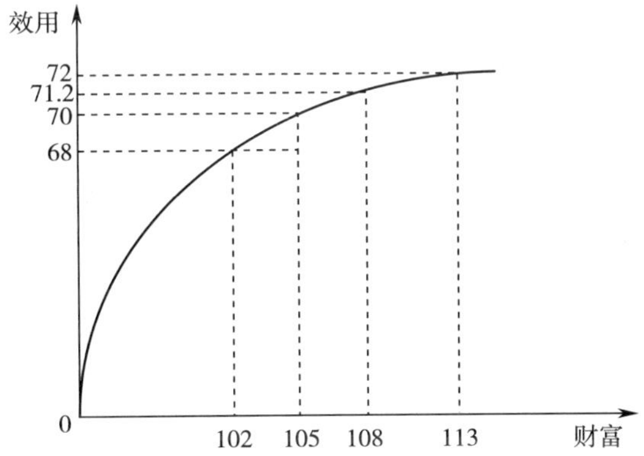

情况	财富	效用
105元（100%概率）	105元	70
102元（50%概率） 108元（50%概率）	105元	69.6
102元（50%概率） 113元（50%概率）	107.5元	70
	107.5−105=2.5元（风险报酬）	

图1－1　财富的边际效用递减规律

由于存在消费的时间偏好以及财富的边际效用递减现象，对于任何一个理性的投资者而言，他所愿意支付的投资额不会超过所投资资产带来收益额的现值，“任何股票、债券或企业今天的价值，都取决于该项资产在其剩余期限内预期所能产生的现金流入量或流出量，用恰当的折现率计算的折现值大小”①。也就是说，企业今天的价值应该等于以和预期未来收益流风险程度相适合的折现率对预期未来收益流进行折现后的数额。

第三节　企业价值评估的产生与发展

企业价值评估是指服务于证券投资决策、并购交易决策、企业财务决策等特定目的，应用特定评估方法，以货币形式量化特定时点企业获利能力及其相关权益。企业价

① 沃伦·巴菲特在伯克希尔·哈撒韦公司1992年年报中的讲话。

值评估之所以得以产生与发展，是由于社会经济演进与深化，社会经济关系日趋复杂、多样，从而对企业价值评估提出了现实和日益增长的需求。与此同时，评估理论、评估技术的发展，提供了开展评估活动的多种路径和方法，企业价值评估的准确性不断提高，企业价值评估需求得到有效满足。

一、西方国家企业价值评估的产生与发展

19 世纪 60 年代，随着工业化的开始，企业并购在证券市场上逐渐活跃起来。19 世纪末至 20 世纪初，美国形成了历史上第一次并购浪潮的高峰期，作为并购交易的参与者，无论是股权购买方还是提供资金的投资银行以及并购经纪人，都对企业价值评估产生了需求，人们开始关注企业价值的大小。在企业并购活动中，被并购企业的价格是一个核心问题，唯有确定一个交易双方都能接受的合理价格，并购交易活动才能完成。企业并购交易中买卖双方都能接受的合理价格通常表现为企业的交换价值或公允市场价值。斯提杰克（Dev Strichek，1983）对并购过程中企业价值的确定进行了分析。他认为，早期并购活动中，企业价值往往并不仅仅是以持续经营为假设前提，而是将贡献原则与变现原则混合在一起，表现在评估方法上，人们经常采用较为客观的成本加和法，诸如以资产的市场价值、账面价值、原始成本等作为判断企业价值的依据。

虽然企业价值评估尚未充分考虑企业未来盈利，但自 19 世纪后半叶开始，收益折现思想已经开始在西方国家的项目评估以及单项资产评估（特别是不动产评估）中加以应用。当时，美国铁路大发展急需一种对投资项目进行评估的工具，土木工程师威灵顿（A. M. Wellington）提出了以时间价值折现项目未来收益后与项目投资及前期费用进行比较的项目评估方法，这一方法在实践中得到了比较广泛的认可。其后，工程师本耐尔（Walter O. Pennell）建立年金现值模型对新建设备方案和保留既有设备方案进行比选。一些经济学家对实践中的收益折现思想进行了分析和总结，逐渐形成比较完整和系统的价值评估理论和方法，并应用到土地、建筑物、机器设备等单项资产的评估中去。

1906 年，费雪（Irving Fisher）在其专著《资本与收入的性质》中指出，资本能带来一系列未来收入，资本价值实质上是其未来收入的折现值，即未来收入的资本化；任何财产或所拥有财富的价值均来源于这种能产生预期货币收入的权利，财产或权利的价值可通过对预期未来收入的折现得到；收入与资本之间的关系通过利息率来转换。次年，费雪出版了他的另一部专著《利息率：本质、决定及其与经济现象的关系》，在分析利息率的本质和决定因素的基础上，进一步研究了资本收入与资本价值的关系，从而形成了资本价值评估框架。1930 年，在他出版的《利息理论》一书中提出的确定性条件下的价值评估技术，成为现代评估技术的基础之一。费雪认为，在确定性情况下，一个投资项目的价值就是预期未来现金流依据一定的利率折现后的现值。如果项目预计现金流的现值（价值）大于现在的投资额，则投资可行，反之则不可行。投资者所期望获得的未来收益的现值就是现在可以投资的价值，只有当项目未来收益的现值（价值）大于它的投资（成本）时，投资者才选择投资。在企业产权交易中，对收购方来讲收购企业实质上也是一种投资活动，因此，所收购企业的价值就是它所能带来的未来收入流量的

现值。

费雪的价值评估理论前提是，企业未来收益流已知和确定，企业资本的机会成本（折现率）即为市场的无风险利率。但在现实经济活动中，企业面临着极大的不确定性，在不确定情况下，企业价值评估时折现率如何确定就成为评估实践面临的一大难题，同时也成为经济学家研究的热点问题之一。

20 世纪 50 年代，金融创新在英美等国家产生，经济活动与金融活动日益密不可分，在经济金融化形势下，企业价值评估已经走入了一个更为广阔的领域，成为企业理财不可或缺的一项重要工作。随着投资者数量的日益增多，上市公司的经营行为和理财行为迅速在公司股票价格上得以体现，公司股票价格的变化直接导致各类投资者财富的增减。随着证券市场的不断完善，投资者行为的理性程度也在不断提高。他们越来越清醒地认识到，投资获利水平取决于企业在未来时期里可能获得的收益（现金流）。企业的可持续性发展成了投资者和企业管理者所关心的核心问题。经济金融化在奇迹般地提高了整个经济系统流动性的同时，也带来了不容忽视的风险，对企业风险的界定、度量及控制已经成为一个极其关键的要素。企业要想求得长远发展，必须在风险与收益之间进行科学的权衡。在这种背景下，涵盖可持续发展和风险要素的企业价值评估便成为投资者和企业管理者的一项十分重要的经常性工作，投资者进行企业价值评估并据此作出买卖决策，从而使得股票市场价格不断达到新的均衡。

随着经济金融化的不断发展和深入，西方工业发达国家的许多优秀企业开始进入财务导向时期，这意味着企业价值理论已经成为企业管理理论的核心内容。1958 年，著名财务管理学家莫迪利安尼（Modigliani）和米勒（Miller）发表了对财务管理学研究具有深远影响的学术论文《资本成本、公司理财与投资理论》，对投资决策、融资决策与企业价值之间的相关性进行了深入研究。他们认为，企业价值的大小主要取决于投资决策，在均衡状态下企业的市场价值等于按与其风险程度相适合的折现率对预期收益进行折现的资本化价值。夏普（Sharpe）的资本资产定价模型（CAPM）被应用于对股权资本成本的计算，从而大大提高了折现率确定的理论支持，也增强了收益折现方法在企业价值评估中的适用性。

资本资产定价理论解决了不确定条件下如何对企业面临的风险进行评估的问题，同时也就解决了折现率如何确定的问题，收益折现法在评估实践中逐渐得到广泛应用。以不动产评估为重点的评估中介机构也开始关注企业价值评估。20 世纪 60 年代，美国评估师协会（ASA）第一个设立了无形资产评估专业委员会，后来改名为企业价值评估专业委员会。这一举动在当时评估界引起了广泛争议，当时的主流观点是：第一，价值评估行业不应扩大到不动产以外的领域；第二，即使有企业价值评估的需要，大多数企业在并购时也是自己去做，不会有人花钱去聘请独立的评估师进行估值。ASA 的改革虽然受到了多方压力，但 ASA 的改革体现了价值评估行业的重要发展方向。事实证明，ASA 这一改革方向是正确的，不仅企业价值评估有其存在和发展的必要，专业评估人员以独立第三方的身份为企业提供企业价值评估服务也逐步得到了社会各界的认可。ASA 企业价值评估专业委员会的成立不仅顺应了资本市场发展的需要，也推动了企业价值评估理论和实践的迅速发展，ASA 也成为国际上最具影响力的评估协会之一，特别是在企业价值评估领域处于领先地位。

在企业价值评估实践中，一些评估人员意识到，企业未来收益或多或少具有期权性质，期权价值应考虑在企业价值评估中。20 世纪 70 年代以后发展起来的期权估价理论给以现金流折现为基本方法的企业价值评估提供了一种新的思路。1973 年，布莱克（Black）与舒尔斯（Scholes）两位教授在二项式期权定价模型的基础上，运用无风险完全套期保值和模拟投资组合，提出了著名的 Black - Scholes 期权定价模型（OPM），为评估具有期权性质的企业以及具有期权性质的收益提供了技术手段。此后，期权定价模型逐渐应用到高科技企业、处于困境中企业的价值评估。

20 世纪 80 年代以来，随着经济金融化和信息化的不断深入，以企业价值评估理论为指导，企业价值评估的应用领域得到极大拓展，从传统的并购重组、股权投资拓展到企业内部的财务决策、企业员工持股计划、法律诉讼、税基确定等，企业价值评估在西方国家经济发展中扮演了重要角色，对经济发展起到了积极的推动作用。

进入 21 世纪，为适应企业价值评估事业在世界范围内快速发展的需要，《国际评估准则》《欧洲评估准则》《香港评估指南》中陆续增加了企业价值评估准则和规范。这些准则和规范的制定与实施，不仅对中介机构的企业价值评估行为起到了规范作用，而且也对非中介机构的企业价值评估行为起到了指导作用，并促进了企业价值评估的国际交流和合作。

二、我国企业价值评估的产生与发展

企业价值评估在不同领域有着不同的产生和发展历程，其中，资产评估业和证券业是我国企业价值评估产生较早、发展较快的两个领域。

（一）资产评估业企业价值评估的产生与发展

企业价值评估是市场经济的产物，改革开放后，在我国建立社会主义市场经济体制的过程中，企业价值评估才逐渐产生和发展起来。

与西方国家企业价值评估首先产生、发展于证券投资领域所不同的是，我国企业价值评估最早产生、发展于专业性的资产评估业。20 世纪 80 年代末 90 年代初，我国从国外引进价值评估行业时，企业价值评估与实物资产评估是同步引进的，并且在起步阶段受美国价值评估界的影响较大。当时已经引进了“企业的价值不等于企业资产价值简单加和”的观点与理论。但在我国长期的企业价值评估实务中，这样的理念并没有得到实际执行，我国企业价值评估和实物资产评估始终混在一起，不予区分。在我国早期的国有资产评估中，评估的主要对象是企业的相关组成资产。如 1991 年国务院颁布的《国有资产评估管理办法》明确规定评估范围为流动资产、固定资产、无形资产、其他资产。这种表述表明了当时的认识就是只对企业的相关资产或科目进行评估，而没有涉及企业整体资产的评估。我国资产评估行业对企业整体资产的评估，实际上是在 1993 年我国证券市场发展以后才得以产生和发展，特别是在《公司法》颁布实施之后，国家需要对企业的国有资产进行折股，引发了我国资产评估行业从对会计科目资产的评估过渡到对企业整体资产（净资产）的评估。

然而由于历史原因，我国资产评估界错过了发展企业价值评估的良好时机，在企业整体价值评估的实际操作中，评估人员还是把企业分解为各个组成部分，最终成为对会计科目的评估，由此形成成本法长期占据垄断地位的格局。这种格局的形成原因除了我国评估理论引进和研究滞后，市场环境特别是资本市场、产权市场发展不完善以外，制度性因素也不容忽视，即成本法较易被评估报告审核的政府部门和评估客户所接受。成本法最形象的比喻就是将一块砖一块砖砌起来，砖是能感觉到的，砌砖的过程也是能感觉到的，而资本市场上许多无形的参数、指标是感觉不到的。

从20世纪90年代末期开始，我国资本市场的发展经历了一个从以资产重组为主逐步过渡到资本运营和股权重组并重的过程，资本市场的不断演化和发展要求评估行业从注重实物资产评估，尽快发展到重视企业价值、股权价值的评估。资本运营和股权重组的多元化主体对评估行业提出了许多新的、细化的要求，他们已经不满足从重置成本角度来了解在某一时点上目标企业的价值，更希望从企业现有经营能力角度或同类市场比较的角度来了解目标企业的价值，这就要求评估师进一步提供有关股权价值、部分股权价值的信息，甚至会要求评估师分析目标企业与本企业整合能够带来的额外的价值。在这种情况下，成本法评估企业价值显然难以满足市场的需求，为此，中国资产评估行业的专家和学者对企业价值评估进行了大量有益的研究和探索，2004年12月30日，中国资产评估协会在借鉴国际惯例和成熟评估理论的基础上，结合我国的实际情况，颁布了《企业价值评估指导意见（试行）》，以此来规范评估人员的企业价值评估行为。

《企业价值评估指导意见（试行）》对企业价值评估中的主要难点进行了有益的分析，并提出了许多解决相关评估问题的新思路，实现了许多理论和实务上的重大突破，特别是对评估方法进行了整体性及系统性的规范，突破了评估方法选择的惯有模式。该指导意见指出："注册资产评估师执行企业价值评估业务，应当根据评估对象、价值类型、资料收集情况等相关条件，分析收益法、市场法和成本法三种资产评估基本方法的适用性，恰当选择一种或多种资产评估基本方法。""以持续经营为前提对企业进行评估时，成本法一般不应当作为唯一使用的评估方法。"上述规定适应了社会对企业价值评估的需求，体现了与国际评估实践的接轨，成本法不再成为优先选择的方法。随着《企业价值评估指导意见（试行）》的颁布和实施，在评估机构的企业价值评估实践中，收益法的应用逐步得到推广，收益法的使用频率不断提高，并超越成本法，成为使用最频繁的一种企业价值评估方法，评估机构的企业价值评估结果也得到了社会更好的认同。

2011年12月，中国资产评估协会在总结我国企业价值评估实践经验和借鉴国外企业价值评估准则最新成果的基础上，对《企业价值评估指导意见（试行）》进行了修订和完善，并颁布了我国企业价值评估的具体准则《资产评估准则——企业价值》。2017年9月，中国资产评估协会对准则进一步修订和完善，颁布了《资产评估执业准则——企业价值》（2018年10月进行了修订）。相关准则的颁布和实施为我国企业价值评估的规范化提供了保障。

由于经济全球化的发展，中国企业走向国际市场、国际财团进入中国的资本市场，企业价值评估业务趋于多元化，包括国有资产、民营资本、外商投资等资本权益主体的多元化和以信息产业为主导、以高新技术为推动力的产业类型的多元化等，对我国企业价值评估行业提出了新的挑战。随着我国企业价值评估行业的不断发展，企业价值评估的方法也不断得到创新，除了对收益法、成本法和市场法三大企业价值评估方法不断改进和完善以外，评估行业进一步借鉴西方国家的成功经验，在企业价值评估中引进了期权理论和方法。对于大批高新科技企业而言，它们有着极大的发展潜力，同时也面临巨大的风险，有相当一部分高新科技企业账面利润很少甚至还亏损，传统的企业价值评估技术难以得到令人满意的评估结果，而期权理论和实践给企业价值评估提供了一种新思路，因为高科技企业的未来收益具有期权的特征，于是期权方法被广泛引入高新技术企业价值评估中，不仅创新了企业价值评估方法，而且拓宽了企业价值评估范围。

（二）证券业企业价值评估的产生与发展

一方面，资产评估业企业价值评估产生和发展后，股票市场的繁荣与发展也推动了证券业企业价值评估的产生和发展。我国股票市场发展初期，投资者买卖决策往往建立在企业历史经营业绩基础之上，根据财务报告公布的上市公司每股收益的高低来决定买进还是卖出股票，然而，企业利润波动很大，业绩变脸现象时有发生，当年的绩优股一年后也许就变成了亏损股，投资者因此而蒙受巨大损失。在经过长期投资实践的洗礼后，一些理性投资者开始着眼于企业的未来，通过对企业未来盈利能力进行分析，评估其内在价值之后再进行投资决策，这种投资策略往往取得了比较理想的投资效果，针对上市公司进行价值评估越来越得到投资者的认可。同时，管理部门倡导的价值投资理念也要求投资者进行充分的价值评估和价值分析，在股票交易环节的价值评估得以不断发展起来。

另一方面，股票发行制度的市场化改革以及上市公司资产重组的市场化定价改革也推动了证券业企业价值评估的发展。作为股票发行市场化改革主要内容之一的发行定价市场化，要求新股公开发行上市时，发行价格由承销商在对股票价值进行评估的基础之上进行确定；同样，上市公司在进行并购重组，购买整体资产或企业部分股权时，购买价格的确定也必须建立在对目标企业进行价值评估的基础之上，在大量企业上市以及许多企业进行并购重组的背景下，企业价值评估需求大量产生，企业价值评估因此得到迅速发展。

（三）其他领域企业价值评估的产生与发展

与国外企业价值评估广泛应用于社会经济各个领域所不同的是，目前我国企业价值评估主要集中在资产评估业和证券业，除了这两个领域外，其他领域的企业价值评估才刚刚开始，如企业内部财务管理、法律诉讼等，总体而言，尚处于发展的初级阶段。

第四节　企业价值评估的社会需求

社会经济的发展对企业价值评估提出了广泛需求，股票投资决策、企业并购决策、股票公开发行、企业绩效评价、纳税税基的确定、法律诉讼等均会频繁涉及企业价值评估，企业价值评估已经成为社会经济生活中不可或缺的专业性经济活动。

一、股票投资决策

股票投资者主要分成两大派别：技术分析派和价值投资派。技术分析派认为，股票价格的波动、股票交易量的变化反映了该股票在不同时点的供求关系，根据这些供求关系可以预测股票未来的价格走势，因此，他们将精力集中于股票交易数据的分析，在研判股价波动规律的基础上进行股票买卖决策。价值投资派则认为，尽管股票价格涨落不定，但每只股票都有其内在价值，股票价格围绕内在价值上下波动，当股票价格与内在价值之间出现较大偏差时，股票价格迟早会向内在价值回归，因此，他们在进行投资决策时主要通过分析企业的成长预期、未来收益流的大小、未来收益流的风险等指标，利用企业价值评估模型来确定企业的内在价值，买进价格低于内在价值的股票，卖出价格高于内在价值的股票，从而获取投资回报。

无论是从理论的角度还是从实践的角度，价值投资都是一种非常有效的投资方法，这种方法比其他方法更现实地应用了经济学和统计学的知识，其优越性得到了大量实证研究的检验，结果几乎都证明，在各种时间段、各种市场下，价值投资组合的收益率均高于整体市场的平均收益率。

在股票投资界，取得良好投资业绩、产生重大影响的往往是那些价值投资者，如本杰明·格雷厄姆、沃伦·巴菲特、格伦·格林伯格等。价值投资不仅是成功投资的需要，也是证券市场健康发展的需要，因此，在股票市场上，大量投资者奉行价值投资理念，通过挖掘股票价值进行股票买卖决策，而挖掘股票价值则需要对企业价值进行评估，通过各种价值影响因素分析，得出企业内在价值的合理判断，进而与市场交易价格比较，最终作出股票交易决策。

【参考案例1－1】　　巴菲特为什么那么“牛”

当今世界，可谓富豪云集，然而，凭借股市投资而成为世界顶级富豪的，唯有沃伦·巴菲特一人。他被誉为“股神”，而且长青不老，叱咤股市半个多世纪，是一位真正的股市“神人”和“不倒翁”。他对股市洞若观火，无往而不胜；他以100美元起家，投资股市，如今竟富可敌国。巴菲特为什么能那么“牛”？为什么能独步股海几十年而面不改色、安之若素，并赢得不尽的财富？其实，他之所以能如此牛气冲天，就在于他掌握着一种市场投资绝活——价值投资。

价值投资始创于巴菲特的恩师格雷厄姆。格雷厄姆被誉为“价值投资之父”，是华尔街的传奇投资家。巴菲特对格雷厄姆推崇备至，他说：“格雷厄姆的思想对我影响非常大，他的思想从现在起直到一百年以后，将会永远成为理性投资的基石。”

所谓价值投资，即投资者购买价格低于内在价值的股票。由于买价低廉，价值投资者买入股票所获得的红利通常比平均水平要高，因此总收益也相对较高。

巴菲特认为，价值投资给所有投资者提供了唯一走向成功的机会。通过对多年投资经验的总结，巴菲特对“价值投资”给出了自己的看法。巴菲特认为，价值投资是众多投资理论的集合，因此，投资者要想进行价值投资，就需要做许多方面的功课。

首先，投资者在进行价值投资时，要选择值得投资的企业。值得投资的企业一般要具备以下条件：一是要业务简明清晰，二是具有持续竞争优势，三是具有明确的发展规划，四是拥有优秀管理人员。一句话，投资者一定要选择在各个行业中出类拔萃的企业进行投资。

其次，对所投资公司进行分析时，要把自己当成企业所有者。由此对所作的投资决策才会胸有成竹，出奇制胜。

再次，投资者一定要对所投资企业的竞争优势及其可持续性作出准确判断。因为这将直接影响投资者投资回报率的高低。

最后，投资者需要特别注意的是，选择那些把股东利益放在第一位，具有较高股权回报率的企业是最明智的。

当投资目标确定后，就要对企业的价值进行评估，然后决定投入的资金额。在这一过程中，投资者还要为自己留有一个安全边际，以便在危险来临时，确保投资者的本金不伤元气，从而东山再起。在巴菲特看来，价值投资是投资获利的灵魂，只有能做到价值投资的人，才算得上是一个成熟的投资者。

资料来源：根据《巴菲特炒股就这一招》整理（侯书生，夏冰，刘跃军．巴菲特炒股就这一招［M］．北京：石油工业出版社，2011）。

二、企业并购决策

并购是社会资源优化配置、企业价值增值的重要手段之一，在世界经济发展历史上，曾经多次掀起并购浪潮，而当今国际经济舞台上的并购活动，其活跃程度与以往相比也有过之而无不及。自20世纪90年代以来，在证券市场的推动下，我国企业并购活动日趋活跃，并购方式不断创新，并购对我国企业做大做强起到了积极的作用。

并购的核心是发现价值被低估的公司，或通过协同效应能为自身带来更大价值的公司，并购活动的每一个环节都离不开企业价值评估。以证券市场的并购活动为例，常见的并购活动分为重大资产重组、上市公司收购、上市公司定向发行新股购入资产以及上市公司股份回购四类，企业价值评估在这四类业务中均发挥着重要作用。

1. 重大资产重组。资产重组形式有资产出售、资产购买以及股权购买。由于目前简单出售、购买单项资产，或以资抵债式重组获取现金或突击产生利润达到扭亏为盈目的的重组案例逐渐减少，而以购入或置入盈利能力较强的企业股权为手段进行业务整合、战略转型等类型的重组已成为主流，上市公司资产重组标的主要是企业股权。根据证监会的规定，上市公司进行这类资产重组时应以评估值为作价依据，并需提供资产评估报告，而按国资委的规定，国有上市公司进行资产交易应以评估值为定价依据。因而，企业资产重组中越来越多地涉及企业价值评估。

2. 上市公司收购。上市公司收购是指其他企业收购上市公司的股权。在直接收购上市公司股权的情况下，现行法规不强制性要求对被收购的上市公司股权进行评估。实践中，如果交易标的是上市公司流通股，其定价主要依据二级市场价格；但是，在交易标的为上市公司非流通股的情况下，购买方可以对股权价值自行进行估价，如果购买方缺乏客观的定价标准，有时会委托中介机构对有关股权估值，并参考估值结果确定交易价格。

3. 上市公司定向发行新股购入资产。按国资委的有关规定，上市公司拟购买资产（通常为企业股权）若属于国有性质，这部分资产应进行评估；若属于非国有性质，由于该部分资产往往具备超额盈利能力，公允价值远远高于账面值，出售方不愿意按账面值计价，会选用以评估值为作价依据。因此，上市公司定向发行股份购买资产业务中往往需要对购入资产进行企业价值评估。

4. 上市公司股份回购。在某些情况下，上市公司需要对发行在外的股份进行回购，比如，在股权分置改革前，上市公司大股东无力偿还占用上市公司的资金，只能以所持的该上市公司流通受限股抵债，或上市公司因改善股权分布等需要，回购流通受限股股东所持的股份。流通受限股股份不在二级市场流通，同类交易案例较少，缺乏客观的估价标准。因此，尽管证监会对此不作硬性规定，但部分公司仍聘请资产评估机构、财务顾问公司对拟回购股份的价值进行评估，并据此确定回购价格。

总之，国内上市公司并购重组活动为企业价值评估提供了有效需求和广阔舞台，企业价值评估在这一领域大有作为。这一点与国外情况相一致：在美国、英国等发达国家，资产评估业务主要是企业价值评估和不动产评估，而企业价值评估则主要服务于并购重组活动。

三、股票公开发行

企业发展离不开资金的支持，公开发行股票是企业获得发展所需资金的重要途径之一。成功发行股票对企业发展具有重大意义，它不仅可以使企业筹集大量资金扩大经营规模，投资新项目，实现公司战略目标，而且有助于改善公司资本结构和公司治理，实现公司可持续发展和公司价值最大化的目标。股票公开发行是一个向投资者推销企业股票的过程，如果说价格是指导市场运行的“看不见的手”，那么，股票发行定价就是整个股票发行过程中的核心，如果定价偏低，公司股票“贱卖”将损害老股东的利益，并且难以筹集到足够的资金；如果定价偏高，则可能无法吸引足够多的投资者，从而导致发行失败，或者可能损害承销商的利益。所以，合理的发行定价不但能使企业顺利实现融资，为企业战略目标服务，而且能兼顾发行人、投资者与发行承销商的利益，有利于企业在资本市场上的进一步运作和金融资本在上市企业间的最优配置。

股票发行合理定价的关键在于，股票发行价格的确定必须以股票价值为中心，综合考虑市场行情、市场资金状况、股票供求关系等因素，而股票价值究竟是多少，则必须通过对企业进行科学的评估来确定，很显然，企业价值评估在股票公开发行中居于非常核心的地位。

四、企业绩效评价

所有权与经营权分离是公司制企业的一大特征，企业的所有者不再直接经营企业，企业的经营活动由职业经理人承担，而企业经营者是否履行了职责、是否为企业所有者创造了价值，则需要通过绩效评价机制来作出判断。传统的评价指标（目前仍有许多企业采用）是企业的利润，这一指标存在诸多缺陷，主要体现在以下几方面。

1. 传统利润指标没有反映企业经营中的风险。企业每期的利润是由企业所不能控制的外部因素（如企业所处的整个经济环境和行业环境）和企业管理层所制定、实施的政策（如企业经营和财务政策的选择）综合作用的结果，在追逐利润的过程中，经营者可能会选择一些风险性的政策，比如通过高财务杠杆来提高税后利润水平，而利润指标并不能反映由于高财务杠杆而给企业带来的风险。

2. 利润指标并不包括所有者对公司投资的机会成本。不考虑所有者提供资本的成本，意味着利润指标高估了企业当期经营创造的价值。

3. 会计利润受会计政策的影响较大。会计政策的变化会影响企业的报告利润（有时是实质性影响）。典型的例子是，企业可以通过改变存货计价方法来虚增利润［如在材料价格上涨时，将后进先出法（LIFO）改为先进先出法（FIFO）］；研发费用和汇兑损益计量方法不同也会影响企业的利润。

相对于会计利润，企业价值指标是企业预期未来现金流按照反映其风险的折现率计算的现值，企业的风险因素、投资者资本的机会成本均考虑在内，并且几乎不受会计政策的影响，因此，通过企业价值评估对经营者进行绩效考核已经越来越得到社会的认同。

【知识链接1－2】　代理问题与绩效评价

现代公司制企业的优越性在于它将许多分散的资本加以集中，并聘用具有专业知识的职业经理人来运作企业。所有权与经营权的分离使得公司制企业相对于合伙或独资企业而言，集聚了更充裕的资本，所以公司制企业在寻求项目投资和生产营运时具有较强的规模效应。在实现上述利益的同时，公司所有者也将企业经营权赋予了职业经理人。

然而当股东将经营权赋予经理人员时，经济意义上的委托—代理关系便出现了。作为代理人的经理人员负责制定决策以增加股东的财富。股东将公司视为一种投资工具，他们期望经理人员努力工作以实现股东财富最大化的目标。经理们利用自身的人力资本为股东创造价值，他们将公司视为获取报酬以及自我价值实现的源泉，他们为了达到自身的目标，在制定决策时会以牺牲股东价值为代价，制定决策从而使自身利益最大化。在信息不对称的情况下，股东必须承受由经理人员最大化自身利益行为所引致的代理成本，这种现象即为代理问题。

对股东来讲，解决代理问题的有效办法之一是根据经理人员的经营绩效，设计合理的薪酬体系，而薪酬支付的依据则建立在对经理人员的绩效评价基础上，根据经理人员创造价值的多少决定其薪酬支付水平。

五、纳税税基的确定

投资于企业的股权是一项财产，既然是财产也就成为各种财产税的纳税对象，因此，在股权保有、交易、赠与、继承等环节，股权拥有者就需要根据相关税法规定，针对特定经济行为，缴纳相应的财产税。

股权财产纳税的税基一般是股权投资的市场价值，如果股权投资对象是上市公司，股权投资的市场价值可以根据市场交易价格很方便地加以确定；然而，除了上市公司外，还有大量的非上市公司，如果股权投资对象是非上市公司，则股权投资的市场价值就需要专业人员通过评估的方式加以确定。比如，在国外比较常见的遗产税的征收，居民从过世长辈那里继承了非上市股权，只有对股权评估纳税后，才能真正拥有所继承的股权。

六、法律诉讼

在公司股东与股东之间、股东与管理层之间、股东与债权人之间，以及公司的利益相关者之间，常常会发生因公司价值判断分歧而引起的法律诉讼，此时，企业价值评估的结果就成为法官最终判决的重要依据之一。时代公司与派拉蒙通信公司在 20 世纪 80 年代末期的法律诉讼就是一个非常典型的例子。①

1989 年，经过两年的谈判后，时代公司和华纳传播公司向公众宣布了即将完成并购的消息，就在公司股东将要就并购提议进行投票的前两个星期，派拉蒙通信公司为控制华纳通信公司而对时代公司实施出其不意的恶意收购。为阻止派拉蒙通信公司的收购行为，时代公司抛出了“毒丸计划”，一旦派拉蒙通信公司收购时代股票超过某一最低份额，就要面临一系列严重的法律诉讼。为此，派拉蒙通信公司先行诉讼，试图通过法庭找到这颗“毒丸”的解药。在法庭上，派拉蒙通信公司提出时代公司的“毒丸”行为并不代表时代股东的利益，而纯粹是通过防止恶意收购保护时代管理层利益的一种做法。而时代和华纳的律师反驳说，抛出“毒丸”是为了保护股东免遭不公正的收购。

派拉蒙、时代和华纳的律师都一致认为，时代公司的控制权应该交给能够实现时代股票价值长期最大化的管理团体。时代—华纳的律师宣称，只要时代—华纳合并如期实现，已经制订的计划付诸实施，价值最大化就可以实现。而派拉蒙的律师争辩说，除了接受他们的现金价格，时代公司的股东不可能再有更好的选择。最终双方的争夺只好交由法庭来裁决，法庭进行企业价值评估后，最终站到了时代—华纳的一边。派拉蒙没能得到“毒丸”的解药，只能眼看着自己的现金报价过期作废。时代公司最终以 149 亿美元成功收购了华纳公司，合并后的时代华纳公司成为当时世界上最大的媒体娱乐公司。

七、其他社会需求

除了以上几类常见的社会需求外，社会许多方面都要用到企业价值评估，比如，企

---

① 根据布瑞德福特·康纳尔所著《公司价值评估——有效评估与决策工具》中的案例及相关新闻报道整理。

业投资项目决策、企业股利政策的制定、企业股票期权激励计划的实施、股权的质押和担保等。企业作为社会经济生活的“细胞”，价值评估需求也就无所不在。

【本章小结】

✧ 企业是以营利为目的，为满足社会需要，依法从事商品生产、流通和服务等经济活动，实行自主经营、自负盈亏、自我约束、自我发展的经济组织和市场竞争主体。

✧ 企业分类标准有多种，按照企业组织形式可以把企业分为个人业主制企业、合伙制企业和公司制企业。在评估实践中，评估活动主要针对公司制企业，而个人业主制企业、合伙制企业由于自身的特殊性，社会中介机构较少对其进行价值评估。

✧ 企业价值从“质”的角度看，取决于企业未来盈利，企业通过持续不断的经营活动，创造盈利满足投资者的逐利需求，即企业价值在于企业未来的收益流；从“量”的角度看，企业价值量的大小并不等于未来收益流的简单相加，而是等于未来收益流的折现值。

✧ 之所以要对收益流进行折现，是由于投资者对财富（通常以货币资金代表）具有时间偏好，同时，对财富的消费存在边际效用递减规律。

✧ 西方国家的企业价值评估理论研究与实践发展已经有悠久的历史，而我国的企业价值评估理论研究与实践活动则是在改革开放后，在社会主义市场经济体制建立过程中，才逐渐产生和发展起来。

✧ 企业价值评估的社会需求包括股票投资决策、企业并购决策、股票公开发行、企业绩效评价、纳税税基的确定、法律诉讼等。

【思考题】

1. 什么是企业？企业的基本特征有哪些？
2. 企业分类标准有哪些？按照企业组织形式可以把企业分成哪些种类？
3. 如何从“质”与“量”两个角度来理解企业价值？
4. 我国及西方国家企业价值评估是如何产生与发展的？
5. 企业价值评估的社会需求体现在哪些方面？
6. 请谈谈企业价值评估对股票市场健康发展所起的作用。

第二章

企业价值评估基础

价格是你所付出的，价值是你所得到的，评估一家企业的价值部分是艺术，部分是科学。

——沃伦·巴菲特

【本章学习目的】

- 了解不同企业价值评估主体进行企业价值评估的目的。
- 掌握企业价值评估客体的具体形式。
- 了解企业价值评估的一般目的和特定目的。
- 掌握价值类型的分类及选择。
- 熟悉企业价值评估的不同方法及评估方法的选择。
- 了解企业价值评估程序、企业价值评估假设、企业价值评估原则。

企业价值评估是综合应用价值评估理论和方法，以及经济学、管理学等相关学科知识，对企业价值进行评定估算的活动。在企业价值评估过程中，将会涉及企业价值评估主体、企业价值评估客体、企业价值评估目的、企业价值评估方法等一系列必不可少的评估要素。

第一节　企业价值评估主体

企业价值评估主体意指从事企业价值评估活动的机构和人员，即在社会经济生活中，“谁”在对企业价值进行评估。企业价值评估对不同的评估主体而言，具有不同的作用和意义，有些评估主体以企业价值评估作为主营业务，有些评估主体将企业价值评估作为自己决策的工具，也有些评估主体将企业价值评估作为自己开展业务活动的重要组成部分。形形色色的企业价值评估主体主要包括资产评估机构、投资银行、股票投资者、企业等。

一、资产评估机构

自20世纪80年代末期我国资产评估机构开始开展评估业务以来，经济体制改革、社会主义市场经济的发展不断扩大对企业价值评估的需求，目前许多评估机构的企业价值评估业务收入已经远远超过了其他资产评估业务收入。在当今社会经济生活中，许多资产业务必须要经过评估机构的企业价值评估，具体包括以下几方面。

1. 与国有股权变动有关的经济活动。根据国有资产管理的法律规定，为了防止国有资产流失，实现国有资产的保值、增值，如果要进行国有股权转让、以国有股权对外投资、国有企业增资扩股、国有企业以股权投资资产偿还债务等，相关交易定价必须以资产评估（企业价值评估）结果作为依据。

2. 国有企业与非国有企业之间的股权交易活动。如果国有企业收购非国有企业股权、接受非国有企业以股权投资资产出资、接受非国有企业以股权投资资产抵债等，根据国有资产管理的法律规定，同样需要对相关股权的价值进行评估。

3. 以股权投资入股。根据我国《公司法》的规定，“股东可以用货币出资，也可以用实物、知识产权、土地使用权等可以用货币估价并可以依法转让的非货币财产作价出资”，“对作为出资的非货币财产应当评估作价”，由于股权是非货币财产，所以，如果以股权投资入股的话，则必须由评估机构对股权价值进行评估。

4. 上市公司的重大资产重组。根据中国证监会2016年修订发布的《上市公司重大资产重组管理办法》规定：“资产交易定价以资产评估结果为依据的，上市公司应当聘请符合《证券法》规定的资产评估机构出具资产评估报告。”而从近年上市公司重大资产重组的形式来看，许多上市公司采用购买股权式的重组形式，所购买股权价值是多少、如何定价则必须依赖于评估机构的企业价值评估结果。

二、投资银行

股票承销、经纪业务、自营业务是投资银行的三大传统业务，三大业务的顺利开展，都离不开企业价值评估。

股票承销是投资银行在股票一级市场上将发行人的股票销售给社会投资者的活动。股票承销过程中最重要的环节之一就是股票定价，而股票定价常处于“两难”境地。因为，如果定价过低，股票能够顺利发行出去，但发行公司会因利益受损而对承销商失去信任，今后承销商再承销股票将会遇到困难；如果定价过高，则购买股票的投资者也会因遭受损失而对承销商（投资银行）失去信任，今后他们再承销股票时将会受到冷落，并且如果定价过高还可能导致股票发行失败，或者导致投资银行自掏资金购买销售不出去的股票，这些情况是投资银行所不愿意看到的。

【参考案例2－1】　海通证券身陷包销，有苦说不出

投资银行承销股票时，必须对企业价值进行准确评估，同时综合考虑市场因素，制定合理的发行价格，兼顾发行人、投资者和投资银行的利益，否则将会给自己带来非常不利的影响。曾有一段时期，我国股票市场上出现了多起券商因定价问题和市场不景气被迫包销的例子，海通证券的遭遇很具有代表性。

据统计，2008 年至 2011 年 7 月，沪深两市共出现 14 例余额包销事件，其中海通证券占了 4 例，而 2008 年包销浦东建设增发股票以及 2010 年包销卧龙电气增发股票均动用资金 9 亿多元。

2008 年 6 月 19 日，浦东建设发布公告，将于 6 月 23 日以 10.64 元/股公开增发不超过 1.2 亿股 A 股，募资不超过 15 亿元。海通证券作为保荐人及主承销商，对该增发采用余额包销的方式。由于增发价与股价倒挂，6 月 26 日发行结果出炉，1.2 亿股增发中，无限售条件 A 股股东仅仅认购 179.27 万股，占发行总量的 1.49%。而原定网下机构投资者申购部分却无人问津。此外，社会公众投资者网上申购了 2605.1 万股，占发行总量的 21.71%，余下的 76.8% 的股份由承销团包销。相对于所能获得的合计 4700 万元的承销费用及保荐费用，以海通证券为首的承销团却需支付超过 9.8 亿元参与包销，并由此一举成为浦东建设的第二大股东。

同样 2010 年卧龙电气的增发，海通证券也有类似遭遇。2010 年 5 月 18 日卧龙电气公告将实施公开增发，增发价为 17.74 元/股。孰料，股权登记日当天，公司股价大幅下挫 7.73%，收报 16.59 元，较增发价跌去 6.48%。其增发无疑遭到市场冷遇，在总计 5467 万股的增发股中，作为主承销商的海通证券不得不包销其中 97.53% 的股份，耗资达 9.46 亿元。

股票经纪业务是投资银行作为股票买卖双方的经纪人，按照客户的委托指令在证券交易场所买入或卖出证券的业务。由于证券交易所通常都规定一般的投资者不得进入交易所参加交易，必须由经纪商代理交易，因此，投资银行作为经纪商，代表买方或卖方，按照客户提出的价格代理交易。从国际经验来看，随着技术的进步，经纪业务进入的门槛逐步降低，投资银行之间的竞争日趋激烈，这就要求投资银行在经纪业务中必须注重客户资源开发和维护，其中，重要手段之一就是为投资者做好咨询服务工作，让他们获得满意的投资回报。由于股票市场变化不定，投资者常常不知所措。因此，投资银行通常下设专门的部门对经济因素、政治因素、产业因素、区域因素及公司因素进行分析，在企业价值分析基础上，为投资者提供买卖建议，以合理的价格进行交易。

自营交易业务是投资银行在股票二级市场中，通过自己的账户，用自有或自筹资金进行股票交易，并期望从价格水平变动中获利的业务。就投资银行的自营交易行为来说，它与一般投资者的投资行为并没有显著的区别。如果投资银行的持仓股票价格上涨，那么投资银行的收益就增加；如果持仓股票价格下跌，则收益减少。只有通过深入的企业价值评估和投资价值分析，投资银行才能获得风险较低的理想投资回报。

三、股票投资者

人们总是希望钱能生钱，除了银行存款、购买债券及创办经济实体这些投资渠道外，由于股票具有收益性，能够实现资本的增值，因此股票就成为大众投资的一种工具。

关于股票投资，投资大师巴菲特曾经有这样一句著名论述，“拣价廉物美的便宜货”。股神巴菲特最压身的绝技其实不是对于股票这种虚拟经济物有多深的理解，而是他把股票当做普通商品来对待，和超市里的可乐、火腿肠没有本质区别。“无论是买什么东西，大多数人最看重的，还是这些东西是否物有所值。当价格下降时，他们就会多买一点自己喜欢和需要的东西。”什么样的股票才叫做“价廉物美”？什么样的股票叫做“便宜货”？其实答案很简单，就是价格低于价值的股票，价格越低，这样的股票越“价廉物美”，越应该成为投资者首选的“便宜货”。股票投资就是股票价格与股票价值的比较，股票价格清清楚楚，每个投资者都能看得见，问题是股票价值在证券市场上看不见、摸不着，这就需要投资者对企业价值进行准确的评估，将企业价值评估结果与股票价格加以比较，当价值高于价格时，则买进股票，当价值低于价格时则卖出股票，从而获得投资收益。

以企业价值评估结果作为股票投资决策依据，可以大大降低投资者的投资风险，常常可以获得高于市场平均水平的投资收益率。而脱离企业价值评估的股票投资决策，往往蕴含着巨大的投资风险。21 世纪初，我国多家证券公司的破产倒闭，其直接原因正是投资过程中缺乏价值投资理念，而是奉行坐庄、投机，当市场趋于理性，投资者逐渐认清股票价值的时候，坐庄者只能以惨败收场。在 20 世纪末 21 世纪初，大鹏证券曾经是我国证券市场上令人瞩目的一家民营证券公司，2000 年 5 月，大鹏证券增资扩股，股本从 1 亿元扩至 15 亿元，众多上市公司都成了大鹏证券的股东。在公司蓬勃发展的时候，公司的股票投资业务玩起了坐庄的游戏。从 1999 年开始，大鹏证券一度动用 11 亿元自营资金和 11 亿元委托理财资金，共 22 亿元资金重仓持有龙腾科技（现已更名为五矿发展），最高持股比例达到流通盘的 90%，除龙腾科技之外，大鹏证券还重仓国投资源（现已更名为桑德环境）、广电网络等股票，投资规模最大时超过 60 亿元。后来，随着股价下跌，大鹏证券被严重套牢。2005 年 1 月 14 日，大鹏证券因挪用巨额客户交易结算资金被证监会取消证券业务许可并责令关闭，此时，大鹏证券已经资不抵债，而大鹏证券巨亏中最大的一部分是坐庄亏损，被接管时，股票市值损失超过 20 亿元。2006 年 1 月，深圳市中级人民法院宣告大鹏证券有限责任公司破产，大鹏证券由此成为我国证券市场第一家破产的证券公司。

四、企业

现代公司制企业的最大特点之一就是所有权与经营权的分离，股东将经营权赋予经理人员，作为代理人的经理人员负责制定与实施经营决策以增加股东财富。股东将公司视为一种投资工具，他们期望经理人员努力工作以实现股东财富最大化的目标。经理人员则可能以牺牲股东利益为代价而进行决策，从而实现自身利益最大化，由此产生代理问题。然而，随着市场环境的变化以及制度设计的完善，代理问题逐步得到解决，股东价值日益得到经理人员的重视，股东价值最大化逐渐成为企业经营管理活动的出发点和最终目标。

首先，20 世纪 80 年代，美国规模空前的并购活动促进了公司控制权市场的发展，那些忽视股东价值、经营不善的公司往往成为并购的对象，公司经理人员则可能被解聘而丢掉饭碗；而那些致力于股东价值创造、获得超过行业或市场指数平均收益水平的公司，一般很难成为并购的目标公司。经理人员面临巨大压力：要么通过改善公司业绩来提高公司的股价，要么面临敌意收购的威胁。

其次，从 20 世纪 70 年代开始，股票持有结构发生了显著变化，机构投资者越来越多地持有普通股股票，成为市场最大的股票投资者，许多机构投资者不再被动地投资股票，对公司业绩不满时卖掉股票，或者不购买该公司股票，而是将关注焦点转向公司业绩，通过对公司的积极干预，努力提升股东价值。

最后，20 世纪 80 年代后期，为了降低代理成本，解决代理问题，英美企业开始实施股权激励计划，即授予公司经理人员一定数量的股票和股票期权，使其薪酬和绩效（股价）直接挂钩，经理人员只有在增加股东财富的前提下才可同时获得收益，从而与股东形成了利益共同体。这种“资本剩余索取权”驱动经理人员不断努力提高公司业绩，最终达到股东和经理人员双赢的局面。由于股权激励在很大程度上解决了企业代理人激励约束相容问题，因此被普遍认为是一种优化激励机制效应的制度安排，从而得到了长足发展。根据 2015 年《财富》杂志：世界 500 强企业中有 85% 的企业使用过股权激励，股权激励制度已经成为现代公司特别是上市公司用于解决代理问题和道德风险的不可或缺的重要制度安排。

随着经济金融化的不断发展和深入，股东价值最大化的理念逐渐得到普遍认同，企业价值理论成为企业管理理论的核心内容。这就要求企业经理人员以企业价值为依据，科学地进行经营管理决策，包括投资决策、融资决策等，以实现企业价值最大化的目标。然而，企业价值究竟是多少？是否实现股东价值最大化？这就需要对企业价值进行评估，这项工作可以借助外部的资产评估机构、投资银行，但由于企业需要经常进行企业价值评估，借助外部评估力量，不仅成本高，而且花费时间较长，因此，许多企业特别是西方国家的大型企业都是依靠自己的评估人员进行企业价值评估。

第二节　企业价值评估客体

企业价值评估的客体是指企业价值评估的对象，即“评估什么”。从字面上看，企业价值评估的客体非常清楚明白，就是“企业价值”，但哪些属于企业价值评估范畴，国内外评估界尚未有明确、统一的规范。

一、国内评估界对企业价值评估客体的界定

（一）国内评估界对企业价值评估客体的认识过程

国内主要是资产评估行业对企业价值评估客体进行了明确的界定。在资产评估行业发展过程中，出于规范评估行为、提高评估质量的需要，资产评估行业经过多年的探讨、研究，在借鉴国外评估理论和评估经验的基础上，以资产评估准则的形式界定了企业价值评估的客体。

在我国，最早明确涉及企业价值概念的相关规范文件是1996年原国家国有资产管理局颁布的《资产评估操作规范意见（试行）》，其中第一百零九条对“整体企业资产评估”给出了定义，即“整体企业资产评估是指对独立企业法人单位和其他具有独立经营获利能力的经济实体全部资产和负债所进行的资产评估。整体评估的范围为企业的全部资产和负债”，第一百一十条也指出“整体企业的评估范围一般为该企业的全部资产和负债”，在第一百一十三条介绍整体企业评估的重置成本法时，指出“整体企业评定重置成本法是指分别求出企业各项资产评定值并累加求和，再扣减负债评定值，得出整体企业资产评定值一个方法。整体企业评定重置成本法也被称为成本加和法。其中，各项资产的评估值要根据评估对象的具体情况选用适宜的评估方法求出”。

以上表述反映了评估行业早期对企业价值评估客体的认识，其中还存在着值得商榷的地方。从企业价值评估的角度理解，通过资产扣减负债来得到整体企业资产评估值，这一评估值应该是股东全部权益价值的概念。然而，上述定义和相关说明中并没有进一步对企业整体价值和股东全部权益价值进行区分，从专业的角度来看，评估对象依然是含糊不清。在实践中，也有不少评估机构在评估过程中或评估报告中混淆了企业整体价值和股东全部权益价值。

2004年12月30日，中国资产评估协会颁布了《企业价值评估指导意见（试行）》，其中第三条指出：“本指导意见所称企业价值评估，是指注册资产评估师对评估基准日特定目的下企业整体价值、股东全部权益价值或部分权益价值进行分析、估算并发表专业意见的行为和过程。”由此明确企业价值评估的客体包括三种类型：企业整体价值（Business Enterprise Value）、股东全部权益价值（Total Equity Value）和股东部分权益价值（Partial Equity Value），此后，资产评估行业对企业价值评估的客体有了清楚、统一的认识。中国资产评估协会于2011年12月30日颁布的《资产评估准则——企业价值》、2017年9月8日首次颁布并于2018年10月29日修订的《资产评估执业准则——企业价值》进一步明确了企业价值评估的三大客体。

（二）企业价值评估客体的内涵

资产评估界对企业价值评估客体的界定借鉴了国际评估理论和评估经验。实务中，企业价值可以进一步分为企业的整体价值（股东全部权益价值和付息债务价值之和）、股东全部权益价值和部分权益价值。为清楚起见，下面通过图示的方式作进一步的说明。

图2-1是对某企业的全部资产和负债进行评估后的简化资产负债表，流动资产价值加上固定资产和无形资产价值、其他资产价值构成了企业全部资产的价值，即A+

B+F；流动负债和长期负债中的非付息债务（如应付工资、应付账款等）价值加上付息债务价值和股东全部权益价值构成了全部负债和权益价值，即C+D+E。

股东全部权益价值=（A+B+F）－（C+D）=E

企业整体价值=（A+B+F）－C=（A－C）+B+F=D+E

即股东全部权益价值和付息债务价值之和。

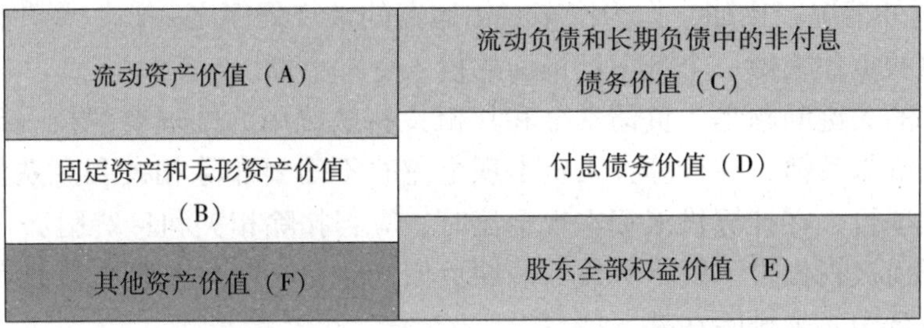

图2－1　简化资产负债表的示意图

股东部分权益价值是指股东持股比例大于0小于100%部分的权益价值。在企业价值评估实务中，一般是在得到股东全部权益价值后再确定股东部分权益价值，而如何分析和确定股东部分权益价值，2011年版的《资产评估准则——企业价值》第二十条指出，“注册资产评估师应当知晓股东部分权益价值并不必然等于股东全部权益价值与股权比例的乘积。注册资产评估师评估股东部分权益价值，应当在适当及切实可行的情况下考虑由于具有控制权或者缺乏控制权可能产生的溢价或者折价，并在评估报告中披露评估结论是否考虑了控制权对评估对象价值的影响”。这就是说，虽然股东部分权益价值常常通过股东全部权益价值的评估来确定，但由于存在控股权溢价和少数股权折价的因素，股东部分权益价值不能简单地用股东全部权益价值乘以股权比例。如何进行控股权溢价和少数股权折价调整，在第十一章中将有详细介绍。

二、国外评估界对企业价值评估客体的界定

在国际评估惯例中，以企业股东（或投资人）权益或部分权益作为交易对象时，对此进行的评估一般称为企业价值评估（Business Valuation），即企业价值评估的客体为股东全部权益价值和股东部分权益价值，除此之外，投入资本价值也是国外评估实践中常见的评估客体。

关于投入资本价值中的投入资本（Invested Capital），美国的企业价值评估规范定义为：企业在长期运营基础上负债和股东权益的总和。从理论上讲，投入资本中的负债包括公司长期性或永久性资本结构中的计息负债。“长期性的”负债与公司负债表中的“长期负债”意思不同。长期负债是指偿还期在一年或超过一年的一个经营周期以上的债务；而长期性负债可能是长期负债，也可能是短期负债，比如，一些公司（尤其是小公司）可以通过循环信用透支或短期负债实现“长期性”的自我融资。

根据投入资本的定义，长期负债属于投入资本是毫无疑问的，只是短期付息债务可能属于投入资本，也可能不属于投入资本。为简化起见，目前国外一种普遍的做法是将

所有的计息负债都视做投入资本负债。当然，也不是所有的短期付息债务都能计入投入资本，一些个别情况除外。

1. 临时性、季节性负债可以在公司正常的经营周期里进行偿还，通常被视做公司的经营负债而非投入资本负债。此时，与临时负债相关联的利息费用被视做经营性费用，并且在计算投入资本净现金流时从收益中扣除。

2. 其他例外情况。比如，作为汽车经销运营的常规程序之一，一些评估人员不会将某种特定产品的负债视做一个汽车经销商的投入资本负债。

需要注意的关键问题是，负债本金和其相关利息费用的处理要保持一致性。如果负债被视做投入资本负债，在计算投入资本现金流时不需要扣除相关利息费用；如果负债被视做经营性项目，在计算投入资本现金流时，应当扣除相关利息费用。

此外，任何被视做投入资本负债的短期负债（包括一年内到期的长期负债部分）在营运资本的计算中必须排除在外。

投入资本主要是用于企业日常经营活动的资本，即经营性资产占用的资本，在此基础上，加上非经营性资产占用的资本则为全部投入资本（以下简称全投资），因此，投入资本价值和全投资价值在口径上存在差异，当然，两者之间也存在较大部分的重叠。

从评估实践看，全投资价值等同于我国资产评估行业界定的企业整体价值。

第三节　企业价值评估目的

企业价值评估目的有一般目的和特定目的之分，企业价值评估的一般目的包含特定目的，而特定目的则是一般目的的具体化。

一、企业价值评估的一般目的

企业价值评估的一般目的是获得企业整体、股东全部权益或股东部分权益的公允价值，对于所有企业价值评估活动都一样。

公允价值的概念有广义和狭义之分，广义的公允价值指的是各种条件下的合理价值，或者说是对各种条件下的合理价值的一种概括和抽象；狭义的公允价值通常是由特定的专业或行业规定的在某种条件约束下的合理价值，是一个专业术语或专门术语。作为评估领域的公允价值是一个广义概念，意指公平、得当、相称的价值。评估领域的公允价值是一个相对抽象的价值概念，它是对评估对象在各种条件下与评估条件相匹配的合理的评估价值的抽象。所谓评估对象在各种条件下与评估条件相匹配的合理的评估价值意指，相对于当事人各方的地位、企业的状况以及企业所面临的市场条件的合理的评估价值。它是评估人员根据企业自身条件及所面临的市场条件，对评估对象客观价值的合理估计值。评估领域的公允价值的一个显著特点是，它与当事人的地位、企业的状况以及企业所面临的市场条件相吻合，且并没有损害各当事人的合法权益，也没有损害他人的利益。

评估领域的公允价值有别于会计学中的公允价值。会计学中的公允价值属于狭义的公允价值，意指“在公平交易中，熟悉情况的当事人自愿进行资产交换或负债清偿的价格（或金额）”。该定义强调交易的公平性、交易双方的自愿性以及理性，而在企业价值评估领域，许多情况下交易双方的市场地位并不相等，交易双方也许并非出于自愿。比如，企业破产清算时的价值评估，企业面临快速变现的压力，企业所有者也许不愿对企业进行清算，在这种情况下，评估人员评估出来的企业价值就不属于会计学中的公允价值，但由于与企业自身条件以及市场状况相吻合，因此，所得的评估值仍属于评估领域的公允价值。

二、企业价值评估的特定目的

企业价值评估特定目的意指导致企业价值评估活动的经济行为，它是一般目的的具体化。企业价值评估特定目的是企业价值评估活动的起点，同时又是企业价值评估活动所要达到的目标。根据国内外企业价值评估实践，企业价值评估的特定目的有以下几点。

1. 企业并购。企业并购是指一个企业以承担债务、购买股份和控股等形式有偿接受其他企业的产权，使被并购方丧失法人资格或改变股权结构。

2. 股权转让。股权所有者将其持有的股权出售给其他投资者的行为。所出售股权可以是上市公司的股权，也可以是非上市公司股权；可以是少数股权，也可以是控股股权。

3. 股权投资入股。企业以所持有的股权作为对其他公司资本投入的行为。

4. 企业改制上市。企业以在资本市场公开发行股票并上市为目的，而对企业改组设立股份有限公司的行为。

5. 企业经营决策。企业对未来经营发展的目标及实现目标的战略或手段进行最佳选择的行为。

6. 制定与实施激励机制。企业从价值创造、实现价值最大化的角度，制定对企业经理人员、员工进行绩效考核和奖惩的制度并加以实施的行为。

7. 纳税。企业在股权占有、转让、继承等环节，根据国家相关税法规定，缴纳税款的行为。

8. 法律诉讼。法庭处理与企业价值相关案件和纠纷时需要根据企业价值的评估值作为判案依据。

9. 企业清算。企业按章程规定解散以及由于破产或其他原因宣布终止经营后，对企业的财产、债权、债务进行全面清查，并进行收取债权、清偿债务和分配剩余财产的经济活动。

10. 引起企业价值评估活动的其他合法经济行为，如保险、抵押担保等。

企业价值评估特定目的反映了企业价值评估的社会需求。在上述企业价值评估特定目的中，有些会涉及产权变动，如企业兼并、股权转让、股权投资入股等，而有些则不涉及产权变动，如企业经营决策、纳税、保险等。企业价值评估特定目的将影响企业价值评估方法的选择，并制约企业价值评估的价值类型选择。

第四节　企业价值评估的价值类型

企业价值评估中的价值类型是企业价值评估结果的价值属性及其表现形式。不同的价值类型从不同的角度反映企业价值评估的价值属性和特征。不同属性的价值类型所代表的企业价值评估结果不仅在性质上是不同的，而且在数量上往往也存在较大差异。价值类型的合理选择是企业价值评估中的重要环节之一。《资产评估执业准则——企业价值》（2018）第十条明确指出："执行企业价值评估业务，应当充分考虑评估目的、市场条件、评估对象自身条件等因素，恰当选择价值类型。"

一、雪津啤酒卖出天价引起的风波

2005 年 8 月 31 日，国内评估机构估值为 6.19 亿元的福建雪津啤酒有限公司 100% 的股权在福建省产权交易中心挂牌，在全球范围内征集竞买者，经过近半年的严谨工作，2006 年 1 月 23 日比利时英博集团公司宣布，以人民币 58.86 亿元的价格，收购福建雪津啤酒有限公司 100% 的股权，增值率高达 850.89%。这一产权交易案例立即引起国内外广泛关注，也引发人们对我国资产评估行业评估质量的质疑：为什么评估值和成交价相差如此之大？为了更好地理解该案例，下面介绍一下相关背景资料。

雪津啤酒成立于 1986 年，从 2000 年起，产销量以每年超过 10 万吨的速度增长，人均创利税和吨酒税收均在全国名列前茅。其间，雪津不断进行规模和品牌扩张，于 2002 年兼并福建三明日月星啤酒有限公司，2005 年投资建成年产 10 万吨的雪津啤酒（南昌）有限公司，迈出了战略性挺进全国市场的实质性一步。短短六年时间，雪津实现了从产品经营到品牌经营再到资本经营的跳跃式发展，发展势头强劲。

作为在短短五六年时间成长起来的区域性巨头，雪津虽然展现出了优秀企业的经营素质，但是其仅凭借自身力量进一步扩张，成长为像燕京、青岛那样的全国性企业的外部环境已经消失。同时，由于竞争趋于激烈，啤酒企业发展所需要的资金支持将越来越大，而现有的股东则很难提供如此大的资金量。所以雪津选择在企业发展的这一关键时期出售股权无疑是一种明智的决策。

雪津股权出售的消息传出后，国际和国内的几大啤酒巨头迅速意识到其中的价值，先后有亚太酿酒公司、华润雪花公司、苏格兰纽卡斯尔啤酒有限公司、AB 公司、北京燕京啤酒有限公司、英博集团六家企业参与了报名。最终，英博集团胜出，雪津也有了实力强大的靠山。

以生产贝克啤酒闻名的英博集团是由比利时英特布鲁公司和巴西美洲饮料公司合并而成，公司资产规模超过 100 亿美元。2001 年，英博通过收购，把赫赫有名的贝克啤酒收入囊中，发展势头迅猛。此后，其战略重点转移到中国，确定了"1/3 利润来自中国"的战略目标。

收购雪津啤酒前，英博公司虽然进入中国多年，但是其发展却落后于 AB 公司。其在华收购的啤酒品牌虽多，但是整合度不高，特别是没有具有全国性成长力的品牌作为核心。因此，雪津对英博而言意义非同寻常，出价虽高却也在情理之中。然而，雪津啤酒评估值与成交价之间的巨大差距，成为多年来理论界和评估界热议的一个话题。这一问题形成的原因是多面的，价值类型差异也许是其中的一个重要原因。

二、价值类型的含义及分类

虽然在众多领域经常涉及对各种不同类型“价值”的表述，如投资价值、市场价值、内在价值等，但对价值类型进行系统、规范界定的目前只有资产评估行业。国际评估准则委员会制定的《国际评估准则》、美国评估促进会的《专业评估执业统一准则》等均对各种价值类型进行了清楚的阐述；中国资产评估协会在2007年11月就价值类型专门发布了一项准则——《资产评估价值类型指导意见》（2017年9月进行了修订），来指导评估实践。

（一）资产评估中价值类型的分类

资产评估中的价值类型是指人们按照某种标准对资产评估结果及其表现形式的价值属性的抽象和归类。当然，资产评估中的价值类型无论在理论上或是在实践中从来都不是唯一的。人们按照不同的标准、条件和依据，将资产评估结果及表现形式划分为若干种价值类型。

在资产评估行业，最常用的分类方法是根据资产评估面临的市场条件和评估对象自身状况，将价值类型分为市场价值和市场价值以外的其他价值。市场价值是一种具体的价值类型，而市场价值以外的价值是除市场价值以外其他各种价值类型的总称。

市场价值和市场价值以外的其他价值类型的划分既考虑了资产自身的条件、利用方式和使用状态，也考虑了资产评估时的市场条件。也就是说，这种价值类型的划分既考虑了决定资产评估价值的内因，同时也考虑了影响资产评估价值的外因，这至少能在理论上和宏观层面上为评估人员客观、合理地评估资产价值，以及为清楚地披露评估结果提供帮助和依据。

（二）资产评估中价值类型的定义

如上所述，价值类型分为市场价值类型和市场价值以外的其他价值类型，评估的价值类型实际上是评估行为所基于的一系列可能存在的各种明显的或隐含的假设及前提，这些假设及前提往往决定了评估方法的选择和运用以及对评估结果的正确理解。

1. 市场价值的定义。根据中国资产评估协会颁布的《资产评估价值类型指导意见》（2017），市场价值是指自愿买方和自愿卖方在各自理性行事且未受任何强迫的情况下，评估对象在评估基准日进行正常公平交易的价值估计数额。这一定义与《国际评估准则》（IVS）中的定义基本接近。根据市场价值的概念及定义，市场价值具有以下要件。

第一，自愿买方：指有购买动机，没有被强迫进行购买的一方当事人。该购买者会根据现行市场的实际情况和现行市场的期望值进行购买，不会急于购买，也不会在任何价格条件下都决定购买，即不会支付比市场价格更高的价格。

第二，自愿卖方：指既不准备以任何价格急于出售或被强迫出售，也不会期望获得被现行市场视为不合理的价格而继续持有资产的一方当事人。自愿卖方期望在进行必要的市场营销后，根据市场条件以公开市场所能达到的最高价格出售资产。

第三，评估基准日：指市场价值是某一特定日期的时点价值，仅反映了评估基准日的实际市场情况和条件，而不是评估基准日以前或以后的市场情况和条件。

第四，价值估计数额：指在公平交易中，以货币形式表现的资产的价格，即在基准日最可能实现的市场合理价格。

第五，公平交易：指在没有特定或特殊关系的当事人之间交易，即假设在互无关系且独立行事的当事人之间的交易。

第六，当事人双方各自精明，理性行事：指自愿买方和自愿卖方都合理地知道资产的特性、用途和评估基准日的市场情况，进而假定双方为个人利益，谨慎寻求有利于自己的最佳价格。

2. 市场价值以外价值的定义。《国际评估准则》中有关市场价值以外的其他价值类型包括在用价值、投资价值、持续经营价值、保险价值、纳税价值、残余价值、清算价值和特定用途价值（见图 2 –2）。

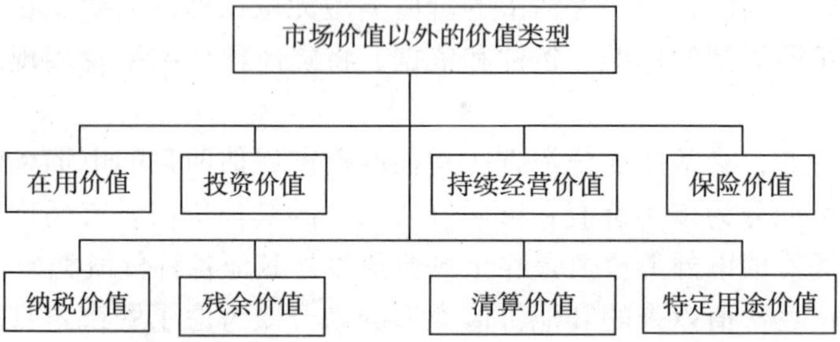

图 2 –2　市场价值以外的价值类型

中国资产评估协会颁布的《资产评估价值类型指导意见》（2017）对其中多数的价值类型进行了定义。

投资价值：指评估对象对于具有明确投资目标的特定投资者或者某一类投资者所具有的价值估计数额，亦称特定投资者价值。

在用价值：指将评估对象作为企业、资产组组成部分或者要素资产按其正在使用方式和程度及其对所属企业、资产组的贡献的价值估计数额。

清算价值：指评估对象处于被迫出售、快速变现等非正常市场条件下的价值估计数额。

残余价值：指机器设备、房屋建筑物或者其他有形资产等的拆零变现价值估计数额。

除此之外，对于某些特定评估业务如保险、纳税，其评估结论的价值类型可能会受到相关法律、法规或者契约的约束，这些评估业务的评估结论应当按照相关法律、法规或者契约等的规定，选择相应的价值类型；相关法律、法规或者契约没有规定的，可以根据实际情况选择市场价值或者市场价值以外的价值类型，并予以定义。

（三）其他领域涉及的价值类型

除资产评估行业外，其他领域进行价值评估活动时可能会使用其他一些价值类型表述，其中，有些与资产评估行业名称相同的价值类型，其内涵可能会有所不同。

1. 内在价值。内在价值是证券投资领域常用的一个概念，也称为理论价值，指企业（股票）预期未来可以产生的现金流的折现值。内在价值强调价值计算方法，而非价值的属性。

未来现金流可以是针对公开市场上的一般投资者（如股票市场上的个人投资者）而言，由企业（股票）产生的现金流；也可以是针对特定的投资者（如收购方）而言，由企业（股票）产生的现金流。如果针对公开市场上的一般投资者，那么仅从数值上看，内在价值和资产评估领域的市场价值是相等的；如果针对特定投资者，内在价值和资产评估领域的投资价值是相等的。

2. 账面价值。企业的账面价值是资产负债表所揭示的会计价值。企业整体价值表现为评估基准日，资产负债表中股东权益价值与付息债务价值之和；股东全部权益价值则表现为评估基准日，资产负债表中的股东权益价值。

企业账面价值是遵循客观性和谨慎性原则，以历史成本为基础进行计量的会计价值。由于企业的资产负债表没有包括企业全部的资产和负债（如企业自创的可确指无形资产、商誉等），也没有考虑企业资产和负债在评估基准日的实际价值，因此，该类型价值与通常评估的企业市场价值之间的相关性不是很大。

3. 投资价值。投资价值是证券投资领域常用的一种价值类型，其内涵与资产评估领域定义的投资价值有所不同。在证券投资领域，投资价值表现为证券价格与其内在价值之间的比较关系，当证券价格低于其内在价值时，则意味着该证券具有投资价值，投资风险较小，两者之间的差额越大，则投资价值越大；反之，当证券价格高于其内在价值时，则表明该证券不具有投资价值，投资风险较大。

三、企业价值评估中价值类型的选择

（一）价值类型选择的意义

鉴于资产评估领域已经对价值类型进行了严格、规范的定义，因此，本教材以后涉及评估结果的价值类型选择时，如未加以特别说明，均指中国资产评估协会颁布的《资产评估价值类型指导意见》（2017）定义的价值类型；如果非评估结果的价值类型选择，则可能会应用到其他领域的价值类型，如内在价值、账面价值等。

价值类型表明了评估价值的属性，不同价值类型下的评估值可能会相差很大。结合雪津啤酒的案例可以看出，国内评估机构给出的雪津啤酒的评估价值与国内外投资者对雪津啤酒的估价分属不同的价值类型。国内评估机构对雪津啤酒的价值评估是建立在正常交易情况下的公开市场交易价值基础上，而并没有将其置于并购交易这一特殊市场背景下进行评估，显然，国内评估机构选用的价值类型为市场价值。而英博集团等参与竞标的国内外投资者都是从企业并购这一特殊环境背景出发，充分考虑自身与并购对象之间存在协同效应的前提下对雪津啤酒的企业价值作出判断，同时该价值判断也立足于当时竞标的特定市场环境，并非以整个公开市场为依据。也就是说，投资者对雪津啤酒进行价值判断时选择的是投资价值。

就英博集团而言，雪津啤酒股权的出售，提供的是一次战略上的机会，此前，英博公司虽然进入中国多年，但发展却落后于 AB 公司（美国啤酒巨头，2008 年被英博集团收购）。其在华收购的啤酒品牌虽多，但影响力有限。对雪津啤酒的收购将使英博集团成为中国这一世界最大啤酒市场中的第二大啤酒酿造商，占市场份额的 12%，仅次于青岛啤酒集团。因此，雪津啤酒对英博集团的投资价值不言而喻。

同一企业在不同条件下有着不同类型的价值。企业价值评估的任务就是去发现和估算与企业存在条件相匹配的客观价值。价值类型分类是对一定条件下客观价值属性及其合理性指向的描述和概括。由于企业存在的条件是多种多样的，与之对应的价值类型也是丰富多彩的，因此，评估人员在执行企业价值评估业务的过程中，需要选择与评估对象存在条件相匹配的价值类型。

（二）价值类型选择的依据

企业价值评估时价值类型的选择依据主要有三个方面：评估目的、市场条件和企业自身状况。

1. 评估目的。评估目的是由引起企业价值评估的特定经济行为（资产业务）所决定的。评估目的对于企业价值评估的价值类型选择具有约束作用。特定评估目的决定了企业的存续条件，企业价值受制于这些条件及其可能发生的变化。比如，企业价值评估服务于企业破产清算，则表明企业持续经营状态的终结，企业的商誉以及一些无形资产（如客户关系）将不再具有价值，此时，价值类型应该选择清算价值。

评估目的之所以作为决定价值类型的基本条件之一，是因为评估目的不但决定着评估结论的具体用途，而且会直接或间接地影响企业价值评估的过程以及评估市场条件的限定，并对评估对象的利用方式和使用状态产生约束。相同的评估对象在不同的评估目的下，可能会有不同的评估结论。

2. 评估时的市场条件。企业价值评估时所面临的市场条件即交易条件，是指企业价值评估的外部环境和影响评估结论的外部因素。在不同的市场条件下或交易环境中，即使是相同的资产也会有不同的评估结论。

企业价值评估依据的市场可能是区域市场、全国性市场或国际市场，也可能是不同级次的市场或特定的市场。不论在什么样的市场中，评估时所依据的市场强调的是市场条件，市场条件分为两大类：公开市场条件和非公开市场条件。

公开市场条件和非公开市场条件的区别主要表现在以下几个方面。

（1）市场参与者数量，包括自愿买方和卖方及其数量。市场参与者众多是构成公开市场的基本条件；市场参与者极少或买方、卖方数量极不对称是非公开市场的重要特征。

（2）买卖双方交易的时间。交易时间充裕或者是没有时间限制的交易条件构成了公开市场的基本条件；交易时间紧迫或者是时间限制明显的交易条件则是非公开市场条件的明显特征。

（3）当事人双方的素质、信息占有情况及处事方式等。当事人双方各自精明、信息对称、理性行事等构成了公开市场的基本条件；当事人双方不能同时满足以上条件的便是非公开市场条件的明显特征。

很显然，如果将企业置于公开市场中，市场价值将是首选的价值类型，而如果将企业置于非公开市场，则只能选择市场价值以外的价值类型。

3. 企业自身状况。企业自身状况是决定评估价值类型和评估价值量的重要因素之一。企业的业务类型、经营管理水平、市场开拓能力、技术开发状况、综合获利能力等，是企业自身的条件，这是影响企业评估值的内因，也是选择价值类型需要考虑的重要因素。比如，有些企业由于经营业务的特殊性，相关规定对其股东身份有特别的要求，从而导致潜在的投资者数量很少，在这种情况下，如果因股权转让进行价值评估则不宜选择市场价值这一价值类型。

第五节 企业价值评估方法

企业价值评估的具体方法有很多，这些方法分别从不同的角度、运用不同的模型对企业价值进行评估。根据评估方法所依据理论基础和技术路径的不同，企业价值评估方法可以分为四大类：收益法、市场法、成本法、期权估价法，其中，收益法和市场法是证券投资领域、企业并购决策中常用的评估方法；收益法、成本法是资产评估行业进行企业价值评估时所常用的评估方法；期权估价法则应用于一些比较特殊的企业价值评估中。

一、收益法

（一）收益法的思路

企业价值评估中的收益法，是指通过将被评估企业预期收益资本化或加以折现来确定评估对象价值的评估思路。

收益法的理论基础是经济学的预期效用理论，即对于投资者来讲，企业的价值在于预期企业未来所能够产生的收益（如现金流）。投资者在取得收益的同时，还必须承担风险。基于对企业价值的这种理解，评估人员运用收益法对企业价值进行评估时，将预期的企业未来收益通过反映企业风险程度的资本化率（折现率）加以资本化（折现），来确定评估对象的价值。

企业收益的具体形式可以是股息、企业现金流、股权现金流等，但一般不采用利润这一收益形式，其原因主要有三个方面。

其一，企业利润源自商品销售和服务提供，企业在销售商品和提供服务的过程中，基于信用关系，可能会形成应收账款，而应收账款回收存在一定风险，一旦应收账款成为坏账则必然侵蚀企业利润，也就是说，利润不能准确地反映企业的盈利水平。

其二，会计利润受会计政策和会计估计的影响较大，在某些情况下，企业经理人员从自身利益考虑，可能会利用会计计量和会计核算的自主权，来对利润水平进行操纵。而现金流是实际收支差额，它不易被操纵，根据现金流做有关的计算和分析更为方便。

其三，有关利润、现金流与企业价值关系的大量研究结果表明，企业的价值基础是现金流而不是利润，当现金流与利润不一致时，企业价值的变化与现金流的变化更为一致，而与利润的变化关系不大。

采用收益法评估企业价值时涉及三个重要参数：预期收益、折现率/资本化率、预期收益期限，要确定这三个参数，评估人员必须充分、全面、系统地考虑与企业价值有关的各方面关键因素。这些关键性因素可分为三个层次。

1. 宏观经济环境（GDP 增长率、利率、税率等），包括未来宏观经济的走势和被评估企业对经济周期不同阶段的敏感性。

2. 行业状况，包括预期的行业发展水平、技术发展水平和行业中与被评估企业竞争的其他企业的情况。当被评估企业跨行业经营时，评估人员还应当对不同的行业进行分析，并了解不同行业之间的相互影响。

3. 企业自身的状况，如企业的经营管理状况、企业历史的经营业绩及财务状况、企业未来的发展规划和盈利能力等。

通过上述对宏观经济环境、行业状况并结合对企业自身状况的分析，可以对决定企业价值的成长性因素、盈利性因素和资本成本（风险因素）等有一个较为全面的理解。

（二）收益法的分类

通常情况下，假设企业永续经营，即未来收益期限是无限期。根据企业未来收益变化特征，可以将收益法分为未来收益折现法和收益资本化法（收益法常用评估公式详见附录）。

未来收益折现法通过估算被评估企业未来的预期收益，并以合适的折现率折现得出其价值。这种方法在企业价值评估中广泛运用，通常需要对预测期间（从评估基准日到企业达到相对稳定经营状况的这段期间）企业的发展计划、盈利能力、财务状况等进行详细的分析。未来收益折现法用公式表示为

$$V = \sum_{i=1}^{n} \frac{R_i}{(1+r)^i} + \frac{R_{n+1}}{(r-g)(1+r)^n}$$

式中：V——评估基准日企业价值的评估值；

R_i——未来第 i 年的收益；

r——折现率；

g——从第 $n+1$ 年开始，企业收益的稳定增长率，当 $g=0$ 时表示从第 $n+1$ 年开始，企业收益保持不变；

n——企业收益非稳定期间。

【例 2.1】某上市交易股票，经分析预计未来 5 年每股派发股息分别为 0.60 元、0.64 元、0.69 元、0.73 元、0.78 元，从第 6 年开始预计股息比上年增长 5%，折现率为 10%，试评估该股票的市场价值以进行投资决策。

解：根据题意，$R_1 \sim R_5$ 已知，$n=5$；$g=5\%$；$r=10\%$。

$R_6 = R_5 \times (1+5\%) = 0.78 \times (1+5\%) = 0.82$（元）

$$V = \sum_{i=1}^{n} \frac{R_i}{(1+r)^i} + \frac{R_{n+1}}{(r-g)(1+r)^n}$$

$$= \frac{0.60}{1+10\%} + \frac{0.64}{(1+10\%)^2} + \frac{0.69}{(1+10\%)^3} + \frac{0.73}{(1+10\%)^4} + \frac{0.78}{(1+10\%)^5} + \frac{0.82}{(10\%-5\%)(1+10\%)^5} = 12.76 \text{（元）}$$①

收益资本化法是将企业预期未来的具有代表性的相对稳定收益，以资本化率转换为企业价值的一种计算方法。通常直接以单一年度的预测收益为基础进行价值估算，即通过将预测收益与一个合适的比率相除获得，用公式表示为

$$V = \frac{A}{r}$$

式中：A——企业每年的年金收益，即每年收益相等；

r——资本化率。

收益资本化法通常适用于企业的经营进入稳定状态，企业收益达到稳定水平的情况，在这种情况下，企业每年收益均相等即为年金，用一个资本化率计算这一年金的现值，以获得企业的价值。这种方法虽然较为简单，但需要满足的假设条件较为严格，因此，评估人员不能简单地将预期收益除以资本化率就得到企业价值，而不具体分析被评估企业是否满足使用收益资本化法的条件。

另外，根据评估对象和收益流的不同，收益法也可以分为股息折现模型、股权现金流折现模型、公司（企业）现金流折现模型、经济利润折现模型等。

二、市场法

企业价值评估中的市场法，是指根据市场上可比企业的价值，通过比较评估对象和可比企业在某一关键指标（销售收入、现金流、账面价值、税后利润等）方面的差异，以确定评估对象价值的评估思路，用公式表示为

$$\frac{V_1}{X_1} = \frac{V_2}{X_2} \quad \Rightarrow \quad V_1 = \frac{V_2}{X_2} \times X_1$$

式中：V_1——被评估企业价值；

V_2——可比企业价值；

X_1——被评估企业与企业价值密切相关的指标；

X_2——可比企业与企业价值密切相关的指标，与 X_1 属于同一种指标，如税后利润。

$\frac{V}{X}$ 通常称为价值乘数或价值比率，分子 V 是可比企业的价值。由于在公开、活跃市场上，企业的交易价格反映了其价值，因此在实践中，可比企业的价值 V 往往直接用其交易价格 P 代替；分母 X 是与企业价值密切相关的经济指标。举例说明，评估基准日可比企业在股票市场上的交易价格为 30 元/股，其利润水平为 2 元/股，则价值乘数为 15，被评估企业的盈利水平为 3 元/股，则被评估企业的价值为

① 注：本例题是将第 6 年作为稳定增长的第 1 年，当然，根据题意也可以将第 5 年作为稳定增长的第 1 年，计算结果相同。

$$V_1 = \frac{V_2}{X_2} \times X_1 = \frac{30}{2} \times 3 = 15 \times 3 = 45(\text{元/股})$$

经济理论和常识都认同一个基本原则，即类似的资产应该有类似的交易价格。该基本原则的一个假设条件为：如果类似资产交易价格有较大差异，则在市场上就可能产生套利交易行为，套利交易行为将使价格差异缩小甚至消失，市场法正是基于该理论而得到运用。在对企业进行价值评估时，市场法充分利用市场及市场中可比企业的成交价格信息，并以此为基础，分析和判断被评估对象的价值。

市场法暗含了一个假设前提：可比企业的交易价格与其价值基本保持一致。如果可比企业的交易价格大幅偏离其价值，则根据相关价值乘数所得评估结果必然会出现偏差。因此，评估人员选择和使用市场法时应当关注是否具备以下四个前提条件。

第一，有一个充分发展、活跃的资本市场；

第二，在上述资本市场中存在着足够数量的与评估对象相同或相似的可比企业；

第三，能够收集并获得可比企业的市场信息、财务信息及其他相关资料；

第四，可以确信依据的信息资料具有代表性和合理性，且在评估基准日是有效的。

上述前提条件是能否运用市场法进行企业价值评估的关键。然而，即使存在着活跃的市场，而且有足够数量的可比企业，可比企业与评估对象完全一致的情况也是比较少见的。在许多情况下，评估人员需要根据评估对象与可比企业之间存在的差异进行必要的分析和合理的调整，才能形成合理的评估结论。

根据可比企业来源途径的不同，市场法可以分为上市公司比较法和交易案例比较法两种。前者的可比企业来自股票市场公开交易的上市公司，后者的可比企业来自并购交易市场上的非上市企业。

三、成本法

企业价值评估中的成本法也称为资产基础法，是指在合理评估企业各项资产价值和负债价值的基础上确定评估对象价值的评估思路。

成本法是以资产负债表为导向的评估方法。不论资产的历史成本和历史收益状况如何，都可以根据其现行交易、出售价格，或者未来收益的折现值，或者现行购买、建造成本确定该资产的现行公允价值。成本法以资产负债表为基础，以各单项资产及负债的现行公允价值替代其历史成本。

成本法评估企业价值并不仅仅局限于资产负债表上的资产项目和负债项目。随着企业盈利水平的变化，受会计核算制度的制约，并不是企业所有资产的价值都能经过会计程序得以量化，最终出现在会计报表上，成为总资产的组成部分。对于有形资产来说，成本法以账面价值为基础，只要会计报表上的账面价值记录准确，使用成本法进行评估相对较容易；而无形资产本来就没有实物形态且不易识别，企业所拥有的专有技术、特许经营权、销售网络等无形资产，在会计报表上并没有相应记录和反映，尽管这些无形资产最能体现企业的发展潜力，但由于采用成本法，很容易少评或漏评，不能体现企业的完整价值。因此，评估人员运用成本法评估企业价值时，既要评估表内资产和负债价值，还要评估表外资产和负债价值，包括但不限于：

1. 可辨识的表外无形资产，如专有技术、特许经营权、销售网络、客户名单等；

2. 未履行完毕的合同；

3. 尚未完工的工程项目，如尚未开发的空置地块、尚未完工的在建工程、尚未结算的合建工程或合作项目；

4. 或有负债；

5. 抵押、担保事项。

应用成本法评估企业价值，并不意味着所有单项资产的评估也应用成本法。企业各单项资产和负债具有不同的属性，不同资产和负债有各自更合适的评估方法，评估人员可以根据具体情况选用适当的具体评估方法对各单项资产和负债进行评估。

成本法的思路是“1 +1 =2”，认为企业价值就是各个单项资产的简单加总。该方法的一个重大缺陷是忽略了不同资产之间的组合效应，也就是说各单项资产组合在一起，往往是“1 +1 >2”，企业的整体价值是要大于单项资产评估值的加总。因此，国外主流评估准则均规定，以持续经营为前提对企业价值进行评估时，成本法一般不应当作为唯一使用的评估方法。国内《资产评估执业准则——企业价值》（2017）第三十六条同样指出：“当存在对评估对象价值有重大影响且难以识别和评估的资产或者负债时，应当考虑资产基础法的适用性。”

四、期权估价法

期权估价法是将金融期权定价理论和模型应用于企业价值评估中。金融期权是一种选择权，是指其持有者支付期权购买费获得期权后，能在规定的期限内按交易双方约定的价格购买或出售一定数量的某种基础资产（如股票、债券、黄金等）的权利，但不承担必须履约的义务。

实物期权与金融期权类似，实物期权是指因标的资产的未来价格不确定而具有一定的价值。例如，一个企业拥有对某个项目的投资机会（这就是一个购买期权），该期权赋予企业在6个月的时间内有权利按执行价格（投资成本）购买标的资产（取得该项目）。同金融期权一样，该标的资产（项目）的市场价值（项目的净现值）是随市场的变化而波动的。在6个月的时间内，如果市场价格（项目的净现值）大于执行价格，意味着有利可图，企业便执行该期权（投资选择）；但如果市场价格（项目的净现值）小于执行价格，意味着无利可图，企业便放弃执行该期权（放弃投资），这时只是损失了已支付的期权费而已。

实物期权估价法在某些行业的企业价值评估中有其用武之地。在资本密集型行业，由于需要在高度不确定的经济环境中开展投资活动，实物期权估价法已成为此类行业的一个强有力的估价工具。在决定是否进行大规模投资或放弃投资之前，先进行一次小规模的投资，这种做法与股票期权非常类似，因为在股票期权中，需要先支付一定数额的期权费购得股票期权，之后再依据实际情况决定是否执行股票期权。适用期权估价法的行业具体包括：能源行业（尤其是石油和天然气行业）、所有的研发密集型行业（如生物技术、药品、高科技）和需要高额营销投资的行业。

近年来，一些理论界人士认为，传统的收益折现方法常常低估企业灵活性投资的价值，人们可以参照金融期权定价的方法，对企业战略的灵活性进行定价；企业价值应该是由经营性资产价值和投资机会价值两部分构成，前者用主流评估技术评估，后者用期权定价模型评估，即

$$
\begin{aligned}
\text{企业价值} &= \text{企业现有业务的价值} + \text{未来潜在业务的价值} \\
&= \text{未来现金流折现值} + \text{企业实物期权价值}
\end{aligned}
$$

目前上述评估思路还停留在理论探讨层面，在评估实践中，尚未有评估人员真正按照这种思路来进行企业价值评估。

五、企业价值评估方法的选择

企业价值评估方法是实现企业价值评估目的的技术路径和手段，虽然企业价值评估方法有多种，但评估方法的选择不是主观随意、无章可循的，一般而言，评估方法的选择应考虑以下几个方面的因素。

（一）企业价值评估的目的

企业价值评估目的决定了企业存续状态，进而制约评估价值类型和评估方法的选择。对于同一企业，如果评估目的不同，则评估方法的选择也可能不同，当然并非必然不同。比如，企业股权在产权市场上挂牌转让，为确定交易价格，企业价值评估的方法可以选择收益法；如果企业的股票在证券市场上公开交易，投资者为了进行股票投资决策，企业价值的评估方法可以采用市场法；如果企业被迫进行清算，此时，企业价值评估方法宜选择成本法。

（二）评估方法应用前提是否满足

不同的企业价值评估方法有着各自不同的应用前提，在应用某一评估方法之前，首先要判断该方法的应用前提是否能够得到满足，只有在应用前提得到满足的基础上，才可以考虑应用该方法。比如，收益法的应用需要确定三个基本参数：收益额、折现率、收益期限，因此，如果要应用收益法，必须满足以下前提条件：首先，被评估企业的预期未来收益可以预测并可以用货币来衡量；其次，企业获得预期收益所承担的风险也可以预测并可以用货币衡量；最后，被评估企业预期获利年限可以预测。

（三）企业自身的特点

企业典型的生命周期包括初创期、扩张期、成熟期和衰退期，处于生命周期的不同阶段，企业具有不同的发展特点，评估人员关注的重点和选择的方法也会有所不同（见图2－3）。

企业处于初创期时，收入较少，现金流和利润常常为负数，评估人员关注的重点是企业的管理水平和经营理念，评估方法可以选择市场法和期权估价法。

企业处于扩张期时，收入会高速增长，同时，由于大规模资本性支出，企业现金流仍然为负值，此时，评估人员关注的重点是企业特有的核心优势（如客户关系、技术开发能力），评估方法宜选择市场法。

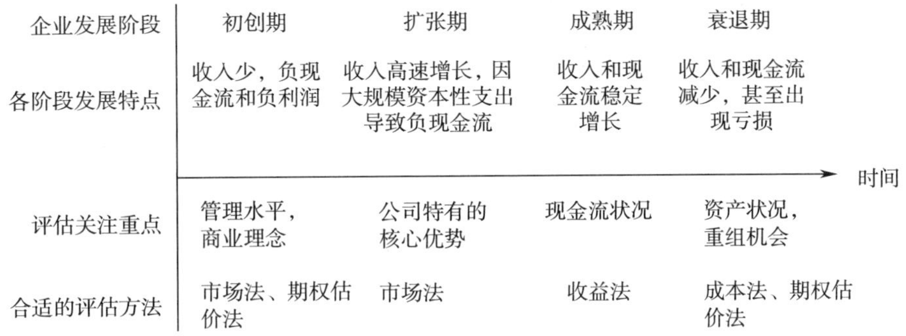

图 2－3　企业不同发展阶段的评估方法选择

企业处于成熟期时，收入和现金流均会稳定增长，但增长速度已经明显放慢，此时，评估人员关注的重点在于企业的现金流状况，评估方法宜选择收益法。

企业处于衰退期时，收入和现金流减少，甚至出现亏损，此时，评估人员关注的重点是企业资产状况以及企业重组的机会，评估方法选择成本法或期权估价法。

（四）评估方法的成本效率

企业价值评估方法由于其自身的特点，在评估同一企业价值时，就有评估效率和直接程度上的差别，因此，评估人员要考虑各种评估方法耗用的物质资源、时间资源及人力资源，在规范、允许的范围内及满足评估要求的前提下，力求提高效率、节约成本，即选择最直接且最有效率的评估方法来完成评估任务。

【知识链接 2－1】　资产评估行业企业价值评估方法的应用

在我国资产评估行业，成本法曾经是企业价值评估的首选方法和主要方法，评估人员以各单项资产评估值简单累加方式对企业整体价值发表意见，较少采用其他评估方法，成本法基本处于垄断地位。而在国际评估实践中，情况却恰好相反，国际评估准则明确指出，除非是基于买方和卖方同样惯例的需要，成本法不得作为评估持续经营企业的唯一评估方法。美国评估准则以及欧洲的评估准则均有类似规定。在借鉴国外评估准则的基础上，中国资产评估协会于 2004 年 12 月 30 日颁布并于 2005 年 4 月 1 日施行的《企业价值评估指导意见（试行）》同样规定："以持续经营为前提对企业进行评估时，成本法一般不应当作为唯一使用的评估方法。"在中国资产评估协会及相关各方的推动下，收益法在企业价值评估中的应用逐渐得到推广。

根据中国证券监督管理委员会发布的《2020 年度证券资产评估市场分析报告》，2020 年证监会并购重组委审核的 77 宗项目，涉及 124 个标的，披露了 167 家被评估单位的资产评估作价情况。除 6 家被评估单位为持股平台，只适宜采用资产基础法评估外，其余 161 家被评估单位中同时使用两种评估方法的为 145 家，占比为 90.06%。同时使用资产基础法和收益法评估的为 128 家，占使用两种评估方法的 88.28%，资产基础法和收益法组合是最常见的评估方法组合。

第六节 企业价值评估的其他要素

一、企业价值评估程序

企业价值评估程序是指评估人员对企业价值进行评估的系统性步骤。不同的评估主体由于评估目的、评估对象、资料收集存在较大差异，因此可能执行不同的评估程序和步骤，但不可否认的是，各种企业价值评估活动存在着某种程度的共性，一些基本步骤是相同或相通的，这些基本步骤包括基本信息收集、评估方法选择、信息分析处理、价值评定估算。

（一）基本信息收集

信息资料的收集、分析和处理是企业价值评估过程中一项基础且重要的工作，从某种意义上讲，企业价值评估的过程就是评估人员对与企业相关信息资料的收集、整理、归纳和分析的过程。

收集基本信息的目的是对评估对象有一个比较全面的认识，掌握影响企业价值的相关因素，为企业价值评估方法的选择以及价值评定估算提供依据。具体而言，评估人员需要收集的基本信息包括以下内容。

1. 被评估企业类型、评估对象相关权益状况及有关法律文件；
2. 被评估企业的历史沿革、现状和前景；
3. 被评估企业内部管理制度、核心技术、研发状况、销售网络、特许经营权、管理层构成等经营管理状况；
4. 被评估企业历史财务资料和财务预测信息资料；
5. 被评估企业资产、负债、权益、盈利、利润分配、现金流等财务状况；
6. 被评估企业以往的评估及交易情况；
7. 可能影响被评估企业生产经营状况的宏观、区域经济因素；
8. 被评估企业所在行业的发展状况及前景；
9. 资本市场、产权交易市场的有关信息等。

对于不同的评估主体而言，上述信息资料的来源渠道可能会不同，比如，资产评估机构接受评估委托对企业价值进行评估时，可以从被评估企业获得大量一手资料，也可以通过现场勘查获得有关资产状况的信息资料；而如果是证券市场上的投资者对企业价值进行评估时，其获得信息资料的渠道主要是公开的报纸、杂志、财经网站等媒体。

（二）评估方法选择

由于不同评估方法的基本原理不同，方法适用的前提条件也不同，所以，评估人员在基本信息资料收集和分析的基础上，需要判断各种评估方法的适用提前是否满足，并结合评估目的、企业自身的特点、评估方法的效率等进行合理选择。不同方法的运用也需要遵循一定的步骤，评估人员在选择方法之后需要按照既定的步骤评估企业价值，得出最终评估值。本教材后面章节将对不同类型的企业价值评估方法的基本原理、适用条件和基本参数确定等进行详细介绍，此处就不再赘述。

（三）信息分析处理

不同的评估方法需要确定不同的参数，而确定不同的参数需要相应的信息资料。评估人员选定评估方法后，随后的任务就是要根据所选方法的技术路径，计算估价模型所需要的各个参数。比如，若选用收益法，则需要确定企业预期收益流、折现率、收益期限等。围绕相关参数，评估人员需要对所收集的基本信息进行分析和处理，与此同时，由于基本信息不可能面面俱到，在计算评估参数时可能会缺少一些信息，此时，则需要进一步收集处理有关的信息。

（四）价值评定估算

评估人员在确定了评估参数后，将评估参数代入评估模型则可以得出被评估企业的初步评估结果。然而，要最终确定被评估企业的价值，还要解决以下问题：是否需要对企业价值评估的初步结果进行调整？如果需要调整，究竟该如何进行调整？

被评估企业既可能是上市企业，也可能是非上市企业；评估的股权既可能是控股股权，也可能是非控股股权。上市企业股权的流动性要强于非上市企业，因此同等条件下，上市股权存在流动性溢价，其单位股权价值要大于非上市企业。同样，具有控股能力的股权由于存在控股权溢价，因此，单位股权价值要大于没有控股能力的单位股权价值。

在得到初步评估结论的基础上，评估人员进行流动性溢价/缺乏流动性折价调整以及控股权溢价/非控股权折价调整后，才能得出最终的评估结果。

二、企业价值评估假设

由于认识客体的无限变化和认识主体能力的有限，人们不得不依据已掌握的数据资料对某一事物的某些特征或全部事实作出合乎逻辑的推断。这种依据有限事实，通过一系列推理，对所研究事物作出合乎逻辑的假定说明就叫假设。企业价值评估与其他学科一样，其理论体系和方法体系的确立也是建立在一系列假设基础上，这些评估假设主要包括基本情景假设、市场条件假设、评估对象状况假设等。

（一）基本情景假设

“交易假设”是企业价值评估得以进行的一个最基本的情景假设。交易假设是假定待评估企业已经处在交易过程中，评估人员根据待评估企业的交易条件模拟市场进行估价。众所周知，企业价值评估的最终结果属于交换价值范畴，为了发挥企业价值评估为产权交易确定交易底价的作用，同时又能够使企业价值评估得以进行，利用交易假设将被评估企业置于“市场交易”当中，模拟市场进行评估就成为可能。

交易假设一方面为企业价值评估得以进行创造了条件；另一方面它明确限定了企业价值评估应该处于“交易环境”，即企业产权是被置于市场交易之中，企业价值评估不能脱离市场条件而孤立地进行。

（二）市场条件假设

企业价值评估的市场条件假设是在交易假设的基础上，进一步限定评估对象在何种市场条件下进行“交易”。企业价值评估的市场条件假设具体包括两种假设：其一是公开市场假设；其二是非公开市场假设。

公开市场假设和非公开市场假设的划分是依据决定市场条件的两大基本要素：其一是参与交易的市场主体的地位及其数量；其二是交易时间是否充分。将参与交易的市场主体的数量足够多（即有众多的自愿买者和卖者参与交易）且地位平等，以及交易时间足够充分（即交易对象有充分的时间展示，交易双方都有足够的时间了解交易对象和市场情况）这两个条件同时具备的市场，定义为公开市场。上述两个条件不能同时具备的市场定义为非公开市场。非公开市场假设具体包括：有限交易主体假设、关联交易假设、快速变现假设（也称为清算假设）。

（三）评估对象状况假设

评估对象状况假设是对被评估企业存续状况所做的一种合理假设，通常分为以下几种具体的假设。

1. 延续经营假设：企业作为收益性资产的组合，将按照目前的经营状况继续经营下去。

2. 重组经营假设：企业虽然继续经营下去，但企业经营管理层、企业主营业务、企业核心资产等将发生重大变化。

3. 有序出让假设：企业的所有资产将一件一件地在市场上变卖，且以正常的市场价格出现和转让。

4. 被迫清算假设：企业的所有资产将被迫一件一件地在市场上变卖，由于需要快速变现，所以资产的交易价格将低于正常的市场交易价格。

除了上述假设外，评估人员在进行企业价值评估时，还可以根据需要对其他方面作出合理的假设，比如，对企业面临的宏观经济环境和微观经济环境作出相应的假设等。

三、企业价值评估原则

企业价值评估原则是评估人员在企业价值评估活动中需要遵循的经济学原理和市场法则浓缩而成的主要技术规范。

（一）预期收益原则

该原则概括出企业价值的最基本决定因素，企业之所以具有价值是因为它能够为其所有者带来经济利益，企业价值的高低主要取决于它为其所有者带来预期收益量的大小。预期收益原则是评估人员判断企业价值的一个最基本依据。

（二）供求原则

企业股权在市场上的交易价格必然会随着供求关系的变化而变化。在市场上，企业股权是一种特殊的商品，因而符合价值规律。当企业股权的供给大于需求时，企业股权的市场价格就会下降；当需求大于供给时，企业股权的市场价格就会上升。所以，要充分分析企业股权的供求规律，并在价值评估时加以考虑。

（三）最佳使用原则

企业作为一种资源性产品，也必须按照最佳用途进行配置，所有的资源都是有限的，只有资源的功能得到最充分的利用，处于最佳的使用状态时，收益才会最大化，在一个充分竞争的市场环境中，企业市场价值的最大化，取决于企业资源配置的最优化，因此，衡量一个企业的价值必须考虑相关的因素，分析其最佳使用状态。

（四）替代原则

一个理智的投资者愿意为某项资产花费的代价，不会超过他从市场上得到同类资产所支付的代价，这个原则同样适用于企业价值评估，如果与功能、盈利类似的企业相比，某企业的价格较高时，那么这个企业的市场价格就会降低，因为投资者会在众多的企业中寻找功能价格比最高的资产。一般来说，如果市场上出现相同或近似的投资对象，投资者会选择价格较低者。

（五）贡献原则

贡献原则指某一资产的价值取决于它对其他相关资产或整体资产的贡献，在企业价值评估中，要区分不同资产对企业整体现金流的贡献和风险。

四、企业价值评估基准日

企业价值随内部、外部环境的变化而变化，以苹果公司为例，2004 年 9 月 30 日的收盘价为 85.12 美元，而 17 年后（2021 年 9 月 30 日）的收盘价已达 32973.6 美元[①]（后复权）。企业价值所表示的是一个时点价值的概念。由于企业价值的动态变化性，为了使企业价值评估得以操作，同时，又能保证企业价值评估结果可以被市场检验，在进行企业价值评估时，必须假定市场条件固定在某一时点，这一时点就是评估基准日，或称估价日期。评估基准日为企业价值评估提供了一个时间基准，评估人员所获得的评估值是评估基准日的企业价值。

【本章小结】

- 企业价值评估涉及评估主体、评估客体、评估目的、评估方法等一系列必不可少的评估要素。
- 对不同的评估主体而言，企业价值评估具有不同的作用和意义。或是作为向客户提供的一项服务，或是作为投资决策的依据。企业价值评估主体主要包括资产评估机构、投资银行、股票投资者、企业等。
- 企业价值评估的客体包括三种类型：企业整体价值、股东全部权益价值和股东部分权益价值。国外评估实践中常用的投入资本是经营性资产占用的资本，在此基础上，加上非经营性资产占用的资本则为全部投入资本（简称全投资）。全投资价值等同于企业整体价值。

① 数据来源：东方财富网站，http：//quote. eastmoney. com/us/AAPL. html.

✧ 企业价值评估的一般目的是获得企业整体、股东全部权益或股东部分权益的公允价值，对于所有企业价值评估活动都一样。企业价值评估特定目的意指导致企业价值评估活动的经济行为，包括企业并购、股权转让、股权投资入股、企业改制上市、企业经营决策、纳税、法律诉讼等。

✧ 企业价值评估中的价值类型是企业价值评估结果的价值属性及其表现形式。不同属性的价值类型所代表的企业价值评估结果不仅在性质上是不同的，而且在数量上往往也存在较大差异。

✧ 企业价值评估中的价值类型分为市场价值和市场价值以外的其他价值，市场价值以外的其他价值是指除市场价值这一类型以外的其他所有的价值类型，包括在用价值、投资价值、残余价值、清算价值等。

✧ 企业价值评估时价值类型的选择依据主要有三个方面：评估目的、市场条件和企业自身状况。

✧ 根据所依据理论基础和技术路径的不同，企业价值评估方法可以分为四大类：收益法、市场法、成本法、期权估价法，其中，收益法和市场法是证券投资领域、企业并购决策中常用的评估方法；收益法、成本法是资产评估行业进行企业价值评估时所常用的评估方法；期权估价法则应用于一些比较特殊的企业价值评估中。

✧ 企业价值评估方法的选择应考虑以下几个方面的因素：企业价值评估的目的、评估方法应用前提是否满足、企业自身的特点、评估方法的成本效率等。

✧ 企业价值评估建立在一系列假设基础上，这些评估假设主要包括基本情景假设、市场条件假设、评估对象状况假设等。

✧ 企业价值评估原则是评估人员在进行企业价值评估活动中需要遵循的经济学原理和市场法则浓缩而成的主要技术规范，包括预期收益原则、供求原则、最佳使用原则、替代原则、贡献原则等。

【思考题】

1. 不同评估主体的企业价值评估活动有什么区别与联系？
2. 企业价值评估客体有哪些？它们之间有什么样的关系？
3. 如何理解市场价值和市场价值以外的价值？评估实践中应如何选择价值类型？
4. 四种企业价值评估方法的思路是什么？评估人员如何合理选择评估方法？
5. 什么是企业价值评估假设？常用的企业价值评估假设有哪些？
6. 试阐述企业价值评估原则的含义。

第三章

企业价值驱动因素

（在投资决策时）选择的标准是否正确取决于投资者的特点……有两个目标对所有投资者都再熟悉不过：(1) 他们想要高“回报”。对“回报”的准确定义可能因投资者不同而不同，但是，不论哪种想法，他们都喜欢更多的回报而不是少些回报。(2) 他们希望投资回报是可信赖的、稳定的、远离不确定性的。

——**哈利·M. 马柯维茨**

【本章学习目的】

- 了解企业价值的驱动机制。
- 掌握股权现金流和企业现金流的计算及两种现金流的影响因素。
- 掌握增加企业成长性的方式。
- 熟悉企业风险的种类及各种风险的影响因素。

第一节　企业价值驱动机制

追求盈利是企业的基本特征之一。对于持续经营企业，不论出于何种评估目的，从根本上讲企业价值都是其未来收益流的折现值。很显然，企业价值的大小取决于企业未来收益流和折现率的大小，在其他条件不变的情况下，未来收益流越大，企业价值越大，未来收益流越小，企业价值越小；折现率越小，企业价值越大，折现率越大，企业价值越小。

企业未来收益流由企业基础收益流和企业成长性所决定。企业基础收益流是企业未来每一期收益中与第一期收益相等部分收益构成的收益流。企业成长性表现为企业未来收益流增长率的大小，企业未来收益流的增长率主要来自两个方面，其一是企业现有投资项目和组织资本①在未来经营期间释放出来的增长潜力；其二是企业未来再投资以及

① 企业的组织资本是指由于将员工、客户、供应商和管理者组织在一起，形成一个协调的统一体所产生的价值。

组织资本增加形成的收益流增长。企业基础收益流和企业成长性之间的关系如图 3－1 所示，其中，R_n 为第 n 期的企业收益流。

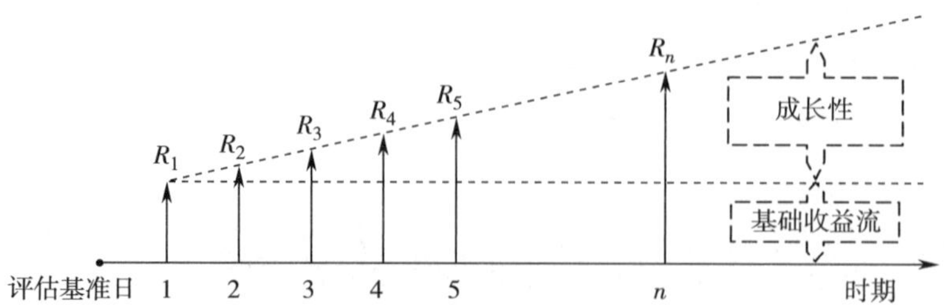

图 3－1　企业基础收益流及企业成长性

折现率这一参数由无风险报酬率和风险报酬率构成。无风险报酬率非企业可控，而风险报酬率则取决于企业未来收益流的风险程度，因此，影响企业价值的核心因素即企业价值驱动因素（Value Drivers of the Business）为企业基础收益流、企业成长性及未来收益流的风险性（见图 3－2）。运用收益折现模型，可以更清楚地认识各驱动因素对企业价值的影响。以股权价值评估为例，假设企业每年股权收益相同，均为 R_1，即增长率 g 等于 0，则评估基准日企业股权价值 V_0 为

$$V_0 = \frac{R_1}{r}$$

式中：r 为与股权收益流相匹配的折现率。上式表明，企业股权价值 V_0 与折现率 r 呈反方向变化，折现率 r 越大，企业股权价值越小，反之，折现率 r 越小，企业股权价值越大；企业股权价值 V_0 与基础收益流呈同方向变化，基础收益流 R_1 越大，企业股权价值越大，反之，基础收益流 R_1 越小，企业股权价值越小。如果企业股权收益流年增长率为 g，则企业股权价值 V_0 为

$$V_0 = \frac{R_1}{r-g} = \left[\frac{R_1}{r-g} - \frac{R_1}{r}\right] + \frac{R_1}{r}$$

式中：$\frac{R_1}{r-g} - \frac{R_1}{r}$为企业成长性价值，$\frac{R_1}{r}$为基础收益流价值，也就是说，企业股权价值由成长性价值和基础收益流价值两部分构成。

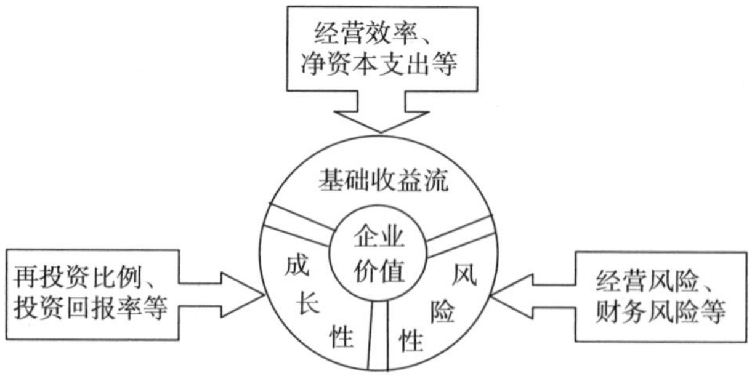

图 3－2　企业价值驱动因素

当然，每一个价值驱动因素又有多个具体影响因素，以常用的收益流形式——现金流为例，基础现金流由企业经营效率、净资本支出、非现金营运资本等多个因素共同决定。评估人员对企业价值进行评估时，必须围绕主要价值驱动因素，分析和把握主要价值驱动因素的各种具体影响因素，洞悉企业经营活动和经营决策对价值驱动因素的影响，在此基础上，量化估值模型参数，进而对企业价值进行评定估算。

第二节　基础现金流

从反映企业盈利水平的可靠性角度看，在各种形式的收益流中，现金流要优于利润、收入等形式的收益流，因此在企业价值评估中得到非常广泛的运用，本节将以现金流为重点，阐述企业经营活动、经营决策如何影响企业基础现金流这一价值驱动因素，进而影响企业价值。

一、企业现金流与股权现金流

现金流是企业在一定会计期间按照现金收付实现制，通过一定经济活动（包括经营活动、投资活动、筹资活动和非经常性项目等）而产生的现金流入、现金流出及其总量情况的总称，即企业一定时期的现金和现金等价物的流入、流出及其合计数量。现金流根据其拥有主体不同，可分为股权现金流（也称为股权自由现金流）和企业现金流（也称为企业自由现金流）。

股权现金流（FCFE）是支付完经营费用和税金，满足了资本支出、偿还债务和营运资本支出需要后的剩余现金流，即股东可以自由支配的现金流，其计算公式为

$$\begin{aligned}\text{股权现金流} &= \text{税后净利润} + \text{折旧} - \text{营运资本增加} - \text{资本性支出} + \\ &\quad (\text{新债发行} - \text{旧债偿还})\end{aligned}$$

如果企业资本支出和营运资本的增加依靠目标负债比率 δ 进行融资，同时，旧债偿还通过发行新债完成，则股权现金流的表达式可以改写为

$$\begin{aligned}\text{股权现金流} &= \text{税后净利润} - (1-\delta)(\text{资本性支出} - \text{折旧})^{①} - \\ &\quad (1-\delta)\ \text{营运资本增加}\end{aligned}$$

企业现金流（FCFF）是支付完经营费用和税金，满足了资本支出和营运资本支出需要后剩余的现金流，即企业股东和企业付息债的债权人可以自由支配的现金流，也称为投入资本现金流，其计算公式为

$$\begin{aligned}\text{企业现金流} &= \text{息税前利润(EBIT)} \times (1 - \text{所得税税率}) + \text{折旧} - \text{营运资本增加} - \text{资本性支出} \\ &= \text{税后营业净利润(NOPAT)} + \text{折旧} - \text{营运资本增加} - \text{资本性支出}\end{aligned}$$

---

① （资本性支出 - 折旧）为净资本性支出，为现金流出项，$\delta \times$（资本性支出 - 折旧）为净资本支出通过举债来支持的部分，为现金流入项。

企业现金流也可以在股权现金流的基础上，再加上债权人要求的现金流，即加上作为现金流入项的税后利息，减去作为现金流出项的付息债务的增加，用公式表示为

企业现金流 = 股权现金流 + 税后利息费用 - 付息债务净增加

当然，股权现金流也可以在企业现金流的基础上，减去债权人要求的现金流求得。

股权现金流和企业现金流分别用来评估不同类型的企业价值，股权现金流用来评估股东权益价值，企业现金流用来评估股东权益和付息债务价值。股权现金流和企业现金流的计算与比较见表 3-1，从表中可以看出，股权现金流和企业现金流的区别主要表现在两个方面，其一，股权现金流需要扣除债务利息，而企业现金流则不需要扣除；其二，股权现金流需要考虑债务资本的变化，而企业现金流则不需要考虑。

表 3-1　　股权现金流和企业现金流的计算与比较

<table>
<tr><th>股权现金流的计算</th><th>企业现金流的计算</th></tr>
<tr><td>销售收入
减：销售成本</td><td>销售收入
减：销售成本</td></tr>
<tr><td>等于：毛利
减：营业费用和管理费用</td><td>等于：毛利
减：营业费用和管理费用</td></tr>
<tr><td>等于：息税前利润（EBIT）
减：利息费用</td><td rowspan="2">等于：息税前利润（EBIT）
减：以 EBIT 为基数的所得税</td></tr>
<tr><td>等于：税前净利润
减：所得税</td></tr>
<tr><td>等于：税后净利润（NIAT）
加：折旧和摊销</td><td>等于：税后营业净利润（NOPAT）
加：折旧和摊销</td></tr>
<tr><td>等于：股权毛现金流
减：营运资本的增加
减：资本性支出
加：债务资本的增加①</td><td>等于：企业毛现金流
减：营运资本的增加
减：资本性支出</td></tr>
<tr><td>等于：股权现金流</td><td>等于：企业现金流</td></tr>
</table>

【例 3.1】某企业 20A1 年度销售收入为 280 万元，销售成本为 120 万元，营业费用为 45 万元，管理费用为 12 万元，财务费用为 4 万元，折旧为 13 万元。20A1 年末，货币资金为 51 万元，应收账款为 14 万元，存货为 24 万元，固定资产净额为 150 万元，应付账款为 35 万元，应付工资为 17 万元，长期负债为 20 万元。20A0 年末，货币资金为 48 万元，应收账款为 13 万元，存货为 22 万元，固定资产净额为 140 万元，应付账款为 31 万元，应付工资为 16 万元，长期负债为 10 万元。计算该企业 20A1 年度的股权现金

① 新发行债务减去需要偿还的旧债后的差额为债务资本的增加。

流和企业现金流（所得税税率为25%）。

解：根据现金流计算公式，首先计算息税前利润、营运资本的增加额以及资本性支出。

20A1年度的息税前利润（EBIT）为

EBIT＝销售收入－销售成本－营业费用－管理费用
＝280－120－45－12
＝103(万元)

20A1年度营运资本的增加额为

20A1年度营运资本－20A0年度营运资本
＝20A1年末(流动资产－流动负债)－20A0年末(流动资产－流动负债)
＝(51＋14＋24－35－17)－(48＋13＋22－31－16)
＝1(万元)

20A1年度资本性支出为

20A1年末固定资产净额＋20A1年度折旧－20A0年末固定资产净额
＝150＋13－140
＝23(万元)

股权现金流＝(103－4)×(1－25%)＋13－1－23＋(20－10)
＝73.25(万元)

企业现金流＝103×(1－25%)＋13－1－23
＝66.25(万元)

二、基础现金流的影响因素

在企业发展过程中，与企业经营活动及管理决策相关的、影响股权现金流和企业现金流的主要因素包括企业经营效率、企业税负、投资项目的净资本性支出、非现金营运资本等。

（一）企业经营效率

企业经营效率反映了企业的经营绩效。对于持续经营企业而言，常用的一个评价指标是企业经营利润率（Operating Margin），该指标等于企业经营利润与企业销售净额的比值，其中，经营利润是企业正常生产经营业务所带来的、未扣除利息及所得税前的利润即息税前利润（EBIT）。企业经营效率对企业的息税前利润起决定作用，并由此决定了企业的税后净利润（NIAT）和税后营业净利润（NOPAT）的多少。在其他条件保持不变的情况下，与同行业中经营效率较低的企业相比，越有效率的企业其经营利润率越高。如果企业可以提升现有资产的经营利润率，则企业的现金流将得到增加。

提高企业经营效率的重要举措之一就是降低企业的经营成本（如减少冗员），但降低成本的举措可能会带来一些负面影响，比如，企业通过削减研究和开发方面的支出，很容易使当前的经营利润呈现出明显增长，但是这样做会耗尽公司未来增长的潜力。因此，只有当被削减的资源能够为企业提供充足的经营利润，同时不会影响未来成长时，削减成本的行为才有助于企业价值的提升。

（二）企业税负

企业价值是税后现金流的现值，税收是企业的现金流出项。因此，税负的变化将影响现金流，进而影响企业价值。企业在经营活动过程中，常常可以通过一些手段降低其总体税率。

1. 跨国经营企业可以把利润从高税率的地区转移到低税率的地区或无税率的地区。比如，通过内部交易价格（转移价格）将利润从一个地区转移到另一个地区。

2. 企业承担当前的净经营亏损（Net Operating Losses），以期将这些亏损递延到以后各期抵销未来的利润。这也是一些获利能力较强的企业并购那些亏损企业的原因之一。

3. 由于许多税种实行累进税率，收益的边际税率是随着收益的增加而递增的，所以企业通过使用收益管理来平滑整个时期的收益水平，从而使自身的收益趋于稳定，尽量避免进入高边际税率区域。

（三）投资项目的净资本支出

净资本支出是资本支出和资产折旧的差额，作为一项现金流出，它降低了企业的现金流。净资本支出主要出于两个目的，其一是获得未来的成长机会，如固定资产的技术改造；其二是维持当前资产的正常运转。对于第一种净资本支出，减少其数量也就意味着丧失未来的成长机会，对企业价值将带来负面影响；而对于第二种净资本支出，如果企业可以在没有任何负面影响的前提下，降低它的维持性资本支出，企业的现金流将增加，企业价值将得到提升。

在资本的维持性支出和资产的使用寿命之间存在一种均衡。一家没有任何维持性资本支出的企业必然会从这些资产上得到很高的税后现金流，但是资产的使用寿命将大大缩短。反之，企业将折旧部分的资金全部投资于维持性资本支出，这样企业可能会显著延长其资产的使用寿命，但是却为此支付了过于昂贵的维持性资本支出，大幅降低了现金流。

（四）非现金营运资本

企业中的非现金营运资本是指非现金流动资产（主要包括存货和应收账款）与非付息的流动负债（主要由应付账款构成）的差额。投资于非现金营运资本的现金，其使用有严格的规定，不能随便变动，因此，非现金营运资本的增加是现金流出，非现金营运资本的减少是现金流入。

显然，降低非现金营运资本在收入中所占比重将有助于增加现金流，从而增加企业价值，但是这必须建立在对企业成长性和营业收入没有负面影响的基础上。企业为了扩大销售量，通常会持有一定的存货，并提供一定的信用销售（赊销）。如果削减存货或者减少赊销规模会引起销售量降低的话，其结果可能会与初衷背道而驰。

第三节　成长性

成长性反映了企业未来现金流的变化趋势，具有良好成长性的企业，其未来现金流将能够保持快速增长。在其他条件不变的情况下，成长性越好的企业，其价值越高，提高成长性将提高企业价值。为了获得高成长性，企业常常通过资本再投入以及延长企业高成长期来增加企业成长性价值。

一、资本再投入

如果企业能够获得比较理想的投资回报，则可以将部分收益用于再投资，从而实现企业收益及现金流的增长。当然，企业也可以通过债务融资、股权融资的方式获得资金，进行资本的投入，此处讨论的是：企业追加投入的资本来源于企业的收益，此时，成长性能否增加企业价值，则要视具体情况而定。

企业期望的收益增长率是收益再投资比率和新投资项目的回报率（投资的边际回报率）共同作用的结果，即

期望的收益增长率 = 收益再投资比率 × 投资回报率[①]

需要指出的是，上式中收益与投资回报率口径要保持一致，如果收益指标为净利润，则期望的净利润增长率为

期望的净利润增长率 = 净利润的再投资比率 × 净资产收益率

如果收益指标是税后营业净利润（NOPAT），则期望的税后营业净利润增长率为

期望的 NOPAT 增长率 = NOPAT 再投资比率 × 投入资本回报率

提高期望增长率可以通过增加再投资比率、增加资本回报率或者二者同时增加的方式来实现。然而，再投资决策必须要慎重，因为追加再投资一方面能够获得更高的成长性，但另一方面将使自由现金流减少，税后利润再投资的影响如表 3－2 所示。

表 3－2　　收益再投资的双重影响

正面效应	负面效应
提高预期的成长性： 预期成长性 = 再投资比率 × 资本回报率	降低企业现金流（FCFF）： 减少的现金流 = 收益 × 再投资比率

通过企业收益的再投入可以实现企业的成长性，再投资比例越高，期望的增长率越快，从而更有助于企业价值的提升；但是，再投资比例增大将导致企业现金更多地流出，从而导致企业价值减少。那么，再投资的最终结果究竟是提升企业价值，还是减少

① 公式推导如下：假设上年度收益为 R，下年度初追加的投资为：R × 再投资比率，则下年度增加的收益 $\Delta R = R \times$ 再投资比率 × 投资回报率，下年度期望的收益增长率 $g = \Delta R/R = R \times$ 再投资比率 × 投资回报率 $/R$ = 再投资比率 × 投资回报率。

企业价值呢？下面将通过具体计算来加以说明（以税后经营净利润的再投资为例）。

假设某企业未来第1年的税后营业净利润（NOPAT）为1000万元，企业通过将部分税后营业净利润再投资实现企业税后营业利润和现金流的增长，每年折旧再投入维持再生产，加权平均资本成本为10%（折现率），企业永续经营，没有非经营性资产和负债。在不同的投入资本回报率及不同的增长速度下，企业整体价值（企业现金流折现法）① 如表3-3所示。其中，企业现金流为

$$FCFF = NOPAT + 折旧 - 折旧再投入 - NOPAT\ 再投入部分$$
$$= NOPAT - NOPAT\ 再投入部分$$

表3-3　投入资本收益流和增长率对企业价值的影响　单位：万元

税后营业净利润年增长率	投入资本回报率				
	7.5%	10.0%	12.5%	15.0%	20.0%
2%	9167	10000	10500	10833	11250
4%	7778	10000	11333	12222	13333
6%	5000	10000	13000	15000	17500
	价值减少	价值不变	价值提升		

从表3-3可以看出，在投入资本回报率为7.5%时，增长率越快，企业价值反而越低，增长率为2%时，企业整体价值为9167万元，当增长率提高到6%时，企业整体价值则降到了5000万元。在投入资本回报率为10%（等于加权平均资本成本）时，企业价值不随增长率的变化而变化，均为10000万元。在投入资本回报率大于10%时，企业整体价值随增长率的提高而得到提升，比如投入资本回报率为12.5%，当增长率分别为2%、4%、6%时，则企业整体价值分别为10500万元、11333万元、13000万元。以上计算结果表明，只有当企业经营盈余的再投资收益率（投入资本回报率）大于用来对现金流折现的加权平均资本成本时，简单地讲，就是再投资收益率大于资本成本时，提高增长率才会增加企业价值，否则的话，增长率的加快反而会毁损企业价值。

以上讨论建立在保持当前资本成本为常数的前提上，具有良好投入回报的企业，通过经营盈余的再投入实现企业的成长，从而增加企业价值，然而，如果企业投资于新的、风险更大的行业，那么，资本成本的增加可能会抵消成长性的提高。不管怎么说，一条基本准则是：无论项目的风险多大，只要项目的资本投资回报率超过资本成本，则企业价值将随增长率的提高而得到提升。

二、高成长期的长短

许多企业在经过高速增长后才达到稳定增长状态，其稳定增长率一般会低于宏观经

① 以年增长率6%、投入资本回报率20%为例，计算得再投资比例为30%，则企业现金流为1000×（1-30%）=700（万元），企业整体价值=700/（10%-6%）=17500（万元）。

济的增长率。另外，当且仅当企业的资本投入回报率超过资本成本时，成长性才可能创造出价值。在其他条件保持不变且存在超额回报的情况下，高成长时期持续的时间越长，企业的价值就越大。由于超额回报会吸引竞争者进入该行业，因而，任何企业都不可能在竞争性的产品市场上持久地获得超额回报。这就是说，对超额回报的高增长的假设暗含了存在市场进入壁垒这一假设，市场进入壁垒有效地阻止了竞争对手进入该行业，同时也减慢了超额回报消失的速度。为了延长高成长期、保持良好成长性，企业往往通过培育竞争优势、提高进入壁垒等手段来获得超额回报，具体方法包括建立品牌优势、获得法律保护、增加转换成本、建立成本优势等。

（一）建立品牌优势

与同行业竞争对手相比，拥有知名品牌的企业一般会得到更高的资本回报、创造更大的价值。创建品牌是一个长期的、需要巨额资金投入的过程，但企业可以强化当前已有的品牌，并提高这些品牌的价值。在现实经济生活中有许多成功的案例，比如，可口可乐公司在过去的二三十年内使得企业价值得到大幅提升，分析人士把它的成功归结于企业权益或者资本的高额回报，但是这些高额回报并不是成功的原因，而只是成功的结果。这些高额回报是与企业坚定不移地在世界范围内打造企业品牌分不开的。相反，如果获得一个有价值的品牌却不懂得珍惜它的价值，则可能迅速降低企业的价值。

高技术企业对品牌价值的体会比较深切，它们通过大量广告和促销，让自己的品牌得到消费者的认可，品牌已经成为当今吸引消费者的最直接的手段。像华为公司、苹果公司这样的企业，在创造可以被人们广泛认可的品牌方面都有自己独到的成功经验，但是评价成功的最终标准是它们是否可以运用这些品牌在未来得到较高的回报。

（二）获得专利权、许可证以及其他法律保护

企业可以获得的第二种竞争优势是法律方面的竞争优势如专利权，因为只要企业拥有产品专利权，它们就可以享受生产和销售产品的专有权利，而这种权利是其他企业享受不到的，这种情况在制药行业尤其突出。另外，有一些行业比如电信运营行业，企业会享有专有的许可权（专营权）。

合理使用法律保护能够有效地增强企业的竞争优势。如果企业的竞争优势来自现有的专利权，企业可通过投入更多的研发费用，致力于开发新的专利权，以长期保持这种优势。研发费用的使用效率很重要，只有高效的研发部门，才能快速、低成本地创造出专利，而且可以高效地将专利权转化为商品。

来自专有许可权或者法律上垄断权的竞争优势虽然对提升企业的价值有利，但有时候它们可能反而限制了企业的获利能力。当企业被其他组织机构（如政府）授予了这类权力时，那些组织机构通常会根据规章制度控制企业产品价格和利润率。以美国为例，美国的许多电力和电话服务规章的制定都是以阻止这些企业得到超额回报为前提的。反过来，如果企业可以自由定价的话，那么企业很可能通过放弃它们在法律上的垄断优势而得到更大的活动空间，企业价值反而会得到提升。

（三）增加转换成本

转换成本（Switching Cost）指的是当消费者从一个产品或服务的提供者转向另一个提供者时所产生的一次性成本。这种成本不仅仅是经济上的，也有时间、精力和情感上的，它是构成企业竞争壁垒的重要因素。如果顾客从一个企业转向另一个企业，可能会损失大量的时间、精力、金钱和关系，那么即使他们对当前企业的服务不是完全满意，也会三思而行。

处于高增长阶段的企业，可以通过增加转换成本以防止消费者向竞争对手转移，从而巩固自己的市场竞争地位，使高成长性时期得以延长。企业要提高顾客的转换成本，首先要评估如果自己的顾客转投竞争对手，将会在时间、经济和情感等方面有哪些损失，然后通过提高顾客的转换成本来增加顾客转换的难度和代价。有的企业通过宣传产品和服务的特殊性，让顾客意识到他们的转换成本很高。例如，公司可以向顾客宣传其产品和服务的复杂性和较长的学习过程，让他们感知到转换成本很高，因此不愿意轻易更改服务提供商。同样，通过宣传企业自身的特殊性和不可替代性，为消费者提供一整套适合他们的不同功能的产品和服务，来增加顾客的依赖性，有效抵挡其他企业的诱惑。

微软公司在这一方面树立了一个非常成功的典范。微软公司比其他多数公司都更早地意识到，软件行业最有用的进入壁垒就是产品最终使用者向其他竞争者转移的成本。事实上，微软公司产品能很容易地实现各种文件格式之间的相互转化（比如，它允许用Excel打开Lotus电子制表软件格式的文件），同时，微软公司通过开发微软办公系统（Microsoft Office），使它的最终客户要转而使用其他公司产品的成本越来越高。因此，那些已经安装微软办公系统的用户，以及那些想放弃微软办公系统而换用其他软件的客户要真正放弃微软公司的产品需要克服很多的障碍。

（四）建立成本优势

企业的成本优势从两个方面影响企业价值：其一，在与竞争者销售价格相同的情况下，拥有成本优势的企业可以获得更高的投资回报率。其二，企业可以实行低于竞争者的价格策略，以获得更高的市场占有率和资本周转率。事实上，提高投资回报率或者资本周转率（或二者同时提高）的净效果是增加期望成长性。

规模经济的成本优势可以对进入该行业的新厂商提出更高的资本方面的要求。以航空行业和汽车行业为例，竞争几乎完全是在目前的市场参与者之间展开的，新进入的企业很难在市场中站稳脚跟。虽然既有企业之间的竞争或多或少限制了超额回报的规模，但由于行业中缺乏新的市场进入者，行业中的企业可以持续地获得高于正常水平的回报。

通常情况下，企业可以按照下面的方法建立相对于它的竞争者的成本优势，并使成本优势成为一种进入壁垒。

1. 在那些因规模效益可以降低成本的行业中，规模经济的存在往往使大企业拥有比小企业更大的竞争优势；

2. 拥有或者掌握一个分销系统的专有权利可以为企业带来相对于其他竞争者的成本优势；

3. 使用低成本的劳动力和资源也可以为企业带来成本优势。

【参考案例 3－1】　一代巨擘苹果公司及“苹果之魂”乔布斯

北京时间 2022 年 1 月 4 日，苹果市值第一次站上了 3 万亿美元的台阶。3 万亿美元相当于全球第五大经济体的 GDP 体量，仅次于美国、中国、日本及德国。

资本市场之所以给予苹果公司如此高的估值，是因为苹果公司具备了价值驱动的三大利器——庞大的现金流、稳定的增长率以及低风险性。以 2021 年度财报为例，苹果公司的营业收入达 3943 亿美元，同比增长 7.79%；净利润达 998 亿美元，同比增长 5.41%；每股收益为 6.15 美元。

苹果公司成功经验有很多，但不可否认的是，技术创新和产品创新起到了决定性的作用。苹果公司在高科技企业中历来以创新闻名。透过 Apple Ⅱ、Macintosh 计算机、iPod 音乐播放器、iTunes 音乐商店、iPhone 手机以及 iPad 平板电脑等知名产品，苹果公司已成为全球最重要的科技电子产品公司，在软件与硬件的设计上，都具有举足轻重、动见观瞻的绝对影响力。

苹果公司创新的动力源泉来自“苹果之魂”乔布斯。1976 年 4 月 1 日，时年 21 岁的乔布斯和 26 岁的沃茨在乔布斯家的车库里成立了苹果电脑公司。

1980 年 12 月 12 日，苹果公司股票上市，挂牌不到一个小时，460 万股就被抢购一空，当日苹果以每股 29 美元收市，按此计算，一天内苹果高管中产生了 4 名亿万富翁和 40 多名百万富翁。

迅速崛起带来的功名背后危机四伏。由于公司高层经营理念不合，在与 IBM 等公司的激烈竞争中，苹果节节败退。董事会将一切失败归咎于董事长乔布斯，1985 年，乔布斯被自己亲手创建的苹果公司扫地出门。

没有乔布斯的苹果就像它的商标一样残缺不全。乔布斯“出走”后，多位继任者都没能逆转苹果的颓势。由于经营理念封闭，漠视合作伙伴，并坚持软硬件捆绑销售策略，苹果电脑产品无法占领大众市场。

乔布斯离开苹果后，创建了 NeXT 计算机公司。直至 1997 年，NeXT 被苹果收购，乔布斯重回苹果怀抱。

乔布斯反思了苹果事业从巅峰跌入谷底的教训，着手进行公司战略和产品改革，不仅与微软缔结了“世纪之盟”，更推出一系列电脑、播放器和手机产品，一路领跑在 IT 业潮流最前端，开创了苹果的第二个“乔布斯时代”。

1997 年乔布斯就任 CEO 时，苹果巨亏 10 亿美元，仅一年便扭亏为盈 3.09 亿美元，个人电脑市场占有率由 5% 增至 10%。就连当初将乔布斯挤出苹果的约翰·斯卡利也不由赞叹：“乔布斯干得绝对出色，苹果又回到了原来的轨道。”

1997 年乔布斯成为《时代周刊》封面人物，同年被评为最成功的企业管理者，2009 年他被《财富》杂志评为美国最佳 CEO，同年当选《时代周刊》年度风云人物。

然而，这样一位 IT 领域的传奇领袖却于 2011 年 10 月 5 日离世，走完了短短 56

年的人生。不过乔布斯的去世对该公司股价影响并不大，乔布斯去世后苹果股价不跌反涨，表明苹果公司与乔布斯的命运之间已不再具有画等号的关系。正如巴克莱银行分析师雷特兹在发布给客户的报告中称："我们相信，乔布斯是经过深思熟虑的，目前新任 CEO 蒂姆·库克及其他能手必将推动苹果继续前行，苹果的创新活动和产品动量仍可继续下去。"

资料来源：根据环球网和东方财富网相关文章整理。

第四节　风　险

从企业价值评估的角度看，风险代表了企业未来收益的不确定性，风险大小反映在对收益流加以折现的折现率中。"高风险、高回报"是投资的一个基本规则，在其他条件不变的情况下，风险越大，折现率越高，企业价值越低；反之，风险越小，折现率越小，企业价值越大。企业风险主要表现在市场风险、经营风险、财务风险等几个方面。

一、企业面临的市场风险

市场风险是指企业未来销售收入的不确定性对企业实现其既定目标的影响。企业面临的市场风险是其生产的产品或提供服务的直接函数，而企业应该生产什么样的产品或者提供什么样的服务是由消费者决定的。消费者偏好的变化越没有规律可循，企业面临的市场风险就越大。企业可以通过减弱消费者偏好的变化使得它生产的产品或者提供的服务更稳定，从而降低其市场风险。广告是实现这一目标的可行手段之一，寻找企业产品或者服务的新用途也是一个很好的选择。此外，企业也可以通过生产产品的多样化来降低一些市场风险，而无法通过多样化战略予以抵消的市场风险则会影响企业的价值。

除了消费者偏好因素外，宏观环境、产业政策变化也是企业市场风险形成的重要原因，比如，国际金融危机爆发后，企业外贸需求大幅度下降；国家产业政策调整，导致某些产品市场萎缩等。

二、企业经营风险

企业经营风险表现在两个方面，一是企业在生产经营过程中，由于生产要素供给条件变化以及同类企业间的竞争，给企业未来收益带来的不确定性；二是由于企业固定成本即经营杠杆的存在而产生的收益的波动性。

对于第一个方面的经营风险，涉及企业如何处理与供应商之间的关系，如何应对市场竞争等方面问题。而对于第二个方面的经营风险，则涉及企业如何降低经营杠杆。

企业经营杠杆衡量企业固定成本所占比例。根据成本形态，在一定产销量范围内，产销量的增加一般不会影响固定成本总额，但会使单位产品固定成本降低，从而提高单位产品利润，并使利润增长率大于产销量增长率；反之，产销量减少，会使单位产品固定成本升高，从而降低单位产品利润，并使利润下降率大于产销量的下降率。在其他条件保持不变的情况下，企业的固定成本的比例越大，它的收益波动性就越大，它的资本成本就越高，折现率也就越大。降低企业固定成本的比例可以降低企业面临的风险，降低企业的资本成本，折现率相应得到降低。

企业可以将一些业务外包以降低企业的固定成本，还可以将费用与收入相配比。费用与收入相配比的最基本的思想是使成本结构更具弹性（Making the Cost Structure More Flexible），从而可以降低经营杠杆率，负债的成本也会降低（因为违约风险相对降低），企业的负债比率也能够得以优化，从而降低资本成本，并增加企业价值。

三、企业财务风险

企业财务风险是企业在经营中在资金融通、资金调度、资金周转方面可能出现的不确定性因素对企业的预期收益的影响。按财务活动的主要环节，企业财务风险可以分为筹资风险、投资风险、资金回收风险、收益分配风险，其中，与企业资本成本（折现率）关系最大的当属筹资风险。

企业资本构成包括权益资本和债务资本，一般而言，债务资本成本低于权益资本成本，这主要是因为债权人承担的风险低于企业的所有者，以及债务往往具有税收优势，利息可以税前抵扣。但是，举债将加大企业破产的风险，破产风险的增加使得权益资本成本和借贷成本同时增加，借入更多的债务以后，资本成本究竟是增加还是降低，取决于两方面综合作用的结果。因此，企业需要在债务融资和企业破产风险之间作出权衡。

需要注意的是，当且仅当企业的经营现金流不受负债比率提高的影响时，随着资本成本的降低才会有企业价值的增加。随着负债比率的增加，如果企业的风险增加，而且由此影响到它的经营现金流的话，那么，即使资本成本有所降低，企业的价值也可能会降低。

企业为维持正常的运行而选择融资来源时，遵循的基本原则是：企业的融资应该尽量使债务的现金流与资产的现金流相匹配，通过对债务现金流和资产现金流的匹配，企业降低了违约风险，并提高了偿债能力，这反过来又降低了企业的资本成本，从而提高企业的价值。

【本章小结】

- ✧ 企业价值的驱动因素为企业基础收益流、企业成长性及未来收益流的风险性，企业价值与企业基础收益流、企业成长性呈同方向变化，与未来收益流的风险程度呈反方向变化。
- ✧ 现金流是企业价值评估中常用的收益流形式，常用的现金流包括企业现金流和股权现金流。

✧ 在企业发展过程中，与企业经营活动及管理决策相关、影响股权现金流和企业现金流的主要因素包括企业经营效率、企业税负的高低、净资本性支出的多少、非现金营运资本的增减等。

✧ 在其他条件不变的情况下，成长性越好的企业，企业价值越高，提高成长性将提高企业价值。

✧ 如果成长性以牺牲现金流为代价，那么，成长性是否增加企业价值则要视具体情况而定，只有当再投资收益率大于资本成本时，减少现金流来提高成长性才会增加企业价值，否则增加成长性反而会毁损企业价值。

✧ 为了延长高成长期、保持良好成长性，企业可以通过建立品牌优势、获得法律保护、增加转换成本、建立成本优势等手段来培育竞争力，提高进入壁垒以获得超额回报。

✧ 企业现金流风险主要来自市场风险、经营风险、财务风险等几个方面。

【思考题】

1. 企业基础收益流、成长性、风险与企业价值之间是什么样的关系？
2. 根据表 3 - 1，说明企业现金流和股权现金流之间的区别。
3. 增加现金流可以通过哪些途径？
4. 是不是企业成长性越好，企业价值越大？为什么？
5. 有哪些方式可以提高企业成长性？
6. 企业面临的风险有哪些？如何降低企业的风险？

第四章

收益法——评估模型

任何股票、债券或企业今天的价值，都取决于该项资产在其剩余期限内预期所能产生的现金流入量或流出量，用恰当的折现率计算的折现值大小。

——沃伦·巴菲特

【本章学习目的】

- 掌握收益法中常用评估模型的表达形式，理解相关参数的含义。
- 掌握收益法中常用评估模型的变型。
- 掌握各种评估模型的适用条件。
- 了解不同评估模型之间的内在联系。

收益法的技术路径是通过对预期未来收益流加以折现来评估企业价值，根据这一技术路径，针对评估对象以及收益流的特点，在评估实践中，收益法又有股息折现模型、股权现金流折现模型、公司（企业）现金流折现模型、经济利润折现模型等多种常用的评估模型。①

第一节 股息折现模型

在世界范围内，股票市场的发展已经经历了数百年的历史，投资者的积极参与促进了股票市场的繁荣与壮大，股票市场作为金融体系中不可或缺的重要组成部分，在国民经济中发挥着举足轻重的作用。投资者在股票买卖决策过程中必须对股票价值作出判断，股息折现模型成为股票价值评估的一种基本模型。

① 本章主要参考文献为阿斯瓦斯·达莫达兰．估值［M］．北京：机械工业出版社，2020.

一、股息折现模型的一般形式

投资者购买股票之后，能够得到两种形式的收益：股票持有期内上市公司派发的股息和持有期末卖出股票的收益。由于股票持有期末卖出收益即预期价格也是由未来股息决定的，因此股票的价值就是无限期股息的折现值，其计算公式为

$$V_0 = \frac{D_1}{1+r} + \frac{D_2}{(1+r)^2} + \frac{D_3}{(1+r)^3} + \cdots$$
$$= \sum_{t=1}^{\infty} \frac{D_t}{(1+r)^t}$$

式中：V_0——评估基准日股票的评估值；

D_t——t 期上市公司分配给投资者的股息；

r——与股息收益流相匹配的折现率，当然，各期的折现率也可能不同，此处假设各阶段折现率相同。

股息折现模型有两个基本输入变量：预期股息收益流和折现率。预期股息收益流涉及时间跨度非常大，甚至是无限期，评估人员不可能对每一期的股息水平都作出预测，因此，为了得到预期股息收益流，常常根据企业的经营发展状况，对未来股息水平的变化作出一些合理假设，如保持稳定增长，或者经过一段高速增长期后进入稳定增长期，等等。折现率是股票投资者期望得到的回报率，可以有不同的确定方法，第六章中将有详细介绍。

二、股息折现模型的变形

既然派发给投资者的股息不可能无限期地预测下去，根据对未来股息增长率假设的不同，股息折现模型就有了多种变形：高顿增长模型、两阶段股息折现模型、H 模型和三阶段股息折现模型等。

（一）高顿增长模型

1. 计算公式。高顿增长模型（Gordon Growth Model）适用于处于稳定增长期的公司，也就是说，在长时期内，股息以某一稳定的增长率保持增长。高顿增长模型将这种股票的价值与未来第 1 期的股息、股票投资者要求的收益率（折现率）以及股息预期增长率联系起来，其计算公式为

$$V_0 = \frac{D_1}{1+r} + \frac{D_2}{(1+r)^2} + \frac{D_3}{(1+r)^3} + \cdots$$
$$= \frac{D_1}{1+r} + \frac{D_1(1+g)}{(1+r)^2} + \frac{D_1(1+g)^2}{(1+r)^3} + \cdots$$
$$= \frac{D_1}{r-g}$$

式中：g 为股息稳定增长率，其他符号含义同“股息折现模型的一般形式”。

2. 关于股息稳定增长率。股息稳定增长率是高顿增长模型中的一个重要参数，在估

计稳定增长率的时候，需要注意三个方面的问题。

其一，由于股息增长率是永续的，因此，公司业绩的其他衡量指标（包括收入、利润等）也将按此增长率增长下去。为什么呢？假设有这样一家公司，它的利润年增长率为6%，股息年增长率为8%。随着时间的推移，总有一天股息会超过利润，且股息与利润之间的差距将越来越大，届时，股息分配将成为无源之水、无本之木。相反，如果公司的利润比股息增长得更快，从长期来看，股息支付比例会逐渐趋近于0，这也不是稳定的增长状态。因此，尽管该模型需要确定股息的预期增长率，但评估人员可以用利润增长率来替换股息增长率，得到的结果将完全一致，这样才能说明该公司处于真正的稳定增长阶段。

其二，稳定的增长率必须是合理的。事实上，增长率是有上限的。一家企业不可能永远以远远高于宏观经济增长的速度增长下去。也就是说，如果一家企业保持12%的增长率，而宏观经济的增长率为6%，总有一天，该企业的经济规模会超过宏观经济的总规模，而该企业仅仅是宏观经济中的一个部分，部分大于总体显然是不可能的。说得具体一点，如果一家企业的业务范围仅限于国内市场，则企业预期增长率不可能长期超过预期国内经济增长率；如果企业跨国经营，则企业预期增长率不可能长期超过全球经济预期增长率。此外，增长率也不可能大于或等于折现率。

其三，稳定增长率未必一直保持不变。事实上，企业很难做到每年增长率不变，如果一家企业的平均增长率接近某一固定值，那么，该模型的使用就不会产生太大的偏差。

3. 高顿增长模型的适用性和局限性。高顿增长模型最适合于增长速度小于或相当于宏观经济增长率的公司，公司已经建立了完善的股息支付政策，而且这种股息政策会永远持续下去。事实上，稳定增长的公司通常会支付大量的股息，比如在美国，大公司的平均股息派发比例高达60%，特别是公共事业类公司，由于其规范的产品收费价格、稳定的增长、高股息的派发，特别适合采用高顿增长模型进行价值评估，当然，该模型也可用于其他类型的公司。

高顿增长模型是评估股票价值的简便方法，但是，它对于增长率的估计值是非常敏感的，增长率的微小变化将会引起评估值的巨大变化，这对评估人员估计增长率提出了很高的要求。

（二）两阶段股息折现模型

1. 计算公式。现实中，许多企业的股利不会保持稳定增长。在多数情况下，企业在最初高速发展阶段，股利会保持较高甚至超常的增长率，之后进入稳定增长时期，股利增长率也保持在一个稳定的水平上。在这种情况下，股利增长呈现阶段性特征：初始阶段增长率很高，此后进入稳定增长阶段，如图4－1所示。

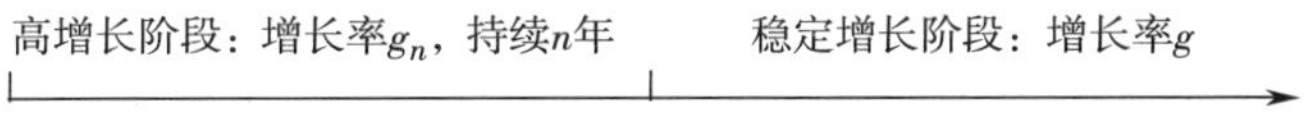

图4－1　两阶段股息折现模型

两阶段股息折现模型中，股票价值等于高增长阶段股息现值与稳定增长阶段股息现

值之和，而稳定增长阶段股息现值则在高顿增长模型基础上加以折现，具体计算公式为

$$V_0 = \sum_{t=1}^{n} \frac{D_t}{(1+r)^t} + \frac{D_{n+1}}{(r-g)(1+r)^n}$$

$$= \frac{D_1}{r-g_n} \times \left[1 - \left(\frac{1+g_n}{1+r}\right)^n\right] + \frac{D_{n+1}}{(r-g)(1+r)^n}$$

式中：g_n——前 n 年股息高增长率；

g——n 年后，股息稳定增长率。

两阶段股息折现模型的公式虽然看上去比较复杂，但在实际运用的时候，由于高增长阶段比较有限，因此，可以根据增长率，把 1 到 n 年的股息计算出来，然后加以折现，就可以很方便地计算出高增长阶段的股息流价值。

高顿增长模型中的稳定增长率限制（公司增长率不超过宏观经济增长率）也同样适用于 n 年后增长率的确定。而且，股息支付也要与预期增长率相一致，如果初始阶段后的预期增长率有大幅度的下降，则稳定阶段的股息支付比率要大于高速增长阶段的股息支付比率，因为增长率下降后，公司盈余资金再投资比例将相应下降，从而可以将更多的盈余资金分配给股东。

2. 模型的适用性和局限性。由于两阶段模型建立在两个不同的增长阶段之上（高增长阶段和稳定增长阶段），因此，如果公司在特定阶段高速增长，而此阶段过后所有高速增长的原因全部消失，那么，采用这种模型评估最为有效。这种情况可能出现的一种状态是，在特定年份内，公司对某种利润很高的产品享有专利，并因此享有专利所带来的高速增长。一旦专利到期，公司就会自动恢复到稳定增长阶段。另一种情况是，由于进入壁垒很高（法律限制、资本投入要求等），行业内公司在一定时期内能够独享高额利润。

增长率突然回落的假设意味着该模型更加适合初始阶段增长率相对温和的公司。举例来说，一家公司高速增长率为 12%，稳定增长率为 6%，另一家公司高速增长率为 40%，稳定增长率也为 6%，则前一家公司使用两阶段股息折现模型更为合理。

两阶段股息折现模型也有一些局限性。第一个实际问题是，确定超常增长阶段的时间长度。由于此阶段后增长率会回落到一个平稳的水平，因此，这一阶段越长，价值越大。尽管从理论上讲，可以根据产品的生命周期和项目机会等来确定这一阶段的长度，但事实上，很难把这些定性的标准转化成具体的时间。

第二个问题涉及增长率由初始阶段向平稳阶段的转化，按照这一模型，似乎转化是在高增长阶段末期突然完成的。虽然这样的突然转换现实中也存在，但增长率由高到低逐渐回落则更符合事实。

第三个问题是由于稳定增长阶段的价值评估需要运用高顿增长模型，因此，高顿增长模型的局限性在两阶段股息折现模型中同样存在。

（三）H 模型

1. 计算公式。两阶段股息折现模型的一大局限是假设企业从高增长突然转变为稳定增长，这种情况在现实经济中比较少见，为了弥补这一缺陷，弗洛（Fuller）和赫西亚

（Hsia）于1984年创立了H模型。该模型假设，收益增长率在开始时最高，为g_a，随后在整个超常增长阶段（假定时间长度为$2H$年）线性减少，最终稳定下来，稳定增长率为g（见图4－2）。同时模型还假设，股息支付比率不受增长率变动的影响而保持恒定。

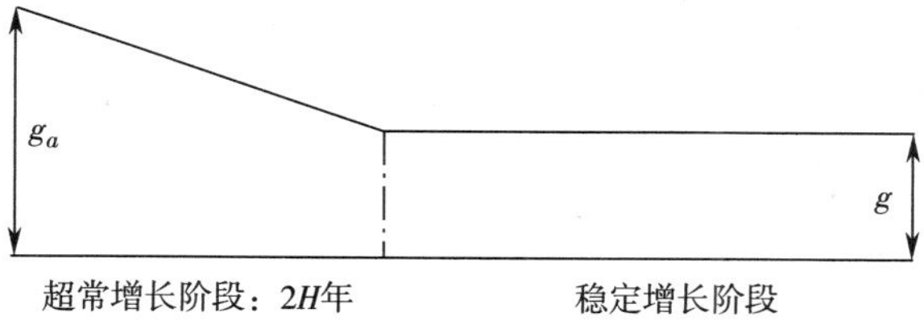

图4－2　随着时间的推移增长率的变化

H模型的具体公式为

$$V_0 = \sum_{t=1}^{2H} \frac{D_t}{(1+r)^t} + \frac{D_{2H+1}}{(r-g)(1+r)^{2H}}$$

$$= \underbrace{\frac{D_0 \times H \times (g_a - g)}{r-g}}_{\text{超常增长阶段}} + \underbrace{\frac{D_0 \times (1+g)}{r-g}}_{\text{稳定增长阶段}}$$

同样，超常增长阶段的股息流现值也可以采用逐年计算股息并加以折现的方法。

2. 模型的适用性和局限性。对于那些目前快速增长，而随着时间的推移，公司的规模扩张和竞争加剧，业务差异优势将逐渐减小的公司，H模型特别适用。然而，股息支付比率恒定不变的假设使该模型不适合股息支付比率很小或不支付股息的公司。也就是说，H模型要求高增长和高支付比率的结合，这限制了它的应用范围。

（四）三阶段股息折现模型

1. 计算公式。三阶段股息折现模型包括高增长的初始阶段、增长率下降的转换阶段和稳定增长阶段三个部分，如图4－3所示。该模型是一个非常通用的模型，因为它不需要假设股息支付率保持不变。

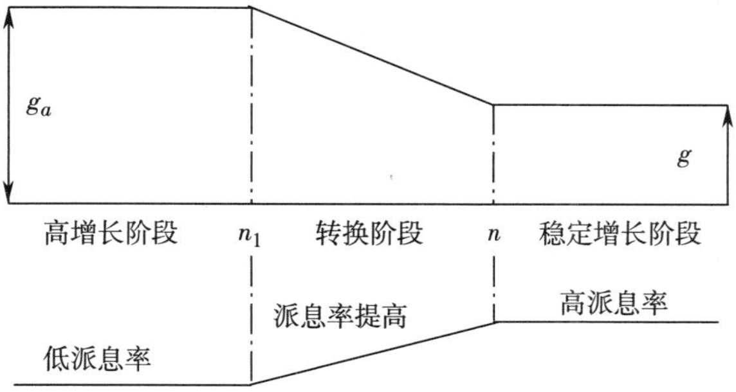

图4－3　三阶段模型中企业增长率和派息率的变化

在第一阶段，企业盈利水平保持了高速增长的势头，盈利增长率为g_a，为了保持高增长，企业将更多的盈利投入到生产中，派息比率相应比较低，假设为γ_a（注意与折现

率 r 区别）；在经过了 n_1 年的高速增长后，企业的增长速度逐渐放缓，盈利增长率由 g_a 逐渐降低到 g，在这一阶段，由于盈利再投资比例的降低，企业的派息率相应不断提高，由 γ_a 逐步提高到 γ；在第三阶段，盈利水平和股息水平保持永续稳定增长，增长率为 g，派息率为 γ。

三阶段股息折现模型中的股票价值是三部分股息现值之和，具体计算公式为

$$V_0=\sum_{t=1}^{n_1}\frac{D_1\times(1+g_a)^{t-1}}{(1+r)^t}+\sum_{t=n_1+1}^{n}\frac{D_t}{(1+r)^t}+\frac{D_{n+1}}{(r-g)(1+r)^n}$$

$$=\underbrace{\sum_{t=1}^{n_1}\frac{E_1\times(1+g_a)^{t-1}\times\gamma_a}{(1+r)^t}}_{\text{高增长阶段}}+\underbrace{\sum_{t=n_1+1}^{n}\frac{D_t}{(1+r)^t}}_{\text{转换阶段}}+\underbrace{\frac{E_{n+1}\times\gamma}{(r-g)(1+r)^n}}_{\text{稳定增长阶段}}$$

式中，E_t——第 t 年的预期每股收益；

γ_a——高增长阶段的派息率；

γ——稳定增长阶段的派息率。

2. 模型的适用性。三阶段股息折现模型由于具有很好的灵活性，因而非常适合于评估增长率随时间变化而变化的公司，同样也适用于其他方面特别是股息分配政策、风险因素等方面发生变化的公司。当然，最佳使用对象是当前超常增长，并会维持一段时间，然后随着经营优势的减少，增长率逐渐降低，直至达到稳定增长阶段的公司。事实上，用收益的增长来说明可能更为合适，即这样的公司目前收益增长率很高①，并会在初始阶段维持下去，然后随着公司规模的扩大，竞争优势逐渐消失，增长率开始降低，最后达到稳定增长阶段。

三、股息折现模型使用中的问题

股息折现模型的最大吸引力在于其简便性和符合直观逻辑性。但是，该模型在实际运用过程中也存在一些局限性，其中比较突出的有两个方面，其一是评估对象的限制，其二是评估结果的准确性。

股息折现模型假设股票的价值是预期股息的折现值，对于股息支付稳定、派息率高的企业，模型可以很好地加以运用，但这类公司数量非常有限。虽然股息折现模型可以运用于无股息支付或低股息支付的股票价值评估，但需要对企业未来作出许多假设，以及对股息支付比率作出调整以反映预期增长率的变化，在此基础上，才能对股票价值进行评估，这在一定程度上也限制了股息折现模型的应用。

股息折现模型得出的评估结果可能会偏低。因为企业价值构成要素远远不止股息现值这一项，仅仅评估股息价值可能会遗漏其他价值项，比如，模型没有反映企业中未使用资产的价值。

① 对“很高的增长率”的定义在很大程度上是主观的。作为一个基本原则，当稳定增长率在6%～8%时，可以认为增长率超过25%是很高的。

【知识链接4-1】　股利政策

股利政策是探讨企业股利支付比例关系的方针和政策，是企业三大财务政策之一。在投资既定的情况下，股利政策的选择，实际上是筹资政策的选择，因而对企业的生存、发展以及企业价值有着极其深远的影响。每一企业必须根据其所处发展阶段和内外环境，从企业价值最大化角度出发，选择适合公司的股利政策。

根据股利派发特点，股利政策可分为四种类型：剩余股利政策、固定股利或稳定增长股利政策、固定股利支付率政策、低正常股利加额外股利政策。

1. 剩余股利政策是以首先满足公司资金需求为出发点的股利政策。根据这一政策，公司首先确定公司的最佳资本结构；其次确定公司下一年度的资金需求量；再次确定按照最佳资本结构，为满足资金需求所需增加的股东权益数额；最后将公司税后利润首先满足公司下一年度资金增加的需求，剩余部分用来发放当年的现金股利。

2. 固定股利或稳定增长股利政策是以确定的现金股利分配额或固定的股利增长率作为利润分配的首要目标，股利分配一般不随资金需求的波动而波动。这一股利政策有以下两点好处：其一，给股票市场和公司股东一个稳定的信息。其二，许多长期投资者（包括个人投资者和机构投资者）希望公司股利能够成为其稳定的收入来源，以便安排消费和其他各项支出，固定股利或稳定增长股利政策有利于公司吸引和稳定这部分投资者。

采用固定股利或稳定增长股利政策，要求公司对未来的支付能力作出较好的判断。一般来说，公司确定的稳定股利额或股利增长率不应太高，要留有余地，以免公司陷入无力支付的困境。

3. 固定股利支付率政策是指公司每年按固定的比例从税后利润中支付现金股利。从企业支付能力的角度看，这是一种真正稳定的股利政策，但这一政策将导致公司股利分配额的频繁变化，传递给外界一个公司不稳定的信息，所以在国外采用这一股利政策的企业相对较少。

4. 低正常股利加额外股利政策是一种介于固定股利政策和变动股利政策之间的折中的股利政策。每期都支付稳定的较低的正常股利额，当企业盈利较高时，再根据实际情况发放额外的股利。

低正常股利加额外股利政策既可以维持股利一贯的稳定性，又有利于使公司的资本结构达到目标资本结构，灵活性与稳定性兼备，因而为许多公司所采用。

第二节　股权现金流折现模型

股息折现模型假设股东获得的所有现金流均为股息，但如果将股东所获现金流的含义拓宽为股权现金流，即满足了全部财务要求（偿还债务、增加资本性支出和营运资本支出）后的剩余现金流，对股权现金流加以折现评估股权价值的模型即为股权现金流折现模型，该模型在资产评估、证券投资等领域得到了非常广泛的应用。

一、股权现金流

股权现金流为全体股东所拥有，作为收益流的具体形式之一，股权现金流与企业价值之间存在着密切关系。

（一）股权现金流与股权价值

股权现金流折现模型的基本假设是，信息充分、富有理性的股权买卖双方，将预期股权现金流作为评价股权价值的重要依据。在各种收益形式中，股权现金流是影响股权价值的最直接的因素。但长期以来，许多证券投资者以及企业内部的价值管理者常常用税后利润而不是股权现金流，作为评价股权价值的首选因素，理论研究和实证研究的结果均表明，这种做法有失偏颇。

由于股权现金流是股权价值的驱动因素，因此股权现金流和税后利润不一致的时候，投资者看重的是股权现金流而不是税后利润。一个非常典型的例子就是有两个完全相同的公司，一个采用后进先出的存货核算方法，另一个采用先进先出的存货核算方法。在材料价格上涨期间，采用后进先出法的公司所报告的利润数据会较低，因为销货成本是根据最近购买的进货成本计量，但与较低的利润相反的是，股权现金流却较大，这是因为低利润的公司缴纳的税金较少。无论选择什么样的存货核算方法，税前股权现金流不会因此而有所不同，因此，采用后进先出法的公司就会得到更高的税后股权现金流。在这种情况下，即使后进先出法会导致利润下降，投资者也更偏好于采用后进先出法的公司。

上述分析不仅有理论依据，也为多项研究所证实。比如，1975 年，桑德（Sunder）研究了上市公司存货核算方法改变后市场的反应发现，由先进先出法改为后进先出法时，公司股票价格会有所上升，相反，如果由后进先出法改为先进先出法，公司股票价格则有所下降。[①] 另外，有关股票价格对并购会计处理、研发费用支出等方面的反应同样表明，股权价值的基础是股权现金流。当股权现金流与税后利润不一致时，股权价值的变化与股权现金流的变化更为一致，而与利润变化的关系要弱一些。

如果股权价值是由股权现金流决定的，这是否意味着注重每股收益的管理者（许多管理者都是这样）的做法并不明智？答案可能为是，也可能为否，这取决于“注重每股收益”的确切含义是什么。事实上从长期来考察，利润（或称为收益）和现金流是高度相关的。那些年复一年持久地具有高收益的公司通常也会产生较大的现金流。因此，对管理者来说，争取现金流最大和争取利润最大具有相同的含义。然而，在某些情况下，至少从短期来考察，现金流和利润是不相同的。在这种情况下，可自由支配的股权现金流而不是会计利润，决定着公司的价值。

---

① S. Sunder, “Stock Price and Risk Related Accounting Changes in Inventory Valuation”, Accounting Review 50 (April 1973), pp. 302 – 315.

打个比方，足球比赛中进球得分和比赛获胜密切相关。对于教练来说，强调进球并不是下策，但进球与获胜并不是完全正相关的。一个防守很差的球队即使频频进球也可能会输掉整场比赛。而比赛的最终目的是取胜，而不是进球。与此相类似，对于投资者来说，公司经营活动的最终目的是形成更多的现金流，而不是获得更多的会计利润；如果会计利润很高而现金流很少，公司的股权价值也可能不大。

（二）股权现金流的计算

股权现金流是支付完所有的利息和债务本金、用于维持现有资产和增加新资产的资本支出、维持营运资本支出后的剩余现金流。计算公式如下：

$$股权现金流 = 净利润 + 折旧和摊销 - 资本支出 - 营运资本增加 - 归还债务本金 + 新债发行$$

1. 折旧和摊销。利润是归股东所有、基于权责发生制核算的企业经营成果。具体计算方式是在收入的基础上，扣除各种成本以及税费，其中包括折旧和摊销。折旧和摊销与其他许多支出并不一样，因为它们并不是现金费用，也就是说，不会引起任何现金的流出，因此需要加回。

对于那些资本密集型的公司而言，由于前期进行了大量投资，因而提取的折旧数额巨大，企业的股权现金流要远远高于其净利润。

2. 资本支出。股权投资人不能收回公司所有的经营现金流，因为部分甚至全部经营现金流都必须用于再投资，以维持现有资产存量，或增加新的资产以提高未来的增长率。由于增长的收益往往反映在预测的现金流中，因此，在评估现金流的时候，必须考虑到这种形成增长的成本。举例来说，如果预测一家制造公司有着很高的现金流增长率，却没有或很少有对应的资本支出，这将是不可能的。

折旧和资本支出的关系很复杂，而且在处于不同成长阶段和不同商业领域的公司有不同的表现。高成长阶段公司的资本支出通常大于折旧，但处于稳定期的公司两者几乎相同。

3. 营运资本要求。流动资产与非付息流动债务之差就是公司的营运资本，用于营运资本的资金不能再用于其他方面，因此营运资本的变化会影响公司的现金流。营运资本的增加是现金流出，营运资本的减少则是现金流入。在价值评估过程中，计算股权现金流时必须要考虑营运资本的变化。

对于营运资本的需求程度更多地取决于公司的类型。从占收入的比例来看，与服务公司相比，零售公司有高得多的营运资本需求，因为它们有更多的存货和赊销货款。此外，营运资本的变动与公司的增长率相关，通常情况下，在同一商业领域中，高成长性公司的营运资本的增加比低成长性公司要大得多。

二、股权现金流折现模型的具体形式

如果用股权现金流代替股息折现模型中的股息，则可以得到股权现金流折现模型的各种具体形式，此处着重介绍其中的三种形式，即稳定增长的股权现金流折现模型、两阶段的股权现金流折现模型、三阶段的股权现金流折现模型。

（一）稳定增长的股权现金流折现模型

1. 计算公式。在稳定增长的股权现金流折现模型中，股权价值是未来第 1 期股权现金流（$FCFE_1$）、稳定增长率（g）和投资者期望回报率（折现率 r）的函数，具体计算公式为

$$V_0 = \frac{FCFE_1}{1+r} + \frac{FCFE_2}{(1+r)^2} + \frac{FCFE_3}{(1+r)^3} + \cdots$$
$$= \frac{FCFE_1}{1+r} + \frac{FCFE_1(1+g)}{(1+r)^2} + \frac{FCFE_1(1+g)^2}{(1+r)^3} + \cdots$$
$$= \frac{FCFE_1}{r-g}$$

2. 模型使用条件。稳定增长的股权现金流折现模型与高顿增长模型非常类似，它们都基于同样的假设，也受到相同的限制。模型中使用的增长率必须是合理的，应该与宏观经济增长率相协调。

处于稳定增长状态也意味着公司还拥有稳定状态的其他特征。例如，公司的资本支出与折旧相互抵销，并且公司应平稳运行，风险适中，股权成本应该接近市场上所有股票的平均资本成本（如果用资本资产定价模型，股权 β 值等于 1，关于资本资产定价模型第六章中将有介绍）。

3. 模型的最佳使用。与高顿增长模型类似，稳定增长的股权现金流折现模型适用于增长率等于或低于宏观经济增长率的公司。对于那些股息支付远远超过股权现金流，或者股息支付显著低于股权现金流的稳定增长的公司，该模型同样有不错的效果。可以理解，如果股权现金流全部用于支付股息，该模型和高顿增长模型评估出的稳定增长公司的价值会是一致的。

（二）两阶段的股权现金流折现模型

1. 计算公式。两阶段包括高速增长的第一阶段和稳定增长的第二阶段，股权价值是两阶段股权现金流现值之和，具体计算公式为

$$V_0 = \sum_{t=1}^{n} \frac{FCFE_t}{(1+r)^t} + \frac{FCFE_{n+1}}{(r-g)(1+r)^n}$$
$$= \frac{FCFE_1}{r-g_n} \times \left[1 - \left(\frac{1+g_n}{1+r}\right)^n\right] + \frac{FCFE_{n+1}}{(r-g)(1+r)^n}$$

式中：g_n—— 前 n 年股权现金流的高增长率；

g——n 年后，股权现金流稳定增长率。

2. 模型的最佳使用。与两阶段股息折现模型一样，该模型也要符合下列条件：初始阶段增长率高而且稳定，然后，突然下降到稳定增长阶段。仅有的不同就是由股权现金流代替了股息现金流。因此，评估那些股息支付不能持续（因为股息高于股权现金流）的公司，或股息支付不足（即股息低于股权现金流）的公司，两阶段股权现金流折现模型是更好的选择。

（三）三阶段的股权现金流折现模型

1. 计算公式。三阶段包括初始高增长阶段、增长率下降的转换阶段和稳定增长阶

段，股权价值是三个阶段预期股权现金流现值之和，计算公式为

$$V_0 = \sum_{t=1}^{n_1} \frac{FCFE_1 \times (1+g_a)^{t-1}}{(1+r)^t} + \sum_{t=n_1+1}^{n} \frac{FCFE_t}{(1+r)^t} + \frac{FCFE_{n+1}}{(r-g)(1+r)^n}$$

高增长阶段　　　　转换阶段　　　　稳定增长阶段

式中：g_a——高增长阶段的增长率；

g——稳定增长阶段的增长率；

n_1——高增长时间；

n——高增长和转换阶段的时间。

2. 模型使用条件。由于三阶段模型假设增长率经过三个阶段：高增长阶段、转换阶段和稳定增长阶段，因此，对相关变量的假设必须与上述假设相吻合。

对于资本支出与折旧，假定随着公司由高增长阶段进入稳定增长阶段，资本支出与折旧的关系会随之变化，这样才是合理的。高增长阶段的资本支出一般比折旧大得多。转换阶段两者的差距缩小，最后稳定增长阶段两者基本相当（见图4－4）。

对于风险，与公司增长特征的变化一样，风险的特征也随着改变。随着增长率的降低，公司的风险程度相应降低，从长期来看，股权资本成本应该接近市场上所有股票的平均资本成本。

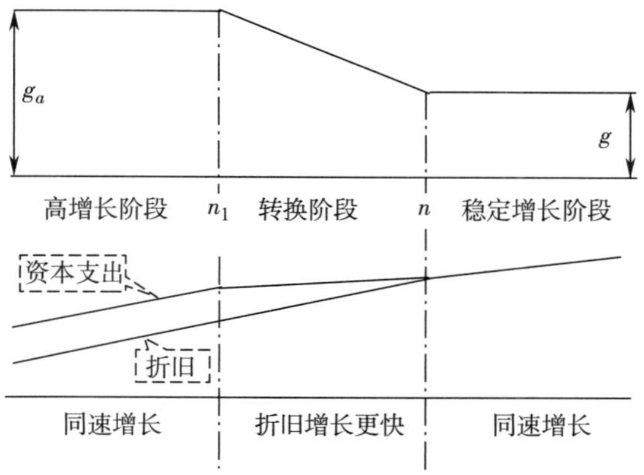

图4－4　三阶段资本支出与折旧之间的关系

3. 模型的最佳使用。由于该模型假定公司经历三个增长阶段，从高增长到稳定增长有一个增长率逐渐下降的过程，这样的特征决定了其适用评估对象为当前增长率很高的公司。模型的假设与三阶段的股息折现模型一样，只是用股权现金流代替了股息。对于股息明显高于或低于股权现金流的公司来说，该模型比股息折现模型更为优越。

三、股权现金流折现模型与股息折现模型的比较

股权现金流折现模型与股息折现模型可以作为股权价值评估的备选模型。既然两种模型都可以评估股权价值，那么两种模型的评估结果是否相同呢？

（一）评估结果相同

在两种情况下，股权现金流折现模型与股息折现模型所得结果相同。第一种情况是：当股息与股权现金流相等的时候。第二种情况要复杂一些：股权现金流大于股息，但是，超出部分的现金（即股权现金流减去股息）投资于净现值为零的项目（例如，投资于定价合理的金融资产将产生为零的净现值）。[①]

（二）评估结果不同

以下几种情况两个模型评估结果不同，第一种情况是，股权现金流大于股息，而且超出的现金投资于收益率高于期望回报率（即折现率）的项目，即投资于净现值为正的项目，在这种情况下，股权现金流模型计算出的价值要高于股息折现模型。

第二种情况是，股权现金流大于股息部分的现金投资于收益率低于期望回报率（即折现率）的项目，即投资于净现值为负的项目，那么，股权现金流模型计算出的价值要低于股息折现模型。在现实经济生活中，许多公司有大量的股权现金流，但只付出很少的一部分作为股息，而余下的现金则用于不明智的收购行为（付出的收购价格高于被收购对象的真实价值）；另外，公司通过低股息的支付，降低负债比率，弱化或者消除财务杠杆作用，从而使公司的价值减少。

第三种情况是，股息高于股权现金流，股息折现模型计算出来的价值要高于股权现金模型计算出来的价值。如果股息持续高于股权现金流，为支持股息的派发，公司或者发行新股，或者增发新债。这至少从三个方面对股权价值不利。首先，股票发行的筹资成本造成了不必要的花费，必将减少股权价值；其次，公司借债支付股息，可能造成公司过度负债（相对于最佳负债而言），这也会使股权价值减少；最后，过多支付股息会产生资本预算的限制，好的项目会被拒绝，企业会错失投资机会。

（三）分析两种模型不同结果的意义

如果在相同的增长假设前提下，股权现金流折现模型和股息折现模型评估的价值不相同，就必须考虑两个问题：两个模型揭示的结果有多大差异？哪一个模型更适合评估目的？

一般来说，股权现金流折现模型评估的价值大于股息折现模型评估的价值。两者的差别可以看做是一家公司控制权价值的一种，即股息政策控制的价值（第十一章将对控制权价值作详细论述）。在恶意的收购行为中，收购方希望控制公司，并改变公司的股息政策，因此，会采用更高的通过股权现金流折现模型评估价值的方法。股息折现模型评估的价值超过股权现金流折现模型评估的价值时，两者的差异没有什么经济意义，可以看做是对于预期的股息支付持续性的一个警告。

至于哪个模型更合适，这需要视评估目的和评估对象的具体情况而定。比如，如果股票市场上的小股东为投资决策进行价值评估，或者当公司控制权的变化日趋困难，不

---

① 比如在评估基准日以 10 元/股的价格购买一股股票（不考虑交易税费），预期未来股息收益流为 D_1、D_2、D_3……若该收益流现值为 10 元，即股票的价值为 10 元，那么，价格等于价值，该股票定价合理。此时，该投资项目的现金流出项为购买股票的 10 元，现金流入项为股息收益，价值为 10 元，从数值上看，现金流入等于现金流出，因此，净现值等于 0。

管是因为公司的规模扩大，还是因为法律和市场监管方面的限制，股息折现模型估计的价值可能更为可取。如果企业为并购决策进行价值评估，则股权现金流折现模型估计是更合适的选择。

第三节　公司现金流折现模型

公司现金流是指流向公司各种利益要求人的现金流的总和。公司各种利益要求人包括普通股股东、债权人和优先股股东。我国公司制企业中只有少数企业有优先股股东，因此，公司的利益要求人主要是普通股股东和债权人。公司现金流折现模型的评估对象是企业整体价值，当然该模型也可以用来评估股东权益价值，如果评估股东权益价值，则用公司现金流折现模型评估出企业整体价值后，再减去企业付息债务价值。

一、公司现金流

（一）公司现金流的计算

公司现金流（*FCFF*）的计算方法有两种，一种方法是把息税前利润（*EBIT*）作为计算的基础：

$$FCFF = EBIT \times (1 - \text{所得税税率}) + \text{折旧和摊销} - \text{资本支出} - \text{营运资本的增加}$$

另一种方法是对股东和债权人要求的现金流进行加总：

$$\begin{aligned} FCFF &= FCFE + \text{利息费用} \times (1 - \text{所得税税率}) + \text{债务本金的偿还} - \text{新债发行} \\ &= FCFE + \text{税后利息} + \text{债务净偿还} \end{aligned}$$

式中：*FCFE* 是股东要求的现金流，税后利息和债务净偿还是债权人要求的现金流。两种方法从不同角度来计算公司现金流，得出的结果是相同的。

公司现金流与股权现金流的区别在于与债务相关的现金流，即利息支付、本金归还和新债发行。

（二）公司现金流的增长与股权现金流的增长

从经营环节而不是融资环节看，由于财务杠杆作用的存在，公司现金流增长率与股权现金流增长率不同。相对于公司现金流而言，财务杠杆作用可以促进股权现金流的增长，只要公司在某一项目上的投入资本回报率（*NOPAT* 除以投入资本）超过税后利息率，增加财务杠杆比率就能够提高单位股权收益增长率以及单位股权现金流增长率。而公司现金流是一种债前的现金流，它不会受到财务杠杆比率变化的影响。在计算 *FCFE* 和 *FCFF* 时，资本费用、折旧和资本支出项目会完全一样。

二、公司现金流折现模型的具体形式

通过以加权平均资本成本（*WACC*）① 折现公司现金流，可以得到公司整体价值，与

---

① 加权平均资本成本指加权平均资本成本率，而非加权平均资本成本额。折现率是期望的投资回报率，它与资本成本是一个硬币的两个面，因此，折现率可取资本成本。有关折现率和资本成本详见本教材第六章。

股息折现模型、股权现金流折现模型一样，根据对未来增长的假设不同，公司现金流折现模型有不同的变形。

（一）稳定增长的公司

1. 计算公式。稳定增长公司的现金流按照稳定的增长率增长，这样的公司可以用稳定增长模型进行评估。具体计算公式为

$$V_0 = \frac{FCFF_1}{WACC - g}$$

式中：V_0—— 评估基准日公司整体价值；

$FCFF_1$——未来第 1 期的公司现金流；

$WACC$——投入资本的加权平均资本成本；

g——公司现金流的稳定增长率。

2. 适用条件。以上模型的使用必须满足两个条件：第一，模型中所用的增长率必须是合理的，要与宏观经济的增长率相吻合。第二，资本支出与折旧之间的关系必须符合稳定增长的假设。一家稳定的公司，一般来讲，其资本支出不应超过折旧很大，因为没有超常的增长，就不需要有额外的资本投资。事实上，许多评估人员认为，稳定状态下的资本支出与折旧基本相当，这种关系在高顿增长模型和各种 *FCFE* 稳定增长模型中同样有所反映。

3. 局限性。像所有的稳定增长模型一样，*FCFF* 稳定增长模型对预期增长率的假设也很敏感。特别是，由于所用的折现率是 *WACC*，而在大多数公司中，*WACC* 都要比股权资本成本低得多，该模型的评估值对预期增长率就更加敏感。此外，该模型对与折旧相关的资本支出的假设也很敏感，通过减少（或增加）与折旧相关的资本支出，就可以加大（或减少）*FCFF*。

（二）其他增长类型的公司

不管公司现金流以何种规律变化，一般而言，都是假设在 n 年之后达到稳定状态，公司整体价值也就等于稳定状态之前现金流现值和稳定状态现金流现值之和，用公式表示为

$$V_0 = \sum_{t=1}^{n} \frac{FCFF_t}{(1 + WACC)^t} + \frac{FCFF_{n+1}}{(WACC - g)(1 + WACC)^n}$$

三、公司现金流折现模型使用中的问题

（一）公司价值评估与股权价值评估

与股息折现模型或股权现金流折现模型不同，公司现金流折现模型评估的不是股权的价值，而是公司整体价值。不过，从公司整体价值中减去付息债务的市场价值就可以得到股权的价值。因此，这种方法可以被看成是评估股权价值的另一种方法，但随之就出现了两个问题：为什么要评估公司整体价值而不直接评估股权价值？用评估公司整体价值的方法得到的股权价值与前面所介绍的股权价值评估方法所得到的股权价值会一致吗？

通过公司整体价值来评估股权价值，这种方法的好处在于，因为 *FCFF* 是一种债前现金流，因此不需要单独考虑与债务相关的现金流，而在估计 *FCFE* 时则必须考虑与债务相关的现金流。如果随着时间的推移，预期财务杠杆比率发生很大变化，计算 *FCFE* 的工作量将会比较大，而 *FCFF* 的计算则不需要考虑财务杠杆问题，从而可以节省大量的工作量。当然，公司整体价值评估方法需要债务比率和利息率等有关信息，并且需要估计 *WACC*。

在下列情形下，用公司整体价值评估方法得到的股权价值与用股权现金流折现方法所得到股权价值将会完全一致：

1. 两种方法关于增长的假设相一致。这不是说在两种方法中所用的增长率完全一样，而是要根据杠杆作用的影响，对收入的增长率进行调整。在稳定增长阶段尤其需要这种调整，这时，*FCFE* 方法和 *FCFF* 方法都需要确定一个稳定的增长率。

2. 正确确定付息债务的价值。在 *FCFF* 方法中，股权价值是从公司整体价值中减去付息债务的市场价值得到的，如果公司付息债务的价值估计过高，那么从 *FCFF* 折现法中得到的股权价值就会比从股权现金流折现法得到的价值低。如果公司付息债务被低估，则股权价值就会被高估。

（二）公司现金流折现模型的最佳使用

如果用公司现金流折现模型评估股权价值，那些拥有较高财务杠杆率的公司或那些正在调整财务杠杆率的公司也许是最合适的。对于这些公司，由于受债务支付的影响，以及股权现金流对于增长和风险的假设更为敏感，计算股权现金流比较困难，而计算公司现金流相对比较容易，因此，在融资收购中，这个模型会提供更为准确的价值估计，在这种情况下，往往公司的财务杠杆率原本就比较高，并且预期未来会有很大的变化。

使用股权现金流折现方法的另一个基本问题就是时常发生的负 *FCFE*，特别是那些杠杆率较高的周期性的公司，而 *FCFF* 因为是一种债前数值，就不大可能为负值，因此也就可以避免价值评估中相应的麻烦。

最后，如果用公司现金流折现方法来评估股权价值，那么，付息债务部分或者通过资本市场交易得到公平的价值，或者用能反映债务风险的即期利息率对债务部分单独进行价值评估。

第四节　经济利润折现模型

一、经济利润的含义与计算

经济利润也是一种收益形式。经济利润概念最早可以追溯到 1890 年，当时的经济学家阿尔弗雷德·马歇尔在其著作中写道：“在扣除当前利率下的资本利息之后，所有者拥有的利润可以被称为其工作或者管理的利润。”马歇尔认为，在任何时期一家公司创造的价值，不仅需要考虑在会计记录上记载的费用，而且必须包括经营中投入资本的机会成本。

20 世纪 90 年代，美国 Stem Stewart 公司将经济利润以新的名称——经济增加值引入到企业经营绩效考核中，并逐渐得到广泛应用。

经济利润不同于财务报表中的会计利润，经济利润是企业经济收入减去经济成本后的差额，经济收入是企业在特定期间的所有收入，既包括正常经营业务收入，也包括存量资产期末与期初市场价值的差额（会计利润则不计算存量资产的升值）。经济成本既包括会计核算的实际支付的成本，还包括股东投入资本的机会成本。因此，经济利润的计算是对会计收入和会计成本进行调整得到的。

仅考虑正常经营业务收入的情况下，经济利润的计算公式如下：

经济利润 = 税后净利润（*NIAT*）－股权资本成本额
= 息税前利润 ×（1－所得税税率）－税后利息－股权资本成本额
= 税后营业净利润（*NOPAT*）－投入资本成本额
= 期初投入资本总额 × 投入资本回报率－期初投入资本总额 × *WACC*
= 期初投入资本总额 ×（投入资本回报率－*WACC*）

二、经济利润折现模型的具体形式

（一）经济利润折现模型的一般形式

经济利润折现模型可以通过公司现金流折现模型推导而来①，因此经济利润折现模型的评估对象为企业整体价值。根据现金流折现原理，如果企业的投入资本回报率等于加权平均资本成本（*WACC*），则企业现金流的净现值为零。这时企业获得的收益恰好等于债权人和股权投资者期望的报酬，这样，企业的经济利润为零，企业价值没有增加，还是等于各方投资者原始投入的资本额。如果企业的投入资本回报率大于加权平均资本成本（*WACC*），则企业的现金流用加权平均资本成本折现后，有正的净现值，企业价值增加。因此，企业价值能否增加取决于企业获得的经济利润。在某一年份内，如果经济利润为零，企业价值没有增加；如果经济利润为正，企业价值增加；如果经济利润为负，则企业价值减少。

用经济利润折现法评估企业整体价值的基本公式为

企业整体价值 = 期初投入资本 + 各期经济利润现值

公式中的期初投入资本是指企业期初在经营中投入的资本，其计算公式见第五章第一节中相关内容。

【例 4.1】 A 企业年初投入资本 2000 万元，预计今后每年可取得税后营业净利润（*NOPAT*）200 万元，每年净投资为零，加权平均资本成本为 8%，则

每年经济利润 = 200－2000 × 8% = 40（万元）

经济利润的现值 = 40 ÷ 8% = 500（万元）

企业整体价值 = 2000 + 500 = 2500（万元）

---

① 推导过程参见蒂姆·科勒等．价值评估——公司价值的衡量与管理（第 4 版）［M］．北京：电子工业出版社，2007：599－600.

如果用公司现金流折现法，可以得到同样的结果。由于净投资等于0，即企业折旧等于资本支出加上营运资本的增加，因此有

公司现金流 = $NOPAT$ + 折旧 - 资本支出 - 营运资本的增加 = $NOPAT$

企业整体价值 = 200 ÷ 8% = 2500（万元）

（二）经济利润折现模型的变形公式

企业每一阶段的经济利润可能呈现不同的特征，根据各阶段经济利润的变化规律，可以分为两阶段或三阶段经济利润折现模型，分别计算经济利润的现值，加上期初投入资本，得到企业整体价值。

两阶段经济利润折现模型：

$$V_0 = IC_0 + \sum_{t=1}^{n} \frac{IC_{t-1} \times (ROIC_t - WACC)}{(1 + WACC)^t} + \frac{IC_n \times (ROIC - WACC)}{(WACC - g)(1 + WACC)^n}$$

三阶段经济利润折现模型：

$$V_0 = IC_0 + \sum_{t=1}^{n_1} \frac{EP_t}{(1 + WACC)^t} + \sum_{t=n_1+1}^{n} \frac{EP_t}{(1 + WACC)^t} + \frac{EP_{n+1}}{(WACC - g)(1 + WACC)^n}$$

式中：IC—— 投入资本；

$ROIC$——投入资本回报率（Return on Invested Capital）；

EP——经济利润（Economic Profit）；

g——稳定状态下，经济利润的增长率。

如果假设前提一致，用经济利润折现法评估的企业价值等于用企业现金流折现法评估的企业价值。经济利润折现法与企业现金流折现法在本质上是一致的，经济利润能够计量每一年价值是否增加，而公司现金流折现法却做不到。因为，任何一年的现金流都受到净投资的影响，加大投资会减少当年的现金流，推迟投资可以增加当年的现金流。投资不是业绩不良的表现，而找不到投资机会反而是不好的征兆。因此，某年度的现金流不能作为计量业绩的依据。管理当局为了改善某一年的现金流而推迟重要投资，可能使企业的长期价值创造受到极大的影响。

经济利润之所以受到重视，关键是它把投资决策必需的现金流量法与业绩考核必需的权责发生制统一起来了。在现实经济生活中，投资决策用现金流量的净现值评价，而业绩考核用权责发生制的利润评价，经济利润折现法解决了决策和业绩考评标准不统一的问题。

三、对经济利润折现法的评价

运用经济利润折现法进行企业整体价值评估有如下优点：

1. 从股东的角度定义企业利润考虑了企业经济收入减去经济成本后的价值创造能力。一般而言，经济利润越高，表明企业价值创造能力越强。

2. 国外实证研究表明，经济利润的变动与股价变动高度相关，对投资者来说利用经济利润折现模型能更准确地评估企业的真正价值。

3. 经济利润折现模型更加注重公司的长期发展，反映了企业的非财务活动。

4. 经济利润指标深刻反映了企业价值最大化的目标，企业价值增加取决于企业的经营利润是否超过投入资本的机会成本。一个经济利润长期为正值的企业，意味着该企业的价值不断增值和股东财富的持续增长。

近年来，国外用经济利润折现法对企业价值进行评估的成功案例越来越多，且取得了良好的效果。但在我国，由于资本市场起步较晚，市场有效性欠缺，经济利润计算比较复杂，权益资本成本难以精确计量等原因，经济利润折现法尚未得到较广泛的应用。

【本章小结】

✧ 在评估实践中，收益法常用的评估模型有股息折现模型、股权现金流折现模型、公司（企业）现金流折现模型、经济利润折现模型等多种。

✧ 股息折现模型用于评估股权价值，模型中的收益流为预计股东未来获得的股息收益。根据对未来股息增长率假设的不同，股息折现模型就有了多种变型：高顿增长模型、两阶段股息折现模型、H 模型和三阶段股息折现模型等。

✧ 股权现金流折现模型是将股息折现模型中股息收益流变换为股权现金流，通过对股权现金流加以折现来评估股权价值。股权现金流折现模型的具体形式有稳定增长的股权现金流折现模型、两阶段的股权现金流折现模型、三阶段的股权现金流折现模型等。

✧ 股权现金流折现模型与股息折现模型均为股权价值评估模型，在某些特定情况下，两种模型会得到相同的评估结果，除此之外，两种模型所得评估结果将会有差异。

✧ 公司现金流折现模型的评估对象是企业整体价值，通过以加权平均资本成本（WACC）折现公司现金流，得到公司整体价值。与股息折现模型、股权现金流折现模型一样，根据对未来收益流增长的假设不同，公司现金流折现模型可以有不同的变型。

✧ 经济利润是企业经济收入减去经济成本后的差额，经济利润折现模型可以通过公司现金流折现模型推导而来。根据经济利润折现模型，企业整体价值等于企业期初投入资本加上未来各期经济利润的折现值。

【思考题】

1. 高顿增长模型中，估计股息增长率需要注意哪些问题？

2. 股权现金流折现模型所得评估结果在什么情况下与股息折现模型所得评估结果相同？什么情况下两者评估结果不同？

3. 相对于股权现金流折现评估股权价值而言，通过评估公司整体价值再减去付息债务的市场价值从而得到股权价值这一方法有什么优势？

4. 请比较会计利润与经济利润。

第五章

收益法——现金流的预测

现金流折现模型存在的问题之一是预测现金流的困难。实际上，除非相关的行业具有相当稳定的、可预测的现金流，否则必须承认这是估价过程中最困难、最易出错的部分。

——艾伦·格雷戈里

【本章学习目的】

- 了解现金流预测的主要步骤。
- 掌握企业历史经营绩效的分析方法。
- 掌握企业经营环境的分析方法。
- 掌握明确预测期间现金流的预测过程和方法。
- 熟悉明确预测期后的连续价值评估。

作为收益法常用的模型，现金流折现模型在企业价值评估中得到了非常广泛的应用，该模型应用的一个重要步骤就是要预测未来的现金流。由于股权现金流和企业现金流的计算思路接近，同时考虑到在评估实践中，股权价值的评估有时也需要计算、预测企业现金流，故本章将以企业现金流的预测作为重点。对于许多企业而言，由于经营期限很长，预测难度随着时间的延续而加大，评估人员不可能对企业未来每一期的现金流都作出明确的预测，而只能对接近评估基准日的一段时间内的现金流作出比较准确的预测，这一期间即为明确预测期间；在明确预测期之后，则假设企业处于一个相对稳定状态，然后再对稳定状态的现金流作出预测。无论是明确预测期间的现金流预测，还是明确预测期后的现金流预测，均建立在对企业历史经营绩效分析的基础之上。①

---

① 本章主要参考文献为：布瑞德福特·康纳尔等．公司价值评估——有效评估与决策的工具［M］．北京：华夏出版社，2001，以及蒂姆·科勒等．价值评估——公司价值的衡量与管理（第4版）［M］．北京：电子工业出版社，2007.

第一节　企业历史经营绩效分析

历史是未来的起点，未来是历史的逻辑延伸。企业未来现金流预测一般从企业历史经营绩效分析入手，主要工作在于：财务报表调整以反映公司的经济绩效，而非会计绩效；衡量和分析企业价值创造能力；剖析企业增长的源泉等。

一、财务报表调整与经济绩效指标计算

由于财务报表并非服务于企业价值评估，因此根据财务报表进行历史绩效分析就具有一定的挑战性。大多数企业的财务报表只报告资产回报率（*ROA*）、权益回报率（*ROE*）和经营现金流（*CFO*），但是，一些与经营无关的项目，如非经营性资产和资本结构会让这些衡量指标产生偏差，以资产回报率为例，在投入资本规模不变的情况下，尽管经营绩效并没有发生变化，但如果增加债务资本而减少股权资本，那么，税后净利润会由于利息支出的增加而减少，这会导致资产回报率的下降。为了对企业历史绩效进行准确分析，评估人员需要对财务报表进行调整，以得到独立于财务杠杆、反映企业经营绩效的经济指标。

（一）投入资本（*IC*）的计算

投入资本说明了企业日常经营需要投资者投入的资本量，而不区分这些资本的融资方式。从最基本的会计等式“资产＝负债＋权益”出发可以推导出投入资本计算公式。

对生产单一产品的公司来说，资产主要由经营性资产（*OA*）组成，如应收账款、存货和不动产、厂房和设备（*PP&E*）。负债由经营性负债（*OL*，也称为非付息债务）如应付账款、应付职工薪酬和付息债务（*D*）如短期借款和长期借款组成。权益（*E*）包括普通股（可能有优先股）和留存收益。根据对资产、负债和权益的分解，基本会计等式可以进行扩展。

经营性资产＝经营性负债＋付息债务＋权益

将经营性负债移至等式左侧，则可以得到“投入资本”的计算公式：

投入资本＝经营性资产－经营性负债＝付息债务＋权益

上式表明，投入资本可以从两个角度来计算，一是经营法，即用经营性资产减去经营性负债；二是融资法，即付息债务加上权益资本，两种方法的计算结果相同。有了投入资本的计算公式，评估人员就可以重新整理会计报表以更好地反映与经营相关的投入资本以及经营所需的净融资额。

对于大多数的公司来说，资产不仅包括经营性资产，还包括非经营性资产，如有价证券、预付养老金资产、不并表的子公司和其他权益性投资。债务不仅包括经营性负债和付息债务，还包括负债等价物（*DE*）如重组备抵，以及权益等价物（*EE*）如递延税收和利润平滑备抵。因此，原有等式可扩展为

经营性资产（*OA*）＋非经营性资产（*NOA*）

=经营性负债（OL）+付息债务和负债等价物（$D+DE$）+权益和权益等价物（$E+EE$）

经营性负债移到等式左边重新整理后，可以得到企业全部投入资本（简称全投资）的计算公式：

全投资=投入资本（$OA-OL$）+非经营性资产（NOA）

=付息债务和负债等价物（$D+DE$）+权益和权益等价物（$E+EE$）

从投资的角度，全投资等于经营性的投入资本（以下如没有特殊说明，投入资本意指经营性投入资本）加上投资于非经营性资产的资本；从筹资的角度来看，全投资等于付息债务与负债等价物加上权益和权益等价物。图5－1是根据ABC公司简化的资产负债表计算的投入资本和全投资。

会计资产负债表　百万元

资产	上年	当年
存货	200	225
净*PP&E*[①]	300	350
权益投资	15	25
总资产	515	600
负债和权益		
应付账款	125	150
付息债务	225	200
普通股	50	50
留存收益	115	200
总负债和权益	515	600

投入资本

	上年	当年	百万元
存货	200	225	
应付账款	(125)	(150)	
营运资本	75	75	经营性流动资产减去经营性流动负债
净PP&E	300	350	
投入资本	375	425	非经营性资产不计入投入资本
权益投资	15	25	
全投资	390	450	
付息债务	225	200	
普通股	50	50	
留存收益	115	200	
全投资	390	450	

注①：净*PP&E*是指不动产、厂房、设备净值。

图5－1　ABC公司投入资本和全投资的计算

投入资本代表公司为了经营核心业务所必需的资本。评估人员在计算投入资本时，必须剔除各种非经营性资产，包括溢余现金、可交易证券、权益投资、溢余房地产等。

1. 溢余现金和可交易证券。公司并不会透露它们经营需要多少现金和可交易证券，会计报表中也不会定义哪些是必需的现金和可交易证券，哪些是溢余的现金和可交易证券。评估人员可以有两种方法来界定溢余现金和可交易证券：其一，根据行业平均水平来确定，比如，近五年被评估企业所在行业的现金和可交易证券余额占销售额的2%，那么超过2%的部分即可确认为溢余现金和可交易证券。其二，如果可能的话，评估人员可以和管理层进行沟通，了解企业正常生产经营活动所需的现金和可交易证券，从而判断有多少现金和可交易证券是溢余的。

2. 非流动性投资，不并表的子公司和其他权益投资。企业中的非流动性投资（如客户长期融资）、不并表的子公司和其他权益投资应该从投入资本中分离出来单独衡量和估值，它们各自的收入从 *NOPAT* 中分离出来。

3. 其他非经营资产。其他非经营资产，例如，溢余的房地产和中断的业务也应该从投入资本中扣除。

（二）税后营业净利润（*NOPAT*）的计算

NOPAT 说明了所有财务投资者可得的税后总收入，是由投入资本所产生的经营利润的总和。与净利润不同，*NOPAT* 包括债权人和权益投资者的可得利润总和。

NOPAT 是用息税前利润（*EBIT*）减去所得税而得。由于利息被认为是债务投资者的一种报酬，而不是一种经营费用，为了与投入资本相匹配，利息必须包含在 *NOPAT* 中。

当计算 *NOPAT* 时，要除去营业外净收入和由不计入投资资本的资产所产生的回报或损失。如果将营业外净收入包含进 *NOPAT*，而不将与其相关的资产计入投入资本，则会导致投入资本与收益的不匹配。

NOPAT 加上税后营业外净收入则可以得到全投资收益；全投资收益也可以用净利润加上税后利息而得。图 5－2 为 ABC 公司 *NOPAT* 和全投资收益计算的一个例子，假设所得税税率为 25%。

会计利润表

	百万元 当年
销售收入	1000
经营成本	（700）
销售及管理费用	（20）
息税前利润（*EBIT*）	280
利息	（20）
营业外净收入	4
税前利润（*EBT*）	264
税金	（66）
净利润	198

*NOPAT*和全投资收益

	百万元 当年	
销售收入	1000	
经营成本	（700）	
销售及管理费用	（20）	
息税前利润（*EBIT*）	280	
税金	（70）	税金基于*EBIT* 不要将营业外净收入计算在内
NOPAT	210	
税后营业外净收入	3	
全投资收益	213	
通过净利润调整		
净利润	198	
税后利息	15	将利息当做债务投资者的报酬
全投资收益	213	

图 5－2　ABC 公司 *NOPAT* 和全投资收益的计算

（三）投入资本回报率（*ROIC*）

投入资本回报率是与企业财务杠杆无关、反映企业经营绩效的一个重要指标，它等于税后营业净利润除以投入资本，即

$$ROIC = 税后营业净利润 / 投入资本 = NOPAT/IC$$

根据调整后的财务报表，得到投入资本和税后营业净利润后，则可以很容易地计算出投入资本回报率。

（四）企业现金流

企业现金流是与企业经营业务相关、同时考虑资本性支出的现金流，是所有投资者可获得的经营业务的税后现金流，投资者包括债权人和股东。企业现金流的计算公式为

$$企业现金流（FCFF）=税后营业净利润（NOPAT）+折旧摊销-营运资本增加-资本性支出$$

企业现金流加上企业营业外现金流（如取得的投资收益、对外股权投资等）即为全投资现金流，营业外现金流具有偶然性、不确定性，因此，在企业价值评估中，考虑的是企业现金流，而不是全投资现金流。

企业现金流与会计现金流量表所反映的当期现金流变化额（以下简称会计现金流）之间存在明显不同。

其一，企业现金流针对股东和债权人在内的所有投资者，而会计现金流仅仅针对股东；

其二，企业现金流是可以自由支配的现金流，而会计现金流反映了股息支付后剩余的现金流；

其三，企业现金流仅仅是与企业营业活动相关的现金流，不包括营业外现金流；而会计现金流量既包括与企业营业活动相关的现金流，也包括营业外现金流。

企业现金流的计算及其与会计现金流量之间的区别可用图5－3表示。

会计现金流量表　百万元

	当年
净利润	198
折旧	20
存货的减少（增加）	（25）
应付账款的增加（减少）	25
经营现金流	218
资本支出	（70）
权益投资的减少（增加）	（10）
投资现金流	（80）
付息债务的增加（减少）	25
普通股的增加（减少）	0
股息	（113）
融资现金流	（88）
现金及现金等价物净增加额	50

企业现金流　百万元

	当年
NOPAT	210
折旧	20
企业毛现金流	230
存货的减少（增加）	（25）
应付账款的增加（减少）	25
资本支出	（70）
总投资①	（70）
企业现金流	**160**
税后营业外净收入	3
权益投资的减少（增加）	（10）
全投资现金流	153

注①：总投资是营运资本的增加额加上资本支出。

图5－3　ABC公司企业现金流与会计现金流比较

二、企业价值创造能力指标

衡量企业价值创造能力的指标主要有投入资本回报率和经济利润，投入资本回报率

是企业税后营业净利润（*NOPAT*）和投入资本之间的比较关系，经济利润则反映了剔除投入资本的机会成本后，企业创造利润的多少。

（一）投入资本回报率

1. 指标的作用。对财务报表进行调整后（见图5－1、图5－2），可以计算出投入资本及税后营业净利润（*NOPAT*）。在投入资本一定的情况下，税后营业净利润越大，则表明企业价值创造能力越强，反之，则表明企业价值创造能力越弱，两者之间的比率为投入资本回报率（*ROIC*），该比率常用来评价企业的盈利能力。由于税后营业净利润是一个时期指标，而投入资本是一个时点指标，因此，在计算投入资本回报率时，投入资本可以采用期初和期末的平均值，如果两者相差不大，也可以用期初投入资本。

ROIC 中的税后营业净利润和投入资本仅仅关注企业的经营活动，而不考虑与经营活动无关以及营业外的现金流和资本投入，因此，该指标能够更直接地反映企业的经营绩效和价值创造能力；同时，相对于净资产收益率（*ROE*）和资产回报率（*ROA*）来说，*ROIC* 是衡量企业盈利能力更准确的一个指标。因为净资产收益率将经营绩效与资本结构混在了一起，资本结构的变化将会影响净资产收益率的高低，这就使得同类企业之间的横向比较分析和纵向趋势分析失去意义。资产回报率也存在局限，因为这一比率的收益指标未剔除利息费用，因此，融资结构也会影响指标的大小。

2. 指标的分解。根据投入资本回报率的计算公式，ABC 公司当年的投入资本为4.25 亿元，税后营业净利润为2.1 亿元，投入资本回报率为49.41%，ABC 公司为什么能够取得如此好的业绩？是哪些因素驱动？为了对投入资本回报率有更清楚的了解，可以将这一比率加以分解：

$$ROIC = (1 - 所得税税率) \times (EBIT / 销售收入) \times (销售收入 / 投入资本)$$
$$= (1 - 所得税税率) \times 经营利润率 \times 投入资本周转率$$

上面公式是财务分析的一个重要等式。它说明了公司的 *ROIC* 是由以下一些因素决定的：获利能力（经营利润率）、资本效率（投入资本周转率）、税收水平。其中每一个因素都可以进一步分解为不同的组成部分，以进行费用、资本项目与收入之间的比较。图5－4 显示了 *ROIC* 逐层影响因素的树形图。

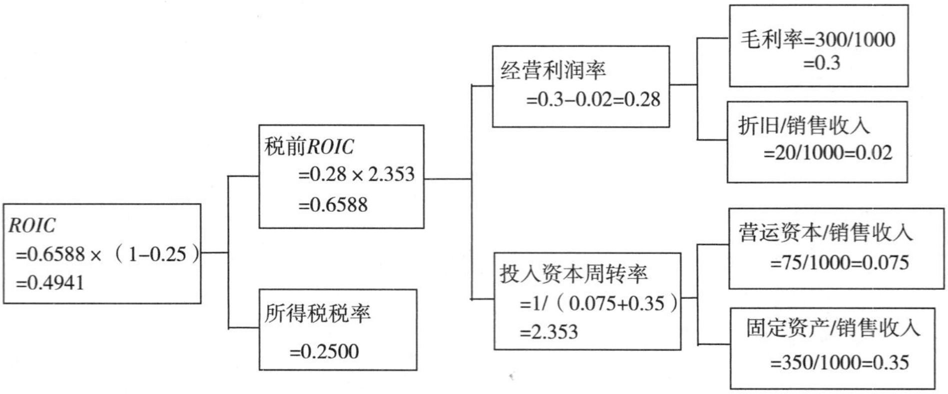

图5－4　*ROIC* 的影响因素

当计算出公司 *ROIC* 及其影响因素后，就可以与同行业其他公司的相同因素作比较分析。将分析结果与行业结构分析（行业发展机会、行业进入/退出障碍等），以及公司的优势和劣势的定性分析结合起来，就可以对企业在行业中的竞争力及市场份额有更直观的认识。当然，也可以进行 *ROIC* 指标及其影响因素的纵向比较分析，以了解企业盈利能力的变化趋势。

（二）经济利润

经济利润衡量的是，相对于资本市场来说，一个企业是否能更有效地运作资本来创造价值，因此，它是分析企业经营绩效的一个非常有用的指标。经济利润的计算公式为

$$经济利润 = 投入资本 \times (ROIC - WACC) = NOPAT - (投入资本 \times WACC)$$

假设 ABC 公司当年和上一年度的 *WACC* 均为 10%，*NOPAT* 分别为 1.8 亿元、2.1 亿元。根据图 5-1 中的投入资本数据，可以计算其经济利润分别为 1.425 亿元、1.675 亿元（见表 5-1）。

表 5-1　　ABC 公司的经济利润　　单位：百万元

年份	上年	当年
投入资本	375	425
WACC	10%	10%
资本成本总额	37.5	42.5
NOPAT	180	210
经济利润	142.5	167.5

NOPAT 大于 0、取得盈利的企业并不是总能创造价值。事实上，如果资本成本总额（定义为 *WACC*×投入资本）超过 *NOPAT*，那么企业实际上是在毁损价值。

经济利润衡量的是一个公司与资本市场相比利用资本后的获利能力，这一概念与该公司股票的市值变化是不同的概念。比如某公司在某财年获得经济利润 26 亿元，同年，公司支付了 5.95 亿元的股息，股票增值 264 亿元。公司股东的总回报为 269.95 亿元，比经济利润大了很多。经济利润和股东总回报衡量的是价值的不同方面：经济利润衡量了历史账面资本在一年中的表现，市值的变化衡量了对于未来经济利润预期的变化。该公司股票市值之所以增值 264 亿元，是由于该公司近期获利能力的增加，市场增加了对公司未来良好表现的预期。

三、现金流增长分析

现金流增长是企业价值的基本驱动因素之一，现金流的增长是如何构成的？通过对现金流历史增长构成的分析，可以评估企业未来潜在的增长水平。

对于大多数企业来说，可以直接根据利润表计算现金流的增长水平，但是，某些因素可能会对现金流增长水平产生误导作用，这些因素主要有三个方面：跨国公司的货币

汇兑、兼并和收购、会计政策变化。比如，20A3 年，美国某上市公司公布的财务年报显示，该公司现金流三年来首次出现正增长，增长率为 9.5%，但分析一下现金流增长的构成却可以发现，虽然现金流是实现了正增长，但是内涵式现金流（源自公司核心业务，独立于货币波动、兼并和剥离、会计变化）实际下降了 2.6%，其现金流的增长主要来自收购活动以及货币汇兑（见表 5－2），因此，企业的盈利能力并未得到明显改善。从历史比较可以发现，该企业核心业务所创造的现金流是在逐年减少的，该企业未来现金流增长潜力不容乐观。

表 5－2　　现金流增长的构成　　单位：%

年份	20A1	20A2	20A3
内涵式收益率增长	0.5	－1.8	－2.9
并购	0.5	2.1	5.4
剥离	0.0	－3.3	0.0
货币影响	－3.9	－2.5	7.0
现金流的增长	－2.9	－5.5	9.5

（一）货币汇兑对现金流的影响

跨国公司在多个国家从事生产、销售和其他经营活动，因而需要使用多种货币来经营业务。在每一个报告阶段末期，以所在国本位货币表示的现金流必须转换成报告国本国的货币。如果外国货币相对于本国货币升值，这种转换会导致更高的现金流水平。因此，现金流的上升可能并不能反映企业产品定价能力的增长和销售数量的上升，而仅仅是本国货币的贬值所致。

有大量境外业务的公司在注释现金流增长时，会同时使用当期和固定汇率进行报告。如前述公司在披露 9.5% 的年度现金流变化的同时，也报告了年度“假设汇率不变条件下”现金流增长仅为 2.5%。因此，如果货币汇率依然是上一年的水平，该公司的收入就会是 835 亿美元，而不是 891 亿美元。

（二）兼并和收购

通过收购获得的现金流增长与公司内涵式现金流增长有非常不同的特征，因为在收购一家公司时必须付出相当高的溢价。因此，理解公司的历史现金流增长是怎样获得的就非常重要，是通过收购获得还是内涵式增长获得？

从财务报告的现金流中剔除收购影响往往比较困难。除非这项收购非常重大，否则企业一般都不披露收购的细节或根本不报告收购。对于一些比较大的收购，公司有时会提供估计的财务报表，以反映假设收购活动已经在财务年度年初完成的情况下的历史财务表现，那么现金流增长就应该基于估计报表数据进行计算。如果目标公司公开报告它的财务数据，估计报表可以通过将被收购者的现金流数据与目标公司上一年的现金流数据结合起来进行计算。但是要注意：收购公司往往只将被收购公司在收购完成后的年度现金流部分纳入其报表。为了保持一致性，重组前几年的现金流也必须作类似处理。

（三）会计变更和非常规项目

会计政策的变更以及一些非常规项目也会影响企业现金流，比如，在物价上涨时期，企业存货计价方式从“先进先出法”变更为“后进先出法”后，企业缴纳的税金将会因成本的上升而减少，现金流相应会增加。

第二节 明确预测期间的现金流预测

企业未来现金流预测分为明确预测期间的现金流预测和明确预测期后的现金流预测，明确预测期间的现金流预测相对比较复杂，工作量也比较大。

一、现金流预测的相关事项

（一）明确预测期长度的确定

对明确预测期间的现金流进行预测首先必须确定预测期的时间长度以及预测的详细程度。一些评估专业人士①推荐的预测期为 10 ~ 15 年，对于周期性公司或高增长公司可能还要更长一些。由于在明确预测期后，有可能假设企业现金流以一个不变的比率永续增长下去，与高增长期的增长率相比，这一永续增长率要低许多，如果使用较短的明确预测期，一般会导致公司价值严重低估或需要在计算永续价值时设定过高的长期增长假设。而对于周期性公司，由于一个周期往往需要几年时间，预测期过短的话就不能反映一个完整的周期。

预测期较长也会产生问题，评估人员很难预测某个项目未来 10 ~ 15 年的情况。为了简化模型和避免不精确导致的误差，一般将明确预测期拆分为两个阶段：

第一阶段为开始的 5 ~ 7 年，进行详细预测，作出尽可能与实际变量（如产品数量、单位产品成本）相联系的完整的资产负债表、损益表和现金流量表。

第二阶段为明确预测期剩余年份，进行简化预测，重点放在一些重要变量上，如收入增长率、利润率和资本周转率。这种方法不仅简化了预测，而且使得评估人员必须以业务的长期经济绩效为重点，而不是预测单个分项。

在国内资产评估业，评估人员在对企业价值进行评估时，明确预测期一般取 5 年，这种选取方法不仅时间长度偏短，而且没有考虑企业自身的特点如成长性、周期性等，从而导致准确性降低。

（二）现金流预测的方法

现金流预测的方法主要有三种，销售收入百分比预测法、蒙特卡罗（Monte Carlo）模拟法、会计学基础法，其中，销售百分比预测法是最常用的一种方法。

销售收入百分比预测法是在预测未来销售收入的基础上，根据销售收入与成本费用

---

① 蒂姆·科勒等. 价值评估——公司价值的衡量与管理（第 4 版）[M]. 北京：电子工业出版社，2007.

之间的比例关系，测算各项目的具体数额，进而计算现金流的一种方法。其中，可变费用直接视为销售百分比。销售百分比是基于历史平均值或中值，或基于新信息重新确定的百分比；固定费用以及半固定费用预测则根据企业经营管理状况以及未来生产规模变化情况进行独立分析。

蒙特卡罗模拟法是针对企业未来经营环境的复杂多变性，模拟不同经营环境下企业销售收入、税后利润、企业现金流等经营绩效指标，并求出这些指标的期望值的一种方法。该方法的应用需要有良好的数学功底，并需要构筑较为复杂的数学模型，因此在评估实践中的应用受到了很大的限制。

会计学基础法是对企业未来销售收入、成本、费用项目等按照会计核算的方法逐一分析计算，进而计算现金流的一种方法。该方法主要应用于成本、费用项目与销售收入之间的比例关系经常发生变化，能够掌握会计核算详细资料的评估对象。

（三）现金流预测思路

从企业现金流的计算公式来看，企业现金流需要计算税后营业净利润、营运资本增加额、资本性支出等项目，其中，税后营业净利润是最重要也是最复杂的一个项目，该项目涉及销售收入、营业成本、营业费用、营业税金、所得税费等。对企业现金流的预测也就是对上述各项目的预测，而预测的起始点则是企业销售收入的预测。

企业未来销售收入的变化受外部环境因素和企业内部环境因素共同影响。外部环境因素提供了企业发展的机会，也可能给企业带来各种挑战；企业内部环境因素则决定了企业的市场竞争力和市场竞争地位以及未来的销售收入水平。在企业销售收入确定的情况下，企业内部的盈利能力决定了企业营业成本和费用的高低，历史经营绩效的分析将为成本费用的预测提供比较可靠的依据。企业营运资本的变化以及资本性支出水平在很大程度上受到销售收入的影响，在销售收入水平确定后，则可以进一步预测营运资本以及资本性支出的变化。

预测出各个项目后，进而就可以预测出企业现金流，整个预测框架可用图 5 – 5 来表示。

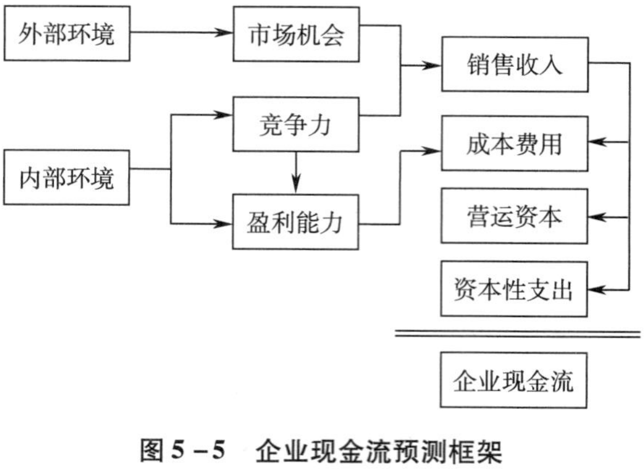

图 5 – 5　企业现金流预测框架

【参考案例5-1】 巴菲特如何选择股票

买公司股票就是买未来，因为买进一个公司股票的时候，公司过去利润属于老股东，作为新股东，所能得到的是这个公司未来给你赚的钱。那么，公司未来能赚多少钱呢？谁也无法告诉一个准确的数字，只能大致预测。那么，怎样才能比较准确地进行预测呢？

巴菲特从日常生活中找到了一个好办法，帮助他解决这个问题。我们每个人在结婚寻找伴侣的时候，图的是什么？图的是未来。未来会怎么样呢？两个人要在一起过上几十年，谁说得准呢？那怎么办呢？我们还要结婚啊。唯一可行的办法是，在你认识的人里面找一个最稳定、最可靠、最符合你标准的作为终身伴侣。

这个公司既是你有能力评估的，又是你很熟悉的，你又懂它的业务和管理。只有选择那些你有把握推断其业务长期稳定的公司，你在预测未来现金流时才不会有太大的差错。

巴菲特选择的公司都是非常稳定的公司。可口可乐公司有200多年的经营历史，《华盛顿邮报》从1877年开始，到现在也有130多年的经营历史，吉列刀片从1901年到现在也有100多年的经营历史，都非常稳定。巴菲特甚至觉得这些公司的稳定程度超过了美国政府的稳定程度。政府4年就要换届，选一个新的总统，但是这些公司的存续时间比美国总统的任期长多了，从某种意义上说比美国政府还要稳定。

在伯克希尔公司1982年及其后续的年报中，巴菲特数次重申自己喜欢的企业的标准之一，是具备“经证明的持续盈利能力”。“查理提醒我注意，伟大企业的优点在于其巨大的盈利增长能力。但只有在我对此可以非常确定的情况下我才会行动。不要像得克萨斯器械公司或者宝丽来公司，它们的收益增长能力只不过是一种假象。”

巴菲特的老师本杰明·格雷厄姆指出：估值越是依赖于对未来的预期，同时与过去的表现联系越少，就越容易导致错误的计算结果和严重的失误。企业盈利能力的正确预测做法应当是根据真实的，并且经过合理调整的企业历史收益记录，计算长期平均收益，以此为基础推断分析企业未来可持续的盈利能力。计算平均收益时必须包含相当长的年份，因为长期、持续和重复的收益记录总要比短暂的收益记录更能说明企业的可持续盈利能力。

资料来源：根据刘建位．巴菲特选股10招［M］．北京：中信出版社，2009整理。

二、企业经营环境分析

企业经营活动处于一个特定的外部环境和内部环境中，经营环境决定了企业的经营绩效和经营现金流。企业经营环境分为三个层次：宏观经济环境、行业发展环境和企业自身微观环境。

（一）宏观经济环境

宏观经济环境是指影响企业生存与发展的国家和区域经济状况和经济政策等，其内容涉及宏观经济形势、经济体制、经济结构、经济政策及其与宏观经济发展相关的经济指标，比如国民生产总值、居民收入水平、平均消费水平、消费支出增长率、通货膨胀率及利率调整、汇率变化等。

每一个宏观经济环境因素都会对企业经营活动产生影响，分析这种影响可以从三个方面展开。

其一，分析企业对经济周期波动的敏感程度。国民经济从长期看呈不断发展趋势，但就经济运行的具体轨迹而言，一国经济往往是围绕长期趋势而周期性地波动发展。不同类型的企业对经济周期波动的敏感程度并不相同，敏感度高的企业受经济周期波动的影响很大，因此，在预测未来销售收入以及现金流时，企业对经济周期的敏感度、宏观经济的周期性波动状况将是重点分析的内容。反之，则应该重点分析宏观经济的总体趋势，而不是宏观经济的波动情况。

其二，分析宏观经济环境因素对企业经营绩效的影响机制。不同宏观环境因素从不同的角度影响企业的经营绩效，评估人员应该分析宏观环境因素是通过何种机制影响企业的经营绩效，比如，居民收入水平的提高是否会影响消费支出水平，消费支出水平是否会影响企业产品的社会需求；利率水平的提高是否会影响企业的融资成本，进而影响股权收益流的大小等。

其三，分析宏观经济环境的发展趋势。在理清宏观经济环境与企业经营绩效之间的内在关系后，评估人员随后应分析宏观环境的发展趋势，将这种环境趋势量化到对企业经营绩效的影响上，包括对销售收入水平、经营成本费用、资本成本水平等方面的影响。

（二）行业发展环境

每一个企业往往从属于某一特定的产业或者说行业，从企业价值大小的角度来看，具有发展潜力和发展前途的行业是具有吸引力、景气度高的朝阳产业；那些随着时代的发展，无论如何进行技术革命，也不再有发展前途的产业，可以归类于夕阳产业。

为了对企业所在行业有一个比较全面的认识，评估人员可以运用“市场结构（Structure）—市场行为（Conduct）—市场绩效（Performance）”的SCP分析模式进行行业分析。

1. 市场结构。市场结构反映了市场的集中度、产品差别化和进入壁垒等因素对行业内市场竞争程度、价格形成、企业获利空间等产生的战略性影响。高集中度的市场结构往往会产生垄断性的市场行为，行业内企业通过串谋、协调等方式来瓜分市场、操纵市场价格以获取超额利润。同时，高集中度的行业中，在位企业具有规模优势，并拥有客户资源，形成对潜在竞争者强大的进入壁垒，从而削弱市场的竞争性。

产品差别化在一定程度上代表了企业的垄断性及在市场上获取垄断利润的能力。行业内企业所生产产品间的差别越大，产品间的替代性越差，市场竞争越不完全，在产品获得消费者认可的情况下，企业获利空间越大。

进入壁垒影响行业内企业的潜在市场竞争强度。进入壁垒高的行业，行业内企业面临的潜在竞争强度比较弱，企业所面临的竞争主要来自行业内企业之间的竞争，在这种情况下，一旦市场需求扩大，在位企业可以迅速扩大生产，销售利润得以迅速增加。

2. 市场行为。不同市场结构中的企业有不同的市场行为（主要是价格行为）。比如在完全竞争市场上，企业是市场价格的接受者，任何一个企业的市场行为不会对其他企业的市场行为产生影响。在完全垄断的市场上，垄断企业没有竞争威胁，它所面临的需求就是整个行业的需求，在这种情况下，垄断企业根据市场需求状况独自决定市场价格，以获取最大利润。

3. 市场绩效。市场绩效受市场结构和市场行为共同制约，并由行业内企业绩效共同体现。不同的市场结构和市场行为有不同的资源配置效率和不同的企业绩效水平。在集中度低的行业中，竞争比较激烈，竞争机制能够保证稀缺资源得到优化配置，此时产品价格接近边际成本，企业只能获得正常利润；而集中度高的行业，垄断因素的存在往往使企业获得超额利润。贝恩对美国制造业集中度与利润率关系的实证分析表明，最大的8家企业在行业集中度达到70%以上的21个行业中的平均利润率为11.8%，而集中度在70%以下的21个行业的平均利润率仅为7.5%。[①] 此外，行业的产品差别化程度越大，行业进入壁垒越高，资源流入行业的难度越大。

（三）企业自身微观环境

企业自身微观环境分析是为了把握企业的市场竞争力，预测在未来的行业需求中，企业能够获得多大的市场份额，从而测算企业未来销售收入的增长情况。企业自身微观环境分析可以运用波特五力分析模型和SWOT分析模型。

1. 波特五力分析模型。波特五力分析模型主要是分析企业所面临的竞争关系。迈克尔·波特于20世纪80年代提出，一般而言，企业面临五种竞争力：行业内现有竞争者的竞争、潜在竞争者的竞争、替代品的竞争、供应商讨价还价的能力、顾客讨价还价的能力，如图5－6所示。

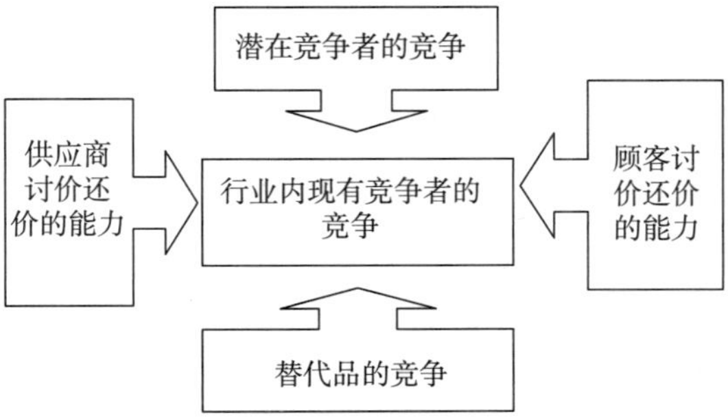

图5－6　波特五力分析模型

① 杨公朴，夏大慰．产业经济学教程［M］．上海：上海财经大学出版社，2002.

（1）行业内现有竞争者的竞争。面对同样的消费群体，生产企业为了争取更多的客户，获得更大的市场份额，往往会通过价格、广告、售后服务等手段与其他生产企业展开竞争，最终导致企业难以获得高额利润，甚至会出现亏损；相反，行业内企业之间的竞争并不激烈，市场需求庞大，则企业很容易获得高额利润。

（2）潜在竞争者的竞争。潜在竞争者在给行业带来新生产能力、新资源的同时，必然会和既有生产者抢夺市场，争取消费者，最终导致行业中现有企业盈利水平降低，严重的话还有可能危及这些企业的生存。潜在竞争者进入威胁的严重程度取决于两方面的因素，即行业进入壁垒的大小以及预期现有企业对于进入者的反应情况。

（3）替代品的竞争。两个处于同行业或不同行业中的企业，可能会由于所生产的产品是互为替代品，从而在它们之间产生相互竞争行为，这种源自替代品的竞争会以各种形式影响行业中现有企业的竞争战略。第一，现有企业产品售价以及获利潜力的提高，将由于存在能被顾客方便接受的替代品而受到限制；第二，替代品生产者的侵入使得现有企业必须提高产品质量，或者降低成本来降低售价，或者使其产品具有特色，否则其销量与利润增长的目标就有可能受挫；第三，源自替代品生产者的竞争强度受产品买主转换成本高低的影响。总之，替代品价格越低、质量越好、顾客转换成本越低，其所能产生的竞争压力就越强。而这种来自替代品生产者的竞争压力的强度，可以具体通过考察替代品销售增长率、替代品厂家生产能力与盈利扩张情况来加以描述。

（4）供应商讨价还价的能力。供应商主要通过提高供货价格与降低供货质量，来影响行业中现有企业的盈利能力与产品竞争力。供应商力量的强弱主要取决于他们所提供给企业的是什么样的投入要素，当供应商所提供的投入要素其价值占企业产品总成本的较大比例，对产品生产过程非常重要，或者严重影响产品质量时，供应商对于企业的潜在讨价还价能力就大大增强。一般来说，满足如下条件的供应商会具有比较强大的讨价还价能力：一是供应商所在行业被一些具有比较稳固市场地位而不受市场激烈竞争困扰的企业所控制，其产品的买主很多，以至于每一单个买主都不可能成为供应商的重要客户。二是各供应商的产品各具有一定特色，以至于买主难以转换或转换成本太高，或者很难找到可与供应商企业产品相竞争的替代品。三是供应商能够方便地实行前向联合或一体化，而买主难以进行后向一体化。

（5）顾客讨价还价的能力。顾客主要通过其压价与要求提供较高的产品或服务质量的能力，来影响行业中现有企业的盈利能力。一般来说，满足如下条件的顾客可能具有较强的讨价还价力量：一是顾客的总数较少，而每个顾客的购买量较大，占了卖方销售量的很大比例。二是卖方行业由大量相对来说规模较小的企业所组成。三是顾客所购买的基本上是一种标准化产品，同时向多个卖主购买产品在经济上也完全可行。四是顾客有能力实现后向一体化，而卖主不可能实现前向一体化。

2. SWOT 分析。SWOT 分析是对企业内部环境和外部环境进行综合和概括，进而分析企业的优势（Strength）和劣势（Weakness）、面临的机会（Opportunity）和威胁（Threats）的一种方法。

（1）机会与威胁分析（OT）。企业的外部环境处于不断变化中，外部环境发展趋势分为两大类：一类是环境威胁，另一类是环境机会。环境威胁指的是环境中不利于企业发展所形成的挑战，如果不采取果断的战略行为，这种不利趋势将导致公司的竞争地位受到削弱。环境机会则是有利于企业未来发展的环境因素。

（2）优势与劣势分析（SW）。识别环境中有吸引力的机会是一回事，拥有在机会中成功所必需的竞争能力是另一回事。通过与竞争对手的比较，才能发现企业的优势以及薄弱环节在哪里，从而才能分析企业在市场竞争中以及在环境机会面前是否能够占得先机，未来能够抢占多少市场份额。

三、现金流预测过程

现金流预测常用的销售收入百分比预测法，其主要工作在于对利润表以及资产负债表中相关项目的预测，由于每一项目几乎都直接或间接与销售收入相关联，所以现金流预测工作起始于销售收入的预测。

（一）销售收入预测

销售收入预测有两种方法：自上而下法和自下而上法。自上而下法通过预测市场总量的大小，确定被评估企业的市场份额，然后预测产品价格来预测销售收入。自下而上法则根据企业已有客户的需求、客户流失率和潜在新客户数量来进行销售收入的预测。无论哪种方法，收入预测都应该与历史增长数据保持一致，如果变化趋势发生改变的话，则需要有充分的依据。

自上而下法可应用于任何类型的企业。如果企业处于成熟行业，该行业市场总量增长缓慢且与经济增长及其他长期趋势（如客户偏好的改变）紧密结合在一起，则评估人员可以在对市场总量进行专业预测的基础上，结合 SCP 分析和 SWOT 分析，研究竞争对手的市场份额，并确定与竞争对手的争夺中，被评估企业能够获得多大的市场份额。需要注意的是，评估人员要确定企业在未来的定位，企业能否提供获取市场份额所需的产品和服务？其他竞争对手是否具有能够替代被评估企业的产品和服务？

自上而下法是从市场总量入手预测市场渗透率、价格变化和市场份额，而自下而上法则是依靠对客户需求的预测。在某些行业中，客户会事先制订自己的生产计划并给供应商一个预估的购买量。通过综合各方面客户的需求就可以预测短期内现有客户带来的销售收入。然后估计客户流失率，根据客户流失率对预期销售收入进行调整。最后再预测企业会吸引多少新增客户以及这些客户会带来多少销售收入。自下而上法预测是将新增客户与现有客户结合起来进行预测的方法。

不管使用哪种方法，预测长期销售收入都无法保证结果精确。客户偏好、技术和企业战略在不断变化。这些变化通常来说是难以预测的，并会在很大程度上影响市场上的生产企业。因此评估人员必须不断多次评估当前预测是否与行业动态、竞争格局和企业增长的历史情况相一致。如果对收入预测缺乏信心，就需要使用各种可能出现的情景进行模拟，这样可以确定销售收入的预测范围，并可以求出销售收入的期望值。

（二）利润表相关项目预测

利润表相关项目的预测主要是预测营业费用、折旧、利息回报、利息费用、上缴税金等，预测的关键是要找到这些项目的经济驱动因素。

1. 预测步骤。在完成了销售收入的预测后，接下来需要预测与损益表相关的各个项目。预测过程分为三个步骤。

第一步，明确各项目背后的经济驱动因素。大多数项目预测会直接与销售收入相联系，但也有一些项目与特定资产（或负债）联系密切。例如，利息回报通常由流动性证券产生，那么利息回报的预测就应该与流动性证券结合在一起。

第二步，估计预测比率。针对利润表上的各个项目，首先计算每个比率的历史数值，其次估算各个预测期间的预测比率。

第三步，将预测比率与驱动因素估计值相乘。由于大多数项目是由销售收入决定的，因此多数预测比率是与销售收入构成的比率，比如销售成本（*COGS*）销售收入比是用 *COGS* 与销售收入相除而得的一个比率，用预测的未来销售收入与预测的销售成本销售收入比相乘，就可以得到预测的 *COGS*。

图 5－7 以 *COGS* 的预测为例，说明了上述三个预测步骤，其中 20A2 年为预测年度。第一步，确定 *COGS* 的经济驱动因素是销售收入。第二步，计算历史的 *COGS* 与销售收入比，该比值等于 37.5%。为简便起见，设定下一年的这一比率也为 37.5%。第三步，将预测出的比率与预计的下一年销售收入相乘：37.5% ×2.88 亿元 = 1.08 亿元。

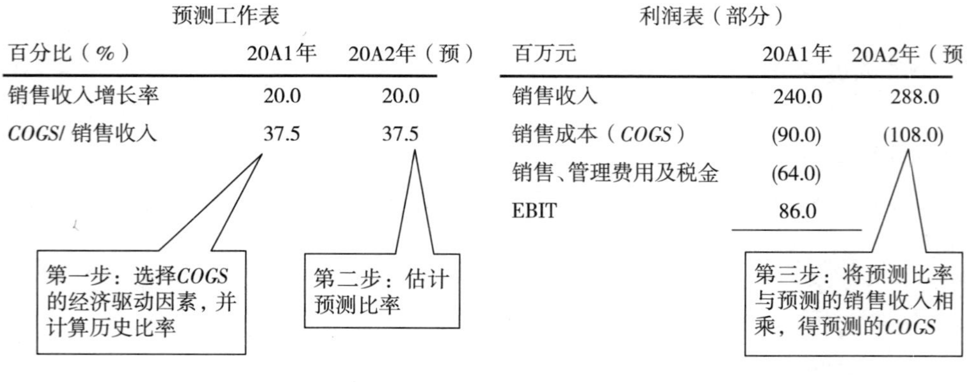

图 5－7　销售成本的预测步骤

需要注意的是，以上预测并没有直接将销售收入的增长率（20%）运用到销售成本上，虽然将销售成本增加 20% 所得结果和例中计算结果相同，但如果预测的 20A2 年的销售成本与销售收入比率不是 37.5% 的话，那两者计算的结果则不会相同。实际上随着企业的发展，该预测比率（销售成本/销售收入）很有可能是不一致的。

在评估实践中，利润表中预测项目常用的驱动因素如表 5－3 所示，当然，实际运用的时候，还要考虑公司及其所处行业的具体情况。

表 5－3　利润表中的预测驱动因素

项目	预测项目	预测驱动因素	预测比率
经营性项目	销售成本（*COGS*）	销售收入	*COGS*/销售收入
	营业税金	销售收入	营业税金/销售收入
	销售费用、管理费用（*SG&A*）	销售收入	*SG&A*/销售收入
	折旧	上年末固定资产（*PP&E*）净值	折旧/*PP&E* 净值
非经营性项目	非经营性收入		非经营收入/非经营资产或非经营收入增长率
	利息费用	上年末的总债务	利息费用（t）/总债务（$t-1$）
	利息收入	上年末的富余现金	利息回报（t）/富余现金（$t-1$）

2. 经营成本与经营税费预测。利润表中经营成本、经营税费以及研发费用的预测均建立在销售收入预测基础之上。一般情况下，这些项目是直接根据历史的比率加以调整，但是，由于会计人员有时会将某些非经营性项目也加到经营费用之中，因此在计算历史比率时应将非经营性项目排除在外。

3. 折旧预测。折旧预测有三种方法：其一是将销售收入作为折旧的驱动因素，按照折旧与销售收入之间的比率进行预测；其二是将不动产、厂房和设备（*PP&E*）等固定资产作为折旧的驱动因素，按照两者之间的比率进行预测；其三是按照企业设备购买和折旧计划进行预测。

如果企业折旧费用比较平滑，可以选择第一种或第二种方法，但如果折旧费用波动较大，则不宜选择第一种方法，而应该使用第二种方法，将不动产、厂房和设备（*PP&E*）作为预测驱动因素。当用不动产、厂房和设备（*PP&E*）等固定资产作为预测驱动因素时，通常是将折旧与固定资产净值联系起来，而不是与固定资产原值联系起来。

如果能得到企业固定资产购置和折旧计划，则可以采用第三种方法来预测折旧费用。该方法比较适合于资产评估机构使用，因为资产评估机构在进行企业价值评估时，可以深入企业，掌握比较详细的固定资产方面的一手资料。

4. 非经营收入预测。非经营收入是由非经营资产（如客户融资、非合并的子公司和其他股权投资）产生的。对于非合并的子公司和其他股权投资，预测方法要依赖于所能得到的报告信息而定。对于母公司拥有的低于20%的投资，母公司仅将所获股息和出售资产所得计入母公司。非经营资产是按成本记录的，在出售之前一直保持不变。对于这些投资，不能使用传统的驱动因素来预测现金流；相反要通过考察非经营性收入的历史增长或公开交易的可比资产（可比的股权投资）的预测收入和利润值来估计未来的非经营性收入。

对于股权份额高于20%的非合并子公司，母公司要将尚未全额支付的收入一并计入。同时，计入的资产会随投资的留存回报的增长而增长。因此，对于非合并的投资，可以用预期非经营回报增长率或者根据子公司所在行业动态和竞争格局，用预期股权回报率（非经营回报与相应的非经营资产的比率）来估计未来回报。

5. 利息费用和利息收入预测。利息费用（收入）应该与产生费用（收入）的负债（资产）联系在一起。利息费用的驱动因素是总负债。但是，总负债又是利息费用的函数，这就会形成一个连续不断的循环。为避免这种循环效应，可以按照上年末的负债总额来预测利息费用。

使用历史利息率来预测利息费用是一个简单、直接的估计方法。由于利息费用并不是企业现金流的一部分，因此用什么方法预测利息费用并不会影响企业现金流水平（在企业现金流折现模型中，债务成本会影响加权平均资本成本）。但公司的财务结构是预测的关键组成部分，利息费用预测必不可少。负债和利息费用分为两类：已有负债及其利息费用、新增负债及其利息费用。一直到偿还前，已有债务通常以历史利率产生利息费用；相反，新增负债产生的利息费用会与市场利率相一致。

用同样的方法，可根据能产生回报的资产估计利息回报。但需要注意的是：不同类型的投资会产生不同的利息回报，包括富余现金、短期投资、客户融资和其他长期投资，如果可能的话则应对不同类型投资采用不同的计算方法。

6. 所得税预测。所得税的简单预测方法是用税前回报的一定百分比来进行估计。但在许多情况下，由于企业可能会享受税收优惠，企业的平均所得税税率并不等于其边际税率，如果用历史税率来预测未来税率，隐含的假设是这些特殊优惠都会与 EBIT 一起增长。因此，评估人员需要根据企业税收优惠情况，合理确定所得税税率。

（三）资产负债表相关项目预测

资产负债表相关项目的预测主要是预测投入资本和非经营资产，包括预测营运资本，不动产、厂房和设备净值，以及非经营性资产等。

在预测资产负债表时，首先需要解决的问题是，应该直接预测资产负债表中相关项目的存量，还是间接预测变化量（流量）。例如，对应收账款的预测，存量法将年末应收账款作为销售收入的函数进行预测，而流量法将应收账款的变化量作为销售收入变化量的函数进行预测。评估实践中，一般采用存量法。

资产负债表中常用的预测驱动因素如表 5－4 所示。

表 5－4　　资产负债表中的预测驱动因素

项目	预测项目	预测驱动因素	预测比率
经营性项目	应收账款	销售收入	应收账款/销售收入
	存货	*COGS*	存货/ *COGS*
	应付账款	*COGS*	应付账款/ *COGS*
	应计费用	销售收入	应计费用/销售收入
	PP&E 净值	销售收入	*PP&E* 净值/销售收入
	商誉	确认的销售收入	商誉/确认的销售收入
非经营性项目	非经营资产	无	非经营性资产增长率
	递延税项	调整税项	递延税项/调整税项

1. 营运资本预测。资产负债表相关项目的预测首先从营运资本预测开始，包括应收账款、存货、应付账款和应计费用等。需要注意的是，营运资本不包括任何非经营性项目，如富余现金（经营业务所不需要的现金）、短期付息债务和应付股息。

在预测营运资本时，多数项目是以销售收入作为驱动因素，但存货和应付账款是例外。由于这两个项目是与进货价格联系在一起的，因此更好的方法是以 *COGS*（这也是与进货价格联系在一起的项目）作为驱动因素。当然，为简化起见，评估实践中也常用销售收入作为驱动因素。

图 5－8 预测了营运资本、长期经营资产和非经营性资产等项目，所有营运资本项目都是按天预测，根据销售收入计算。以现金为例，20A1 年末的现金为 5 百万元，年销售收入为 240 百万元，换算成每天销售收入后两者相除得

$$5 \div (240 \div 365) = 7.6(\text{天})$$

即现金为 7.6 天的销售收入，同样可计算存货为 68.4 天的销售收入，应付账款为 30.4 天销售收入。假设 20A2 年相关比率保持不变，则根据预测的销售收入，可以计算出现金、存货、应付账款等项目。比如，预测的 20A2 年销售收入为 288 百万元，则每天的销售收入为 0.789 百万元，乘以 7.6 天，则可以得到预测的现金为 6 百万元。如果未来企业经营管理水平提高，相应比率可以减小的话，比如，存货从 68.4 天销售收入减少到 60 天销售收入，则可以按照减小的比率加以预测。

预测工作表

预测比率	20A1 年	20A2年（预）
现金（按天计）	7.6	7.6
存货（按天计）	68.4	68.4
应付账款（按天计）	(30.4)	(30.4)
营运资本（按天计）	45.6	45.6
PP&E 净值/销售收入	104.2	104.2
非经营性资产		
股权投资增长率	0.0	0.0

资产负债表　　单位：百万元

	20A1 年	20A2年（预）
现金	5.0	6.0
富余现金	60.0	
存货	45.0	54.0
流动资产	110.0	
PP&E 净值	250.0	300.0
股权投资	100.0	100.0
总资产	460.0	460.0
负债和股东权益		
应付账款	20.0	24.0
短期债务	213.0	
流动负债	233.0	
长期债务	80.0	
新发债	0.0	
普通股	65.0	
留存收益	82.0	
负债和股东权益	460.0	

图 5－8　部分资产负债表项目的预测

2. 不动产、厂房和设备等固定资产预测。*PP&E* 净值一般是以销售收入的一定百分比进行预测。如果将 *PP&E* 净值作为销售收入的一定百分比进行预测，就必须计算和分析隐含的资本性支出。对于低增长率和资本效率预期能够提高的企业来说，预测的资本性支出可能会为负（意味着要出售资产），进而导致现金流入，但实际上，企业一般不会这样做。

3. 非经营资产、负债和股权等价物预测。非经营资产（如非合并子公司和股权投资）、负债和股权等价物（如养老金负债和递延税款）等项目的预测相对来说比较复杂。

对非合并子公司和其他股权投资的预测（估值）需要谨慎。企业对外股权投资等非经营资产经常以激变的形式增加，与企业销售收入毫不相关，在预测时应参照历史先例决定合适的增长水平。

关于递延税项，以前主要是由于折旧时限（投资者和税收管理部门使用不同的折旧方法计算所得税税基）不同而发生的。而现今，递延税项的产生有很多种情况，基于股票的薪酬、商誉摊销和递延收入的税项调整等。对于那些需要极其详细预测工作的，要逐一对递延税项进行预测，要将每一项税收与各自相匹配的主要决定因素结合在一起。在大多数情况下，通过计算递延税收在总税收中可能占的比例来预测递延税项，就能得出比较合理的结果。

4. 留存收益预测。为完成资产负债表，必须对留存收益项目进行预测，根据会计余额结清原则有

$$当期留存收益 = 上期留存收益 + 税后净利润 - 股息支付$$

图 5－9 是留存收益表。结合图 5－8，为了预测 20A2 年的留存收益，从 20A1 年的留存收益 8200 万元开始。在此基础上，加上 20A2 年预测税后利润 5940 万元，然后估计股息支出。20A1 年，公司的派息率为 45.8%，假设 20A2 年派息率保持不变，用 45.8% 的派息率乘以预期的净利润就得到 2720 万元的预期股息。根据会计余额结清原则，则 20A2 年的留存收益为 1.142 亿元。

单位：百万元

	20A0 年	20A1 年	20A2 年（预）
期初留存收益	36.0	56.0	82.0
加：税后净利润	36.0	48.0	59.4
减：派发股息	(16.0)	(22.0)	(27.2)
期末留存收益	56.0	82.0	114.2
股息/净利润（%）	44.4	45.8	45.8

图 5－9　留存收益表

至此，还剩 5 个项目需要预测：富余现金、短期付息负债、长期负债、一个名为“新发债”的项目及普通股。这些分项的组合必须要使资产负债表平衡。在简单的模型中，假设普通股不变，已有负债不变或按规定年限清偿。为完成资产负债表，将余下的

两个分项（富余现金和新发债）之一设为0；然后，利用基本会计等式"资产等于负债加股东权益"来对余下的项目进行预测。究竟将哪一分项设为0呢？当资产（不包括富余现金）超过负债（不包括新发债）加股东权益时，将富余现金设为0，新发债为两者差额；相反，当资产（不包括富余现金）小于负债（不包括新发债）加股东权益时，则将新发债设为0，富余现金为两者差额。

5. 计算投入资本回报率（*ROIC*）和企业现金流（*FCFF*）。完成了损益表和资产负债表预测后，就需要计算每一个预测年度的 *ROIC* 和 *FCFF*。如果已经计算了历史 *ROIC* 和 *FCFF*，这一预测过程就很简单。由于所有需要的财务报表都已具备，只要将历史财务报表中的两个计算过程复制到预测的财务报表上即可。

预测的 *ROIC* 结果应该与历史绩效分析结果相一致。对于那些正在创造价值的公司来说，未来的 *ROIC* 通常符合三种趋势之一：*ROIC* 保持当前水平，或趋向于行业或整体经济平均值，或趋向于资本成本。评估人员需要通过深入分析来决定究竟选择哪一种发展趋势。

第三节 明确预测期后的连续价值评估

企业价值等于明确预测期间现金流现值与明确预测期后现金流现值之和。由于企业寿命周期很长，许多企业甚至是永续经营，因此，逐年预测现金流显然不现实，一般只能采用简化的方式对明确预测期后的现金流进行预测。明确预测期后的现金流价值也称为连续价值（Continuing Value，CV），常用的连续价值评估模型有：稳定增长模型、价值驱动因素模型、价值乘数模型等。

一、稳定增长模型

（一）稳定增长模型的一般形式

稳定增长模型假设在明确预测期后，企业现金流处于一种稳定增长状态（包括增长率等于0的稳定状态），如果明确预测期为 n 年，即从 $n+1$ 年开始，企业现金流以 g 的增长速度永远保持下去（g 为实际增长率，不包括通货膨胀率），此时，企业连续价值为

$$CV = \frac{FCFF_{n+1}}{WACC - g}$$

需要注意的是，连续价值是处于 n 年年末这一时点来评估 $n+1$ 年开始的各年现金流价值，如果要计算评估基准日的连续价值，则需要进一步对连续价值折现，即连续价值现值（*PVCV*）为

$$PVCV = \frac{FCFF_{n+1}}{(WACC - g)(1 + WACC)^n}$$

稳定增长模型适用于那些在明确预测期结束时已经进行了充分固定资产投资，生产能力接近或达到设计要求，明确预测期后销售收入和现金流增长依赖于设备技术改进、

经营效率提高、管理质量改善的企业。

（二）稳定增长的扩展模型

对于有些企业而言，在明确预测期结束后，现金流仍然保持较高的增长率，而在永续稳定增长阶段，现金流的增长率则较低，现金流从较高增长率到永续增长率之间有一个过渡阶段，假设这一阶段为 t 年，则连续价值的评估公式为

$$CV = \sum_{i=1}^{t} \frac{FCFF_{n+i}}{(1 + WACC)^i} + \frac{FCFF_{n+t+1}}{(WACC - g)(1 + WACC)^t}$$

其中，过渡期间的企业现金流可以根据各年的现金流增长率计算出来。

由于永续稳定增长阶段的现金流会无限期地持续增长下去，因此，对于增长率的估计要特别谨慎，以保持其合理性。

二、价值驱动因素模型

（一）价值驱动模型的一般形式

如果在明确预测期后，企业通过经营利润的再投入来获得销售收入、现金流增长，在这种情况下，连续价值可以通过价值驱动因素模型来计算。该模型从税后营业净利润 *NOPAT* 开始，而不是从企业现金流开始，*NOPAT* 与企业现金流的区别在于，对于 *NOPAT* 来说，并不包含折旧，也没有扣除资本性支出（包括营运资本的增加）。因此，要从企业现金流计算得到 *NOPAT*，就必须从企业现金流中减去折旧，并加上资本性支出以及营运资本的增加。如果将折旧费用解释为用于维持现有设备的成本，*NOPAT* 和企业现金流的差别就在固定资产和营运资本上的新增投资（需要注意的是，在一个通货膨胀的环境中，如果将折旧解释为用于维护现有设备的成本，那么将会低估现有设备的更新成本）。

如果企业经营效率保持不变的话，*NOPAT* 的未来增长则依赖于资本的投入，增长率是企业追加投资和投资回报率的函数。一般情况下，假设企业追加投资的资金来自 *NOPAT*，因此，企业连续价值取决于 *NOPAT* 用于再投资的比例，以及投资回报率与资本成本的比较关系，正因为如此，由 *NOPAT* 的再投资比例和投资回报率决定的成长性被视为价值驱动因素。

在企业早期阶段，企业各方面变化很快，新增投资和新增投资的回报率可能都会快速地变化，因而，企业价值与 *NOPAT* 的增长率以及与连续价值的驱动因素之间的关系异常复杂。然而，随着企业走向成熟，价值驱动因素的波动通常会减少。作为一个理想化状态，当价值驱动因素保持恒定不变时，可以运用一个简单的公式计算企业的连续价值，即

$$CV = \frac{NOPAT_{n+1}\left(1 - \frac{g}{RONIC}\right)}{WACC - g}$$

式中：*RONIC*——新投入资本的回报率。

上式中的分子其实就是企业现金流，因为折旧作为资本性支出维持既有设备运转，

为了使 $NOPAT$ 保持 g 的增长速度，在投资回报率为 $RONIC$ 的情况下，$NOPAT$ 的再投资比例为 $g/RONIC$，该部分资金用于资本性支出以及增加营运资本，因此，$NOPAT$ 扣除掉再投资资金，剩余部分即为企业现金流。

（二）价值驱动模型的收敛形式

对于许多竞争性行业中的企业来说，由于所有的超额利润都会随着竞争而逐步消失，因此，预期新投入资本回报率最终会趋于资本成本的水平。将 $RONIC = WACC$ 代入上式有

$$CV = \frac{NOPAT_{n+1}\left(1 - \frac{g}{RONIC}\right)}{WACC - g} = \frac{NOPAT_{n+1}\left(1 - \frac{g}{WACC}\right)}{WACC - g} = \frac{NOPAT_{n+1}}{WACC}$$

上式中虽然看不到增长率，但并不意味着 $NOPAT$ 的增长率为0，而是由于新增投资的回报率等于资本成本，因此，增长率的变化不会引起价值的变化。

三、价值乘数模型

稳定增长模型和价值驱动因素模型都依赖于均衡状态的严格定义，企业必须达到一种均衡的状态，从而销售收入的增长、利润率以及投资回报率保持在一个稳定的水平。如果放宽对均衡状态的定义，当某企业成为其所在行业中成熟的企业时，便进入均衡状态。根据这一均衡状态的定义，一个企业的连续价值可以通过与现有成熟企业的比较，运用价值乘数模型（市场法）来进行估算。

在明确预测期后，被评估企业与目前成熟企业之间具有可比性，将可比企业的价值乘数经调整后应用于被评估企业，就可以计算出被评估企业的连续价值。一种常见的方法是假设被评估企业在明确预测期后的价值乘数和当前的可比企业价值乘数相同。比如价值乘数选取目前行业的平均水平，从而反映行业在明确预测期间及明确预测期后的经济发展前景。然而，对于正在走向成熟的行业来说，明确预测期期末的发展前景，与当前的发展前景常常存在明显差异。因此，就需要一个能够反映明确预测期期末经济发展前景的价值乘数。这个价值乘数是由哪些因素决定？第八章市场法中将有详细介绍。

四、其他方法

除了上面介绍的方法外，明确预测期后的连续价值还可以应用成本法进行评估，具体包括延续经营假设下的成本法以及有序出让假设下的成本法（关于成本法的相关内容，第九章成本法中将有详细介绍）。

（一）延续经营假设下的成本法

在明确预测期后，企业在继续经营前提下对各单项资产进行评估，然后加总即为企业连续价值。这种方法有以下几个缺点。首先，企业的无形资产特别是企业商誉容易被忽略，从而导致价值低估；其次，评估各项资产需要许多一手资料，且工作量比较大，因此，对有些评估主体而言，比如证券市场的普通投资者，可能难以获得足够的评估信息。

（二）有序出让假设下的成本法

应用成本法评估有序出让假设下的企业连续价值，是假设在明确预测期期末企业不再继续经营下去，从而将各项资产有序出让并偿清负债后剩余部分的价值。在此假设下，所评估的价值类型为清算价值，清算价值与企业延续经营假设下的价值有很大差别。对于成长性好、盈利性强的企业来说，企业的清算价值可能会远低于其作为延续经营假设的价值；而对处于衰退期的企业来说，清算价值可能会高于作为延续经营假设下的价值。如果明确预测期期末清算的可能性不大，最好不要使用这种方法。

【本章小结】

✧ 企业未来现金流预测一般从企业历史经营绩效分析入手，主要工作在于：财务报表调整以反映公司的经济绩效（而非会计绩效）；衡量和分析企业价值创造能力；剖析企业增长的源泉等。

✧ 衡量企业价值创造能力的指标主要有投入资本回报率和经济利润，投入资本回报率是税后营业净利润和投入资本之间的比较关系，该指标可分解为经营利润率、投入资本周转率、所得税税率三者之间的关系；经济利润则反映了剔除投入资本的机会成本后，企业创造现金流的多少。

✧ 企业未来现金流预测分为明确预测期间的现金流预测和明确预测期后的现金流预测。明确预测期的时间长度根据企业自身的特点如成长性、周期性等来确定。

✧ 现金流预测方法主要有三种：销售收入百分比法、蒙特卡罗模拟法、会计学基础法，其中，销售收入百分比法是最常用的一种方法，该方法是在预测未来销售收入的基础上，根据销售收入与成本费用之间的比例关系，测算各项目的具体数额，进而计算现金流的一种方法。

✧ 企业未来现金流的变化受外部环境因素和企业内部环境因素共同影响。通过五力分析模型、SWOT 分析等，发现外部环境因素提供的发展机会以及带来的挑战，并根据企业市场竞争力和市场竞争地位来预测企业未来销售收入水平以及成本、费用项目。

✧ 销售收入百分比法预测现金流的工作起始于销售收入的预测，对销售收入的预测有两种方法：自上而下法和自下而上法。

✧ 预测与损益表及资产负债表相关各项目的步骤为：明确各项目背后的经济驱动因素、估计预测比率、将预测比率与驱动因素估计值相乘。

✧ 明确预测期后的现金流价值也称为连续价值，常用的连续价值评估模型有稳定增长模型、价值驱动因素模型、价值乘数模型等。

【思考题】

1. 投入资本与全投资的区别是什么？

2. 表明企业价值创造能力的指标有哪些？各指标是如何计算的？
3. 企业现金流增长率提高是否表明企业价值创造能力提高？为什么？
4. 如何确定明确预测期的时间长度？
5. 企业经营环境分析从哪几个方面着手？如何进行分析？
6. 试说明利润表、资产负债表中主要项目预测时的经济驱动因素。
7. 明确预测期后连续价值的评估方法有哪些？

【计算题】

1. 被评估企业为永续经营企业，预测期第 1 年税后营业净利润（*NOPAT*）为 2000 万元，每年折旧再投入维持再生产。企业每年将一部分税后营业净利润再投入，以获得成长性，企业的加权平均资本成本为 10%，投入资本回报率为 8%。要求：

（1）分别计算 *NOPAT* 增长率为 2%、4% 时，第 1 年的企业现金流；

（2）分别评估 *NOPAT* 增长率为 2%、4% 时投入资本价值；

（3）根据计算结果，说明成长性和企业价值之间的关系。

2. 下表是某交通运输企业 20A0 年和 20A1 年的相关数据，其中“?”需要读者计算，根据表中数据计算该企业 20A1 年的：

（1）年末营运资本、投入资本、全投资；

（2）*NOPAT*、全投资收益、企业现金流、全投资现金流；

（3）投入资本回报率，并对投入资本回报率加以分解分析；

（4）如果加权平均资本成本是 11%，计算 20A1 年的经济利润。

某交通运输企业相关数据　　单位：万元

	20A0 年	20A1 年
流动资产	903	956
流动负债	710	818
流动负债中的付息债务	1	39
股权投资	50	50
长期债务	506	408
固定资产	?	?
总资产	2293	2307
资本性支出	111	?
销售收入	4056	4192
其中，折旧	139	136
营业和管理费用	562	528
销售成本	3446	3544
投资收益	5	6
利息费用	39	30
杂项收益净值	（25）	（4）

3. ABC 企业 20A1 年的相关数据如下表所示，请运用销售百分比法预测 ABC 企业 20A2 年相关项目，并计算 20A2 年末的投入资本，20A2 年度的 *NOPAT* 以及企业现金流。

ABC 企业相关数据 单位：万元

	20A1 年	20A2 年	需特别注明的预测驱动因素
流动资产	484		
流动负债	369		
流动负债中付息债务	78		
股权投资	50		保持不变
长期债务	236		
固定资产净值	196		20A0 年末为 192. 59 万元
总资产	730		
资本性支出	29. 41		
销售收入	1050		每年增长 4%
其中，折旧	26		上年固定资产净值
营业和管理费用	191		
销售成本	765		
投资收益	2		
利息费用	16		20A0 年末付息债总额为 290. 91 万元
所得税	8		所得税税率为 25%

第六章

收益法——折现率的确定

一个企业要为股东创造财富，就必须获得比其债务和权益资本成本更高的报酬。

——汉密尔顿

【本章学习目的】

- 了解折现率与资本成本之间的关系。
- 掌握债务资本成本的计算方法。
- 掌握股权资本成本计算模型及相关模型中参数的确定方法。
- 掌握非上市企业股权资本成本的计算方法。
- 熟悉加权平均资本成本的计算方法。

折现率是收益法应用中的一个非常关键的参数。折现率的微小变化将会引起评估值的大幅波动。正由于评估值对折现率非常敏感，评估人员只有正确计算折现率，才有可能准确地评估出企业价值。

第一节　折现率与资本成本

从字面上看折现率和资本成本是两个不同的概念，但两者之间存在着紧密关系，折现率的计算在某种程度上说也就是资本成本的计算。需要特别说明的是，本教材所指资本成本及用作折现率的资本成本均指资本成本率，而非资本成本额。

一、折现率

（一）折现率的定义

折现率是将预期未来收益还原或转换为现值的比率。由于时间偏好因素、投资风险因素以及边际效用递减规律的作用，投资者未来获得一定数量的货币财富所带来的效用满足，显然不可能等于当前同样数量货币财富所带来的效用满足。通过折现率的转换，则可以得出在效用满足相同的前提下，未来一定数量的货币财富在当前的数量是多少。

（二）折现率与资本化率

资本化率是一种特殊的折现率，是对收益期限无限的收益流进行折现的折现率。根据常用的收益流折现模型，如果各年收益相同且收益永续，则收益流现值的计算公式变化为年度收益除以折现率，此时，折现率即为资本化率；如果收益永续增长，则收益流现值的计算公式变化为第一期的收益除以折现率与增长率的差额；折现率减去增长率定义为直接资本化率。

$$V = \frac{A}{r} \qquad (r\text{ 为资本化率})$$

$$V = \frac{R_1}{r-g} \qquad (r-g\text{ 为直接资本化率})$$

（三）折现率对评估值的影响

折现率对评估值的影响很大，若以高顿增长模型计算股东权益价值，设 D_1 为预期的未来第一年度股息，r 为与股息收益流相匹配的折现率，g 为股息增长率，则股东权益价值 V 为

$$V = \frac{D_1}{r-g}$$

股东权益价值对折现率的敏感程度用弹性系数 ε 表示为

$$\varepsilon = \frac{\mathrm{d}V}{V} \Big/ \frac{\mathrm{d}r}{r} = \frac{\mathrm{d}V}{\mathrm{d}r} \cdot \frac{r}{V} = -\frac{r}{r-g} = -\left(1+\frac{g}{r-g}\right)$$

由于 $g \geqslant 0$，$r > g$，故有 $\varepsilon \leqslant -1$。当 $g = 0$ 时，$\varepsilon = -1$，当 $g \to r$ 时，$\varepsilon \to -\infty$，由此表明，股东权益价值与折现率呈反方向变化，折现率越大，股东权益价值越低；折现率越小，股东权益价值越高。同时，由于弹性系数的绝对值大于 1，如果折现率偏差幅度为 1%（相对指标），那么所得评估值至少偏差 1%（相对指标）。比如，折现率应该是 10%，所得评估值是 1 亿元，如果采用 11% 的折现率，那么折现率偏差的绝对数值为 1%，相对数值则达到了 10%，那么评估值将至少减少 10%，即评估值不超过 9000 万元。股息增长速度越快，即 g 越大，ε 的绝对值越大，评估值对折现率越敏感，折现率偏差所导致的评估值偏差就越大。

二、资本成本

（一）资本成本的定义

资本成本是资本市场为吸引资金投向特定项目而给予的期望收益率。在经济学上，它是一种机会成本。

资本成本建立在替代原则基础之上，此处的替代原则意指投资者根据风险和收益的比较，倾向投资于更有吸引力的可替代的投资项目。从经济学角度出发，市场导向型的资本成本是在市场中投资性质类似的项目可获得的竞争性收益，其中，风险是判别项目是否类似的最重要因素。

所谓风险是投资者在特定时期内可获得预期经济收益的确定性（或不确定性）。风

险无法直接观测，因此，通常情况下是利用在市场中可获得的历史数据（一般基于一定的历史时期）来估算风险。

（二）资本成本的构成

资本成本有三个基本组成部分：

（1）实际收益率。从消费偏好角度看，是投资者放弃当期消费而获得的货币补偿，这种货币补偿是为了使消费者的效用满足保持不变。

（2）预期的通货膨胀率。当物价水平上涨时，一定量的货币量其预期购买力将下降。为确保投资者的购买力不因通货膨胀而下降，必须给予相应补偿。

（3）风险报酬率。投资者在未来究竟能收到多少投资回报具有很大的不确定性，由于投资者承担了投资回报的风险，因而必须获得相应的补偿，风险越大，获得的补偿越大。

由实际收益率和预期通货膨胀率所组成部分也称为货币时间价值。货币时间价值对于所有预期存续期相同的投资项目来说是相同的。对于同一个投资项目而言，尽管不同投资者之间的货币时间价值会有所差异，但从整个市场上看，投资者预期的货币时间价值会趋向一致。对于第三个部分，则是由许多风险因素综合在一起，共同决定了整体的投资风险报酬，不同风险的投资项目也就有不同的资本成本。

（三）资本成本的种类

企业资本来源渠道主要有普通股、优先股、债务，与此相对应，资本成本有普通股成本、优先股成本、债务资本成本。各种资本组合在一起，根据各自权重计算的成本则为加权平均资本成本。

1. 债务资本成本。公司以债务方式融资，支付给债权人的报酬即为债务资本成本。如果企业通过公开市场进行债务融资，则债务资本成本（利率）可以通过分析具有类似风险的上市交易公司债务的收益进行评估；如果企业通过非公开市场进行债务融资，则债务资本成本可以结合具体的债务安排进行计算。由于债务利息的税收可以减免，所以债务资本成本必须要扣除所得税。

债务资本成本还包括一些隐性成本，比如支付贷款额的一定比率作为贷款费用，分析债务成本时也应考虑在内。

2. 优先股成本。相对于普通股而言，优先股在利润分配以及剩余财产分配方面要优先于普通股。为获得优先股股东投资而支付的回报即为优先股的成本。如果公司优先股的股息率等于市场上同等风险程度的投资回报率，则优先股的股息率代表了优先股权的成本。如果公司优先股的股息率与市场同等风险程度的投资回报率不同，则需要通过评估的方式来确定优先股的成本。

由于我国只有少数企业的资本结构中具有优先股，所以，优先股成本问题将不作为重点讨论内容。

3. 普通股成本。与债务资本成本和优先股成本不同，普通股成本无法从市场中直接获得，因为事先并不知道将要给予股权投资者的回报是多少。不同类型的公司具有不同的风险水平，给予普通股股东的报酬形式可能也会不同，比如，一些规模大、经营稳定的公司可以给予投资者长期可预期的、高股利回报；一些预期收益不稳定的公司通过股票价格上涨而给股东带来收益；而当前没有经营记录或风险投资型的新创立公司，可能需要几年后才能给予投资者回报。这些公司的股权成本可以从10%到50%不等，甚至超过50%。为了在这么大的范围内计算公司股权成本，应对被评估公司面临的风险水平进行分析，这是企业价值评估面临的最大挑战之一。

4. 加权平均资本成本（WACC）。加权平均资本成本（Weighted Average Cost of Capital，WACC）是企业各种资本组合在一起的成本，每种资本以其在总资本中的比重作为权数。

三、资本成本与折现率之间的关系

折现率是从资金所有者的角度出发，由于放弃当期消费、承担未来收益风险而获得的一种补偿，是投资者期望的投资回报率。而资本成本是从资金使用者的角度出发，由于使用他人资金而付出的代价。两者之间的区别主要有三个方面。

第一，折现率表现为资金所有者的利息或股息收入；而资本成本是资金使用者的筹措费用和使用费用。

第二，由于折现率用于对未来收益流折现，所以折现率着眼于未来，是投资者期望的未来能够获得的回报率；而资本成本是资金使用者在过去或当前承诺支付给投资者的报酬，所以资本成本着眼于过去或现在。

第三，由于折现率是一种期望报酬率，因此折现率的确定相对比较困难；而资金使用者在获得资金时事先给予投资者回报承诺，因此，资本成本的计算相对比较简单，比如，企业发行长期债券，往往事先在票面上确定固定的利率。

折现率和资本成本之间同时也存在着密切的关系，资金使用者和资金提供者是一个硬币的两面，一般而言，资金使用者付出的资金成本也就是资金提供者获得的回报，折现率只是投资者期望能够从资金使用者获得的回报而已，因此，在企业价值评估时，折现率往往取资本成本。

第二节　债务资本成本

债务资本成本是指企业举债（包括金融机构贷款和发行企业债券）筹资而付出的代价，也就是企业付给债权人的利息率。以下以企业债券为重点，讨论债务资本成本的计算。

一、企业债券收益率

（一）票面收益率、期望收益率和实际收益率

债券票面收益率又称名义收益率或票息率，是债券票面上的固定利率，即年利息收入与债券面额的比率。票面收益率是企业按计划正常支付本金和利息的情况下，投资者可以得到的收益率。

期望收益率是考虑到投资者成本以及企业违约风险等情况，投资者预期获得的回报率。对于公司债券来说，总是存在违约的可能性，所以，投资者不一定能够获得票面约

定的收益率。考虑到有关的债券利息和本金的偿还有可能被拖延或取消，期望收益率可能会低于票面收益率。进一步，因为存在违约或者重组的可能，投资者获得利息和本金的时间期限也有可能改变，与债券约定的到期期限不同。

实际收益率是投资者收到利息和本金后，按照投资者购买债券的成本以及获得本息之间的关系计算的收益率，也就是将企业偿还的现金流折现到投资者购买债券时价格的贴现率。通过这种方式计算的实际收益率并不一定等于票面收益率或者期望收益率。比如，某企业债券约定的票面收益率法为15%，期望的收益率为12%，但是实际收益率也许只有2%，因为债券在到期之前已经违约。

在三种类型的收益率指标中，期望收益率是估算公司债务资本成本时应该选择的收益率，它综合考虑了资本市场的各种条件，特别是债务发行方可能出现的本息支付的延迟和债务重组等种种违约行为。

（二）期望收益率的计算

计算企业债券期望收益率的常用方法有两种，其一是内部收益率法，其二是收益率累加法。

1. 内部收益率法。内部收益率法假设债券的价格反映了企业债券的违约风险，根据债券利息支付和本金偿还计划，计算所得的内部收益率即为期望收益率。比如，某企业债券面值为1000元，票面利率为8%，还有2年到期，每年付息一次，上一年度的利息已经支付，该债券的市场交易价格为960元，则内部收益率法计算的期望收益率为

$$960 = \frac{1000 \times 8\%}{1 + IRR} + \frac{1000 \times 8\% + 1000}{(1 + IRR)^2}$$

$$IRR = 10.31\%$$

2. 收益率累加法。收益率累加法计算期望收益率的思路是，一个风险债券的期望收益率等于无风险利率加上风险报酬率，其中，无风险利率可以由到期期限与风险债券相近（比如剩余期限都是3年）的国债收益率得出。因为国债收益率可以很容易获得，所以，估算风险债券期望收益率的主要工作就是要估算风险报酬率。

估算风险报酬率的最简单办法是依据债券的等级计算历史平均的风险报酬率。当然，这意味着等级相同的债券应该具有相同的风险。风险报酬率可以通过计算同一级别的债券的历史平均收益率与具有相同期限国债的历史平均收益率差额得出。国内外有许多中介机构提供债券评级服务活动，比如我国的中诚信国际信用评级有限责任公司，美国标准普尔公司、穆迪公司等。

【知识链接6－1】　全球三大信用评级机构

作为金融市场上重要的服务性中介机构之一，信用评级机构是由专门的经济、法律、财务专家组成的对证券发行人和证券信用进行等级评定的组织。国际上公认的最具权威性的专业信用评级机构有三家，分别是标准普尔公司（以下简称标普公司）、穆迪投资服务公司（以下简称穆迪公司）和惠誉国际信用评级有限公司（以下简称惠誉公司）。三者评级均有长期和短期之分，但有不同的级别序列。

1. 标普公司。标普公司的长期评级主要分为投资级和投机级两大类，投资级的评级具有信誉高和投资价值高的特点，投机级的评级则信用程度较低，违约风险较大。投资级包括 AAA、AA、A 和 BBB，投机级则分为 BB、B、CCC、CC、C 和 D。信用级别由高到低排列，AAA 级具有最高信用等级；D 级最低，视为对条款的违约。

标普公司的短期评级共设六个级别，依次为 A－1、A－2、A－3、B、C 和 D。其中 A－1 表示发债方偿债能力较强，此评级可另加“＋”号表示偿债能力极强。

2. 穆迪公司。穆迪公司长期评级针对一年期以上的债务，评估发债方的偿债能力，预测其发生违约的可能性及财产损失概率。而短期评级一般针对一年期以下的债务。

穆迪公司长期评级共分九个级别：Aaa、Aa、A、Baa、Ba、B、Caa、Ca 和 C。其中 Aaa 级债务的信用质量最高，信用风险最低；C 级债务为最低债券等级，收回本金及利息的机会微乎其微。

穆迪公司的短期评级依据发债方的短期债务偿付能力从高到低依次为 P－1、P－2、P－3 和 NP 四个等级。

目前，穆迪公司的业务范围主要涉及国家主权信用、美国公共金融信用、银行业信用、公司金融信用、保险业信用、基金以及结构性金融工具信用评级等几方面。穆迪公司在全球 26 个国家和地区设有分支机构，员工约 4500 人。

3. 惠誉公司。惠誉公司的规模比其他两家要小。惠誉公司的长期评级用于衡量一个主体偿付外币或本币债务的能力，评级分为投资级和投机级，其中投资级包括 AAA、AA、A 和 BBB，投机级则包括 BB、B、CCC、CC、C、RD 和 D。以上信用级别由高到低排列，AAA 等级最高，表示最低的信贷风险；D 为最低级别，表明一个实体或国家主权已对所有金融债务违约。

惠誉公司的短期信用评级大多针对到期日在 13 个月以内的债务。短期评级更强调的是发债方短期偿付能力。

惠誉公司的业务范围包括金融机构、企业、国家、地方政府等评级对象的融资评级，总部分设于纽约和伦敦两地，在全球拥有 50 多家分支机构和合资公司，拥有 2000 多名专业评级人员，为超过 80 个国家和地区的客户提供服务。

下面举例说明收益率累加法估算债券期望收益率的过程。假设某企业新发行的债券已经由标准普尔公司评估出级别为 A 级，期限为 5 年。根据实证研究得出不同级别企业债券与同期限政府债券之间的收益率差额如表 6－1 所示。在这种情况下，估算该债券的期望收益率的过程分为两步。第一步，估算与目标企业债券同属 A 级债券的超过政府债券的风险报酬率，根据表 6－1 得 1.17%。第二步，确定无风险报酬率，查阅公开资料可知，5 年期政府债券收益率为 5.5%，再加上债券风险报酬率，得该债券的期望收益率为 6.67%。

表6－1　　公司债券与政府债券之间的年收益率差额　　单位：%

AAA	AA	A	BBB	BB	B	CCC
0.52	0.83	1.17	1.80	2.88	1.76	2.06

二、未评级债务的成本

未评级债务就不能直接运用上面提到的收益率累加法确定债务成本（期望收益率），此时可以通过以下几种方法来确定其成本。

其一，找到债务经过评级的可比公司。不言自明，被评估公司的债务级别，等于可比公司的债务级别，当然，要得到这样的结论必须满足如下前提，被评估公司的资本结构必须与可比公司类似，因为财务杠杆的大小对于一个公司的债务级别有重要的影响。

其二，考察被评估企业近期的借贷历史。许多没有评级的企业仍然从银行和其他金融机构得到借款，债权人会根据企业违约风险的大小而给予不同的贷款利率水平，通过考察企业近期贷款的利率水平来计算债务成本。

其三，评估人员自己进行评级估计。评估人员扮演评级机构的角色，然后基于公司的财务比率而对公司进行债务评级。为了进行此项评级活动，可以考虑评级公司的评级标准，以此标准对被评估企业进行评级。比如，某评级机构设立的利息保障倍数与债务级别关系如表6－2所示，根据此表，评估人员可以对被评估企业进行债务评级。

表6－2　　利息保障倍数与债务级别

利息保障倍数	评级
大于12.5	AAA
9.5～12.5	AA
4.5～9.5	A
3.5～4.5	BBB
3.0～3.5	BB
1.5～3.0	B
1.25～1.5	CCC
0.8～1.25	CC
0.5～0.8	C
小于0.5	D

短期债务资本成本的确定也是一个比较棘手的问题。短期债务在到期前利率是固定的，但许多短期债务在到期时自动滚动延展，利率也将重新确定，因而债务资本成本是不断变化的。确定这类短期债务资本成本有以下两种方法。

第一种方法是简单地用公司长期债务利率代替短期债务利率。采用这一方法的理由在于，在长期中，短期债务的平均成本将等于长期债务的成本。但这种简单方法有两个缺点。第一，忽略了期限溢价；第二，没有考虑长期债务和短期债务具有不同的信用风险。

第二种方法是用长期无风险利率减去期限溢价再加上债务的风险溢价，从而尽量避免第一种方法中的局限，用公式表示为

短期债务资本成本 = 长期无风险利率 - 期限溢价 + 风险溢价

期限溢价是相对于短期政府债券而言，投资者对投资于长期政府债券要求增加的补偿，等于在一个相当长时期内，长期政府债券平均收益率与短期政府债券平均收益率的差额。比如，假设评估人员估算中长期政府债券（平均期限为 20 年）与为期 3 个月的短期政府债券相比的期限溢价，在最近 50 年期间，长期政府债券的平均收益率为 5.21%，而在同一时期，为期 3 个月的短期政府债券的平均收益率为 3.71%。这样，与 3 个月的短期政府债券相比，长期政府债券的期限溢价就大约等于 1.5%。

第三节　股权资本成本

估算股权资本成本必须得到公司股权资本的预期回报率。由于预期回报率事先无法观测，因而股权资本成本的估算比债务资本成本的估算要困难得多，正因为如此，至今没有一个被广泛接受的估算股权资本成本的方法。评估界一般采用三种基本方法，第一种方法是内部收益率法，与估算债务资本成本的内部收益率法相似；第二种方法是根据资产定价模型，通过风险和期望收益之间的关系，运用数学模型来计算股权资本成本，这一方法包括资本资产定价模型（CAPM）、Fama—French 三因素模型和套利定价模型（APT）等；第三种方法是累加法，用无风险报酬率加上各项风险报酬率。

一、内部收益率法

（一）计算公式

用于计算债券期望收益率的内部收益率法经过适当调整也可以用来估算股权资本成本。债券的价格等于所有未来的利息和本金现值的总和，而股票价格（如无特别说明指普通股股票，下同）就等于所有未来股息现值的总和。然而，针对股票求解其内部收益率时有两个问题：第一，因为未来股息并没有事先约定，这就需要对未来股息作出预测；第二，股票没有明确的到期期限，所以投资者将会在未来无限期内获得股息。考虑到这样两个问题，计算股权资本成本的内部收益率计算公式为

$$P = \frac{E(D_1)}{1+r} + \frac{E(D_2)}{(1+r)^2} + \frac{E(D_3)}{(1+r)^3} + \cdots + \frac{E(D_n)}{(1+r)^n}$$

式中：P——股票的市场价格；

$E(D_n)$——预期在第 n 年获得的股息；

r——股权资本成本。

如果已知股票价格和预测的未来股息，根据上面公式就可以求出 r，即股权资本成本。很显然，内部收益率法所求出的股权资本成本的可靠性取决于对未来股息预测的准

确性。预测未来股息一般是在一定的时期之内作详细具体的预测，然后假定在这一时期之后，股息按照一个不变的增长率增长。这一方法的一种特例是稳定增长模型（高顿增长模型），即假设股息从一开始就按照一个不变的增长率 g 增长。在这种情况下，上式可以简化成

$$P=\frac{E(D_1)}{1+r}+\frac{E(D_1)\times(1+g)}{(1+r)^2}+\frac{E(D_1)\times(1+g)^2}{(1+r)^3}+\cdots+\frac{E(D_n)\times(1+g)^{n-1}}{(1+r)^n}$$
$$=\frac{E(D_1)}{r-g}$$

由此可得股权资本成本为

$$r=\frac{E(D_1)}{P}+g$$

（二）内部收益率法的应用

内部收益率法一般应用于发展成熟、股息支付政策稳定的公司，只有这样的公司，预测未来股息才相对比较容易，股息未来变化趋势才比较容易把握，比如自来水公司、电力公司等。而对于创立不久的波动性较大的公司，股息通常在开始阶段增长较快，然后会慢慢下降到相对稳定的水平。当股息增长变化不定时，就无法应用内部收益率法来计算股权资本成本。

另外，在有些情况下，也许会很难对未来股息的派发作出令人信服的预测，或者没有股票交易价格，从而也难以应用内部收益率法。比如，评估的目标公司可能是一个未上市公司或者不付股息的公司，而且也没有计划在未来上市或者支付股息。

二、资本资产定价模型

资本资产定价模型（CAPM）是最具代表性、应用最为广泛的资产定价模型，其他形式的资产定价模型可以说是资本资产定价模型的推广和完善。

（一）资本资产定价模型的表达形式

风险和收益相联系的观点认为，投资者都是回避风险的，要吸引投资者冒更大的风险，就需要增加回报率作为相应补偿，这种增加的回报率通常被称为风险溢价。

资本资产定价模型将风险溢价和风险通过数学模型有机地联系起来，该模型假定任何股票的预期回报率等于无风险收益率加上该股票的 β 值与市场风险溢价的乘积：

$$E(r_i)=r_f+\beta_i[E(r_m)-r_f]$$

式中：$E(r_i)$——股票 i 的预期回报率；

r_f——无风险收益率；

β_i——股票 i 的收益率相对于市场收益率的敏感度；

$E(r_m)$——股票市场预期回报率。

在资本资产定价模型中，无风险收益率和市场风险溢价（定义为股票市场预期回报率与无风险收益率的差额）对所有的公司都是相同的，只有 β 值随公司不同而不同。β 值表示一种股票相对于股票市场的波动性，也就是说，如果股票价格和市场价格波动是

一致的，那么这只股票的β值就是1。如果股票的β值是1.5，就意味着当股票市场上升10%时，该股票价格将可能上升15%；而股票市场下降10%时，该股票的价格可能会下降15%。

根据CAPM，如果要计算某只股票的期望回报率则必须确定三个参数：无风险收益率r_f、市场风险溢价［$E(r_m)-r_f$］以及该股票的β值。

（二）无风险收益率的确定

要确定无风险收益率，可以参考不存在违约风险的政府债券的到期收益率。政府债券有很多种期限，如我国财政部发行的债券，期限从3个月到20年不等。不同期限的政府债券有不同的到期收益率，那么究竟应该选择何种期限政府债券呢？

使用短期政府债券的问题是，短期政府债券利率波动较大，股权资本成本以及所评估的企业价值，对短期利率的波动非常敏感。例如，财政部2010年4月28日招标的1年期国债利率为1.49%，而1年后的4月15日开始发行的1年期国债利率却上升到3.7%，上涨了近1.5倍，如果企业1年前的股权资本成本为10%，那么时隔1年股权资本成本则上升到12.21%，上升幅度高达22.1%，如果股权现金流永续不变的话，那么股权价值至少下降22.1%，但实际上，利率的变化也许对股权价值的影响并没有那么大。

以短期政府债务利率来衡量无风险收益率也会与收益流期限不匹配。预期收益流是由未来多期现金流甚至无限期现金流组成，现金流期限比短期政府债券期限要长得多，因而，收益流的长期性应该与长期政府债券之间具有更好的匹配性。

在应用CAPM时，使用短期政府债券的相关问题可以通过使用长期政府债券来克服。长期政府债券利率波动性更小，而期限与待折现的现金流期限更为一致；并且长期政府债券利率所隐含的通货膨胀率预测与企业现金流预测时包含的通货膨胀率具有一致性。

但直接使用长期政府债券也存在一个问题：长期政府债券利率包含了期限溢价，而期限溢价不应该包含在CAPM的计算中。解决这一问题的方法是，用长期政府债券利率减去期限溢价。这种处理方法虽然在理论上是合理的，但减去期限溢价的做法在实际中并没有被广泛采用。在估算无风险收益率时，评估人员一般直接使用长期政府债券（到期期限为10年至30年）利率的做法更为常见。这也许是因为绝大多数评估人员并不了解有关利率期限结构的理论，随着期限结构理论的推广，在应用CAPM时扣除期限溢价的做法将会逐渐被接受。

（三）市场风险溢价

1. 市场风险溢价的计算方法。与股票预期回报率类似，市场预期回报率以及市场风险溢价也是无法事先观测到的。由于目前尚没有被统一认可的用于估算市场风险溢价的模型，下面给出几个不同的方法估算市场风险溢价。

其一，通过测算和推断历史市场超额回报率来估算未来的市场风险溢价。

其二，把当前的市场变量（如股息额—股价比）彼此联系起来进行回归分析，以预测市场风险溢价。

其三，使用现金流折现估值法，辅以对投资回报率和增长率的估计，反推市场的资本成本。

上述三种方法中，第一种方法在评估实践中运用最为普遍，下面将以这一方法为重点加以阐述。

2. 历史市场风险溢价的计算。投资者一般是风险厌恶型的，他们投资股票要求获得相应的风险溢价（相对于债券而言）。如果在过去相当长的一段时间内（如 50 年），投资者风险厌恶水平没有改变，未来也将不会发生改变，那么历史超额回报率（超过无风险回报率部分）就可作为未来风险溢价的合理替代。确定预期的市场风险溢价也就转化为计算历史市场风险溢价。为更好地计算历史市场风险溢价，需要明确以下几个方面的事项。

第一，市场风险溢价是市场回报率（收益率）减去无风险报酬率的差额，无风险报酬率是使用长期政府债券利率还是短期政府债券利率；

第二，计算历史市场风险溢价的期限是多长；

第三，计算历史市场风险溢价是使用算术平均值还是使用几何平均值。

3. 计算历史市场风险溢价时政府债券期限的选择。计算历史市场风险溢价是用一种代表股票市场整体价格水平变动的指数，如沪深 300 指数、上证 A 股指数、深证 A 股指数等，计算该指数的波动率（收益率），再减去无风险报酬率。在这一计算过程中，面临政府债券期限的选择，如果选取短期政府债券的收益率，那么，市场风险溢价按照一定期限内（如 50 年）市场指数收益率（年度、季度、月度等）扣除短期政府债券收益率后再加以平均来确定。如果选用长期政府债券的收益率，那么，市场风险溢价就等于一定期限内市场指数收益率扣除长期政府债券收益率后再加以平均来确定。

由于长期政府债券比短期政府债券能更好地与公司现金流期限相匹配，因此，在计算历史市场风险溢价时最好采用长期政府债券，即在计算市场风险溢价的时候，要把历史的市场指数收益率与长期政府债券（如 10 年期）利率相匹配。

4. 关于历史期限的长短。如果在各个不同的时间段，比如 10 年期与 20 年期，所计算出来的历史市场风险溢价比较接近，那么样本期限的选择就不是一个大问题。然而，实际情况并非如此，以美国为例，在 20 世纪 50 年代，超过长期政府债券的市场风险溢价平均值为 20.8%，而在 70 年代却仅为 1.8%。

因为市场风险溢价有较大的波动，所以，计算市场风险溢价时改变样本期间，将会对计算结果产生重大的影响。考虑到市场风险溢价没有明确的趋势可以遵循，并且短期内发生明显变化的可能性较大，因此计算历史市场风险溢价时应该采用尽可能长的期限。

5. 平均值的计算方式。市场风险溢价等于市场收益率减去无风险资产收益率。市场收益率可以采用算术平均的方式求取，也可以采用几何平均的方式求取，举个简单的例子，股票市场指数第 1 年从 1000 点上涨到 2000 点，第 2 年从 2000 点回落到 1000 点，那么，在 2 年间，股票市场的收益率用算术平均方式计算为

$$\text{年度收益率(算术平均)} = \left(\frac{2000-1000}{1000}\times 100\% + \frac{1000-2000}{2000}\times 100\%\right)\div 2 = 25\%$$

计算结果为25%，如果用几何平均的方式计算为

$$年度收益率(几何平均) = \left(\frac{1000}{1000}\right)^{1/2} - 1 = 0$$

也就是说，如果用几何平均计算2年间的市场收益率的话，其结果为0，与算术平均方式计算的结果相差很大。

关于算术平均数和几何平均数，有必要指出相关的三个特性。第一，几何平均数总是小于或等于算术平均数（在上述例子中，几何平均数为0，而算术平均数为25%）。第二，算术平均数与几何平均数之间的差距取决于所求平均数的收益率的波动情况。收益率波动越大，两种平均数的差距就越大。第三，对于一个给定的样本期间，算术平均数取决于每一期的长短，每一期的时间越短，算术平均数就越大，比如在上例中，如果每一期时间长度从1年缩短到1个季度，那么，2年间市场收益率的算术平均数为50%，高于之前计算的25%。但是几何平均数与每期的长度无关。

那么对历史数据究竟该采用哪种平均法，从而能够最好地估算未来的期望回报率呢？要估算任意随机变量的平均值，普遍认可的统计原则认为算术平均值是最好的无偏估计值。因此，要计算某只股票在某一时段的预期回报率，最佳的无偏预测方法是对多个时段的回报率求算术平均数，也就是说，计算历史市场回报率时，采用算术平均法比较合适。

（四）β值的计算

1. 上市公司β值的计算。如果评估目标是公开上市的企业，评估人员可以采用两种方法估算公司的β值。第一种方法是从社会中介机构获得β值的估计值。一些证券投资机构、投资咨询机构如我国的Wind资讯公司、美国的美林证券等，会发布上市公司的β值。当然，如果要获得上市公司的β值往往需要支付一定的费用。

第二种方法是运用回归分析来估算。上市公司的β值实际上是该股票收益率与市场收益率建立的回归方程中的回归系数，回归方程如下：

$$r_t = r_f + \beta(r_{mt} - r_f) + \mu_t$$

式中：r_t——股票在t期的收益率；

r_f——无风险收益率；

r_{mt}——t期的市场收益率；

β——股票的收益率对市场风险溢价的敏感度；

μ_t——随机误差项。

不管是自己直接估算β值，还是通过商业渠道获得β值，有4个因素会影响到β值的结果。如果评估人员从商业渠道获得β值，则需要搞清楚相关机构是如何处理这4个因素的。如果评估人员自己直接估算β值，那么，也必须决定如何对待这4个因素。影响β值的4个因素如下。

（1）反映股票市场整体价格水平的指数种类。用于反映股票市场价格水平的指数有很多，比如，上海证券市场上有上证A股指数、上证180指数、上证领先指数等；深圳证券市场上有深证综指、深证成指、深证A股指数等。

大多数情况下，所估算的β值对所选择的市场指数并不特别敏感。然而，由于不同指数所包含的样本股以及样本股的权重不同，根据不同的市场指数计算出来的β值还是有一些差别的。评估人员选择的市场指数应该具有充分的代表性，以保证能反映整个市场的价格动向。

（2）观察间隔期的选择。用做回归分析的收益率数据可以选择每天的、每周的或者每月的收益率数据。

（3）样本时间区间的选择。样本时间区间的长度与观察间隔期的长度相关，如果选择1天作为观察间隔期，那么样本的时间区间可以短到6个月。当选择1个月为观察间隔期时，相应的时间区间至少要达到2年或3年。例如，在估算β值时，美林公司采用共5年的月收益率数据，而价值链公司用总共260周的周收益率数据。

（4）估算的方法。标准的估算方法是最小二乘法。然而，在用间隔期为1天的数据估算时，如果相应的股票交易并不活跃，就需要作出复杂的调整，以消除由于交易不活跃所引起的问题。

在计算β值时，如果实际β值相对比较平稳，那么，采用更长的观察间隔期和更长的抽样时间区间就可以得到相对更为精确的估算结果，如美林公司所采用的5年的月度数据。而对于实际β值并不是很稳定的公司，特别是在那些快速成长的行业中，如计算机行业和生物技术行业，公司的β值是不太可能在5年中保持不变的。因此，在这种情况下，最好还是采用较短的观测期和较短的抽样时间区间。

2. 非上市公司β值的计算。估算非上市公司的β值时，评估人员除了依据可比公司的β值外，别无选择。由于一个公司的β值取决于财务杠杆程度的高低，具有不同资本结构的可比公司会有不同的β值。

估算一个非上市公司的β值可以分为三步。第一步，估算一组可比上市公司的β值。这些β值，不管是通过商业渠道得到的，还是通过回归分析估算得出的，都是在总资本中存在债务资本的情况下的β值，即有财务杠杆的β值。

第二步，根据Hamada公式，将可比上市公司有财务杠杆的β值，换算成无财务杠杆的β值，并加以平均。Hamada公式为

$$\beta_u = \frac{\beta_L}{1 + \frac{(1-t)W_d}{W_e}}$$

式中：β_u——无财务杠杆的β值；

β_L——有财务杠杆的β值；

t——公司所得税税率；

W_d——债务资本占总资本的比重；

W_e——股权资本占总资本的比重（市场价值）。

无财务杠杆β值是一个公司在完全依靠权益资本融资，没有任何债务资本的情况下的β值。假设目标公司和可比公司是真正可比的，目标公司的无财务杠杆β值应该与可比公司平均的无财务杠杆β值近似相等。

第三步，根据可比公司无财务杠杆β值和目标公司的资本结构，计算出目标公司的β值。这一过程建立在 Hamada 公式的变形基础之上，即

$$\beta_L = \left[1 + \frac{(1-t)W_d}{W_e}\right]\beta_u$$

【例 6.1】 可比公司 A 的β值为 1.2，所得税税率为 40%，资本结构为债务资本占 20%，股权资本占 80%。目标公司的所得税税率为 25%，资本结构为债务资本占 40%，股权资本占 60%。根据以上资料，求目标公司的β值。

解：可比公司 A 的无财务杠杆β值为

$$\beta_u = \frac{\beta_L}{1 + \frac{(1-t)W_d}{W_e}} = \frac{1.2}{1 + \frac{(1-0.4)\times 0.2}{0.8}} = 1.04$$

目标公司的β值为

$$\beta_L = \left[1 + \frac{(1-t)W_d}{W_e}\right]\times\beta_u = \left[1 + \frac{(1-0.25)\times 0.4}{0.6}\right]\times 1.04 = 1.56$$

（五）CAPM 的扩展

资本资产定价模型是现代金融学的奠基石，它以形式简洁、理论浅显易懂而风靡整个理论界和投资界。然而随着时间的推移，一些学者的实证研究显示，资本资产定价模型不能完全解释市场上的股票收益现象，特别是无法解释小公司股票的收益。因此，必须对资本资产定价模型进行修订和完善，从而将模型扩展到包括规模风险因素和公司特定风险因素，这也是目前我国评估界广泛应用的计算股权资本成本的模型，模型表达式为

$$E(r_i) = r_f + \beta_i[E(r_m) - r_f] + RP_s + RP_u$$

式中：RP_s——股票的规模风险溢价；

RP_u——公司特定的风险溢价。

对于上式中的规模风险溢价，国外研究机构的数据显示，小公司能够获得（这是投资者需要的）超过特定β值所反映的收益。规模风险溢价不是与β值相乘，而是用β值与市场风险溢价相乘后，再加上规模风险溢价。

公司特定风险溢价是公司特有因素无法从β值或者规模溢价中获得的溢价，其计算建立在对被评估公司特点进行分析的基础之上。如果被评估公司受如下因素影响，则通常需要考虑公司特定风险溢价：

（1）在β值中没有充分反映行业风险；

（2）消费者高度集中；

（3）对关键人物的依赖性或者以小企业管理为主；

（4）对关键供应者的依赖；

（5）不正常的实际或潜在竞争；

（6）潜在的法规变化；

（7）潜在的诉讼案件；

（8）未分散化的运营；
（9）产品因素；
（10）特殊环境问题等。

三、套利定价模型

套利定价模型（APT）是另一个引起广泛关注的资产定价模型。尽管 APT 在学术研究领域是一个热点，但是，在实践中并没有被广泛采用。

与 CAPM 类似，APT 的假设前提也是投资者面临着不可避免的系统性风险。与 CAPM 不同，APT 中的系统性风险不是通过市场，而是通过一组经济因素来判断。这些经济因素代表着系统的经济力量，对股票价格会产生普遍的影响。因为这些因素的影响遍及经济的方方面面，与这些经济因素相关的风险都是系统性风险，不能通过投资分散化加以消除。

遗憾的是，除了指出存在这样的因素外，APT 并没有归纳出具体是哪些因素。要找出这些因素，还得借助于经验研究。比如，有学者研究认为，APT 中的风险因素包括：工业生产的月度增长率、期望的通货膨胀率变化、意外的通货膨胀、风险债券风险溢价的意外变化、短期政府债券与长期政府债券收益率差额的意外变化。尽管这些因素被应用于不少关于 APT 的研究，但并没有得到一致的认同。

APT 所反映的风险、收益均衡关系与 CAPM 相类似。与每一个因素相联系的股票风险反映在与这一因素相联系的 β 值上。某股票的期望收益等于对应于每一因素的 β 值与相应风险溢价乘积的总和，即

$$E(r)-r_f=\beta_1\times[E(f_1)-r_f]+\beta_2\times[E(f_2)-r_f]+\beta_3\times[E(f_3)-r_f]+\cdots+\beta_n\times[E(f_n)-r_f]$$

式中：β_n——第 n 种因素对股票收益率的影响。

在实践中，APT 的应用并不尽如人意，主要原因有两个：第一，正如前面所指出的，系统性风险因素的选择并无有说服力的理论依据，而必须根据经济条件的变化和实证研究来作出选择和调整。这就使得其应用存在严重的问题，因为所选择因素的改变将会影响资本成本的估计。

第二，多因素的引入加大了 β 值计算的难度。β 值和风险溢价根据各个因素来估算，而不是仅仅根据市场投资组合，而要估算每一因素的风险溢价，首先必须找出一种模拟的投资组合，其收益率必须只对这一个因素敏感。与一个具体因素相联系的风险溢价等于与这一因素相联系的投资组合平均收益率减去无风险报酬率。然而，这种组合在实践中几乎不可能存在。

四、Fama—French 三因素模型

夏普（1964）等学者提出的 CAPM 具有开创性贡献，但是其将股票收益率仅仅归因于市场这一风险因素，实证结果不是很理想。其后罗斯（1976）提出的 APT，并不指定决定股票收益率的因素，而是通过实证分析来决定风险因素的选择，虽然实证结果显著

改善，但是在变量选择方面的随意性和主观性遭到批评。许多学者试图找到通用的收益率决定因素，其中，由 Fama 和 French 于 1992 年提出的三因素模型影响最大。

Fama—French 三因素模型是在理论和实证研究的基础上总结出来的，对于美国和其他国家的数据都表现出较好的解释能力。模型认为，一种股票的风险报酬率按照三个因素进行回归：市场的超额回报率（与 CAPM 相似）、小规模股票相对于大规模股票的超额回报率（SMB）、高账面值市值比相对于低账面值市值比的超额回报率（HML），用公式表示为

$$E(r)-r_f=\beta_1\times[E(r_m)-r_f]+\beta_2\times[E(r_S)-E(r_B)]+\beta_3\times[E(r_H)-E(r_L)]+\mu$$

式中：β_1——股票收益率对市场超额收益率的敏感程度；

β_2——股票收益率对 *SMB* 的敏感程度；

β_3——股票收益率对 *HML* 的敏感程度；

μ——随机误差项。

目前 Fama—French 三因素模型已经被广为接受，运用历史的市场数据，根据目标公司的收益率，以及市场收益率、规模因素模拟组合收益率、账面值市值比因素模拟组合收益率，就可以回归求出相应的 β 值。

用 Fama—French 三因素模型来估算某公司的权益资本成本，结果如表 6－3 所示。Fama—French 三因素模型中，该公司与市场因素对应的 β 值与 CAPM 中的 β 值相同，采用 CAPM 进行计算的权益资本成本为 10.4%，但用 Fama—French 三因素模型算出的权益资本成本却要低一些，为 9.8%。

表 6－3　　Fama—French 三因素模型计算的权益资本成本

因　素	平均月度溢价（%）	平均年度溢价（%）	回归 β 值	对预期收益率的贡献（%）
市场风险溢价		4.5	1.35	6.1
SMB 溢价	0.25	3.0	(0.04)	(0.1)
HML 溢价	0.36	4.4	(0.12)	(0.5)
高于无风险的溢价				5.5
			无风险报酬率	4.3
			权益资本成本	9.8

五、累加法

累加法求取股权资本成本的思路是：股权资本成本等于无风险报酬率加上各种风险报酬率。无风险报酬率和资产定价模型中的无风险报酬率确定方法相同，关键是企业所面临各种风险报酬率的确定。

企业在其持续经营过程中可能要面临着许多风险，包括市场风险、经营风险、财务风险等。将企业可能面临的风险量化在回报率上并累加，便可得到股权资本成本中的风险报酬率。用公式表示为

风险报酬率＝市场风险报酬率＋经营风险报酬率＋财务风险报酬率＋其他风险报

酬率

有关市场风险、经营风险、财务风险请见第三章第四节中相关内容。

其他风险包括国民经济景气状况、通货膨胀等因素的变化可能对企业预期收益的影响。

量化上述各种风险所要求的回报率，目前主要采取经验判断。它要求评估人员充分了解国民经济的运行态势、行业发展方向、市场状况、同类企业竞争情况等。只有在充分了解和掌握上述数据资料的基础上，关于风险报酬率的判断才能较为客观合理。

【知识链接6－2】　国际评估实践中股权风险溢价的确定

国际评估实践中，评估人员在运用收益法评估企业价值时，股权风险溢价的确定一般是以资本资产定价模型（CAPM）作为基本模型。Scott、Irem和Peter三位学者在2009年5—6月，曾经就股权风险溢价如何确定这一问题，对201位从事价值评估实践的人员进行问卷调查，结果表明，有35%的价值评估人员是在CAPM基础上进行规模和行业因素调整来确定股权风险溢价，有24%的价值评估人员采用Fama—French三因素定价模型来确定股权风险溢价，有12%的价值评估人员采用多因素定价模型来确定股权风险溢价，10%的价值评估人员采用CAPM模型来确定股权风险溢价，5%的价值评估人员采用Fama—French三因素模型加上其他因素来确定股权风险溢价，4%的价值评估人员在CAPM基础上进行规模因素调整来确定股权风险溢价，11%的价值评估人员采用其他评估模型来确定股权风险溢价（见表6－4）。由于Fama—French三因素模型和多因素模型建立在CAPM基础之上，是对CAPM的拓展，所以，在西方企业价值评估实践中，决定股权风险溢价的基本模型为CAPM，而CAPM的应用前提是资本市场是有效的，能够对风险因素进行合理定价。西方国家的资本市场经过上百年的发展，市场有效性已经非常高，CAPM应用前提条件基本能够满足。

表6－4　西方评估界确定股权风险溢价的方法（201份调查表）

股权风险溢价确定模型	所占比重（%）
在CAPM基础上进行规模、行业因素调整	35
Fama—French三因素模型	24
多因素模型	12
其他模型	11
CAPM	10
在Fama—French三因素模型基础上加上其他因素	5
在CAPM基础上进行规模因素调整	4

资料来源：Scott Richardson，Irem Tuna，Peter Wysocki. 2009. Accounting Anomalies and Fundamental Analysis: A Review of Recent Research Advances. Working Paper.

第四节　加权平均资本成本

加权平均资本成本是将企业来自各种渠道的资本成本（主要是债务资本成本和股权资本成本），按照各自在总资本中的比重进行加权平均。在各种资本成本已经估算出来的情况下，计算加权平均资本成本的主要工作就在于确定资本结构。

一、资本结构的确定

（一）股权性质与资本结构

在计算加权平均资本时，资本结构的确定必须考虑到股权性质，不同的股权性质应该选择不同类型的资本结构。

一般而言，如果企业价值评估涉及的是小股东权益，由于小股东无法改变企业的资本结构，此时，资本结构的选择为企业在评估基准日的实际资本结构（当前资本结构），即在评估基准日，根据不同资本的市场价值而不是账面价值计算各种资本所占比重。

如果企业价值评估涉及的是控股权益，控股股东可以对资本结构进行改变，从而使企业价值最大化，此时，资本结构将选择目标资本结构。由于企业现金流与资本结构无关，企业价值最大化也就是要使加权平均资本成本最小。通常情况下，债务资本成本要低于股权资本成本，在企业资本构成中，减少股权资本、增加债务资本可以降低加权平均资本成本，但与此同时，债务资本所占比重上升将使企业财务风险增加，债务资本成本相应上升，且企业的β值也会增大，股权资本成本相应上升，在两种趋势的共同作用下，处于某一资本结构，加权平均资本成本将达到最小，这一资本结构也就是目标资本结构。

（二）资本结构的调整

企业资本结构已经接近其目标资本结构，则直接用目标资本结构计算 WACC。如果企业当前资本结构还没有达到目标资本结构，那就看还要过多久才能达到。

最简单的情形是公司会很快调整并维持在目标资本结构上，这时采用目标资本结构计算 WACC，并采用固定的 WACC（未来各年都使用相同的 WACC）评估企业价值。如果预期要经过很长时间才能把资本结构调整到目标水平上，那么每年就使用不同的 WACC，以反映当年的资本结构。实际上这个过程是很复杂的，不但要正确调整资本权重，而且要调整债务资本成本和权益资本成本（因为违约风险会发生变化，β值也可能会发生变化）。当企业的资本结构变化幅度很大时，在企业现金流折现模型中把 WACC 作为常数会导致严重的错误。

资本结构的调整需要考虑以下因素：企业当前资本结构、可比公司的资本结构、管理层直接或间接融资方式对资本结构的影响。

1. 当前资本结构。为了确定企业当前资本结构，需要测算企业所有要求权的市场价值。对多数企业来说，要求权主要包括负债和权益。如果企业的负债和权益是公开交易的，只需把每种证券的数量与其最新价格相乘就可以得到各自的市场价值，但对于非上市交易证券，计算当前资本结构就比较麻烦。

就企业债券而言，如果难以获得可观测的市值，可以用账面值或用现金流折现法为债券定价。在多数情况下，债券账面值近似等于其市场价值。不过，如果自债券发行以来利率变化很大或公司陷入财务困境，此时，账面值和市场价值之间差距就比较大，市场价值可以用合适的到期回报率折现承诺的现金流。要确定合适的到期回报率，可以查找那些到期日和信用等级与被评估企业相差不多的债券回报率。

就企业股权而言，如果股权是公开交易的，那么就可以用市场价格乘以市场流通的股票数量求得股权的市场价值。

对于未上市企业股权，则没有基于市场的价值可用。为此必须采用市场法或迭代法计算权益资本价值。迭代法的具体思路见下文。

2. 可比公司的资本结构。为确保公司当前的资本结构与经济环境相符，可以将被评估公司资本结构与可比公司的资本结构进行比较。比如，统计分析表明，在有形资产上投资比较大的行业，其负债比率较高。高成长性的行业，特别是拥有无形资产较多的行业，其负债比率较低。如果被评估企业所在行业负债比率的中位数为15%，那可以据此分析被评估公司的债务比率是否合理。

公司资本结构出现变化是完全正常的，但评估人员应该知道资本结构变化的原因，是公司融资理念的改变，还是暂时偏离了既定的资本结构。比如一些公司常常通过举债进行收购，然后计划迅速偿清债务或通过发行新股的方式进行再融资，在这种情况下，企业资本结构显然会发生变化，评估人员需要使用可比公司的数据评估负债与权益比率的合理性。

3. 管理层的融资理念。现有管理团队是否积极地管理公司资本结构？管理团队的债务使用方式是激进还是过度保守？管理层不同的融资理念在某种程度上决定了企业不同的资本结构。比如，某企业以保守文化著称，现金流非常强劲且稳定，企业很少发行债券。从融资角度看，当前的利润就可以支持投资。企业股权主要为内部员工所持有，被外部并购的可能性很小。因此，该企业不太可能很快提高当前的负债比率。

二、迭代法

估算目标资本结构的简单与常用方法是，假定目标资本结构就等于公司目前资本市场价值的比重。但这样一种假定陷入了一种循环推导。在绝大多数情况下，一个公司之所以要进行评估，是因为其各种证券的市场价值是未知的，因此，需要通过资本结构计算 WACC，对企业价值进行评估。如果企业市场价值已知，那么也就用不着计算资本结构和 WACC。对于债券，可以直接估计其价值而克服循环推导的问题。然而，对于股权资本而言，股权资本价值的估算取决于 WACC，而反过来，WACC 又取决于股权资本的价值。

上述循环推导问题可以通过迭代法来解决。首先，对股权资本选定一个初步估计的市场价值，通常以股权资本的账面价值作为初始估计值。根据这一初步估计值，可以计算 WACC，再使用这一 WACC，折现企业未来现金流，得到公司整体价值。从公司整体价值中减去债务价值，就得出股权资本的价值，据此修正股权资本的权重。

其次，利用修正的权重来估算新的股权资本权重。常用的有效方法是将原有权重加上原有权重与修正权重差额的一半。其计算公式为

$$新权重 = 原有权重 + 0.5 \times (修正权重 - 原有权重)$$

再次，根据股权资本的新权重，重新计算 WACC、公司整体价值以及修正的股权资本价值。

最后，再次计算股权资本的权重，并重复上述步骤，直到所估算出的股权资本价值的变化小于一定的数额，比如 1 元。此时，就可以停止计算，从而就可以确定 WACC、公司整体价值以及股权资本的价值。

【本章小结】

- 折现率是收益法应用中的一个非常关键的参数，折现率的微小变化将会引起评估值的大幅波动，只有正确计算折现率，才有可能保证评估结果的准确性。
- 资本成本包括实际收益率、预期的通货膨胀率、风险报酬率三个部分，由实际收益率和预期通货膨胀率所组成的部分也称为货币时间价值，不同种类的资本，其成本差异在于风险报酬率的不同。
- 折现率和资本成本之间存在着差别，同时也存在着密切的关系。一般而言，资金使用者付出的资金成本也就是资金提供者获得的回报，折现率只是投资者期望能够从资金使用者那里获得的回报而已。
- 企业债券收益率有票面收益率、期望收益率和实际收益率之分。期望收益率是估算公司债务资本成本时应该选择的收益率，它综合考虑了资本市场的各种条件，特别是债务发行方可能出现的本息支付的延迟和债务重组等各种违约行为。期望收益率的计算方法有内部收益率法、收益率累加法。
- 估算股权资本成本采用的方法主要有三种：内部收益率法、资产定价模型［包括资本资产定价模型、Fama—French 三因素模型和套利定价模型（APT）等］、累加法。
- 资本资产定价模型在确定股权资本成本时得到非常广泛的应用，该模型涉及三个参数：无风险收益率、市场风险溢价、股票的 β 值。
- 在各种资本成本已经估算出来的情况下，计算加权平均资本成本的主要工作就在于确定资本结构。资本结构的确定可采用目标资本结构或运用迭代法。

【思考题】

1. 资本成本由哪几个部分构成？资本成本和折现率之间有什么关系？

2. 如何计算企业债券的票面收益率、期望收益率和实际收益率？

3. 资本资产定价模型和套利定价模型以及 Fama—French 三因素模型之间有什么联系？

4. 资本资产定价模型中的无风险收益率、市场风险溢价和 β 值如何确定？

5. 计算加权平均资本成本时，如何确定资本结构？

【计算题】

1. A、B 两种债券以面值发行，面值都是 1000 元，期限 2 年，票面利率为 10%，A 债券每年付息一次，第一年末还本 50%，剩余本金在第二年末还清；B 债券为单利，2 年后一次性还本付息。计算 A、B 债券的期望收益率。

2. 被评估企业为非上市公司，总资本中债务资本占 40%。可比上市公司的 β 值为 1.2，总资本中债务资本为 50%。所得税税率为 25%，股票市场的回报率为 14%，2 年期国债利率为 4%，20 年期国债利率为 5%。被评估企业的债务为 2 年期债券，该债券的风险报酬率为 2%。求该非上市公司的股权资本成本、加权平均资本成本。

第七章

收益法在企业价值评估中的应用

在某种程度上，任何东西都是模糊不清的，直到你试图准确地去认识它时，你才会意识到这一点。

——尼尔斯·博尔

【本章学习目的】

- 掌握评估结果验证方法。
- 熟悉非经营性项目的处理。
- 了解基于企业整体价值的股权价值评估思路。
- 了解收益法的适用性和局限性。
- 掌握收益法在评估实践中的应用技巧。

前面章节围绕经营性资产和经营性负债，分析了现金流预测、折现率估算以及企业价值评估等问题。至此，应用收益法评估企业价值的主要任务已经完成，尚需完成的工作包括：对投入资本价值评估结果进行检验，非经营性资产、非经营性负债的处理，根据企业整体价值评估股权资本价值，等等。

第一节　评估结果验证

以经营性资产和经营性负债为基础，评估出来的企业价值为投入资本价值，在得到投入资本价值后，需要进行一系列检验工作，以测试估值结果的逻辑性，把误差降到最低限度，并且确保评估人员对价值驱动因素有透彻的了解。

一、一致性检验

一致性检验是验证投入资本估值结果是否正确反映了价值驱动因素。如果预期的投入资本回报率高于加权平均资本成本，那么投入资本价值应该高于投入资本的账面价值。此外，如果现金流增长率较高，投入资本价值应该明显高于账面价值。如果评估结果不是这样的话，那么在某些方面就可能出现了差错，此时，就需要对评估过程进行仔细检查，以找出差错原因。

评估过程中，一些关键财务指标和预测假设是否符合经济逻辑，也需要进行检验，包括以下几方面。

关键财务指标是否合理。例如，投入资本周转率逐渐提高是因为有合理的经济原因，还是仅仅因为模型把未来的资本支出设定为一个固定值？未来现金税率之所以急剧变化，是不是因为评估人员把递延税款资产作为收入或者经营利润的一个百分比进行预测？

评估假设是否合理。要避免关键假设在相邻年度间出现跳跃式变化，因为这样的变化会使关键比率失真，并且可能导致作出错误的解释。例如，在销售收入预测时，一个有用的提醒用语是“要注意曲棍球杆”（曲棍球杆有折弯，这里用来比喻一种趋势的改变）。当历史销售数据是平稳的或下降的，而未来的销售预测是上升的时候，“曲棍球杆”就出现了。因为，在这种情况下，将历史的销售数据和预测的销售数据都按照相同的时间刻度表示在坐标系中，这些点的连线会类似于一个曲棍球杆。对于评估人员来说，“曲棍球杆”预测是一种简便的增加公司价值的方法。鉴于此，如果评估人员的预测中出现趋势的改变，就应该充分分析、说明促成这一改变的理由。评估人员增加公司价值的另一个方法是，假设在一定时期内，一个公司的增长率快于本行业中的其他公司。这种持续的高增长意味着被评估公司最终将成为本行业当中的领导企业，这通常并不是一个合理的假设。

预测项目之间是否具有内在的一致性。比如，若没有显著的资本支出和营运资本的大幅度增加，销售量的高速增长通常是难以实现的。因此，如果预测销售收入快速增长，而没有相关资本支出的增加，就值得怀疑了。另外，成本也应该与销售量之间存在合理的关系。随着销售量的增加，单位产品的成本自然会出现下降趋势的假设并不一定正确，除非在该行业当中，评估人员确实发现了具有说服力的证据证明存在这样的情况。假设随着销售量的增加，单位产品成本不可避免地出现下降，是评估人员故意得出“曲棍球杆”净现金流预测结果的方法之一。

在明确预测期末，运用连续价值公式时，公司经营是否达到了稳定状态。只有公司的自由现金流按照不变比率增长时，公司才会达到稳定状态。如果不是这样，那就需要延长明确预测期。

二、敏感性分析

现金流折现模型涉及许多假设，但并不是所有的假设都同等重要。某些假设比如折旧方法的选择，对公司价值的影响可能很小，而其他一些假设，比如销售增长率的假设，无疑对最终评估值有着重要的影响。敏感性分析是一种非常有用的工具，以识别出那些对现金流预测有重要影响的假设。一旦将那些关键假设找出来，就可以进一步检验这些假设的合理性。

进行敏感性分析的最好方法是，在电子表格中对现金流的预测作重新计算。这种方法不仅有助于敏感性分析，还有助于评估人员发现现金流预测中的各种因素之间的数量关系。一旦建立起电子表格模型，就可以改变相应的假设，而它对未来现金流的影响就可以得到自动的计算。

尽管敏感性分析对于识别关键假设非常有用，但它本身并不能说明假设是否合理。比如，在某企业价值评估项目中，评估人员找出了一个关键的假设——销售增长率，但敏感性分析本身并不能说明所得的5%的销售增长率是否合理，这就需要评估人员通过其他一些方法进行检验。

三、合理性分析

在通过一致性分析、敏感性分析后，评估人员应该检验最终评估结果是否合理。

如果是上市公司，那就把评估结果与市场价值进行比较。如果评估值与市场价值相差很远，那也不要匆忙断定哪一个是错误的，除非评估人员有确切的证据，比如，确有迹象表明股价并没有包括所有相关的信息，其原因可能是股票的流通量小或者流动性低，也有可能是股票市场投机气氛浓厚，股价普遍高估价值。

第二节　非经营性项目的处理

非经营性项目是与企业取得主营业务收入不直接相关的资产和负债项目，包括企业日常生产经营过程中的溢余资产项目。在前面章节中，由于预测的企业现金流是由经营性资产和经营性负债项目产生的，由此评估出来的价值仅仅是经营性资产和经营性负债的价值，而未包括非经营性项目的价值，因此，需要在已经评估出来的投入资本价值的基础上，再加上逐项评估出来的非经营项目价值，从而得到企业整体价值（全投资价值）。非经营性项目包括非经营性资产和非经营性负债，非经营性负债价值评估相对比较简单，下面着重讨论非经营性资产价值的评估问题。

一、溢余金融资产

那些超过正常生产经营需要、短期内能以低成本转换成现金的资产被划分为溢余金融资产，包括溢余的货币资金、银行存款、交易性金融资产等。企业生产经营离不开金融资产，但金融资产并不是越多越好，超过正常需要的金融资产无法在生产经营中发挥作用。比如，2011 年 4 月多家媒体报道，贵州茅台多年来一直将上百亿元现金存放在银行，日常生产经营根本不需要这些资金。很明显，这些资金属于溢余资产。

在国际财务报告准则中，公司必须在资产负债表上以公允市场价值报告这些资产。因此，如果评估基准日和财务报表日相距不久，或自报表日以来，溢余金融资产的市场价值未发生显著变化，评估人员可以使用最新的账面价值作为市场价值的近似值。

二、非流动投资和非并表子公司

非流动投资中的对客户长期融资，其市场价值可使用财务报表中的账面价值。如果贷款是按合理的市场条件进行的，而且如果借贷者的信用风险和总体的利率水平在贷款后无显著变化，那么账面价值就是市场价值的合理近似值。如果情况不是这样，那么评估人员应当按照风险和到期日与长期融资相似的公司债券的到期回报率，分别对长期融资承诺利息和本金进行现金流折现估值。

非并表子公司是被评估企业在其中持有非控股股份的公司。评估这些对外股权投资价值的方法视具体情况而定。

如果被投资企业是上市公司，则使用被评估公司持有股份的市场价值。此时，需要确认市场价格确实反映了其价值。在有些情况下，证券市场的交易价格会大幅偏离价值，此时就不宜根据市场交易价格确定对外股权投资价值。

如果被投资企业没有上市，但是评估人员有权查阅其财务报表，那么，就可以使用现金流折现法单独估算股权的价值。折现率应该根据被投资企业的具体情况来确定。

在评估对外投资的股权价值时，如果母公司（被评估公司）的账目不是子公司财务信息的唯一来源，建议考虑选择下列方法。

1. 简化的权益现金流估值法。当母公司拥有的股份在20%到50%之间时，这是一个可行的方法，因为子公司的净回报和近似的账面权益在母公司的账面上被披露出来。通过对关键价值驱动因素的预测，估计出未来的权益现金流；再按照子公司的权益资本成本对现金流进行折现，而不是按照母公司的加权平均资本成本进行折现。

2. 乘数估值法（市场法）。如果母公司拥有的股份在20%到50%之间，也可以根据市盈率或者市净率等乘数进行价值评估。子公司的净回报和近似的账面权益是可获知的，评估人员可以根据一组同类上市公司的情况估计出合适的估值乘数。

3. 跟踪组合。如果母公司拥有的股份低于20%，除了投资的初始成本，即母公司资产负债表上显示的账面价值以外，评估人员可能没有其他信息。如果评估人员知道股份是何时收购的，那么可以粗略估计当前的市场价值，即加上一个可比股票组合在相同持有期间的相对价格升幅。由于这些估值方法缺乏精确性，所以还需要用不同的方法尽可能去验证。

三、其他非经营性资产

从价值评估的角度看，前面所述都是最明显的非经营性资产，当然企业还可能有其他形式的非经营性资产，如溢余房地产、中断的经营业务等。

溢余房地产和其他未使用资产是公司经营不再需要的资产。因此，这些资产产生的任何现金流都不包括在企业现金流预测中，这些资产也不包括在经营的现金流折现价值中。如果不深入企业内部进行进场调查、勘测，要辨别这些资产几乎是不可能的，除非在公司的财务报表说明中专门作出了披露。因此，将其作为非营业性资产单独评估其价值的做法通常只限于在内部估值中。对于溢余房地产，如果可查到的话，可使用最近的评估价值。另一个选择是，通过使用价值乘数（如每平方米的价值）评估，或者按照恰当的资本成本对以租金为基础的未来现金流进行折现来估算房地产的价值。当然，需要注意的是，必须从中排除任何经营性房地产，因为经营性房地产的价值被暗含在企业现金流预测和经营资产价值评估中。

中断经营业务是那些将被出售或者关闭的业务。中断经营业务的盈利虽然显示在损益表中，相关的净资产状况也在资产负债表中披露，但由于中断经营业务不再是公司经营的组成部分，所以它们的价值不应该成为企业现金流的组成部分，即不包括在经营现金流折现价值中。在美国公认会计准则和国际财务报告准则中，与中断经营业务有关的资产和负债在资产负债表上按照公允价值记录，并以净资产形式披露，因此最近的账面价值通常是一个合理的近似值。

第三节　股权资本价值评估

在评估实践中，股权资本价值的评估常常借助于企业整体价值的评估，即首先评估出企业整体价值，然后再扣除付息债务、债务等价物、少数股东权益等非企业权益要求权价值。

一、股权资本价值评估的路径

由于企业现金流是一种债前现金流，资本结构的变化不会影响现金流，因此，相对于股权现金流而言，预测企业现金流要方便得多。当然随着资本结构的变化，对企业现金流进行折现的 WACC 必须作相应的调整，而当企业资本结构变化不大时，则可以对 WACC 不作调整。

图 7－1 列示了股权资本价值评估的一个框架，以投入资本价值为基础，加上非经营性资产，则可以得到企业整体价值，企业整体价值减去各项非权益要求权价值，包括付息债务价值、债务等价物价值以及少数股东权益价值，从而得到被评估企业的股东权益价值。

二、付息债务价值的评估

企业付息债务有多种形式：付息商业票据、固定和浮动利率银行贷款、公司债券等。如果债务是相对安全和交易活跃的，就应使用其市场价值。如果债务、票据没有公开交易，就应以适当的折现率对承诺的利息支付额和本金偿还额进行折现，从而估算其价值。如果债务发生后利率和违约风险无明显变化，那么债务的账面价值就是固定利率债务的一个合理近似值。对于浮动利率债务而言，其市场价值对利率不敏感，在公司违约风险一直相当稳定的情况下，账面价值也是一个合理的近似值。

面对陷入财务危机的公司，评估人员在估算债务价值时必须给予充分重视。对于

单位：百万元

投入资本价值		5000	
溢余现金和有价证券		50	非经营性资产
非流动投资及非并表子公司		270	非经营性资产
中断经营业务		30	非经营性资产
溢余房地产		5	非经营性资产
企业整体价值（全投资价值）		5355	
付息债务			非权益要求权
银行贷款	（250）		非权益要求权
债券	（550）		非权益要求权
		（800）	非权益要求权
债务等价物			非权益要求权
养老金缺口	（150）		非权益要求权
长期经营准备金	（50）		非权益要求权
非经营准备金	（75）		非权益要求权
或有负债	（40）		非权益要求权
		（315）	非权益要求权
少数股东权益		（150）	非权益要求权
股东权益价值		4090	

图 7－1　投入资本价值、企业整体价值以及股东权益价值

危机公司而言，债务价值在账面价值的基础上会有较大折扣，而且会随着企业价值波动而波动。实际上，债务在某种程度上已经变得与权益相似：它的价值将直接取决于被评估企业的价值，因为随着企业价值的上升，债务的价值也会上升。评估人员如果不随企业价值变化而调整债务价值的话，那么在进行合理经济预测后用现金流折现估算企业价值将明显高于其当前的市场价值，通过扣除债务的市场价值来判定股东权益价值时，就会因低估债务的真正价值，而高估股东权益价值。

三、债务等价物价值的评估

企业中的债务等价物有多种，常见的形式包括养老金缺口、准备金、或有负债等。

（一）养老金缺口

如果企业的养老金福利计划面临资金不足，企业必须将这部分不足金额看做是一项债务，不足部分不是一项经营债务，而是作为一项负债等价物（这些负债的净利息支出当做非经营性支出处理），这就好比企业需要借钱来对养老计划进行融资一样。

养老金缺口负债在计算权益价值时会产生显著影响，尤其是对一些老企业而言更是如此。评估人员将估算的缺口数额作为该项目的评估值。

（二）准备金

企业中的常见准备金主要有以下四类，其中需要作为负债等价物从企业整体价值中扣除的是第 2 项和第 3 项。

1. 日常持续经营性准备金（如用于产品保证和退货的资金）已经在现金流中考虑，因此不应该从企业整体价值中扣除。

2. 长期经营性准备金（如用于厂房退役成本的资金）应该作为债务等价物从企业整体价值中扣除。因为这些准备金在长期内会变为应付的现金费用，在资产负债表中通常是按照折现价值记录的。在这种情况下，就不必进行单独的现金流折现分析，评估人员可以在估值时使用负债的账面价值。需要注意的是，账面价值不等于所有未来费用的现值，因为准备金是逐年累积的，直到费用成为应付账款。

3. 非经营性准备金（如用于因解雇引起的重组支出）必须作为债务等价物从企业整体价值中扣除。尽管折现的价值才是理想值，但是资产负债表上的账面价值往往是一个合理的近似值。这些准备金按照非折现的价值记录，因为支出通常是在近期发生的。

4. 平滑利润的准备金不代表实际的未来现金支出，因此它们不应该从企业整体价值中扣除。

（三）或有负债

或有负债通常不会在资产负债表中披露，但会在资产负债表的附注中单独说明。或有负债典型的例子是因未决诉讼和贷款担保所引起的负债。在可能的情况下，应估算相关的预期税后现金流（如果成本是可扣税项目），并按债务成本进行折现。遗憾的是，要评估这些现金流实际发生的概率比较困难，因此对估值的解释要谨慎，要在一定的概率范围内估算或有负债的价值，从而为最后的估值提供一个价值区间。

四、少数股东权益价值的评估

当被评估企业虽然控制某一子公司但没有达到百分之百控股时，子公司的财务报表被完全合并到被评估公司的账目上去，如果不作任何调整，被评估企业则包含了子公司的全部价值，这样会高估被评估企业的股东权益价值。因此，需要将子公司中第三方少数股权的价值作为非权益要求权扣除掉。

因为少数股权在一定程度上类似于被评估企业对非并表子公司的股权投资，因此对少数股权采用与对待非并表子公司相似的估值方法。如果少数股权是公开上市的，那么可以用市场交易价格乘以外部持有者拥有的相应份额得到相应的市场价值。如果是非上市企业，则根据可收集的信息量使用现金流折现法、价值乘数法或者追踪组合法进行单独估值。需要注意的是，少数股东权益是对子公司的一种要求权，而不是对被评估企业的一种要求权。因此，任何的估值应该直接与子公司有关，而不是与被评估企业有关。

第四节　收益法的适用性和局限性

收益法由于具有坚实的理论基础，评估出来的价值符合资本市场对企业的估价，且不受报表粉饰的影响，因此在企业价值评估实践中得到了非常广泛的应用。

一、适用性

收益法是从企业获利能力角度、根据资产价值的本质来评估企业价值，从理论上讲，该方法适用于所有的企业，从高成长的小企业到成熟的跨国企业，对于那些资产成本费用与其获利能力不对称，以及成本费用难以准确计算的企业，该方法更为适用。当然，收益法的运用需要具备一定的前提条件，对于没有收益或收益无法用货币计量及风险报酬无法量化的企业，难以适用该方法。

一般情况下，以现金流作为企业收益指标进行评估。因为会计报表中的收益指标如净利润虽然容易取得，但存在根本性不足，即难以很好地计算决定企业价值的三个基本变量：现金流、成长性和风险因素。会计利润是单一期间的评估指标，而现金流指标则涵盖多个期间；即使在单一期间内，会计利润所包含的价值信息也不如现金流全面。相比较而言，会计利润容易受到人为操纵；而现金流则基本不受会计政策、会计估计变更的影响。此外，会计利润计算基于权责发生制，而现金流计算基于收付实现制，现金流比会计利润更能准确地反映企业的盈利能力。正因为如此，现金流折现法具有更普遍的适用性。

二、局限性

收益法虽然优势明显，但也存在一些局限性，突出表现在以下几个方面。

1. 主观性强。收益法评估参数的确定涉及大量主观判断，比如使用现金流折现法时，对现金流和折现率的确定都离不开评估人员的主观判断，现金流预测和折现率选择的误差会直接影响最后的评估结果。对一些连年亏损、未来一段期间内可能破产清算的公司，评估人员预计现金流会非常困难。对那些现金流存在周期性波动的公司，要准确预测行业衰退和复苏的时点更是困难。不同的评估人员由于主观判断的不同，评估结果可能存在巨大差异。

2. 评估结果对评估参数非常敏感。收益法的应用会涉及增长率、折现率等评估参数，从评估模型看，这些参数的微小变化将会引起评估值的巨大变化，因此，评估参数的准确性就显得至关重要。

3. 受市场条件约束。收益法的运用需要具备一定的市场条件，例如折现率的确定中，资本资产定价模型的运用要求证券市场的发展比较完善，这样计算出来的折现率其准确性才会高。如果市场机制不健全，则计算出来的折现率的准确性会大打折扣。

第五节　收益法应用举例

为了加深对收益法的理解，下面以某一企业价值评估项目为例，说明如何进行现金流预测，以及如何进行企业整体价值评估和股东权益价值评估。

一、企业价值评估项目的基本情况

A 公司目前正处在高速增长的时期，20A0 年的销售额增长了 18%。预计 20A1 年可以维持 18% 的增长率，20A2 年开始逐年下降，20A5 年及以后各年按 6% 的比率持续增长，如表 7－1 所示。

表 7－1　　A 公司的销售预测（自 20A1 年开始）

年份	20A0	20A1	20A2	20A3	20A4	20A5	20A6 年及以后
销售增长率	18.00%	18.00%	15.00%	10.00%	8.00%	6.00%	6.00%

A 公司没有非经营性资产和负债。以 20A0 年 12 月 31 日为评估基准日，对 A 企业的整体价值、股东权益价值进行评估。以经过调整后的 20A0 年财务报表数据为现金流预测基础，预测方法为销售收入百分比法，即主要根据历史数据确定财务报表相关项目占销售收入的百分比，作为对未来进行预测的依据。

通过销售预测可观察到 A 公司的销售增长率和投入资本回报率在 20A5 年达到稳定增长状态（如表 7－2 所示），销售增长率稳定在 6%，与宏观经济的增长率相接近；投入资本回报率稳定在 29.228%，大于且接近加权平均资本成本 28%。因此，该企业的明确预测期确定为 20A1 年至 20A5 年，20A6 年及以后年度为明确预测期后的稳定增长阶段。

表 7－2　　A 公司的销售增长率及投入资本回报率

年份	20A0	20A1	20A2	20A3	20A4	20A5	20A6
销售增长率	18%	18%	15%	10%	8%	6%	6%
期初投入资本回报率		32.537%	31.710%	30.331%	29.779%	29.228%	29.228%

二、现金流预测

（一）现金流计算公式

本案例将分别采用公司现金流和股权现金流评估企业整体价值和股东权益价值，因此需要对公司现金流和股权现金流进行预测。

1. 公司现金流计算公式。公司现金流是企业通过持续经营（不包括非经营性项目）产生的、在支付企业必需的投资需求后可以向企业全部投资人（股东和债权人）分配的现金流总和，它有两种计算方法，其一是加总公司不同权利要求人的现金流，其二是从公司经营活动、投资活动角度来计算现金流。本案例应用第二种方法，具体计算公式如下：

公司现金流（*FCFF*）＝税后营业净利润（*NOPAT*）＋折旧摊销－营运资本增加－资本性支出

对以上公式作以下说明：

①公式中的“资本性支出”是指用于购置各种长期资产的支出，包括固定资产、在建工程、无形资产、其他长期资产，该项支出对于持续经营和提高未来增长率是必需的。

资本性支出＝固定资产支出＋在建工程支出＋无形资产支出＋其他长期资产支出

②公式中的“营运资本”是指企业正常经营活动中所需要流动资产减去非付息流动负债后的余额，而“营运资本增加”是当期营运资本与上期营运资本的差额。

营运资本增加＝（年末流动资产－年末非付息流动负债）－（上年末流动资产－上

年末非付息流动负债）

③“公司现金流”是企业正常营业活动产生的现金流，不包括非经常项目所产生的现金流，如处理固定资产收益、非关联的投资收益、罚款收入、捐赠支出等，即由投入资本所带来的现金流。

④税法规定企业对于不同的应税所得有不同的税率，还有各种税收优惠和不可扣除项目。所以用统一的或法定的所得税税率计算企业的税后所得是不准确的，若要求做到准确，应以所得税调整的方法计算出实际应交付的所得税为准。为简化起见，本例假设所得税税率为25%。

2. 股权现金流计算公式。股权现金流与公司现金流不同，它需要在公司现金流的基础上扣除与债务相联系的现金流，即

股权现金流＝公司现金流－债权人现金流

＝公司现金流－税后利息支出－偿还有息债务本金＋新借债务

＝公司现金流－税后利息支出＋有息债务净增加

（二）预测利润表和预测资产负债表的编制

计算评估基准日后的现金流需要建立在财务预测基础之上。应用销售收入百分比法对A公司相关年份进行预测，所得到的预测利润表和预测资产负债表如表7－3和表7－4所示。预测过程如下所述。

表7－3　　A公司的预测利润表（自20A1年开始）　　单位：万元

年份	20A0	20A1	20A2	20A3	20A4	20A5
利润表预测基础						
销售增长率	18%	18%	15%	10%	8%	6%
销售成本率	66.00%	66.00%	66.00%	66.00%	66.00%	66.00%
营业、管理费用/销售收入	9%	9%	9%	9%	9%	9%
折旧/销售收入	6%	6%	6%	6%	6%	6%
短期债务利率	6%	6%	6%	6%	6%	6%
长期债务利率	9%	9%	9%	9%	9%	9%
平均所得税税率	25%	25%	25%	25%	25%	25%
利润表项目						
一、销售收入	2800.000	3304.000	3799.600	4179.560	4513.925	4784.761
减：销售成本	1848	2180.64	2507.736	2578.51	2979.191	3157.943
二、销售利润	952	1123.36	1291.864	1421.05	1534.734	1626.818
减：营业和管理费用	252.000	297.360	341.964	376.160	406.253	430.628
短期借款利息	22.848	26.961	31.005	34.105	36.834	39.044
长期借款利息	25.704	30.331	34.880	38.368	41.438	43.924
财务费用合计	48.552	57.292	65.885	72.473	78.272	82.968
三、营业利润	651.448	768.708	884.015	972.417	1050.209	1113.222
加：投资收益	0.000	0.000	0.000	0.000	0.000	0.000

续表

年份	20A0	20A1	20A2	20A3	20A4	20A5
营业外收入	0.000	0.000	0.000	0.000	0.000	0.000
减：营业外支出	0.000	0.000	0.000	0.000	0.000	0.000
四、利润总额	651.448	768.708	884.015	972.417	1050.209	1113.222
减：所得税	162.862	192.177	221.004	243.104	262.552	278.306
五、净利润	488.586	576.531	663.011	729.313	787.657	834.916
加：年初未分配利润	150.000	387.600	610.368	829.423	997.366	1145.155
六、可供分配的利润	638.586	964.131	1273.379	1558.736	1785.022	1980.071
减：应付普通股股利	250.986	353.763	443.956	561.370	639.868	715.207
七、未分配利润	387.600	610.368	829.423	997.366	1145.155	1264.864

表 7－4　　A 公司的预测资产负债表（自 20A1 年开始）　　单位：万元

年份	20A0	20A1	20A2	20A3	20A4	20A5
资产负债表预测基础						
销售收入	2800.000	3304.000	3799.600	4179.560	4513.925	4784.761
货币资金/销售收入	1.50%	1.50%	1.50%	1.50%	1.50%	1.50%
应收账款/销售收入	20.00%	20.00%	20.00%	20.00%	20.00%	20.00%
存货/销售收入	15.00%	15.00%	15.00%	15.00%	15.00%	15.00%
其他流动资产/销售收入	6.50%	6.50%	6.50%	6.50%	6.50%	6.50%
应付账款/销售收入	10.00%	10.00%	10.00%	10.00%	10.00%	10.00%
其他流动负债/销售收入	5.00%	5.00%	5.00%	5.00%	5.00%	5.00%
固定资产净值/销售收入	40.00%	40.00%	40.00%	40.00%	40.00%	40.00%
短期借款/投入资本	20.00%	20.00%	20.00%	20.00%	20.00%	20.00%
长期借款/投入资本	15.00%	15.00%	15.00%	15.00%	15.00%	15.00%
资产负债表项目						
货币资金	42.000	49.560	56.994	62.693	67.709	71.771
应收账款	560.000	660.800	759.920	835.912	902.785	956.952
存货	420.000	495.600	569.940	626.934	677.089	717.714
其他流动资产	182.000	214.760	246.974	271.671	293.405	311.009
小计	1204.000	1420.720	1633.828	1797.210	1940.988	2057.446
减：应付账款	280.000	330.400	379.960	417.956	451.393	478.476
减：其他流动负债	140.000	165.200	189.980	208.978	225.696	239.238
等于：营运资本①	784.000	925.120	1063.888	1170.276	1263.899	1339.732
固定资产原值	1624.000	2023.840	2450.056	2852.814	3257.395	3652.815
（本年折旧）	168.000	198.240	227.976	250.774	270.835	287.086
减：累计折旧	504.000	702.240	930.216	1180.990	1451.825	1738.911

续表

年份	20A0	20A1	20A2	20A3	20A4	20A5
固定资产净值②	1120.000	1321.600	1519.840	1671.824	1805.570	1913.904
投入资本总计①+②	**1904.000**	**2246.720**	**2583.728**	**2842.100**	**3069.469**	**3253.636**
短期借款	380.800	449.344	516.746	568.420	613.894	650.727
长期借款	285.600	337.008	387.559	426.315	460.420	488.046
付息债务合计③	666.400	786.352	904.305	994.735	1074.314	1138.773
股东权益合计④	**1237.600**	**1460.368**	**1679.423**	**1847.365**	**1995.155**	**2114.863**
股东权益增加：股权融资		222.768	219.055	167.942	147.789	119.710
其中：股本	850.000	850.000	850.000	850.000	850.000	850.000
年末未分配利润	387.600	610.368	829.423	997.366	1145.155	1264.864
股东权益合计	**1237.600**	**1460.368**	**1679.423**	**1847.366**	**1995.155**	**2114.864**
付息债务及股东权益③+④	**1904.000**	**2246.720**	**2583.728**	**2842.100**	**3069.469**	**3253.636**

下面以20A1年为例，说明主要项目的预测与计算过程。

1. 预测成本、费用。根据20A0年财务数据，可以计算相关项目与销售收入之间的比率（需要注意的是，有些项目的驱动因素可能不一定是销售收入），假设预测期间相关比率与20A0年相同，根据预测的20A1年销售收入和成本费用销售百分比，可以估计销售成本、营业和管理费用以及折旧额。A公司的销售成本占销售收入的60%，营业和管理费用占销售收入的9%，折旧占销售收入的6%，已经列示在表7－3中的“利润表预测基础”部分，据此有

销售成本＝3304 × 66%＝2180.640（万元）

营业和管理费用＝3304 × 9%＝297.360（万元）

财务费用产生的驱动因素是借款利率和借款金额，通常不能根据销售百分比直接预测。短期借款和长期借款的利率已经列示在“利润表预测基础”部分，借款的金额需要根据资产负债表来确定。因此，预测工作转向资产负债表。

2. 预测需要的营运资本。根据预测销售额和各项营运资本占销售收入的百分比，可以估计各项营运资本项目的金额。有关的销售百分比已列在表7－4的“资产负债表预测基础”部分。计算结果如下：

货币资金＝3304 × 1.5%＝49.560（万元）

应收账款＝3304 × 20%＝660.8（万元）

年末存货＝3304 × 15%＝495.6（万元）

其他流动资产＝3304 × 6.5%＝214.76（万元）

应付账款＝3304 ×10%＝330.4（万元）

其他流动负债＝3304 × 5%＝165.2（万元）

营运资本 ＝流动资产－非付息流动负债

=49.56 + 660.8 +495.6 +214.76 − 330.4 − 165.2

=925.12（万元）

3. 投入资本预测。投入资本是在营运资本的基础上，加上经营性固定资产净值和其他长期经营性资产，即

投入资本 = 营运资本 + 经营性固定资产净值 + 其他长期经营性资产

预测假设固定资产净值的驱动因素为销售收入，其占销售收入的百分比为 40%，根据预测的 20A1 年销售收入，计算固定资产净值为

固定资产净值 = 3304 × 40% = 1321.6（万元）

"累计折旧"的数额等于上年累计折旧加上预测资产负债表中的"本年折旧"，则可以得到 20A1 年度的累计折旧：

累计折旧 = 上年累计折旧 + 本年提取折旧 = 504 + 198.24 = 702.24（万元）

求出 20A1 年的固定资产净值以及累计折旧后，将两者相加，可以得到固定资产原值，具体计算结果为

固定资产原值 = 固定资产净值 + 累计折旧 = 1321.6 + 702.24 = 2023.84（万元）

根据分析 A 公司没有其他长期经营性资产，所以，投入资本就等于营运资本加上经营性固定资产，即

投入资本 = 营业流动资产 + 经营性固定资产净值

=925.12 + 1321.6

=2246.72（万元）

4. 预测所需的融资。预测得出的投入资本需要公司通过各种融资渠道加以满足，如何筹集这些资金取决于企业的筹资政策。A 公司存在一个目标资本结构，即付息债务/投入资本为 35%，其中短期负债/投入资本为 20%，长期负债/投入资本为 15%。企业采用剩余股利政策，需要筹集资金时按目标资本结构配置留存利润（权益资本）和借款（债务资本），剩余的利润将分配给股东。如果当期利润小于需要筹集的权益资本，在"应付股利"项目中显示为负值，表示需要向股东筹集资金（增发股本）的数额。如果有剩余现金，按目标资本结构同时减少借款和留存利润，企业不保存多余现金。

短期借款 = 投入资本 × 短期借款比例

=2246.72 × 20%

=449.344（万元）

长期借款 = 投入资本 × 长期借款比例

=2246.72 × 15% = 337.008（万元）

股东权益 = 投入资本 − 借款

=2246.72 −（449.344 + 337.008）

=1460.368（万元）

股东权益增加（权益筹资）= 期末股东权益 − 期初股东权益

=1460.368 − 1237.6

=222.768（万元）

企业也可以采取其他的融资政策，例如采用固定的股利支付率政策、低正常股利加额外股利政策等，不同的融资政策会导致不同的融资额预测方法。

5. 预测财务费用。为简化起见，A公司的财务费用是根据当期期末付息债务数量和预期的债务利率计算而得，即

财务费用 = 短期借款 × 短期债务利率 + 长期借款 × 长期债务利率

= 449.344 × 6% + 337.008 × 9%

= 26.960 + 30.331 = 57.291（万元）

6. 预测股利和年末未分配利润。在确定了财务费用之后，即可完成净利润的预测工作，根据利润核算过程，从销售收入出发，扣除成本、费用及税金：

利润总额 = 销售收入 - 销售成本 - 营业和管理费用 - 折旧费 - 财务费用

= 3304 - 1982.4 - 297.36 - 198.24 - 57.291

= 768.709（万元）

净利润 = 利润总额 - 所得税

= 768.709 - 768.709 × 25% = 576.531（万元）

股利 = 本年净利 - 股权筹资

= 576.531 - 222.768

= 353.763（万元）

年末未分配利润 = 年初未分配利润 + 本年净利润 - 股利

= 387.6 + 576.531 - 353.763

= 610.368（万元）

将“年末未分配利润”数额填入20A1年的资产负债表相应栏目，然后完成资产负债表其他项目的预计。

年末股东权益 = 股本 + 年末未分配利润

= 850 + 610.368

= 1460.368（万元）

付息负债及股东权益 = 付息负债 + 股东权益

= 786.352 + 1460.368

= 2246.720（万元）

需要说明的是，在本例中，因为A企业没有非经营性资产和非经营性负债，所以计算出来的付息负债及股东权益总额即全投资与投入资本总额相等。

由于利润表和资产负债表的数据是相互关联的，只有在完成20A1年利润表和资产负债表数据的预测工作后，才能进行20A2年的利润表和资产负债表数据的预测工作，依此类推。

（三）预测公司现金流及股权现金流

根据预测利润表和资产负债表，经过数据转换就可以直接编制预测现金流表，如表7-5所示。

表 7－5　　A 公司的现金流预测表　　单位：万元

年份	20A1	20A2	20A3	20A4	20A5
净利润调节计算 NOPAT					
净利润	576. 531	663. 011	729. 313	787. 657	834. 917
加：税后利息费用	42. 969	49. 414	54. 355	58. 704	62. 226
等于：税后营业净利润（NOPAT）	**619. 500**	**712. 425**	**783. 668**	**846. 361**	**897. 143**
直接计算 NOPAT					
销售收入	3304. 000	3799. 600	4179. 560	4513. 925	4784. 761
减：销售成本	2180. 64	2507. 736	2758. 51	2979. 191	3157. 943
加：其他业务收入	0. 000	0. 000	0. 000	0. 000	0. 000
减：营业和管理费用	297. 360	341. 964	376. 160	406. 253	430. 628
等于：息税前营业利润	826. 000	949. 900	1044. 890	1128. 481	1196. 190
减：营业利润所得税	206. 500	237. 475	261. 223	282. 120	299. 048
等于：税后营业净利润（NOPAT）	**619. 500**	**712. 425**	**783. 668**	**846. 361**	**897. 143**
加：固定资产折旧	198. 240	227. 976	250. 774	270. 836	287. 086
等于：公司毛现金流	817. 740	940. 401	1034. 441	1117. 196	1184. 228
减：现金增加	7. 560	7. 434	5. 699	5. 015	4. 063
减：应收账款增加	100. 800	99. 120	75. 992	66. 873	54. 167
减：存货增加	75. 600	74. 340	56. 994	50. 155	40. 625
减：其他流动资产增加	32. 760	32. 214	24. 697	21. 734	17. 604
加：应付款项增加	50. 400	49. 560	37. 996	33. 437	27. 084
加：其他流动负债增加	25. 200	24. 780	18. 998	16. 718	13. 542
等于：公司营业净现金流	676. 620	801. 633	928. 052	1023. 574	1108. 394
减：固定资产净值增加	201. 600	198. 240	151. 984	133. 746	108. 334
减：折旧	198. 240	227. 976	250. 774	270. 836	287. 086
等于：公司现金流	**276. 780**	**375. 417**	**525. 294**	**618. 992**	**712. 974**
融资角度计算公司现金流					
利息费用	57. 292	65. 885	72. 473	78. 272	82. 968
减：利息税收（25%）	14. 323	16. 471	18. 118	19. 568	20. 742
等于：税后利息费用	42. 969	49. 414	54. 355	58. 704	62. 226
减：短期借款增加	68. 544	67. 402	51. 675	45. 474	36. 834
减：长期借款增加	51. 408	50. 551	38. 756	34. 105	27. 625
等于：债权人现金流	**－76. 983**	**－68. 539**	**－36. 076**	**－20. 875**	**－2. 233**
股利分配（或股份发行）	353. 763	443. 956	561. 370	639. 868	715. 207
等于：股权现金流	**353. 763**	**443. 956**	**561. 370**	**639. 868**	**715. 207**
公司现金流	**276. 780**	**375. 417**	**525. 294**	**618. 993**	**712. 974**

同时用以上两种方法计算公司现金流并进行核对，可以减少差错。下面仍以20A1年的数据为例，说明各项目的具体计算过程。

1. 息税前利润（EBIT）。息税前利润是指未扣除利息支出，也没有扣除所得税的营业利润，具体计算公式为

息税前利润 = 销售收入 - 销售成本 + 其他业务利润 - 营业和管理费用

20A1 年息税前利润 = 3304 - 2180.640 + 0 - 297.36

= 826（万元）

这里的息税前利润是企业营业活动产生的利润，即销售产品和提供劳务取得的利润。它不包括对外投资损益、利息损益（财务费用）和营业外收支等与营业活动没有直接关系的“非营业损益”。

2. 税后营业净利润（NOPAT）。税后营业净利润即息前税后营业利润，是在息税前利润的基础上，扣除以息税前利润为基数的所得税，具体计算公式为

税后营业净利润 = 息税前利润 - 以息税前利润为基数的所得税

按照《企业会计准则》编制的利润表，没有直接提供息税前利润和税后营业净利润的数据。利润表中的营业利润项目反映已扣除了财务费用但未扣除所得税的营业利润，实际上是息后税前营业利润。

计算息税前利润应负担的所得税有两种方法：平均税率法和所得税调整法，下面分别加以介绍。

①平均税率法。如果各项应税所得的实际税率相差不多，可以使用平均税率计算息税前利润应负担的所得税。

息税前利润所得税 = 息税前利润 × 平均所得税税率

20A1 年息税前利润所得税 = 826 × 25% = 206.5（万元）

20A1 年税后营业净利润 = 826 - 206.5 = 619.5（万元）

这种算法，实际上是将所得税平均分摊到营业损益和其他损益，而不管其实际税率的差别，分摊的结果并不精确。由于税法对不同应税项目规定有不同税率，并且有许多不可扣除项目和税收优惠，比较准确的计算方法是使用所得税调整法。

②所得税调整法。所得税调整法是以企业的全部所得税为基础，扣除利息应计所得税（通常是利息支出减少所得税），得出息税前利润应当负担的所得税。

息税前利润所得税 = 所得税额 + 利息支出抵税

20A1 年息税前利润所得税 = 192.177 + 57.292 × 25% = 206.5（万元）

20A1 年税后营业净利润 = 826 - 206.5 = 619.5（万元）

本例中，两种方法计算的结果相同，但如果利息适用税率与营业利润适用税率显著不同的话，则两种方法的计算结果会有较大差别。

税后营业净利润也可以在净利润的基础上，通过一定调整而得到，这是一种间接计算方法，以20A1年税后营业净利润的计算为例：

20A1 年税后营业净利润 = 净利润 + 税后利息费用

= 576.531 + 57.292 × (1 - 25%)

=576.531+42.969=619.5（万元）

3. 公司毛现金流。公司毛现金流是指在没有考虑资本性支出和营运资本增加的情况下，企业可以提供给投资者的现金流总和。

公司毛现金流=税后营业净利润（NOPAT）+折旧与摊销

20A1年的公司毛现金流=619.5+198.24=817.74（万元）

公式中的折旧与摊销，是指在计算利润时已经扣减的固定资产折旧和长期资产摊销数额。它们虽然也是可以减税的项目，但是本期并未支付现金。折旧与摊销包括计提长期资产减值准备、固定资产折旧、无形资产和长期待摊费用摊销。

4. 公司营业净现金流。公司营业净现金流是公司毛现金流扣除营运资本增加后的剩余现金流。如果企业没有资本支出，它就是可以提供给投资者（包括股东和债权人）的现金流。

公司营业净现金流=公司毛现金流-营运资本的增加

20A1年营业现金净流量=817.74-7.56-100.8-75.6-32.76+50.4+25.2

=676.62（万元）

5. 公司现金流。公司现金流是在公司营业净现金流基础上扣除资本支出后的剩余部分。它是企业在满足营业活动和资本支出后，可以支付给债权人和股东的现金流。

为简化起见，现假设A公司没有其他长期经营性资产，因此资本支出等于购置固定资产的支出，即等于固定资产净值增加与本期折旧之和。

公司现金流=营业现金净流量-资本支出

=营业现金净流量-（固定资产净值增加+本期折旧）

20A1年公司现金流=676.62-（201.6+198.24）=276.78（万元）

6. 股权现金流。股权现金流可以在净利润的基础上加上折旧、摊销，再减去营运资本的增加以及资本性支出，再加上付息债务的增加，即

股权现金流=净利润+折旧摊销-营运资本增加-资本性支出+付息债务增加

20A1年股权现金流=576.531+198.24-（925.120-784.000）-

（201.6+198.24）+（68.544+51.408）

=353.763（万元）

股权现金流也可以在公司现金流的基础上，扣除债务人要求的现金流，即扣除税后利息支出，加上付息债务的净增加。

股权现金流=公司现金流-税后利息支出+付息债务净增加

20A1年股权现金流=276.78-42.969+（449.344-380.800）+

（337.008-285.600）

=353.763（万元）

（四）企业价值的计算

1. 公司现金流折现模型。A公司的加权平均资本成本是28%，用它折现公司现金流可以得出投入资本价值，由于没有非经营性资产和负债，投入资本价值就等于企业整体价值，扣除付息债务价值后则可以得出股权价值。有关计算过程如表7-6

所示。

表 7－6 A 公司基于公司现金流折现模型的企业价值评估 单位：万元

年份	20A1	20A2	20A3	20A4	20A5
公司现金流	276.780	375.417	525.294	618.993	712.974
加权平均资本成本	28%	28%	28%	28%	28%
折现系数（28%）	0.7813	0.6104	0.4768	0.3725	0.2910
明确预测期现金流现值	216.248	229.155	250.461	230.575	207.475
明确预测期现金流现值合计	1133.914				
永续增长率	6%				
连续价值	3435.238				
连续价值现值	999.654				
投入资本价值	2133.568				
非经营性资产价值	0				
企业整体价值	2133.568				
付息债务价值	666.400				
股权价值	1467.168				

明确预测期公司现金流现值 = ∑各期现金流现值 = 1133.914（万元）

明确预测期后连续价值 = $FCFF_{n+1}$/（股权资本成本 − 现金流永续增长率）

= 712.974 × （1 + 6%）/（28% − 6%）

= 3435.238（万元）

连续价值现值 = 明确预测期后连续价值 × 折现系数

= 3435.238 × 0.2910

= 999.654（万元）

投入资本价值 = 预测期现金流现值 + 连续价值现值

= 1133.914 + 999.654

= 2133.568（万元）

企业整体价值 = 投入资本价值 + 非经营性资产价值

= 2133.568 + 0

= 2133.568（万元）

股权价值 = 股权价值 − 20A0 年末付息债务价值

= 2133.568 − 666.400

= 1467.168（万元）

2. 股权现金流折现模型。假设 A 公司的股权资本成本是 38.555%，用它折现股权现金流可以得出股权资本价值。有关计算过程如表 7－7 所示。

表 7－7　　A 公司基于股权现金流折现模型的企业价值评估　　单位：万元

年份	20A1	20A2	20A3	20A4	20A5
股权现金流	353.763	443.956	561.370	639.868	715.207
股权资本成本	38.559%	38.559%	38.559%	38.559%	38.559%
折现系数（38.559%）	0.7217	0.5209	0.3760	0.2713	0.1958
明确预测期现金流现值	255.311	231.257	211.019	173.596	140.038
明确预测期现金流现值合计	1011.221				
永续增长率	6%				
连续价值	2328.448				
连续价值现值	455.910				
股权价值	1467.131				
付息债务价值	666.400				
投入资本价值	2133.531				
非经营性资产价值	0				
企业整体价值	2133.531				

明确预测期股权现金流现值 ＝$\sum$各期现金流现值 ＝1011.221（万元）

明确预测期后连续价值＝$FCFF_{n+1}$/（股权资本成本－现金流永续增长率）

＝715.207 ×（1＋6%）/（38.559% －6%）

＝2328.448（万元）

连续价值现值＝明确预测期后连续价值 × 折现系数

＝2328.448 × 0.1958

＝455.910（万元）

股权资本价值＝明确预测期股权现金流现值＋连续价值现值

＝1011.221 ＋ 455.910

＝1467.131（万元）

投入资本价值＝股权资本价值＋付息债务价值

＝2133.531＋0

＝2133.531（万元）

企业整体价值＝投入资本价值＋非经营性资产价值

＝1467.131＋666.400

＝2133.531（万元）

上述两种方法计算结果应该基本一致，相互之间得到了很好验证。

【本章小结】

✧ 以经营性资产和经营性负债为基础评估出投入资本价值后，需要进行一致性检验、敏感性分析、合理性分析，以测试估值结果的逻辑性，从而把评估误差降到最低限度。

- ✧ 对于非经营性项目，一般是在已经评估出来的投入资本价值的基础上，再加上逐项评估出来的非经营性项目价值，从而得到企业整体价值（全投资价值）。
- ✧ 在评估实践中，股权资本价值的评估常常借助于企业整体价值的评估，即首先评估出企业整体价值，然后再扣除付息债务、债务等价物、少数股东权益等非企业权益要求权价值。
- ✧ 对企业付息债务的评估主要是对付息商业票据、固定和浮动利率银行贷款、公司债券等项目的评估；对债务等价物的评估主要是对养老金缺口、准备金、或有负债等项目的评估。
- ✧ 收益法是从企业获利能力角度、根据资产价值的本质来评估企业价值，在评估实践中，从高成长的小企业到成熟的跨国企业，均得到广泛应用。该方法的局限性主要表现为主观性强、评估结果对评估参数非常敏感、受市场条件约束等。

【思考题】

1. 收益法评估结果一般从哪几个方面验证？如何验证？
2. 对于企业中的非经营性项目应如何处理？
3. 如何从企业整体价值得到股东全部权益价值？
4. 收益法的局限性体现在哪些方面？

第八章

市　场　法

所有被交换的物品之间都应该是可以比较的，可以使用货币进行比较和计算；它说明一件物品的价值是否超过另一件物品的价值，以及超过的价值是多少。

——亚里士多德

【本章学习目的】

- 理解市场法的理论基础及适用前提。
- 了解市场有效性与市场法运用之间的关系。
- 熟悉主要价值乘数和价格乘数的内涵及计算方法。
- 掌握主要价值乘数和价格乘数的决定因素。
- 熟悉上市公司比较法的具体步骤。
- 掌握价格乘数调整的方法。
- 了解交易案例比较法的分析过程。

第一节　市场法的基本原理

一、市场法的思路

市场法是国际上广泛运用的一种企业价值评估方法，它以市场上类似企业的既有交易价格为基础，对被评估企业进行价值评估。市场法也被称为相对估价法（Relative Valuation），相对估价名称的来源除了方法自身的特征外，还源自人们将该方法与收益法的比较，人们通常把根据企业预期基础现金流、增长率及风险特征进行价值评估的收益法看做是绝对评估方法，很自然，把通过与市场上已有交易价格的企业进行比较来确定企业价值的方法看做是相对评估方法。

（一）市场法的理论基础

市场法的理论基础是市场替代原则：一个正常的投资者为一项资产支付的价格不会

高于市场上具有相同用途的替代品的价格，即类似资产应该有类似的交易价格；如果类似资产的交易价格存在较大差异，则在市场上产生套利机会，套利行为将使价格差异减小直至消失。同时，价值规律表明，商品交换以价值量为基础，实行等价交换；价格围绕价值上下波动。

根据替代原则和价值规律，企业作为一种特殊的商品，类似企业应该有类似的价值，且类似企业有类似的交易价格，因此，运用市场法评估企业价值的技术路线是：首先在市场上寻找与被评估企业相类似企业的交易案例，计算可比企业的价格乘数后，通过对被评估企业与类似企业（可比企业）的比较分析，调整价格乘数，然后将价格乘数应用于被评估企业，进而确定被评估企业的市场价值。

被评估企业价值 V_1 和可比企业价值 V_2 之间的关系通过同一经济指标 X 联系在一起，即

$$V_1 = \frac{V_2}{X_2} \times X_1 = \frac{P_2}{X_2} \times X_1$$

式中：$\frac{V}{X}$为价值乘数，价值乘数的确定是应用市场法的关键，通常情况下，评估人员并不直接计算价值乘数，而是计算价格乘数$\frac{P}{X}$，因为一方面，价值的计算比较复杂，而价格可以直接观察到；另一方面，在有效市场中，市场交易价格反映了其价值，价格接近或等于价值，因此，价格乘数$\frac{P}{X}$就接近或等于价值乘数$\frac{V}{X}$，对企业价值进行评估时，就用价格乘数代替价值乘数。①

价格（价值）乘数的分母 X 是与企业价值决定紧密相关的经济变量，同时，评估对象的不同，分母 X 的选择也会有所不同，表 8－1 列示了股权资本（股东权益）价值评估和投入资本价值评估时，价值（价格）乘数中分母通常所选用的经济变量。

表 8－1　　价格（价值）乘数分母中经济变量的选择

股权资本价值评估	投入资本价值评估
销售收入	销售收入
税前净利润	毛利（主营业务收入减主营业务成本）
税后净利润	息税前利润（EBIT）
股东权益毛现金流（税后净利润加上非现金支出如折旧、摊销等）	税后营业净利润（NOPAT）
股东权益净现金流（毛现金流经过资本性支出、营运资本变化以及债务变化的调整）	投入资本毛现金流（NOPAT 加上非现金支出如折旧、摊销等）

① 人们对价格乘数和价值乘数常常不加以区分，直接称价格乘数为价值乘数。为表述方便及表述规范，本书将对两者明确区分。

续表

股权资本价值评估	投入资本价值评估
股东权益账面价值等	投入资本净现金流（投入资本毛现金流经过资本性支出、营运资本变化的调整）
	投入资本账面价值
	总资产等

此外，一些行业特有指标也被应用到投入资本价值评估中，如医疗行业的床位数、网络信息业的点击率、旅馆业的房间数、航空业的旅客里程数、石油开采业的原油储量等。

上述经济变量多数属于时期指标，也有一些属于时点指标，如股东权益账面价值、投入资本账面价值、总资产等。对于时期指标，时间段的选取方法主要有以下几种：

（1）最近 12 个月；

（2）最近一个会计年度；

（3）未来一个会计年度；

（4）过去一些年度数据的简单平均；

（5）过去一些年度数据的加权平均。

为更好地说明市场法的应用，下面列举一个简单的例子。某城市商业银行拟公开发行股票，现对其价值进行评估以确定股票发行价。评估人员根据该商业银行的财务报表分析得，其正常税后利润为每股 2.0 元，风险、成长性接近于行业平均水平。目前股票市场处于健康、理性发展状态，市场上 5 家同类城市商业银行的平均市盈率（PE，交易价格与税后利润的比值）为 15 倍，则被评估企业的价值 V_1 为

$$V_1 = \frac{V_2}{X_2} \times X_1 = \frac{P_2}{E_2} \times E_1 = PE_2 \times E_1 = 15 \times 2 = 30(\text{元/股})$$

【参考案例 8－1】　　中国移动估值报告

市场法是证券投资领域极其常用的一种价值评估方法。2022 年 1 月 5 日，中国移动（600941）在上海证券交易所上市，当日收盘价为 57.88 元，较发行价上涨 0.3 元。中国移动上市后，多家券商就其估值发布了研究报告。以下是天风证券 2022 年 1 月 9 日研究报告的部分内容。

中国移动网络规模和用户数量全球领先，随着提速降费政策向精准降费转变，叠加 5G 高价值客户升级以及智慧家庭等增值服务的快速发展，中国移动移动用户 ARPU（每用户平均收入，Average Revenue PerUser）值从 2020 年的 47.4 元提升至 2021 年上半年的 52.2 元，其中 5G 用户 ARPU 值达到 88.9 元。而家庭市场综合 ARPU 值从 2019 年的 35.3 元提升到 2021 年上半年的 41.1 元，2021 年上半年同比提升 16.2%。

随着移动和宽带用户数量稳步成长，ARPU 值的持续回升推动中国移动个人和家庭业务收入加速成长。

中国移动聚焦重点产品、重点行业，持续推进“网 + 云 + DICT[①]”融合发展，着力打造云网一体、云数融通、云智融合、云边系统的差异化优势。中国移动作为全球领先的通信及信息服务提供商，结合网络资源优势、网络技术的深入理解以及对 5G + 应用落地的丰富经验，DICT 业务高速增长，5G 示范应用迈入规模推广阶段。2021 年上半年公司 DICT 收入达 334 亿元，同比增长 59.8%，占政府和企业市场收入比例达 45.7%，逐步成为公司业务增长的重要驱动力。

中国移动资本开支平稳增长，5G 网络建设之外，重点针对 DICT 相关领域持续投入，优化云网布局，持续完善“4 + 3 + X”数据中心布局，进一步完善 5G 赋能数字经济的网络底座。公司各项业务迎来发展新机遇，运营效率稳步提升、盈利能力有望持续改善，现金流充裕。基于良好的经营情况，中国移动计划回购不超过 10% 港股股份，并优先采取现金分红，无重大投资计划或现金支出情况下任意连续三个年度内现金分红不低于三年年均可分配利润的 30%。中国移动充分重视股东回报，与投资者共享公司高质量发展成果。

投资建议和盈利预测：中国移动基本面全面向好，ARPU 值稳步回升，5G 渗透率持续成长。5G 应用、政府和企业与新兴业务充分发挥网络资源、技术储备等核心优势，推动 2B/2G 业务持续加速成长。预计 2021—2023 年归母净利润分别为 1153 亿元、1281 亿元、1485 亿元，对应 2022 年 9.6 倍、2023 年 8.3 倍市盈率。参考全球主流运营商整体估值水平，按照 PB – ROE 估值方式计算得到中国移动合理估值在 1.5 倍 PB，按发行后每股净资产计算，对应 A 股股价为 83.78 元（若考虑超额配售选择权全额行使，则对应 A 股股价为 83.79 元），首次覆盖给予“买入”评级。

风险提示：中国移动面临的风险包括行业竞争加剧，降价压力超预期，新业务进展不达预期，5G 商业模式尚不成熟，国际环境影响，信息安全风险，政策风险，估值假设的风险，新股短期股价波动较大的风险。

资料来源：东方财富网，https：//www. eastmoney. com。

（二）市场法常用的两种具体方法

市场法常用的两种具体方法为：上市公司比较法和交易案例比较法。两种方法都是通过对市场上可比企业交易数据的分析比较得出被评估企业的价值，所不同的只是可比企业的来源不同，前者来源于公开交易的股票市场，而后者来源于个别的并购交易案例。

① DICT：大数据 DT（Data Technology）、信息技术 IT（Information Technology）、通信技术 CT（Communication Technology）的深度融合。

（1）上市公司比较法。上市公司比较法是通过对股票市场上与被评估企业处于同一行业或类似行业的上市公司的经营和财务数据进行分析，计算适当的价格乘数或经济指标，在与被评估企业比较分析的基础上调整价格乘数，并应用于评估对象，从而得出其价值。

针对上市公司股票，尤其是创业板上市的高新技术公司股票进行投资决策时，上市公司比较法得到非常广泛应用。该方法也是投资银行在股票初始发行（IPO）定价中常用的估价方法。随着各国大量高新技术公司的公开上市，采用上市公司比较法对已上市或未上市的高新技术创业公司进行评估就变得非常容易。比如，对于网络公司这样一种与传统企业有着较大差异的新型企业，用其他方法评估其价值有一定的难度，所以国外多采用上市公司比较法。

（2）交易案例比较法。交易案例比较法是通过分析与被评估企业处于同一行业或类似行业的公司的买卖、收购及合并案例，获取并分析这些交易案例的数据资料，计算适当的价格乘数或经济指标，在与被评估企业比较分析的基础上得出被评估企业的价值。

与上市公司比较法相比，交易案例比较法在数据获取方面难度较大，因为即使在资本市场发达的国家里，有大量兼并与收购的交易案例和各种渠道的信息来源，但比起每天不停交易的证券市场来说，这种数据还是十分有限的。何况对于产权市场发育不成熟的国家来说，本身交易的数量较少，非公开的交易信息往往缺乏真实性和完整性，因此很难获得充分、可靠的数据。对于某些特定行业，并购案例可能极其有限甚至根本无法获得。

（三）市场法运用的优势和劣势

市场法之所以被广泛运用是因为其具有诸多优势：首先，与收益法相比，建立在价格（价值）乘数和可比企业基础之上的市场法可以使用更少的假设，并且可以更为快捷地完成价值评估。其次，市场法中很多数据的获得和参数的测算都较为明了，而且往往定性确定数据和定量获得参数相结合，较充分地考虑了评估者长期的实际工作经验和职业直觉，在一定程度上更加接近现实，因此也更容易被客户所接受和理解。最后，市场法评估的结果更准确地反映现有市场的行情，因为它衡量的是相对价值而不是内在价值，因此，对于那些在工作中要以相对价值作出判断的人来说，这具有更重要的实际意义。例如，同样是投资高科技类股票的共同基金，如果对基金经理的绩效进行评估则可以比较他们的投资操作业绩，那些选中了相对价值被低估的高科技股票的基金经理，即使整个市场被高估，他们也会获得理想的回报。

市场法的优势在某种程度上也是它的劣势。首先，由于市场法的使用简便，如果忽略了企业在风险、成长性和潜在现金流等关键因素上的差异，而简单地将价格（价值）乘数应用于被评估企业，则可能会造成价值评估的偏差。其次，由于价格乘数反映着市场状况，也就意味着当市场上那些可比企业的价值被高估时，利用市场法进行评估所得出的价值一般会偏高；如果可比企业的价值被低估，则评估出的价值会偏低。最后，市场法的根本假设缺乏一定的透明度，因此它受人为操纵的可能性较大，任何一个带有偏见的评估人员都可以通过价格（价值）乘数的选择和可比企业的选择来证明他们所评估价值的正确性。

二、市场法的基本前提

运用市场法评估企业价值需要满足以下两个最基本的前提条件。

第一，要有一个充分发展、活跃的资本市场，包括证券交易市场和并购交易市场。所谓充分发展、活跃的资本市场是指在这一市场上有着众多的自愿买者和自愿卖者，他们的地位是平等的，彼此都有获取足够市场信息的机会和时间，买卖双方的交易行为都是在自愿、理智而非强制或受限制的条件下进行的。

充分发展、活跃的资本市场是一个充分竞争的市场，交易价格反映了市场对该企业在当时条件下所体现价值的社会认同，因此，个别交易的偶然性可以被排除。当然，市场是有空间范围的，资本市场可能是地区性市场，也可能是全国性市场，或者是国际市场，企业交易价格所反映的对企业价值的社会认同也是有范围的。

第二，在上述资本市场上存在着足够数量的与被评估企业相同或相似的参考企业，或者在资本市场上存在着足够的交易案例。这一前提条件包含两层含义，其一是在资本市场上具有与被评估企业可比的企业，其二是可比企业必须具有足够的数量。

可比企业是一个与被评估企业具有相似基础现金流、成长潜力和风险水平的企业。可比企业和被评估企业是否属于同一产业或同一行业并不重要，因此，一个电子通信企业可以和一个软件企业相比较，只要它们在基础现金流、成长潜力和风险方面非常相似即可。但是在评估实践中，评估人员通常将可比企业定义在被评估企业所在行业中，这里隐含的假设是在同一行业中的企业有着相似的基础现金流、成长潜力和风险水平，因此，在这种假设基础上，寻找可比企业就比较方便。

最理想的可比企业是与被评估企业在基础现金流、成长潜力和风险水平方面都完全相同，但在现实经济生活中一般不太可能寻找到这样的可比企业。

之所以对可比企业作出数量上的要求，是因为被评估企业评估值的高低在很大程度上取决于可比企业的成交价格水平，可比企业成交价格不仅仅是其内在价值的市场体现，还受买卖双方的交易地位、交易动机、交易时限等因素的影响，足够多的可比企业可以避免个别交易中的特殊因素和偶然因素对成交价格和最终评估值的影响。

三、市场法的基本原则

市场法的基本原则是评估人员在运用市场法评估企业价值过程中应当遵循的基本指导思想。企业价值评估的准确性、合理性在很大程度上取决于评估人员能否很好地把握市场法评估的基本原则。

（一）可比性原则

市场法既然是一种相对比较的估价方法，可比性就成为运用该方法的关键。可比性原则要求被评估企业与用来对比分析的企业在价值决定因素方面具有可比性，具体而言包括以下几个方面。

1. 行业可比。可比企业应该和被评估企业在相同或十分相似的行业，当然，前提条件是行业中存在足够多的企业而允许这么选取。

2. 规模可比。企业规模（可以用销售收入、市场价值、总资产等指标来表示）不能相差太大。在评估界，有一个非常粗略的经验法则，就是不使用比被评估企业大10倍以上的参考企业，但它并非是一个铁的规则。

3. 成长预期可比。评估人员能够分析判断可比企业和被评估企业的成长预期以及两者成长预期的差异。

4. 经营风险可比。一些定性因素如市场占有率、分销渠道和地域多元化，对可比性也有重大影响。

5. 财务风险可比。可比企业和被评估企业应在财务状况方面尽可能相似，如利润率、周转率、投资回报率等指标应尽可能相近。

此外，对被评估企业所在行业的特有指标进行分析也是很重要的，例如，银行业的贷款和存款比率、医疗护理企业的病床费用支付比率、外贸企业经营业绩对汇率的敏感程度等。

（二）可获得性原则

市场法中的可获得性原则是指市场交易价格和可比企业方面的信息能够获得，即通过正常途径能够得到有关实际交易价格信息以及可比企业的产品信息、市场信息、财务信息等。

对于交易价格信息，如果可比企业是上市公司则可以通过证券交易所，随时获得少数股权交易价格，但需要确定该股票的交易是否活跃，方法是观察每天的交易量以及交易额。如果是非上市公司，部分并购案例的交易价格和交易背景信息也是可以获得。当一家非上市企业被一家上市企业收购，并且该收购对于上市企业而言是重大并购活动，则相关交易信息必须向公众公开；若非上市企业被非上市企业并购，则一些商业数据库可能会提供相关交易信息。

对于可比企业方面的信息，如果是上市企业，一般可以通过中国证券监督管理委员会指定信息披露媒体如《中国证券报》、《上海证券报》、巨潮资讯网（http：//www. cninfo. com. cn）等获得；如果是非上市企业，通常信息获取的渠道非常有限，而且信息的可靠性差异较大。

（三）及时性原则

及时性原则要求评估人员运用市场法评估企业价值时应将最新的市场情况纳入估值过程中。

上市公司比较法可以利用最新的市场信息——评估基准日的证券交易价格，而交易案例比较法可能会利用已经发生多时的并购案例的信息，因此信息相对比较陈旧，评估结果的可靠性将随其反映评估基准日的市场条件的不确定性而降低。

由于市场行情变化频繁，信息的及时性对评估结果的准确性至关重要，以某一时期沪深股票市场为例（见图8－1），当期上证50指数从年初的2287点上涨到2860点，涨幅达25. 1%；而同期，创业板指数则从1962点下跌到1752点，跌幅达10. 7%。很显然，股票市场上行情走势信息必须及时反映在估值过程中。

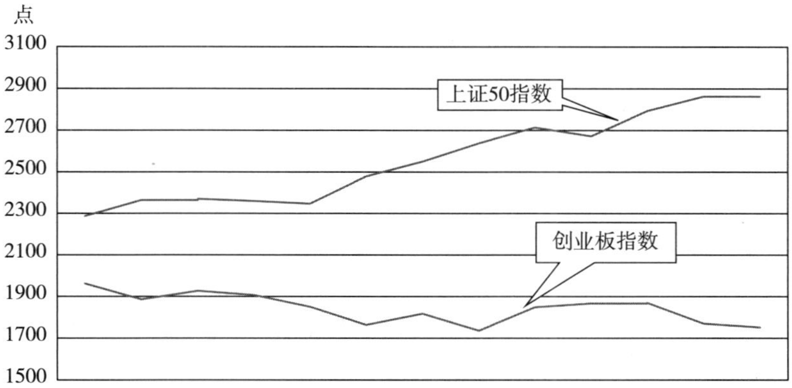

图 8－1　上证 50 指数及创业板指数走势图

（四）透明度原则

市场法所依赖的市场交易信息和公司信息的透明度将影响市场法的可靠性。透明度意味着信息的开放、信息的良好沟通以及对信息的充分解释。如果所有的信息都是开放和自由获取的，则认为该信息是透明的。举例来说，股票市场的价格波动信息通过证券软件可以随时查看，也可以在报纸杂志等公开媒体上查寻，这些价格信息都是透明的。

（五）有效性原则

市场法的有效性建立在市场是合理有效的假设基础之上。有效市场假设认为，在一个活跃、有效的市场上有许多充分了解信息和理性的投资者，证券价格完全反映了所有可获取的信息，证券能够被合理定价。有效市场理论的相关内容将在本章第二节中予以阐述。

四、市场法的基本步骤

在评估实践中，运用市场法评估企业价值的程序可能会略有不同，但规范的评估过程一般包括九个步骤。

（一）步骤1——选择可比企业

市场法既然是一种相对估价法，那么就离不开可比的对象，所以，市场法的第一步是要找出一组公开交易或被收购的可比企业，只有确定了可比企业，才能通过计算可比企业的价格乘数，并将价格乘数应用到被评估企业，从而求得被评估企业价值的评估值。

选择可比企业的指导思想是力求现金流、成长潜力和风险水平方面的相似，可以从行业因素、规模因素、成长预期、经营风险、财务风险等角度加以考虑。在实践中，评估人员还有另外一些选择可比企业的惯用方法。

其一，选择基本估价因素相似的公司，例如，对一个贝塔（β）值为1.2、每股盈余增长率为20%、股东权益回报率为40%的公司进行评估，可以在整个市场范围内寻找具有这些相同特征的其他公司作为可比企业。

其二，将市场中的所有公司看做潜在的可比企业，然后利用价格乘数回归等统计学技术，对这些公司进行基本因素差异控制，最终选择合适的可比企业。

（二）步骤2——规范被评估企业和可比企业的财务报表

企业会计制度允许企业根据自己的经营管理目标，从自身的实际情况出发，在特定的环境和既定的可选择范围内，选择合适的会计原则、方法和程序。由此可能导致不同企业在会计政策、会计估计等方面的差异，并使企业间的可比性降低。市场法的第二步就是对被评估企业和可比企业的财务报表进行规范和调整，具体包括：

（1）会计差异（如发出存货成本的计量、期权费用的确认等）的调整；

（2）非正常性项目（如停止经营的业务）的规范；

（3）非经营性资产的规范等。

（三）步骤3——计算各种价格乘数

市场法的第三步就是计算在评估中所需要的各种价格乘数。由于企业之间存在差异，仅凭可比企业的交易价格无法获得一个通用的价格乘数。因此，评估人员通过可比企业的交易价格和他们的经营财务指标（如利润、现金流、账面价值等），来计算一些价格乘数。

价格乘数有以下形式：分子（即价格）可以是基于股权资本的交易价格或投入资本的交易价格；分母可以用各种税前或税后的经营财务指标，如经营利润、净利润、现金流等（注意要运用规范调整后的财务经营指标）。

评估人员还需要确定用做分母的财务指标的时间期间，是用最近12个月的财务指标，还是用最近一个会计年度的财务指标，或是用预期的下一会计年度的财务指标。

（四）步骤4——选择可用于被评估企业的价格乘数

价格乘数包括四种基本类型：价格/收益（或现金流）乘数、价格/收入乘数、价格/账面价值乘数、价格/其他度量指标（通常是行业特有的经营指标）乘数。在上述基本类型乘数中，评估人员必须确定乘数中的价格所度量的是股权资本的市场价值还是投入资本的市场价值。

一般来说，从可比企业得到的价格乘数，离散程度最小的是那些依赖于特定行业的价格乘数。离散程度的衡量一般用标准差系数这一指标，即标准差除以平均值。究竟该选择何种价格乘数？业界惯例和经验法则是选择离散程度小的价格乘数。

（五）步骤5——被评估企业和可比企业进行比较

比较的关键是分析被评估企业和可比企业之间在现金流、成长潜力和风险水平方面的差异。评估人员可以通过对被评估企业和可比企业进行定量和定性的比较分析，来把握两者的风险和成长性差异，常用的方法包括：定性的SWOT（优势、劣势、机遇、挑战）分析，定量的财务经营状况分析（财务比率分析、趋势分析、与行业同类公司比较）等。

（六）步骤6——调整所选择的价格乘数

评估人员根据被评估企业和可比企业在现金流、成长潜力和风险水平方面的差异，对所选择的价格乘数进行调整。调整后的应用于被评估企业的价格乘数可能高于，也可能低于或接近于可比企业价格乘数的平均值。

（七）步骤7——将调整后的价格乘数应用于被评估企业

根据被评估企业的财务经营指标或相关经济变量，将调整后的价格乘数应用于被评估企业的价值评估以获得相应的价值评估结果（评估过程中可能运用多个价格乘数）。

（八）步骤8——综合考虑价值评估结果的差异

针对各种价格乘数所得到的不同价值评估结果，综合分析它们之间的差异，合理选择其中一个评估结果或通过对各评估结果加权平均，作为评估结论。

（九）步骤9——进行溢价和折价的调整

考虑各种溢价和折价因素，如果有必要，则需要进行溢价和折价调整。例如，对于少数股权或者缺乏流动性的股权则可能需要进行折价处理。

第二节　市场有效性分析

一、市场有效性概念

市场有效性所表示的是证券市场上的资金分配效率，即证券价格对相关信息的反映程度和速度。如果证券市场的价格能够迅速、充分和准确地反映有关该证券的所有可得到的信息，那么市场有效性就好，即市场是有效的。准确地说，如果影响证券价格的某条信息一旦公布后，证券的价格能迅速、准确地吸收该信息并发生变动（见图8－2），使其与证券的价值一致或相符，这样就无人能再利用这些信息而获得超额利润或经济利润，于是这样的市场就被称为有效市场。

1965年美国金融学家法玛（Fama）正式提出了一个被广为接受的有效市场定义：如果在一个证券市场中，价格完全反映了所有可获得（利用）的信息，每一种证券的价格都永远等于其内在价值，那么就称这样的市场为有效市场，或者说市场具有有效性，此时，每一种证券都是按公平价格出售，任何谋求寻找被错误估值证券的努力都是徒劳的。从经济学意义上讲，市场有效性是指没有人能持续获得超额利润。

一个有效的证券市场，一般具有如下特征：

（1）证券价格充分反映新信息。证券价格能迅速根据与其价值相关的各种信息及时、准确、充分地进行调整，不存在延迟效应或过度反应。

（2）证券价格是其价值的可靠反映，各种证券的价格在任何时候都等于其价值。

（3）证券价格的变动是随机的。任何新信息都会对证券价格变化产生重要影响，从而使之围绕其价值进行随机、毫无规律的波动。

（4）任何投资者都不能获得超额利润。证券价格会迅速准确地对新信息作出足够的反应，任何投资者都很难甚至不可能通过信息处理获取超额收益，而只能获取一般利润，即市场平均投资报酬。

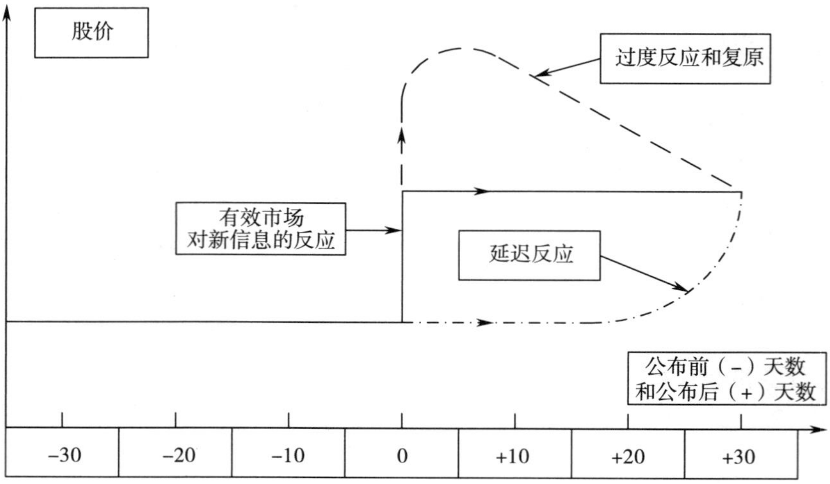

图 8-2　股票价格对信息的反应

二、有效市场理论

市场有效性方面最有影响的理论当属有效市场理论。有效市场理论的核心是有效市场假设（Efficient Market Hypothesis，EMH）：有效市场上证券价格已经充分反映了所有可以得到的信息。不同类型的信息对证券价格的影响程度是不同的，法玛于1970年在其经典论文《有效资本市场：理论和实证研究回顾》中通过对有效市场理论的系统总结，将相关信息按其公开程度分为历史信息、公开信息和内幕信息（私人信息），从而界定了三种不同程度的有效市场（见图8-3）。

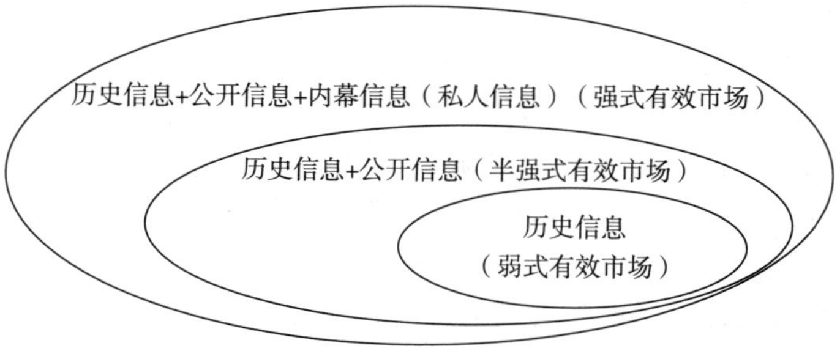

图 8-3　不同类型的有效市场对信息反映的范围

1. 弱式有效市场（Weak Efficient Market），是有效市场的最低层次。其特征是：证券的现行价格反映了证券本身所有的历史信息（如价格和交易量等），过去的证券价格不影响证券未来的价格，它们之间没有任何关系。因此，投资者在选择证券时，并不能从证券价格过去变化趋势中得到任何帮助，从而无法利用历史信息来预测证券价格未来的变化趋势以赚取超常收益，这就意味着在一个弱式有效市场上技术分析无效。

弱式有效市场强调的是证券价格的随机游走，不存在任何可以识别和利用的规律。

据此，对弱式有效市场的检验也就转化为随机游走检验，主要包括误差项的序列相关性检验和股价自相关检验两种方法。从国外的研究结果看，许多国家的证券市场符合弱式有效市场的特征。

2. 半强式有效市场（Semi – strong Efficient Market），是有效市场的第二层次。其特征是：证券的现行价格反映了所有已公开的信息，这些信息不仅包括证券价格和交易量等历史信息，而且包括所有公开发表的最新信息，如公司收益、股利分配、拆股和利率、汇率等宏观指标。在该市场上，证券价格会迅速、准确地对新信息进行及时而充分的调整，使所有相关公开信息都充分地反映在价格中，投资者不能利用任何公开信息赚取超常利润，这也意味着在一个半强式有效市场上基本面分析失效。

对半强式有效市场的检验，主要侧重于对市场反应速度的研究，即研究股票价格对各种最新公布信息的反应速度。如果某一最新信息公布以后，股价能在短时期内得以迅速调整并自动恢复到均衡，从而使任何以该信息为基础的交易不能获得超额利润，则表明市场是半强式有效；反之，则表明市场未达到半强式有效。在学术界，事件研究被认为是证明半强式有效市场的最直接方法。

3. 强式有效市场（Strong Efficient Market），是有效市场的最高层次。其特征是：证券价格充分反映了已公开和未公开的所有信息，这些信息不仅包括历史信息和公开信息，而且包括内幕信息和私人信息。因此，在强式有效市场上，投资者即使掌握内幕信息也无法获得超额收益，这意味着在一个强式有效市场上任何分析都失效。

强式有效市场的检验主要是研究是否存在投资者或机构组织，他们拥有与价格形成相关的信息的垄断力量，信息集是否还包括没有完全反映在市场价格上的内幕信息。该检验的对象主要是专业投资者或内幕人士的收益率。如果发现某一专业投资者或内幕人士能多次重复地获取超常收益，则表明其所掌握的信息没有为市场价格所吸收，从而说明该市场不是强式有效市场。

三、市场有效性与市场法的运用

市场法以可比企业的交易价格作为类比分析的基础，通过价格乘数来确定被评估企业的价值，可比企业的交易价格是否准确地反映了其内在价值，直接决定了被评估企业价值估算的准确性，如果可比企业交易价格高估了内在价值，那么，运用市场法评估出来的被评估企业价值很有可能出现高估；同样，如果可比企业的交易价格低估了内在价值，则运用市场法评估出来的被评估企业价值将很有可能出现低估。由于可比企业交易价格对内在价值反映的准确程度取决于市场的有效性，因此，能否运用市场法评估企业价值必须首先分析市场的有效性，而分析市场有效性的关键之一则在于分析有效市场的前提假设是否满足，这些假设包括以下几点。

（1）存在大量的理性投资者，他们为了追逐最大利润，积极参与到市场中来，对证券进行分析、定价和交易。他们相互独立，都只是价格的接受者，任何单个个人都不可能单独影响股价。

（2）证券市场信息充分披露和均匀分布，即信息的产生是随机的，每个投资者在同一时间内得到等量等质的信息，信息的发布在时间上不存在前后相关性。

（3）信息的获取是没有成本或几乎是没有成本的，而且信息几乎是同时到达每个投资者手中的。

（4）投资者对新信息会作出全面、迅速的反应，从而导致股价发生相应变化。

上述假设表明，有效市场中的理性投资者可以根据市场信息理性地评估证券价值，即使有些投资者不是理性的，但由于他们的交易随机产生，相互抵消后不至于影响证券的价格，也就是说，市场交易价格是证券内在价值的反映，在此基础上，运用市场法通过比较判断，可以合理、准确地对被评估企业的价值作出评估。

运用市场法的基本前提之一是"要有一个充分发展、活跃的资本市场"，所谓充分发展、活跃的资本市场实际上就是指有效性较好的资本市场，或者说接近于有效市场的资本市场，只是表述上略有不同而已。

第三节 市场法中主要价格乘数的应用

一、确定和运用价格乘数的步骤

价格乘数的运用看似简单但在评估实践中却常会出现一些问题。一般而言，价格乘数按照以下四个步骤来加以运用：首先，界定价格乘数的内涵，明确价格乘数口径的一致及其在可比企业之间、可比企业与被评估企业之间的统一；其次，把握可比企业以及整个市场的价格乘数的分布特征；再次，分析价格乘数的决定因素以及这些决定因素对价格乘数变化的影响；最后，根据可比企业和被评估企业之间的差异对价格乘数加以调整，并将调整后的价格乘数应用到被评估企业的价值评估中去。

（一）界定价格乘数内涵

对于同一个价格乘数，不同的评估分析人员可以给出不同的定义。以价格收益比率（市盈率 PE）为例，大多数评估分析人员将其定义为现行市场价格除以每股收益，但也有一些评估分析人员将其定义为六个月均价或是一年均价除以每股收益；分母中每股收益指标的选取也有多种方法，如果选用最近会计年度的每股收益，则得到当期 PE（current PE），如果选用最近四个季度的每股收益，则得到追踪 PE（trailing PE），如果选用下一个会计年度的预期每股收益，则得到预期 PE（forward PE）；另外，每股收益计算的基础既可以是最初对外发行的股票数量，也可以是再融资（增发、债转股）后的股票数量。

正因为价格乘数计算方式的多样性，不同计算方式所得到的价格乘数相差较大，比如在收益增长时期，预期 PE 值通常比追踪 PE 值以及当期 PE 值小，因此，运用价格乘数评估企业价值的第一步是要保证价格乘数的统一性，即同一价格乘数有统一的内涵界定，如果一个可比企业运用了追踪 PE，那么其他可比企业以及被评估企业也都运用追踪 PE。

界定价格乘数内涵除了要保证统一性外，还必须保证价格乘数的一致性。保证价格乘数的一致性就是要保证价格乘数分子和分母定义口径的一致。每个价格乘数都有分子和分母，分子可以是股权交易价格，也可以是投入资本交易价格（股权交易价格和债务交易价格之和）；分母可以是与股权资本对应的经济指标（如每股收益、股权账面价值），也可以是与投入资本对应的经济指标（如经营收入、EBITDA 以及投入资本账面价值）。如果价格乘数的分子是股权交易价格，那么分母也应该是与股权资本对应的经济指标；如果分子是投入资本交易价格，那么分母也应该是与投入资本对应的经济指标。例如，定义 PE 乘数时，它的分子是每股股价，分母则是每股收益（即每股税后利润，归股东所有）。

此外，在计算收益指标和账面价值指标时需要注意不同企业间会计标准的差异。会计标准的不同可能会导致相似公司收益和账面价值数字上的巨大差异，从而使价格乘数的比较变得非常困难。即使是在美国这样规章制度非常健全的市场体系中，当一部分公司为了粉饰报表或为了减税而运用不同会计政策（如折旧政策和股利分配政策）时，收益乘数也会变得不可比。

（二）把握价格乘数的分布特征

在使用一个价格乘数之前应该对该价格乘数在市场中的高、低和通常水平有一个大概的了解。换句话说，运用价格乘数来判别价值低估或高估的关键是要掌握该价格乘数的统计分布特性。此外，需要掌握平均水平下异常值的处理，并且挖掘出价格乘数估计过程中所存在的偏差。

价格乘数的分布特征可以通过均值、标准差等统计指标来反映。事实上，像市盈率这样的价格乘数一般不可能小于零（小于零没有实际意义），并且由于其在分布上正向偏斜而不存在最大值的限制，因而这类价格乘数的平均值会大于其中位数，而中位数更能代表组内的典型公司。最大值和最小值的使用往往会受到限制，而百分位值（10%，25%，50%，75%，90%）在判断组内价格乘数值的高低方面是非常有效的。

由于价格乘数通常没有上界，一个公司的 PE 比率可以是 500、2000、10000，甚至更高，这种异常情况可能不仅是因为股票价格很高，还可能是由于公司的收益降到很低水平。这些异常值会导致均值不能很好地代表样本的水平。在很多情况下，发布价格乘数均值的中介服务机构一般会去掉异常值，或者将价格乘数限定于小于或等于某个特定的数值，例如，对市盈率大于 500 的任意一家公司都给定市盈率为 500。当使用从某个中介机构得到价格乘数的均值时，应了解该机构在计算均值的过程中是如何处理异常值的。事实上，价格乘数均值对异常值的高敏感性是评估实践中选择乘数中位数值的一个重要原因。

价格乘数的计算过程中可能会存在偏差，评估人员要清楚偏差是如何产生的，并在分析过程中克服这种偏差。仍然以市盈率这一价格乘数为例，当每股收益是负值时，市盈率就不再有意义，因而一般就不再继续讨论。当分析某一组内公司的平均市盈率时，凡是那些具有负收益的公司由于其市盈率无法计算而从样本中被剔除，该组的平均市盈率因此而偏大。

（三）分析价格乘数的决定性因素

市场法的优势之一就是，与收益法相比所需要的假设少，但这只是从技术层面得到的结论。实际上，市场法也设定了和收益法同样多的假设，所不同的是这些假设没有明确提出。在使用价格乘数前必须清楚了解以下两个问题：决定价格乘数的基本因素是什么？基本因素的变化如何影响价格乘数？由于价格乘数取决于价值乘数，只有通过价值乘数才能把握价格乘数的决定因素，因此分析价格乘数的决定因素也就是要分析价值乘数的决定因素。

1. 价值乘数的决定因素。收益法的相关介绍表明，公司价值是下述三个变量的函数：现金流产生的潜力、现金流的预期增长率和现金流的不确定性即风险水平。任一个价值乘数不论它是关于收益的乘数，还是关于收入的乘数，或是关于账面价值的乘数，都是相同的三个变量（风险性、成长性和现金流产生潜力）的函数。很显然，那些具有高成长、低风险和高现金流产生潜力的公司要比那些低成长、高风险和低现金流产生潜力的公司拥有更高的乘数。对于股权价值乘数和投入资本价值乘数，可以通过股权价值和公司价值的现金流折现模型变换得到，从这些价值乘数公式中可以清楚地看出风险性、成长性和现金流产生潜力对价值乘数的决定性影响作用。

最简单的股东权益现金流折现模型是一个稳定增长的股息折现模型，以此计算的股票（股权）价值为

$$V_0 = \frac{DPS_1}{k_e - g} = \frac{E_1 \times \gamma}{k_e - g} = \frac{E_0 \times (1+g) \times \gamma}{k_e - g}$$

式中：DPS_1 是预期未来第一年派发的每股股息，E_0、E_1 分别为截至评估基准日会计年度及下一会计年度的税后每股净利润，γ 为分红派息率（不是折现率符号 r），k_e 为股权资本成本，g 是预期的稳定的收益及股息增长率。两边同时除以每股收益就得到评估基准日一个稳定增长公司的价值乘数 VE_0 的计算公式

$$VE_0 = \frac{V_0}{E_0} = \frac{DPS_1}{E_0 \times (k_e - g)} = \frac{E_0 \times (1+g) \times \gamma}{E_0 \times (k_e - g)} = \frac{\gamma \times (1+g)}{k_e - g}$$

从上面公式可以看出，风险性决定股权资本成本 k_e 的大小，成长性和现金流产生潜力决定增长率 g 的大小。由于价值乘数计算建立在高顿增长模型基础之上，股票价值在于未来获得的股息，因而分红派息率 γ 也就成为价值乘数的一个重要决定因素。当然，如果以股权现金流折现模型为基础计算价值乘数，则不会涉及分红派息率。但需要注意的是，两种模型计算出来的价值乘数内涵是不一样的，股息现金流折现模型所得到的是少数股权价值，而股权现金流折现模型所得到的是控股股权的价值。

由于税后净利润等于上一会计年度的股权账面净值（BV）与净资产收益率（ROE）的乘积，将股息折现模型中的 DPS_1 用股权账面净值、净资产收益率、分红派息率的乘积代替，且在股权价值评估模型两边同时除以股权账面价值，则可以得到评估基准日稳定增长公司的价值乘数 VBV_0 的计算公式：

$$VBV_0 = \frac{V_0}{BV_0} = \frac{DPS_1}{BV_0 \times (k_e - g)} = \frac{BV_0 \times ROE \times \gamma}{BV_0 \times (k_e - g)} = \frac{ROE \times \gamma}{k_e - g}$$

同样，税后净利润等于销售收入（S）和销售净利率（PM）的乘积，将股息折现模型中的 DPS_1 用每股销售收入、销售净利率、分红派息率的乘积代替，且在股权价值评估模型两边同时除以每股销售收入，则可以得到评估基准日稳定增长公司的价值乘数 VS_0 的计算公式：

$$VS_0 = \frac{V_0}{S_0} = \frac{DPS_1}{S_0 \times (k_e - g)} = \frac{S_0 \times PM \times \gamma \times (1+g)}{S_0 \times (k_e - g)}$$

$$= \frac{PM \times \gamma \times (1+g)}{k_e - g}$$

对于投入资本价值乘数可以运用类似的分析过程。稳定成长企业的投入资本价值评估模型为

$$VIC_0 = \frac{FCFF_1}{WACC - g}$$

两边同时除以稳定增长公司的企业现金流（$FCFF_1$），得企业价值/预期自由现金流乘数计算公式：

$$\frac{VIC_0}{FCFF_1} = \frac{1}{WACC - g}$$

由于企业现金流是税后经营净利润扣除了净资本支出、公司增加的运营资本后的余额，因此，价值乘数中的分母除了应用企业现金流外，还可以应用 EBIT、NOPAT 以及 EBITDA 等指标，得到不同的价值乘数。

将价值乘数 VE、VS、VBV 的分子用价格代替，则可以得到相应的价格乘数市盈率（PE）、市销率（PS）、市净率（PBV）。以上分析的关键并非再回到现金流折现进行价值评估，而是透过价值乘数去理解引起价格乘数变化的因素。如果忽视这些因素，可能会得出以下结论：与市盈率为 12 的股票相比，市盈率为 8 的股票其价格相对低估了价值，而实际原因是市盈率为 12 的股票拥有更高的预期增长率；或者可能会认为一个市净率为 0.7 的股票要比市净率为 1.5 的股票更加便宜，而这种市净率差异的真正原因可能是前者具有更高的风险。

2. 价格乘数与其决定因素的关系。从价值乘数的计算公式可以理解相应价格乘数的决定因素，在掌握了价格乘数的决定因素后，必须理解价格乘数如何随着这些决定因素的变化而变化。这一点非常重要，举例来说，对于一个具有 2 倍于该板块平均增长水平的成长型公司，它应该拥有 1.5 倍、1.8 倍还是 2 倍于平均水平的市盈率呢？除了要知道高增长的公司会有比较高的市盈率外，还需要知道市盈率如何随着成长率的变化而变动。

在实践中，相当多的分析都基于价格乘数和基本决定因素之间的线性关系。例如，PE 与预期增长率之比再除以 100 即 PEG 比率①被广泛用于分析高增长的公司，它就隐含了 PE 比率与预期增长率呈线性关系的假定。但是由现金流折现模型得出的价值乘数公式显示，价值乘数与其决定因素之间很少出现这种线性关系。

---

① 假设 PE = 40，预期增长率为 20%，则 PEG = 2。

（四）价格乘数的比较、调整和应用

无论多么仔细地选取可比企业，最终都会与被评估企业有所差异，这些差异在某些方面可能很小，而在其他方面可能会很大，那么运用市场法时就要对这些差异进行控制，控制的方法一般有以下四种：主观调整、修正乘数、局部回归和市场回归。

1. 主观调整。市场法评估企业价值一开始就面临两个选择：可比企业组的选择、价格乘数的选择。价格乘数的选择是在可比企业组确定的基础上，计算各个可比企业的价格乘数后求出它们的平均值。为了评估某一企业，接下来将该企业的个别特性（成长性、风险性、现金流产生潜力）与可比企业进行比较，如果存在显著不同则要对价格乘数进行调整，如果该公司具有高于行业内平均水平的增长潜力，可比企业组的 PE 均值是 15，该公司合理的 PE 值就应该高于 15。

2. 修正乘数。这种方法将价格乘数进行修正，从而将更重要的决定性变量纳入到考虑中来。比如，市盈率除以公司收益的预期增长率，得到经成长性调整的 PE 值即 PEG 比率；PBV 比率除以 ROE 得到一个价格乘数——市净率与净资产收益率之比。然后将同一板块中公司的修正比率进行比较，最终确定应用到被评估企业的价格乘数。需要注意的是，其中隐含的假定是这些公司在所有价值的度量上都是可比的，另外，还假定了价格乘数和基本决定因素之间的关系是线性的。

3. 局部回归（Sector Regressions）。当公司在多个变量上都存在差异，通过修正价格乘数来解释公司间差异就变得很困难。这时可以将价格乘数对变量进行回归，然后根据回归方程得出被评估企业的价格乘数。当可比企业数量很多并且价格乘数和变量间关系稳定时这种方法很奏效；当可比企业数量很少并且价格乘数和变量间关系不稳定时，极少数的异常值都可能引起回归系数的巨大变化，从而使得价格乘数预测值的可信度降低。

例如，市盈率是预期增长率、风险水平和分红比率的函数。现有 10 家风险水平不相同的可比企业，它们均没有进行分红，表 8－2 总结了被评估企业 M 及各个可比企业的市盈率、β 值和公司预期增长率。

表 8－2　　信息技术公司的相关数据

公司名称	市盈率 PE	β 值	预期增长率
A1	37.2	1.35	11.00%
A2	78.17	1.4	24.00%
A3	51.50	0.9	24.00%
A4	94.51	1.7	27.50%
A5	70.42	1.45	25.88%
A6	295.56	1.85	55.00%
A7	296.28	1.6	65.00%
A8	54.28	1.3	24.00%
A9	104.18	1.4	25.50%
A10	52.57	1.75	22.00%
M	133.76	1.4	35.20%

由于这些公司在风险和预期增长率上并不相同，所以可以将 PE 比率对这两个变量进行回归得

$$PE = 35.08 - 65.73 \times \beta\text{值} + 573.10 \times \text{预期增长率} \qquad R^2 = 93.63\%$$
$$(0.56)(1.67) \qquad (11.93)$$

括号中的数字是 t 统计量，它表示 PE 值和回归变量之间的统计关系是显著的。R^2 代表了由自变量解释的 PE 值上差异的百分比。最后，通过回归方程可以得被评估企业 PE 比率的预测值，将被评估企业 M 的 β 值 1.40、预期增长率 35.2% 代入回归方程得 PE 的预测值为

$$\text{被评估公司 M 的 } PE \text{ 预测值} = 35.08 - 65.73 \times 1.40 + 573.10 \times 35.2\% = 144.79$$

4. 市场回归。有时在同一板块内寻找可比企业比较困难，尤其是当该板块内可比企业较少，或者公司在许多领域进行多元化经营。由于不是将可比企业定义在相同行业，而是定义在与被评估企业具有相同的成长性、风险性和现金流特性，因而就不需要将可比企业的选择限定于同一个行业，可以在整个市场上进行 PE、PBV、PS 等价格乘数对其影响因素的回归分析：

$PE = f$（成长率，分红比率，风险水平）

$PBV = f$（成长率，分红比率，风险水平，ROE）

$PS = f$（成长率，分红比率，风险水平，净利润率）

公式中所使用的那些替代变量——风险性（β 值）、成长性（预期增长率）、现金流（分红比率）——并不一定都那么理想，而且其关系也不一定是线性的，为了解决这些问题，可以在回归中增加更多的变量，例如可用公司规模来代表风险，并且使用变量的变形来允许非线性关系的存在。

二、市盈率

在上市公司比较法中，市盈率（PE）是最为广泛运用的一个价格乘数，究其原因主要有以下几个方面：第一，它是一个将股票价格与当前公司盈利状况直接联系在一起的一种直观的统计比率；第二，对大多数股票而言，市盈率易于计算并且很容易得到，这就使得股票之间的比较变得十分简单；第三，它可以作为公司成长性、风险性等特征的代表。然而由于市盈率与公司基本财务数据之间的联系常常被人们所忽视，因此，如果不对这一比率进行深入了解，出现误用的可能性也很大。

（一）PE 比率的定义

PE 比率一般是每股市场价格和每股收益（收益通常取税后净利润）之比。

PE 比率的定义符合一致性的要求，分子是每股股权的价格（P），分母是每股收益（E），衡量的是股权的收益水平。关于 PE 比率的最大问题就是计算乘数时所用到的每股收益的种种变形，可以按当前每股收益，也可以按追踪每股收益、预期每股收益或是其他形式的每股收益来计算 PE 比率，而根据不同形式的每股收益所得到的 PE 比率可能会相差很大，这在技术型企业中表现得尤为明显，因为技术型企业具有高成长性，每股收益增长很快，预期每股收益会显著高于追踪每股收益，并且显著高于当前每股收益。

（二）PE 比率的横截面分布

使用 PE 比率的关键一步是要理解乘数如何在板块内以及如何在市场范围内变化。以下将以成熟市场的代表——美国股票市场为例，首先考察 PE 比率在整个市场范围内的分布情况，然后再考察 PE 比率在高科技板块内的分布情况。

1. 市场分布。整个市场的 PE 比率分布随市场交易行情以及企业盈利状况的变化而变化，图 8－4 为 2000 年 6 月互联网泡沫时期美国股票市场的 PE 比率分布，包括当前 PE、追踪 PE 以及预期 PE 比率。

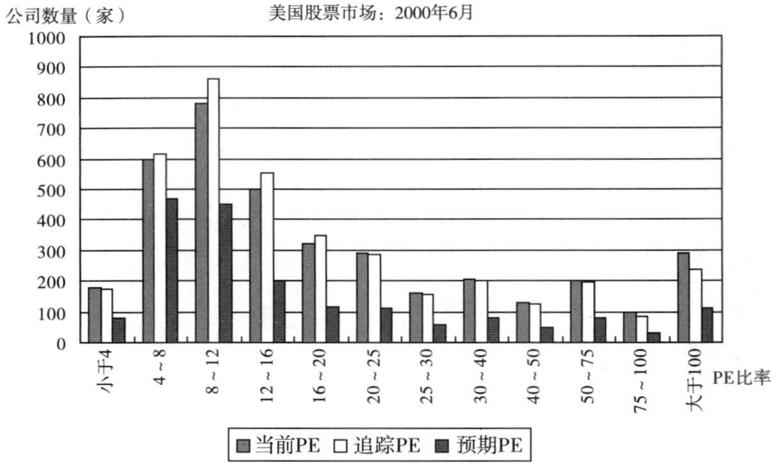

图 8－4　整个市场的当前 PE、追踪 PE 及预期 PE 比率

从图 8－4 中可以看出，即使是处于“非理性繁荣”时期，美国股票市场多数上市公司的市盈率仍低于 20 倍，当前 PE、追踪 PE 及预期 PE 的均值分别为 31.30 倍、28.49 倍、27.21 倍（见表 8－3）；中位数分别为 14.47 倍、13.68 倍、11.52 倍。在计算均值时，为防止过大的异常值影响统计量结果，当 PE 值大于 200 时就记为 200。

表 8－3　　美国股票市场的 PE 比率统计特性（2000 年 6 月）　　单位：倍

项目	当前 PE	追踪 PE	预期 PE
均值	31.30	28.49	27.21
标准差	44.13	40.86	41.21
中位数	14.47	13.68	11.52
10% 分位数	5.63	5.86	5.45
90% 分位数	77.87	63.87	64.98
偏度	17.12	25.96	19.59

观察三种 PE 比率可以看到，PE 比率的均值总是高于 PE 比率的中位数，这反映了 PE 比率可以很大但是不可能小于零的特性，表中的偏度值指标反映了这种分布上的不对称性。对三种比率的比较可以发现，当前 PE 比率大于追踪 PE 比率，同样也大于预期 PE 比率。这反映了这样一个事实：上市公司的收益在分析期间保持稳定增长。

2. 板块分布。以高科技上市公司为讨论对象，高科技公司一般比市场里的其他公司都具有更高的 PE 比率，这可以从图 8－5 中得到验证。

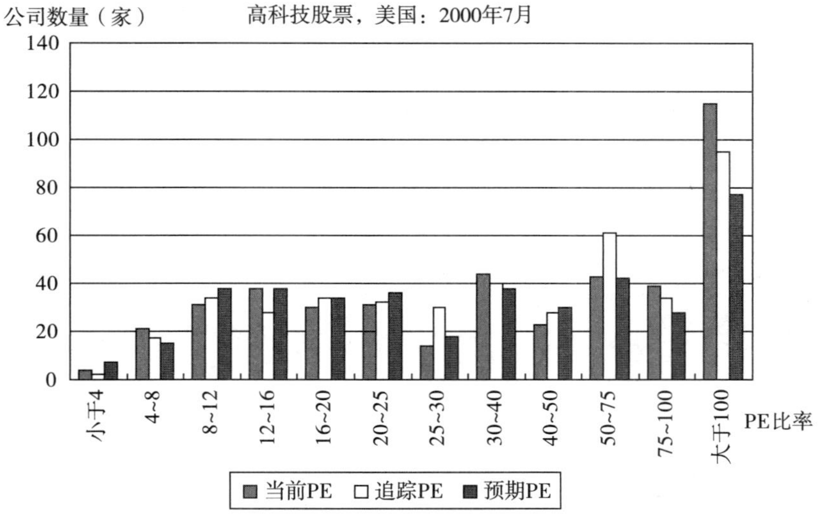

图 8－5 高科技公司的当前 PE、追踪 PE 及预期 PE 比率

图 8－5 显示了 2000 年 7 月美国高科技公司股票的市盈率分布情况，其中一个显著的特征是，高市盈率特别是市盈率大于 100 倍的高科技公司占有相当大的比重。从均值指标看，当前 PE、追踪 PE 及预期 PE 的均值分别为 72. 05 倍、66. 41 倍、60. 61 倍，远高于市场的平均水平；中位数分别为 43. 24 倍、40. 45 倍、32. 56 倍，同样远高于整体市场水平。

表 8－4 美国高科技股票的 PE 比率统计特性（2000 年 7 月） 单位：倍

项目	当前 PE	追踪 PE	预期 PE
均值	72. 05	66. 41	60. 61
标准差	67. 14	62. 56	62. 06
中位数	43. 24	40. 45	32. 56
10% 分位数	10. 68	11. 08	10. 71
90% 分位数	200. 00	200. 00	200. 00
偏度	7. 99	11. 49	19. 59

正如表 8－4 显示的那样，高科技公司的当前 PE 值大于追踪 PE 值，也大于预期 PE 值。对于市盈率异常值的处理，也是将 PE 值的上限定为 200 倍。如果不限定 PE 值的上限，即不排除异常值的影响，则计算出来的结果是，当前 PE 值均值为 199 倍，追踪 PE 值的均值为 190. 84 倍，而预期 PE 值的均值为 120. 52 倍，这样的市盈率没有太多的实践意义。

关于 PE 比率最后一点需要指出的是，负收益公司和无意义 PE 值公司对 PE 均值的影响，高科技公司中负收益公司和无意义 PE 值公司所占比重较大。表 8－5 总结了具有负收益和无意义 PE 值的两类公司的数量，并显示了不同处理方法所造成的统计量结果的偏差。

表 8－5　　　　负收益公司及无意义 PE 值公司对 PE 均值的影响

项目	高科技公司	非高科技公司
样本数	1103 家	4800 家
负收益及无意义 PE 值公司数	677 家	1456 家
负收益及无意义 PE 值公司占比	61.38%	30.33%
平均追踪 PE 值	190.84 倍	35.01 倍
公司市值总和/公司收益总和	263.45 倍	39.06 倍

如果剔除负收益公司以及无意义 PE 值公司，则得到高科技公司的追踪 PE 值的均值为 190.84 倍，非高科技公司为 35.01 倍。如果根据所有公司的流通市值总和与所有公司的收益总和求 PE 值的均值，那么 PE 值的均值将会上升，非高科技公司从 35.01 倍上升到 39.06 倍，高科技公司则从 190.84 倍上升到 263.45 倍。

21 世纪以来，以苹果、微软、思科、英特尔等为代表的美国高科技企业获得了飞速发展，市盈率相应大幅降低。2022 年 11 月市场数据显示，思科的市盈率已经从 2000 年的接近 180 倍下降到 17 倍左右，英特尔则从 126 倍下降到 9 倍左右。根据估值专家阿斯沃斯·达摩达兰 2022 年 1 月 5 日的统计数据，美国 7229 家上市公司总体平均的追踪 PE 为 22.64 倍，同期中国 7043 家上市公司总体平均的追踪 PE 为 14.85 倍。

（三）PE 比率的决定因素

分析 PE 比率的决定因素需要从其对应的价值乘数 VE 着手，价值乘数 VE 的决定因素也就是价格乘数 PE 的决定因素。

1. VE 比率的计算公式。根据股息折现模型，评估基准日稳定增长公司（预期未来收益增长率基本保持不变的公司）的价值乘数 VE_0 为

$$VE_0 = \frac{V_0}{E_0} = \frac{分红派息率 \times (1+g)}{k_e - g} = \frac{\gamma \times (1+g)}{k_e - g}$$

式中：γ 表示分红派息率。当每股收益取下一期的预期收益时，上式可以表示为

$$\frac{V_0}{E_1} = 预期\ PE = \frac{\gamma}{k_e - g}$$

上式表明，VE 比率是分红派息率和预期增长率的增函数，是公司风险水平的减函数。这种关系在高增长公司（前 n 年保持高速增长然后转入稳定增长）中同样存在。对于高增长公司，两阶段股息折现模型为

$$V_0 = \frac{E_0 \times \gamma_n \times (1+g_n) \times \left[1 - \frac{(1+g_n)^n}{(1+k_{e,hg})^n}\right]}{k_{e,hg} - g_n} + \frac{E_0 \times \gamma \times (1+g_n)^n \times (1+g)}{(k_{e,st} - g)(1+k_{e,hg})^n}$$

式中：g_n——在前 n 年内的增长率；

g——n 年后的稳定增长率；

$k_{e,hg}$——高速增长阶段的股权资本成本；

$k_{e,st}$——稳定增长阶段的股权资本成本；

γ_n——前 n 年高速增长阶段的分红派息率；

γ——n 年后稳定增长阶段的分红派息率。

上式两边同时除以 E_0 则可以得到高增长公司的 VE 比率计算公式：

$$VE_0 = \frac{V_0}{E_0} = \frac{\gamma_n \times (1+g_n) \times \left[1 - \frac{(1+g_n)^n}{(1+k_{e,hg})^n}\right]}{k_{e,hg} - g_n} + \frac{\gamma \times (1+g_n)^n \times (1+g)}{(k_{e,st} - g)(1+k_{e,hg})^n}$$

上式表明，高增长公司的 VE 比率取决于三个因素：

（1）高增长阶段和稳定增长阶段的分红派息率，VE 比率随分红派息率的增加而增加；

（2）风险水平（体现在贴现率中），VE 比率随风险的增加而降低；

（3）两个阶段的预期股息增长率，VE 比率随增长率的提高而增加。

【例 8.1】 MAC 公司是一家医药类高科技上市公司，20A0 年该公司的每股收益为 2.40 元，每股红利为 1.06 元，公司近 5 年的收益年增长率为 7.5%，预计自 20A1 年开始的收益年增长率为 6%，分红派息率维持在 20A0 年的水平，公司股票的 β 值为 1.05，市场交易价格为公司收益的 10 倍。已知国债利率为 4%，市场风险溢价为 6.5%。（1）求MAC 公司的价值乘数 VE；（2）公司当前的市盈率暗示公司的长期增长率是多少？

解：（1）公司的分红派息率 $\gamma = \frac{1.06}{2.40} \times 100\% = 44.17\%$

预期长期增长率 $g = 6\%$

股权资本成本 k_e = 无风险报酬率 + β × 市场风险溢价

$= 4\% + 1.05 \times 6.5\% = 10.825\%$

$$VE = \frac{\gamma \times (1+g)}{k_e - g} = \frac{44.17\% \times (1+6\%)}{10.825\% - 6\%} = 9.70$$

（2）目前 MAC 公司的股票按 10 倍市盈率进行交易，当价格乘数与价值乘数相等时，那么根据价值乘数 VE 的计算公式有：

$$g = \frac{k_e \times VE - \gamma}{VE + \gamma} = \frac{10.825\% \times 10 - 44.17\%}{10 + 44.17\%} = 6.14\%$$

即公司当前的市盈率暗示公司的长期增长率应该达到 6.14%。

【例 8.2】 某高科技公司具有以下特征：未来五年内的收益年增长率为 25%，分红派息率为 20%，五年后的收益年增长率为 8%，分红派息率为 50%，该公司的 β 值为 1.0，国债利率为 6%，市场风险溢价为 5.5%，假设股权资本成本保持不变，求该公司的价值乘数 VE 值。

解：高增长期的增长率 $g_n = 25\%$

稳定增长期的增长率 $g = 8\%$

高增长期的分红派息率 $\gamma_n = 20\%$

稳定增长期的分红派息率 $\gamma=50\%$

高增长期及稳定增长期的股权资本成本 $k_{e,hg}=k_{e,st}$

$=$无风险报酬率$+\beta\times$市场风险溢价

$=6\%+1.0\times5.5\%=11.5\%$

将上述数据代入 VE 计算公式：

$$VE=\frac{\gamma_n\times(1+g_n)\times\left[1-\frac{(1+g_n)^n}{(1+k_{e,hg})^n}\right]}{k_{e,hg}-g_n}+\frac{\gamma\times(1+g_n)^n\times(1+g)}{(k_{e,st}-g)(1+k_{e,hg})^n}$$

$$=\frac{20\%\times(1+25\%)\times\left[1-\frac{(1+25\%)^5}{(1+11.5\%)^5}\right]}{11.5\%-25\%}+\frac{50\%\times(1+25\%)^5\times(1+8\%)}{(11.5\%-8\%)(1+11.5\%)^5}$$

$=28.75$

该公司的价值乘数 VE 为 28.75 倍。

2. VE 比率和预期增长率。价值乘数 VE 是预期增长率的增函数，预期增长率越快，公司的 VE 比率就越高。在例 8.2 中，未来五年内的增长率是 25%，VE 比率为 28.75 倍；如果预期增长率从 25% 降到 5%，那么该公司的 VE 比率也将由 28.75 倍降至 10 倍左右，上述变化可以从图 8－6 中看出。

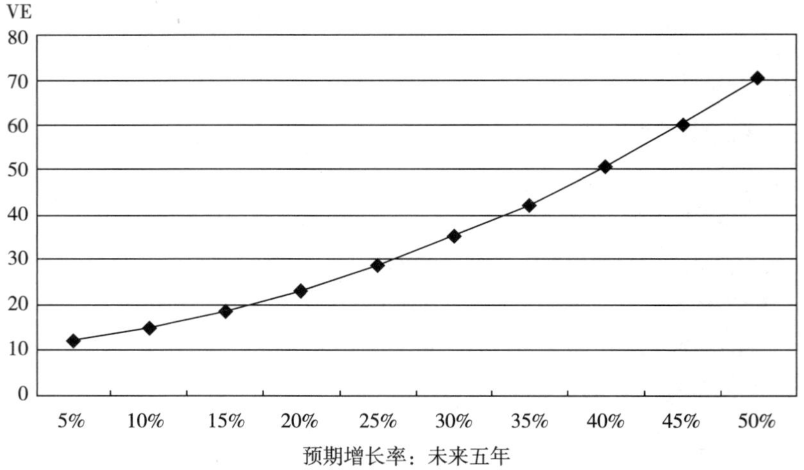

图 8－6　VE 比率和预期增长率之间的关系

预期增长率的变动对 VE 比率产生的影响程度随着无风险利率水平的不同而不同，无风险利率水平越低，VE 比率对预期增长率的变动越敏感（见图 8－7）。其中的原因很简单，公司的成长意味着未来现金流的不断增加，对于这些现金流，利率水平越高其现值越低，结果导致增长率的变化对现值的影响变小。这种关系在股票市场交易价格中同样得到体现，当一个公司报告的收益显著高于或显著低于预期水平，在低利率环境中投资者作出的价格反应要明显强于高利率环境。图 8－7 显示了在四种利率水平：4%、6%、8% 和 10% 下，不同预期增长率情况下的 VE 值。

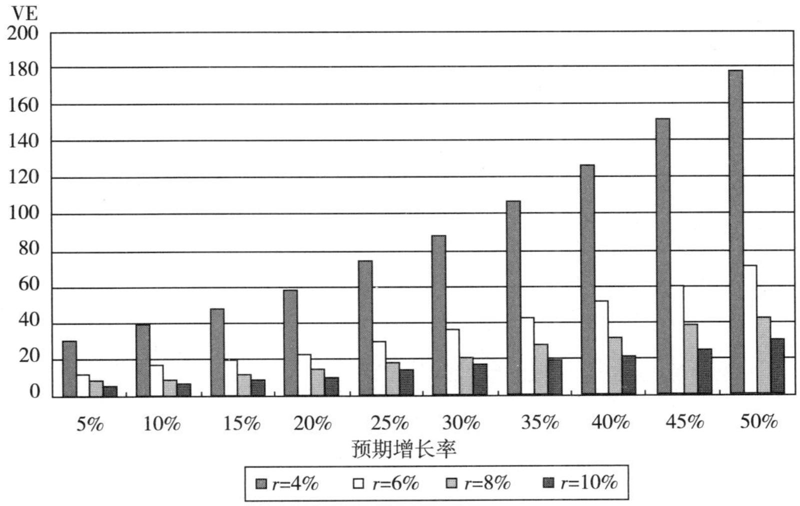

图 8－7　不同利率水平下 VE 比率对预期增长率的敏感程度

3. VE 比率和风险。风险因素影响股权资本成本，进而影响 VE 比率。高股权资本成本公司的 VE 比率比低股权资本成本公司的 VE 比率要低。结合例 8.2，公司未来五年的预期增长率为 25%，然后增长率保持在 8%，β 值为 1，其 VE 比率为 28.75；假设 β 值为 1.5，则股权资本成本上升至 14.25%，而 VE 比率则下降为 14.87。

$$VE=\frac{\gamma_n\times(1+g_n)\times\left[1-\dfrac{(1+g_n)^n}{(1+k_{e,hg})^n}\right]}{k_{e,hg}-g_n}+\frac{\gamma\times(1+g_n)^n\times(1+g)}{(k_{e,st}-g)(1+k_{e,hg})^n}$$

$$=\frac{20\%\times(1+25\%)\times\left[1-\dfrac{(1+25\%)^5}{(1+14.25\%)^5}\right]}{14.25\%-25\%}+\frac{50\%\times(1+25\%)^5\times(1+8\%)}{(14.25\%-8\%)(1+14.25\%)^5}$$

$$=14.87$$

高股权资本成本抑制了预期收益增长引起的价值增加。图 8－8 为未来五年内四种增长率（8%、15%、20% 和 25%）情况下，β 值变化对 VE 比率的影响。当 β 值增加，*VE* 比率在所有四种情况下都会下降。β 值越高，四种增长率下 VE 比率之间的差异越小；β 值越低，四种增长率下 VE 比率之间的差异越大。从图中的对比关系可以看出，对于高风险公司，风险降低比增长率增加更能使 VE 比率上升。对于很多技术型公司来说，由于它们拥有较高的风险并有很好的成长前景，降低风险所增加的价值要高于提高预期增长率所增加的价值。

（四）PE 比率的比较分析

从理论上讲，市盈率可以在不同国家之间、不同企业之间以及企业的不同发展阶段进行比较，但由于成长性、风险等基本因素的差异，不同行业和不同企业的市盈率各不相同，比如在其他条件相同的情况下，高增长率总会导致较高的市盈率。所以，对企业间的市盈率进行比较时，一定要考虑企业的风险性、增长率以及红利支付率等方面的差

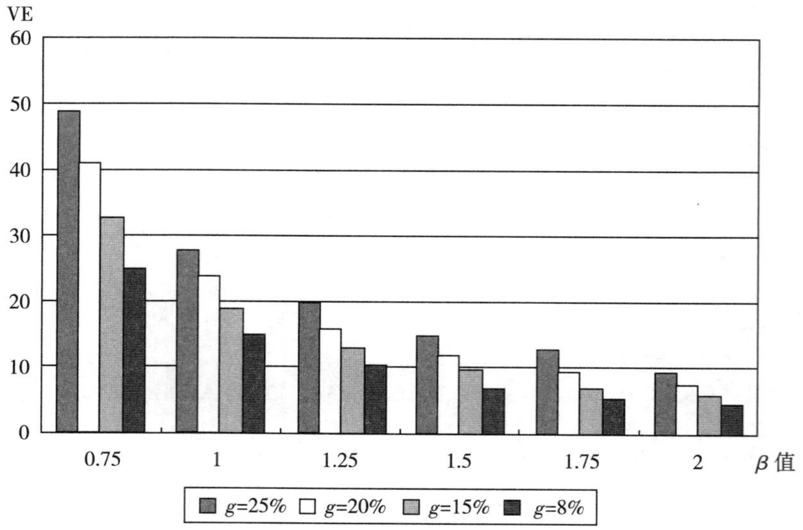

图 8－8　风险因素对 VE 比率的影响

异，在充分考虑被评估企业与可比企业基本因素差异的基础之上，确定最终应用于价值评估中的市盈率比率。

1. 根据可比企业市盈率求被评估企业的市盈率。具体步骤是：首先选择一组可比企业，计算这一组企业的平均市盈率，然后再根据被评估企业与可比企业之间的差别对平均市盈率进行主观上的调整，得出应用于被评估企业的市盈率。

需要注意的是，首先，可比企业的选择应尽可能客观、公正，避免个人主观偏见。典型的例子是在企业收购活动中，分析人员使用已被收购的一组企业的平均市盈率来证明目标企业较高的市盈率是合理的，然而实际情况并非如此，其结果往往会导致市盈率的高估。

其次，不管如何用心选择，可比企业与被评估企业在基本因素方面仍然存在差异，对这些差异进行主观调整时，应尽可能反映基本因素与 *PE* 比率之间的内在关系。

最后，如果条件允许，可以采用其他方法进行验证。*PE* 比率的调整无法避免主观影响，为了防止可能出现的较大人为偏差，可以采用其他方法如回归分析，对所得到的 *PE* 比率结果进行相互比较、验证。

2. 运用回归分析求被评估企业的市盈率。西方学院派偏好用回归分析法确定市场法中的市盈率乘数，包括行业数据回归分析以及市场数据回归分析。

行业数据回归分析采用同行业企业的基本因素数据进行回归分析，而市场数据回归分析则采用市场上多数企业的基本因素数据进行回归分析，以找出市盈率与基本因素之间的关系，其中，市盈率作为被解释变量，基本因素（风险水平、增长率和红利支付率等）作为解释变量。

早在 20 世纪 60 年代，美国分析人员就利用来自纽约银行 1962 年 6 月关于 135 只股票的数据，得到市盈率 *PE* 与盈利增长率 g、分红派息率 γ 及每股收益变化的标准差 σ_E

之间的回归方程：

$$PE = 8.2 + 1.5 \times g + 6.7 \times \gamma - 0.2 \times \sigma_E$$

根据上述回归方程，可以把任何一家公司的基本因素数据输入回归方程，从而得出该公司的市盈率。实际上，美国有很多专门的证券分析机构以及研究机构会公布最新的回归分析结果。

回归分析法是估计市盈率的一种简便途径，它将市盈率和公司基本因素之间的关系表示在一个方程式之中。但这个方法本身也有明显的缺陷，即回归分析的前提是假设市盈率与公司基本因素之间存在线性关系，而这种简单的假设往往不一定正确；市盈率与公司基本因素的关系可能是不稳定的，如果这一关系每年都发生变化，那么从模型得出的预测结果就是不可靠的。

【例 8.3】 某研究机构通过回归分析得出通信行业股票的市盈率与公司未来 5 年收益增长率、β 值、分红派息率之间的关系为

$$PE = 18.69 + 0.0695 \times g - 0.5082 \times \beta - 0.4262 \times \gamma \qquad R^2 = 0.35$$

现有一待评估通信类非上市公司，其相关情况如下：公司的净利润为 1000 万元，预计支付红利 300 万元；在过去 5 年中公司收益的年增长率为 25%，预计今后 5 年将保持这一增长速度；公司所属行业上市公司的平均 β 值等于 1.15，平均负债/权益比率等于 25%（税率为 40%），被评估企业没有负债。根据以上资料，对该公司的股权进行价值评估。

解：被评估公司的分红派息率 $\gamma = \frac{300}{1000} = 30\%$

预期增长率 = 25%

可比公司平均 $\beta_u = \dfrac{\beta_L}{1 + \dfrac{(1-t)D}{E}} = \dfrac{1.15}{1 + (1 - 40\%) \times 0.25} = 1.00$

将上述数据代入回归方程得

$$PE = 18.69 + 0.0695 \times 25\% - 0.5082 \times 1.00 - 0.4262 \times 30\% = 18.07$$

$$公司的股权价值 = PE \times 1000 = 18.07 \times 1000 = 18070(万元)$$

（五）市盈率的变化形式

市盈率除了上面的形式外，实际应用中还有几种变化形式，主要是价格乘数的分母采用现金流指标或基于税前利润指标，分析方法与前面类似。

1. 股权价格/FCFE 比率。会计利润会因为会计制度的不同而变化，其中可能存在着严重的人为操纵因素，所以许多评估人员更倾向于采用股权价格/FCFE（股权现金流）比率进行价值评估。股权价格/FCFE 是股票交易价格与股权现金流的比率。根据稳定增长公司的股权价值计算模型：

$$V_0 = \frac{FCFE_0(1+g)}{k_e - g}$$

得股权价格/FCFE 所对应价值乘数股权价值/FCFE 的计算公式：

$$\frac{V_0}{FCFE_0} = \frac{1+g}{k_e - g}$$

对于高速增长公司，两阶段股权价值计算模型为

$$V_0 = \frac{FCFE_0 \times (1+g_n)\left[1-\frac{(1+g_n)^n}{(1+k_{e,hg})^n}\right]}{k_{e,hg}-g_n} + \frac{FCFE_0 \times (1+g_n)^n \times (1+g)}{(k_{e,st}-g) \times (1+k_{e,hg})^n}$$

式中：$FCFE_0$——当年股权净现金流；

g_n——未来前 n 年高速增长阶段的股权现金流增长率；

g——n 年后稳定增长阶段的股权现金流增长率；

$k_{e,hg}$——高速增长阶段的股权资本成本；

$k_{e,st}$——稳定增长阶段的股权资本成本。

根据价值乘数的定义，可以得高速增长企业的股权价值/FCFE 比率：

$$\frac{V_0}{FCFE_0} = \frac{(1+g_n)\left[1-\frac{(1+g_n)^n}{(1+k_{e,hg})^n}\right]}{k_{e,hg}-g_n} + \frac{(1+g_n)^n \times (1+g)}{(k_{e,st}-g) \times (1+k_{e,hg})^n}$$

决定股权价值/FCFE 比率的因素与决定价值乘数 VE 的因素很相似，它们包括最初高增长阶段的预期增长率、稳定增长阶段的预期增长率以及高增长阶段的风险水平和稳定增长阶段的风险水平。

2. 投入资本价值/公司现金流比率。前面介绍的比率都是应用于股权资本价值评估的乘数，而对于投入资本的价值评估而言，则可以运用公司投入资本价值/公司现金流（FCFF）这一价值乘数，所对应的价格乘数为投入资本价格/公司现金流，其中，投入资本价格等于股权资本交易价格加上债务资本交易价格。就高速增长公司而言，投入资本价值的评估模型为

$$VIC_0 = \frac{FCFF_0 \times (1+g_n) \times \left[1-\frac{(1+g_n)^n}{(1+WACC_n)^n}\right]}{WACC_n - g_n} + \frac{FCFF_0 \times (1+g_n)^n \times (1+g)}{(WACC-g) \times (1+WACC_n)^n}$$

式中：VIC_0——评估基准日公司投入资本的价值；

$FCFF_0$——公司最近会计年度的现金流；

g_n——高增长阶段公司现金流的预期增长率（未来前 n 年）；

g——稳定增长阶段公司现金流的预期增长率（n 年后）；

$WACC_n$——高增长阶段的加权平均资本成本；

$WACC$——稳定增长阶段的加权平均资本成本。

根据价值乘数的计算公式，可以得投入资本价值/公司现金流比率的计算公式：

$$VIC_0/FCFF_0 = \frac{(1+g_n) \times \left[1-\frac{(1+g_n)^n}{(1+WACC_n)^n}\right]}{WACC_n - g_n} + \frac{(1+g_n)^n \times (1+g)}{(WACC-g) \times (1+WACC_n)^n}$$

应用投入资本的好处在于它考察了公司的整体价值，对于杠杆程度较大的公司来说，因为股权价值只是公司整体价值中的很小一部分，用公司整体价值减去未清偿债务的市场价值，就得到公司股权资本的价值，这样比单独考察股权可以得出更为合理的评估值。

三、市销率

市销率（PS）是企业股票价格（投入资本价格）与企业每股销售收入之比。在其他条件相同的情况下，应用于评估对象的市销率乘数越低，所得评估值就越低，而市销率乘数越高，所得评估值就越高。

近年来，市销率乘数正逐渐受到评估人员的欢迎，究其原因主要有以下几个方面：首先，公司只要还在经营，它就会有销售收入，因此，市销率乘数几乎在任何时候都可以使用，甚至对于经营出现问题的公司也是适用的，而不会像市盈率乘数那样；当企业利润为负数或为零时，市盈率这一乘数就没有实际意义。其次，相对于市盈率乘数以及后面要讨论的市净率乘数而言，市销率乘数比较难以被操纵，而市盈率分母中的利润指标和市净率分母中的账面价值指标会因折旧、存货、研发费用以及非经常性支出等所采用会计政策的不同而出现很大差异。最后，与利润指标相比，销售收入对经济的变化不是很敏感，所以市销率乘数比收益乘数稳定，在价值评估时比较值得信赖。但市销率乘数也有其不足之处，企业的价值在于企业产生的利润和现金流，而市销率乘数仅仅关注企业的销售收入，并未考虑企业的成本以及利润率因素，如果不进行仔细分析，则可能出现评估偏差。

（一）市销率乘数的定义

市销率乘数也称为价格销售比，包括两种基本类型：第一种是用来评估股权价值的乘数，即企业股票交易价格与企业每股销售收入比率；第二种是用来评估投入资本价值的乘数，即企业投入资本价格（包括负债价格和所有者权益价格）和企业全部销售收入之比。实践中，使用较多的是前者，以下着重讨论第一种价格乘数。

$$\text{市销率(PS)} = \frac{\text{股票市场交易价格}}{\text{每股销售收入}}$$

（二）市销率的横截面分布

以网络经济高涨时期美国股票市场为例，通过对4940家上市公司的数据统计（见表8－6），市销率的平均值为11.63倍，中位数为0.82倍，10%分位数为0.13倍，90%分位数为7.45倍；对于高科技企业，市销率平均值为25.65倍，远远高于整体市场的平均水平；中位数为3.57倍，同样远高于整体市场的平均水平。

表8－6　美国股票市场的市销率乘数统计特性（2000年7月）　单位：家、倍

项目	市场整体市销率	高科技的市销率
公司数	4940	944
均值	11.63	25.65
中位数	0.82	3.57
标准差	116.9	181.51
10%分位数	0.13	0.44
90%分位数	7.45	34.98

注：市销率乘数超过50倍则以50倍计。

在国家间的市销率比较方面，根据估值专家阿斯沃斯·达摩达兰2022年1月5日的统计数据，美国7229家上市公司总体平均的市销率为2.88倍，同期中国7043家上市公司总体平均的市销率为1.51倍。

（三）价值乘数（VS）的计算公式

与市盈率乘数一样，为了把握市销率这一价格乘数的决定因素，必须要了解与其对应的价值乘数VS的决定因素。

1. 稳定增长公司。根据高顿增长模型，对于稳定增长公司的价值乘数VS计算公式为

$$VS=\frac{\text{销售净利率}\times\text{分红派息率}\times(1+g)}{k_e-g}=\frac{PM\times\gamma\times(1+g)}{k_e-g}$$

式中的PM表示销售净利率（Profit Margin），定义为净利润与销售收入的比率，即

$$PM=\frac{\text{净利润}}{\text{销售收入}}=\frac{\text{每股净利润}}{\text{每股销售收入}}=\frac{E}{S}$$

价值乘数VS与公司基本因素之间的关系为：VS是公司销售净利率（PM）、分红派息率（γ）和增长率（g）的增函数，是股权资本（k_e）即风险水平的减函数。

2. 高增长公司。根据两阶段股利折现模型，高增长公司的股权价值等于公司高增长时期预期股利现值与稳定增长时期预期股利现值之和：

$$V_0=\text{高增长时期预期股利现值}+\text{稳定增长时期预期股利现值}$$

$$=\frac{E_0\times\gamma_n\times(1+g_n)\times\left[1-\frac{(1+g_n)^n}{(1+k_{e,hg})^n}\right]}{k_{e,hg}-g_n}+\frac{E_0\times\gamma\times(1+g_n)^n\times(1+g)}{(k_{e,st}-g)\times(1+k_{e,hg})^n}$$

$$=\frac{S_0\times PM\times\gamma_n\times(1+g_n)\times\left[1-\frac{(1+g_n)^n}{(1+k_{e,hg})^n}\right]}{k_{e,hg}-g_n}+\frac{S_0\times PM\times\gamma\times(1+g_n)^n\times(1+g)}{(k_{e,st}-g)\times(1+k_{e,hg})^n}$$

式中：S_0表示最近会计年度的每股销售收入，其他符号的含义同前。根据价值乘数VS的定义，可得高增长企业VS的计算公式：

$$VS_0=\frac{V_0}{S_0}=\frac{PM\times\gamma_n\times(1+g_n)\times\left[1-\frac{(1+g_n)^n}{(1+k_{e,hg})^n}\right]}{k_{e,hg}-g_n}+\frac{PM\times\gamma\times(1+g_n)^n\times(1+g)}{(k_{e,st}-g)\times(1+k_{e,hg})^n}$$

由上式可见，价值乘数VS由以下因素所决定：

（1）企业高增长时期和稳定增长时期的销售净利率（假设两个时期的销售净利率相同），VS是销售净利率的增函数；

（2）高增长时期和稳定增长时期的分红派息率，当分红派息率增大时，VS也会随着增加；

（3）公司的风险性，表现在高增长时期的折现率$k_{e,hg}$和稳定增长时期的折现率$k_{e,st}$，风险增加时VS会随之降低；

（4）高增长时期和稳定增长阶段的预期收益增长率，无论在哪个时期，当预期收益

增长率增加时，VS会相应增加。

在上面四个因素中，销售净利率对价值乘数VS的影响相对较大，其原因在于如果销售净利率下降，一方面会直接导致VS的下降，另一方面则会导致增长率降低。如果定义权益周转率为销售收入与股东权益账面价值（净资产）之比，就可以将销售净利率和预期增长率联系在一起。利用预期增长率和其他基本因素之间的关系，预期增长率可以表示为

$$\begin{aligned}\text{预期增长率} &= \text{留存比率} \times \text{净资产收益率}\\ &= \text{留存比率} \times \frac{\text{税后利润}}{\text{销售收入}} \times \frac{\text{销售收入}}{\text{股东权益账面价值}}\\ &= \text{留存比率} \times \text{销售净利率} \times \frac{\text{销售收入}}{\text{股东权益账面价值}}\\ &= \text{留存比率} \times \text{销售净利率} \times \text{权益周转率}\end{aligned}$$

式中：留存比率=1-分红派息率。

可见当销售净利率下降时，如果销售收入增长幅度小于销售净利率下降幅度，则预期增长率将会降低。实际上，销售净利率、权益周转率和预期成长率之间的关系可以被用来确定不同的定价策略对企业价值的影响。

【例8.4】 利用两阶段模型估计高增长企业的VS。某医药零售连锁店自20A0年开始进入高速增长时期，20A2年其销售额为829800万元，净利润为22100万元，公司的分红派息率为31%，预计20A3年到20A7年保持不变，在此期间，公司收益的预期增长率为13.5%。20A7年后，公司的预期增长率将降至6%，而分红派息率将升至60%。公司当前的β值为1.15且预计不会发生变化，国债的利率为7%，市场风险溢价为5.5%。（1）假设公司的销售净利率保持在20A2年的水平，估计公司的价值乘数VS。（2）公司的VS中有多大的部分归功于高速增长率？

解：（1）根据题意，高增长期为5年，其他参数分别为

$$PM = \frac{\text{净利润}}{\text{销售额}} = \frac{22100}{829800} = 2.66\%$$

高增长时期的股权资本成本 $k_{e,hg} = 7\% + 1.15 \times 5.5\% = 13.33\%$

稳定增长时期的股权资本成本 $k_{e,st} = k_{e,hg} = 13.33\%$

高增长时期的增长率 $g_n = 13.5\%$

稳定增长时期的增长率 $g = 6\%$

高增长时期的分红派息率 $\gamma_n = 31\%$

稳定增长时期的分红派息率 $\gamma = 60\%$

$$VS = \frac{PM \times \gamma_n \times (1 + g_n) \times \left[1 - \dfrac{(1 + g_n)^n}{(1 + k_{e,hg})^n}\right]}{k_{e,hg} - g_n} + \frac{PM \times \gamma \times (1 + g_n)^n \times (1 + g)}{(k_{e,st} - g) \times (1 + k_{e,hg})^n}$$

$$= \frac{2.66\% \times 31\% \times (1 + 13.5\%) \times \left[1 - \dfrac{(1 + 13.5\%)^5}{(1 + 13.33\%)^5}\right]}{13.33\% - 13.5\%} +$$

$$\frac{2.66\% \times 60\% \times (1+13.5\%)^5 \times (1+6\%)}{(13.33\% - 6\%) \times (1+13.33\%)^5}$$

$$=0.274$$

（2）如果能够求出公司始终保持稳定增长情况下的 VS 值，则可以知道高增长对 VS 的贡献。假设公司从一开始就保持 6% 的稳定增长，而前 5 年的分红派息率仍为 31%，此后上升为 60%，则代入两阶段 VS 计算模型得

$$VS = \frac{PM \times \gamma_n \times (1+g_n) \times \left[1 - \frac{(1+g_n)^n}{(1+k_{e,hg})^n}\right]}{k_{e,hg} - g_n} + \frac{PM \times \gamma \times (1+g_n)^n \times (1+g)}{(k_{e,st} - g) \times (1+k_{e,hg})^n}$$

$$= \frac{2.66\% \times 31\% \times (1+6\%) \times \left[1 - \frac{(1+6\%)^5}{(1+13.33\%)^5}\right]}{13.33\% - 6\%} +$$

$$\frac{2.66\% \times 60\% \times (1+6\%)^5 \times (1+6\%)}{(13.33\% - 6\%) \times (1+13.33\%)^5}$$

$$=0.199$$

高速增长对 VS 的贡献 =0.274 −0.199 =0.075

（四）价格乘数 PS 的比较分析

从价值乘数 VS 的计算公式可知，PS 乘数的基本决定因素包括预期销售净利率、风险水平、分红派息率和增长率等。要想在企业间进行 PS 乘数的比较和分析，就必须控制这些因素的差异。

1. 分析基本因素与 PS 乘数是否匹配。虽然增长率、风险水平和现金流这些因素会影响 PS 乘数，但关键的决定因素还是销售净利率。因此，低销售净利率、低 PS 乘数的企业以及高销售净利率、高 PS 乘数的企业是很正常的。但是，低销售净利率、高 PS 乘数以及高销售净利率、低 PS 乘数的企业则要引起注意，因为它们可能存在被高估或低估的可能。图 8 −9 用矩阵表示了 PS 乘数与销售净利率之间的匹配性。

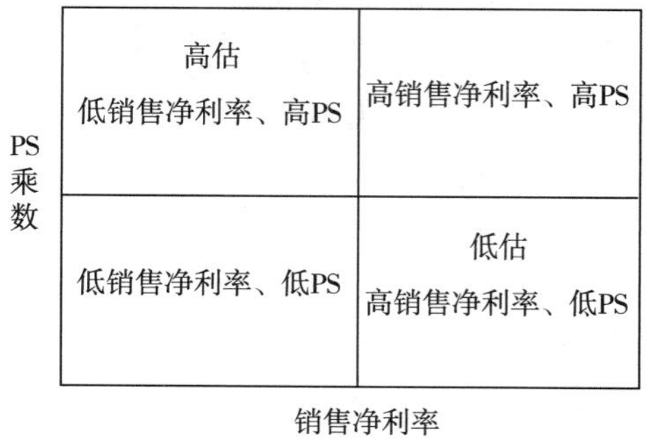

图 8 −9　销售净利率与 PS 之间的匹配

评估人员可以根据 PS 乘数和销售净利率，将企业绘制在矩阵中，并寻找销售净利率和 PS 乘数的不匹配之处，以鉴定一个板块或行业中的企业是被高估还是被低估了。

但需要注意以下三个问题：其一，历史销售净利率、当期销售净利率比预期销售净利率容易获得，如果一个企业的销售净利率变化不大，则可以使用企业的当期销售净利率和当期 PS 乘数来判断一个企业是被高估还是被低估；反之，所得判断结果就不会准确。其二，这种方法假设 PS 乘数和销售净利率存在线性关系，即如果销售净利率翻倍，那么 PS 乘数也会翻倍，但实际上这种线性关系并不一定会存在。其三，这种方法忽略了其他基本因素的不同，尤其是风险水平，因此，一个有较高当期销售净利率、低 PS 乘数的所谓被低估的企业可能实际上是一个已经被恰当估价的、高风险的企业。正因为上述三个方面的问题，图 8－9 中的矩阵分析只是一个初步分析方法，如果希望得到准确的结论则需要进行更深入分析。

2. 运用回归分析求被评估企业的 PS 乘数。参照同行业中可比企业的 PS 乘数均值是一个比较正规和可行的做法，但是任何两个公司总存在销售净利率、分红派息率、风险水平、预期增长率等因素之间的差异，回归分析可以控制公司之间的差异，即在用同行业公司的数据或市场上公司的数据来估计 PS 乘数时，将 PS 乘数看做是多个基本变量的函数，这些基本变量包括销售净利率、分红派息率、风险水平、预期增长率。

$$PS = a + b \times 分红派息率 + c \times \beta 值 + d \times 预期增长率 + e \times 销售净利率$$

式中：a 为常数项，b、c、d、e 为相关变量的系数。

【例 8.5】 用 PS 乘数评估目标公司股权价值。应客户要求为其拟收购的 ABC 公司股权进行评估，已知该公司 20A0 年的数据如下：销售收入为 8450 万元，净利润为 1620 万元，β 值为 1.05，利润增长率为 10%，分红派息率为 50%。20A0 年底的 PS 回归方程为

$$PS = -0.1967 + 0.4503 \times \gamma - 0.1769 \times \beta + 0.0820 \times g + 13.02 \times PM$$

解：公司的分红派息率 $\gamma = 50\%$

$\beta = 1.05$

预期增长率 $g = 10\%$

公司的销售净利率 $PM = \frac{1620}{8450} \times 100\% = 19.17\%$

将相关数据代入 PS 回归方程

$$PS = -0.1967 + 0.4503 \times 50\% - 0.1769 \times 1.05 + 0.0852 \times 10\% + 13.02 \times 19.17\% = 2.35$$

拟收购公司的股权评估值为

$$V = PS \times S = 2.35 \times 8450 = 19857.50(万元)$$

四、市净率

通常情况下，人们总是感觉账面价值比较直观、清晰，有关账面价值的乘数常常受到评估人员的青睐。账面价值方面的乘数一般应用于股权价值评估，以市净率（PBV）乘数将被评估企业和可比企业联系起来。

（一）市净率乘数的定义

市净率乘数定义为每股交易价格与每股净资产的比率。每股净资产为每股资产的账

面价值与债务账面价值之差，即每股权益账面值。每股净资产虽然反映了其初始成本，但如果股权资本的收益能力在资本投入之后有了很大程度的提高或降低，那么，权益的账面价值与其市场交易价格之间有可能相差很多。

$$市净率(PBV) = \frac{P}{BV} = \frac{每股交易价格}{每股净资产}$$

根据估值专家阿斯沃斯·达摩达兰 2022 年 1 月 5 日的统计数据，美国 7229 家上市公司总体平均的市净率为 2.36 倍，同期中国 5548 家上市公司总体平均的市净率为 2.67 倍。

（二）价值乘数 VBV 的计算公式

与市净率乘数相对应的价值乘数为 VBV，通过价值乘数的计算公式，可以获知市净率这一价格乘数的决定因素。

1. 稳定增长公司。对于稳定增长公司，根据高顿增长模型，可以推导出 VBV 乘数的计算公式为

$$VBV_0 = \frac{V_0}{BV_0} = \frac{DPS_1}{BV_0 \times (k_e - g)} = \frac{BV_0 \times ROE \times \gamma}{BV_0 \times (k_e - g)} = \frac{ROE \times \gamma}{k_e - g}$$

式中：ROE 为企业的净资产收益率。由上式可以看出，VBV 比率与净资产收益率、分红派息率以及预期增长率之间呈正相关关系，而与企业的风险程度呈负相关关系。由于净资产收益率 ROE 和预期增长率之间有如下关系：

$$g = ROE \times (1 - \gamma) \text{ 即:} \gamma = 1 - \frac{g}{ROE}$$

代回 VBV 比率计算公式，则可以变形为

$$VBV_0 = \frac{ROE \times \gamma}{k_e - g} = \frac{ROE - g}{k_e - g}$$

由此可见，稳定增长企业的 VBV 比率是由净资产收益率（ROE）与增长率之差除以公司股权资本成本（k_e）与增长率之差决定的。如果净资产收益率高于股权资本成本，那么分子将大于分母，则股票的价值（V）就会高于公司股权账面价值（BV）；如果净资产收益率低于股权资本成本，那么股票的价值就会低于股权的账面价值；如果净资产收益率等于股权资本成本，股票的价值就会等于股权的账面价值。变形的 VBV 公式的优点在于可以用来计算那些不支付红利企业的 VBV 比率。

【例 8.6】某公司 20A0 年的每股收益为 3.82 美元，该公司将收益的 74% 用做股息支付，预计 20A1 年的净资产收益率 ROE 为 15%，收益和股息的长期增长率预期为 6%，β 值为 0.75，政府债券利率为 7%，股票市场风险溢价为 5.5%。求该公司的 VBV 比率。

解：股权资本成本 $k_e = 7\% + 0.75 \times 5.5\% = 11.13\%$

净资产收益率 $ROE = 15\%$

分红派息率 $\gamma = 74\%$

增长率 $g = 6\%$

将上述数据代入稳定增长企业的 VBV 比率计算公式：

$$VBV = \frac{ROE \times \gamma}{k_e - g} = \frac{15\% \times 74\%}{11.13\% - 6\%} = 2.16$$

需要注意的是，该题能否运用 VBV 比率的变形公式呢？答案是否定的，因为运用 VBV 比率变形公式的前提是企业收益增长来自留存收益的再投资，预期收益增长率等于净资产收益率与留存比率的乘积，而本题中的预期增长率为6%，净资产收益率与留存比率的乘积为3.9%（15%×26%），两者并不相等。

2. 高速增长公司。由于高速增长公司在经过一段时期的高速增长后将进入稳定增长期，为了求出高速增长公司的 VBV 比率，可以从两阶段红利折现模型入手。

$$V_0 = \frac{BV_0 \times ROE \times \gamma_n \times \left[1 - \frac{(1+g_n)^n}{(1+k_{e,hg})^n}\right]}{k_{e,hg} - g_n} + \frac{BV_0 \times ROE \times \gamma \times (1+g_n)^{n-1} \times (1+g)}{(k_{e,st} - g) \times (1+k_{e,hg})^n}$$

根据 VBV 乘数的定义，则可得高增长企业的 VBV 计算公式：

$$VBV_0 = \frac{V_0}{BV_0} = \frac{ROE \times \gamma_n \times \left[1 - \frac{(1+g_n)^n}{(1+k_{e,hg})^n}\right]}{k_{e,hg} - g_n} + \frac{ROE \times \gamma \times (1+g_n)^{n-1} \times (1+g)}{(k_{e,st} - g) \times (1+k_{e,hg})^n}$$

由上式可见，高增长公司 VBV 比率由以下四个方面的因素所决定：

（1）净资产收益率 ROE：VBV 是 ROE 的增函数；

（2）高速增长和稳定增长时期的分红派息率：VBV 比率随分红派息率的增大而增大；

（3）公司的风险因素：表现在高速增长时期的折现率 $k_{e,hg}$ 和稳定增长时期的折现率 $k_{e,st}$，VBV 比率随风险的增加而降低；

（4）高速增长阶段和稳定增长阶段的预期收益增长率：VBV 比率随着增长率的增加而增加。

【例 8.7】根据两阶段模型估计某高速增长企业的 VBV 比率。某公司是一家生产保健器材的公司，由于目前保健器材市场正在迅速增长，预期它今后 5 年收益的增长率为30%，5 年后为6%。在高速增长阶段公司的红利支付率仅为10%，但进入稳定增长阶段后将增至60%。公司的净资产收益率为21%，公司股票当前的 β 值为1.65，预期在公司进入稳定增长阶段后将降至1.10（国债利率为7.25%，股票市场风险溢价为5.5%）。

（1）根据以上数据，估算该保健器材公司的 VBV 比率。

（2）VBV 比率对高速增长阶段预期增长率的敏感程度如何？

（3）若该保健器材公司根据市场价格计算出的 PBV 比率为7.00，那么公司高速增长阶段（年增长率30%）应维持多少年才能够证明这一 PBV 比率是合理的？

解：（1）该保健器材公司的高增长期为 5 年，其他相关参数为

前 5 年的增长率 $g_n = 30\%$

5 年后的增长率 $g = 6\%$

高增长阶段的 β 值 $\beta_n = 1.65$

稳定增长阶段的 β 值 $\beta = 1.10$

净资产收益率 $ROE = 21\%$

前 5 年的红利支付率 $\gamma_n = 10\%$

5 年后的红利支付率 $\gamma = 60\%$

无风险利率 = 国债利率 = 7.25%

前 5 年股权资本成本 $k_{e,hg} = 7.25\% + (1.65 \times 5.5\%) = 16.33\%$

5 年后股权资本成本 $k_{e,st} = 7.25\% + (1.10 \times 5.5\%) = 13.30\%$

将上述数据代入两阶段 VBV 计算公式得

$$VBV = \frac{21\% \times 10\% \times \left[1 - \frac{(1+10\%)^5}{(1+16.33\%)^5}\right]}{16.33\% - 30\%} + \frac{21\% \times 60\% \times (1+30\%)^{5-1} \times (1+6\%)}{(13.30\% - 6\%) \times (1+16.33\%)^5}$$

$$= 2.55$$

（2）求 *VBV* 比率对高速增长阶段预期增长率的敏感程度。

通过计算可以得出不同增长率下的 *VBV* 比率如表 8－7 所示。

表 8－7　　高速增长阶段预期增长率与 *VBV* 比率

预期增长率	*VBV* 比率
10%	1.13
15%	1.41
20%	1.73
25%	2.12
30%	2.55
35%	3.70
40%	5.20

（3）如果公司的 *PBV* 为 7.00，求高速增长应该有多少年。

通过试算可以知道，高速增长的年份至少需要 14.5 年，才能得出 *PBV* 等于 7.00 的结果。也就是说，*PBV* 等于 7.00 说明公司应维持 30% 的高速增长率达 14.5 年之久。

（三）ROE 对 VBV 比率的影响

从 VBV 比率的计算公式可以看出，VBV 比率主要受四个方面因素的影响，但其中影响最大的因素当属净资产收益率。一方面，净资产收益率直接影响 VBV 比率；另一方面，如果企业的增长来自留存收益的再投资，那么，企业的预期增长率就等于净资产收益率与留存比率的乘积，净资产收益率则通过影响预期增长率而间接影响 VBV。

举例说明，假设某公司具有如下特征：*ROE* 等于 25%，前 5 年的分红派息率为 20%，5 年之后的分红派息率为 68%，公司收益增长来自留存收益的再投资。公司股权资本成本为 11.5%，β 值为 1.0。根据上述数据可知，公司前 5 年的收益增长率为 20%（留存比率 80% 与净资产收益率 25% 的乘积），5 年后的增长率为 8%（留存比率 32% 与净资产收益率 25% 的乘积），*VBV* 比率为

$$VBV=\frac{25\%\times20\%\times\left[1-\frac{(1+20\%)^5}{(1+11.5\%)^5}\right]}{11.5\%-20\%}+\frac{25\%\times68\%\times(1+20\%)^{5-1}\times(1+8\%)}{(11.5\%-8\%)\times(1+11.5\%)^5}$$

$$=6.07$$

如果该公司的 *ROE* 下降到 12%，*VBV* 也将随之下降。*ROE* 降低后将引起预期收益增长率的降低，前 5 年的收益增长率从 20% 下降到 9.6%，5 年后的收益增长率从 8% 下降到 3.84%，*VBV* 比率为

$$VBV=\frac{12\%\times20\%\times\left[1-\frac{(1+9.6\%)^5}{(1+11.5\%)^5}\right]}{11.5\%-9.6\%}+\frac{12\%\times68\%\times(1+9.6\%)^{5-1}\times(1+3.84\%)}{(11.5\%-3.84\%)\times(1+11.5\%)^5}$$

$$=0.87$$

计算结果表明，*VBV* 比率从 6.07 倍急剧下降至 0.87 倍，这主要是由于 *ROE* 对 *VBV* 比率的双重影响造成的。

（四）PBV 乘数的比较分析

将 PBV 乘数运用于被评估企业之前，必须全面、深入分析乘数的合理性和准确性，将可比企业和被评估企业在基本因素方面的差异充分反映在价格乘数上。

1. 分析基本因素与 PBV 乘数是否匹配。在影响 PBV 乘数的基本因素中，净资产收益率是最关键的决定因素，正因为如此，也就不难理解为什么那些净资产收益率高的企业，其市场价格高于账面价值，而那些净资产收益率低的企业，其市场价格低于账面价值。评估人员需要注意的是那些 PBV 乘数和净资产收益率不相匹配的企业，如低 PBV 乘数、高净资产收益率企业以及高 PBV 乘数、低净资产收率企业，这样评估人员可以发现市场对股权价值是高估还是低估了。图 8－10 用矩阵表示了 PBV 乘数与净资产收益率之间的匹配性。

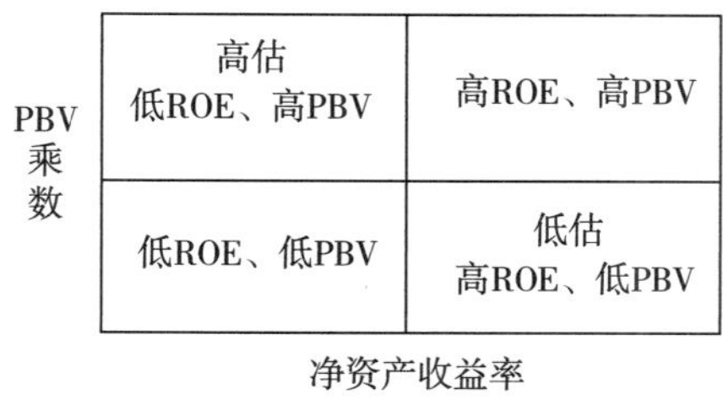

图 8－10　净资产收益率与 PBV 之间的匹配

2. 利用可比企业进行直接比较。与市盈率乘数估价一样，如果要运用 PBV 乘数对一个被评估企业股权进行估价，首先是选择一些可比企业，计算出这些可比企业 PBV 比率的平均值，其次再根据该平均值估计被评估企业的 PBV 比率。为了反映被评估企业与可比企业在基本因素方面的差异，评估人员往往对计算出来的平均值作出一定的主观调整。

这种主观调整存在一些难以避免的问题：第一，对“可比企业”的界定本身就带有主观性，即使是同行业的企业，在经营组合、风险水平和增长速度等方面总是存在较大

差异，选择可比企业出现主观偏见的可能性很大。第二，即使评估人员找到了一组自己认为合适的可比企业，针对被评估企业和可比企业之间的一些基本差异，主观调整并不能解决问题，只有十分有经验的评估分析人员才可能作出一些近似正确的调整。尽管存在上述问题，评估实务界对这种方法还是基本认同的，对于有经验的评估人员，只要选择的可比企业比较合适，对各种价值指标的调整也能够结合实际情况，这种直接比较的评估结果还是很可信的。

3. 运用回归分析法。该方法也是利用可比企业，只是不直接采用可比企业的 PBV 乘数，而是采用同行业企业或市场上各企业的基本数据，运用多元回归分析找出 PBV 乘数与基本因素之间的关系，其中 PBV 作为被解释变量，而风险水平、增长率、净资产收益率和分红派息率作为解释变量。

在美国，很多证券分析机构以及研究机构经常公布最新的回归分析结果，它们利用一些数据库如 COMPUSTAT 数据库（专门的证券研究数据库），获取纽约股票交易所和美国股票交易所全部公司每年的市盈率、分红派息率和预期盈利增长率（随后 5 年）数据，β 值来自证券价格研究中心（CRSP）每年的记录，所有收益为负的公司从样本中剔除，将 PBV 和这些解释变量进行回归分析。

【**例 8.8**】某公司是生产网络及通信设备的高新技术公司，将首次公开发行股票（IPO）。该公司前一年度的各项数据如下，股东权益账面值为 5600 万元，公司净利润为 650 万元，利用可比企业得出的 β 值为 1.25，股权现金流为 −450 万元，今后 5 年的预期增长率为 30%，公司在相当长时间内不准备分红派息。根据市场资料得到的 *PBV* 乘数回归方程为

$$PBV = 0.4138 + 0.3194 \times \gamma - 0.3418 \times \beta + 0.3549 \times g + 14.75 \times ROE \quad R^2 = 0.7726$$

请采用 *PBV* 法利用回归方程对该公司进行评估。

解：首先计算回归方程中相关变量的值

红利支付率 $\gamma = 0$

$\beta = 1.25$

盈利增长率 $g = 30\%$

净资产收益率 $ROE = \dfrac{650}{5600} = 11.61\%$

代入 *PBV* 乘数回归方程求出 *PBV* 乘数为

$$\begin{aligned}PBV &= 0.4138 + 0.3194 \times 0 - 0.3418 \times 1.25 + 0.3549 \times 30\% + 14.75 \times 11.61\% \\ &= 1.8055\end{aligned}$$

该公司股权价值 $= PBV \times BV = 1.8055 \times 5600 = 10111$（万元）

（五）PBV 比率的变化形式

托宾 Q 值是 PBV 比率的一种变化形式，这种方法将企业的市场交易价格和资产的重置成本联系起来，其计算公式为

$$\text{托宾 Q 值} = \frac{\text{资产的市场价格}}{\text{资产重置成本}}$$

当市场通货膨胀导致资产价格上升或技术进步导致资产价格下降时，重置成本往往能够比账面价值更好地反映资产的真实价值。所以托宾 Q 值能够提供评估资产价值的更好判断标准。

该方法在实际运用中也存在一些问题。首先，企业生产经营涉及各种各样的资产，有些资产很独特，在市场上很难找到同类资产，所以估计它们的重置成本有一定难度；其次，即使可以得到资产的重置成本，与传统的 PBV 比率相比，重置成本不能直接从账面上得到，评估人员需要更多的市场信息来计算托宾 Q 值。所以，在实际计算过程中，评估人员常常采用一些简单方法来计算托宾 Q 值，常用的方法是使用资产的账面价值来代替重置成本，如此一来，托宾 Q 值与 PBV 比率的唯一区别就在于，托宾 Q 值的分子和分母分别是企业总资产的市场价格和账面价值，而 PBV 的分子、分母分别是企业股权的市场价格和账面价值。

（六）PBV 比率的利弊

PBV 比率之所以在实践中受到欢迎，主要是其具有以下几个方面的优点：首先，由于上市公司的信息披露制度使得广大投资者很容易了解公司的账面价值情况。而股票价格又是公开的，所以 PBV 比率进行价值分析十分方便。尽管账面价值是历史成本价值，但它能够提供一个对价值相对稳定和直观的量度，可以用来作为与市场价格比较的依据。对于那些天生不相信现金流折现方法的投资者而言，账面价值提供了一个非常简单而且可靠的比较标准。其次，PBV 比率提供了一种合理的跨企业的比较标准，所以投资者可以通过比较不同企业的 PBV 比率来发现价值被低估或高估的企业。最后，就是对于盈利为负的企业如很多高新技术创业企业来说，无法使用 PE 比率进行价值评估，但可以使用 PBV 比率来进行评估。

当然，PBV 比率也有一些弊端，比如，账面价值在很大程度上受到折旧方法和其他会计政策的影响。当企业之间采用不同的会计制度时，评估人员就不能直接使用 PBV 比率对不同企业进行比较。同样，如果各国间的会计制度不一样，评估人员也不能直接进行 PBV 比率的国家间比较。另外，账面价值对于没有太多固定资产的行业如服务业来说意义不大。

五、关于价格乘数的说明

前面定义价格乘数市盈率、市销率、市净率时，分子是股票市场上公开交易的股票价格，数量单位是一股，即每股交易价格，分母分别是每股收益、每股销售收入、每股净资产。

当然，分子也可以定义为非公开市场交易价格，也可以定义为非一股的交易价格，比如定义为 100% 股权的交易价格，分母相应定义为全部收益、全部销售收入、全部净资产等。例如，20A0 年度 A 公司的税后净利润为 1000 万元，20A1 年 1 月 1 日，A 公司 70% 股权的交易价格为 7000 万元，70% 的股权对应的税后净利润是 700 万元，则据此计算的市盈率是 10 倍。

在股票市场公开交易的股票价格是众多小股东买卖意愿相互作用的结果，交易价格相对于全部股权而言，每次交易的数量非常有限，对公司的控股权几乎没有影响，而70%股权的转让则会涉及控股权的变化，也就是说，70%股权的交易价格中包括了控股权溢价。同时，相对于非公开市场而言，公开市场交易价格中包含了流动性溢价。

因此，评估人员要明确价格乘数中分子和分母的内涵以及据此计算的价格乘数的内涵。详细内容可参阅本教材第十一章。

第四节　上市公司比较法

上市公司比较法和交易案例比较法是市场法常用的两种具体方法。相对于交易案例比较法而言，上市公司比较法在国外评估实践中得到了更加广泛的运用，这主要是因为西方证券市场比较规范、成熟，上市公司的信息披露非常充分和准确，评估人员可以从证券市场方便地寻找到可比企业，并进行公司间的分析和比较。下面将对上市公司比较法的具体步骤作详细介绍。

一、可比企业的搜寻和选择（第一步）

上市公司比较法的第一步是确定一组公开交易的可比企业，以便通过对这些可比企业的分析和比较，获得适用于被评估企业的价格乘数。可比企业与被评估企业具有严格可比性的情况非常少见，两者之间总会存在方方面面的差异，这就要求评估人员从以下几个方面开展深入、细致的搜索和选择工作，以确定合适的参考企业。

（一）了解被评估企业的业务特性

寻找可比企业的关键在于企业间的可比性，所谓可比是指两个企业之间相比较而言具有某种程度的相似。搜寻可比企业首先要对被评估企业有清楚的认识，把握被评估企业的业务特性。

首先，评估人员要了解被评估企业所从事的行业，包括：

（1）行业内企业数量的多少、行业的集中度如何；

（2）行业的要素密集类型，即行业属于资金密集型行业还是劳动密集型行业，抑或是技术密集型行业；

（3）被评估企业从事单一行业业务还是从事多行业业务；

（4）如果被评估企业从事多行业业务，各行业业务之间的联系是否紧密，每一行业对公司整体运营活动的重要程度如何（可以各行业利润作为衡量尺度）等。

其次，评估人员应了解被评估企业所面临的市场特性。市场是与企业关系最紧密的微观环境因素，它直接关系到企业的盈利能力、盈利持续性和成长性以及风险水平。对于被评估企业所面临的市场，评估人员主要分析：

（1）市场的竞争者、竞争手段、竞争激烈程度；

（2）被评估企业是市场的领导者还是市场的追随者；

（3）被评估企业是否具有雄厚的智力资本，在市场上是否具有核心竞争力；

（4）被评估企业的业务局限于某一地方、某一区域，还是遍布全国甚至是遍布全球。

再次，评估人员应该分析被评估企业的经营绩效，包括：

（1）被评估企业的规模（资产规模、收入规模、人员规模、收益规模）；

（2）被评估企业的成长性（收入增长率、收益增长率、净现金流增长率）；

（3）被评估企业的负债状况、盈利水平以及经营杠杆和财务杠杆等。

最后，评估人员应了解被评估企业的定性特征，包括：

（1）被评估企业的知名度、美誉度；

（2）被评估企业所处生命周期的阶段；

（3）被评估企业的管理能力和管理经验；

（4）被评估企业人力资源的供应状况、员工的工作经验、员工的流失率等。

（二）确认被评估企业所属行业

如果被评估企业经营多项业务，其中一项业务占据主导地位，而其他业务所占比重相对较小，那么被评估企业的价值基本上由主要业务所决定，此时，被评估企业可以被视为单一业务公司，其行业归属根据主要业务来判断。另外一种情况，如果被评估企业进行多元化经营，且每一种业务在被评估企业的业务构成中均占有较大比重，此时，被评估企业的价值为复合业务价值，其行业归属则不宜简单地根据某一业务类型划入某一行业；对于这类被评估企业，要找到有同类复合业务的可比企业难度非常之大，因此，通常做法是找出被评估企业各业务中的单一业务公司，然后分业务进行类比分析。

（三）确定可比企业的信息来源渠道

对于可比企业，评估人员需要搜集三个方面的信息：可比企业的概况、可比企业的财务状况以及可比企业的市场交易价格（股价）。

在我国，中国证监会指定《中国证券报》《上海证券报》《证券时报》等作为上市公司即时信息披露媒体，提供上市公司的全面信息，上市公司基本概况、财务状况、股票交易价格等信息均可以从指定媒体上查询。但这一渠道的信息搜集成本较高，因为每一期报纸的信息量非常大，针对某一上市公司的信息非常分散，所以需要花费大量的时间进行查询和搜集。

证券网站可以提供上市公司多方面的信息，大多数证券网站建立了个股的信息库，只要输入股票代码或者股票简称就可以方便地查询到与该股票相关的主要信息，比如，中国证监会指定信息披露网站——巨潮资讯（www.cninfo.com.cn）提供的上市公司信息有：公司概况、发行筹资、分红配股、高管人员、股本结构、十大股东、流通股股东、财务指标、公告摘要、临时公告、定期报告、回访报告、公司章程、工作制度等。

另外，证券分析软件、证券行情软件也能够为评估人员提供所需要的上市公司信息。

（四）可比企业选择的主要标准——股票交易活跃

可比企业应该是股票市场上交易活跃的上市公司，上市公司股票交易活跃表明其股价形成是在竞价机制基础上对内在价值的反映，一旦股价偏离内在价值，则能够迅速向内在价值回归。因此，可比企业应该从那些交易活跃的股票中挑选，这一点在我国股票市场上要特别引起注意，因为，在我国股票市场上，许多上市公司的流通股票被机构投资者所控制，股票价格不再是市场竞争的结果，而是由少数机构投资者所决定，因此，股票价格也就不能反映股票的内在价值。

（五）可比企业选择的主要标准——业务（行业）相似

很显然，业务相似的公司将面临相同的宏观经济环境、市场竞争环境以及各种外在的风险因素，这些与公司价值相关的基本因素将在股票价格中得到反映。如何根据行业相似性选择参考企业呢？评估人员可以根据行业分类或者根据企业业务介绍来确认可比企业业务是否和被评估企业相似。

（六）可比企业选择的主要标准——规模相近

规模可通过销售额、总资产额或流通市值等指标来表示。究竟该选择何种规模衡量指标？这要从企业的经营业务角度考虑，对于服务性企业，经营收入是一个较好的规模衡量指标；对于生产性企业，总资产水平则是一个较好的规模衡量指标。规模相差多大范围内具有可比性？这没有一个绝对的数量标准，但显然一个资产规模达 1 亿元的企业与资产规模 50 万元的企业之间就不具有可比性，而与 2000 万元的企业之间可能具有可比性。国外评估界的经验法则是，大企业规模和小企业规模相比在 10 倍以内。

如果被评估企业和可比企业存在规模差异，那么通过价格乘数的调整可以将这种差异加以消除，调整方法将在后面章节讨论。

（七）可比企业选择的主要标准——成长性相仿

其他情况相同，成长性越好的企业其价值越大。尽管很难找到一个与被评估企业具有同样预期成长性的可比企业，但至少所选可比企业应与被评估企业具有相同的发展方向，也就是说，如果被评估企业在未来能够保持不断增长，那可比企业也应该保持增长，只要两者之间的增长率差别不是很大，就能在价格乘数中加以调整。

（八）可比企业选择的主要标准——财务业绩相近

经过上述步骤确定了备选的可比企业后，接下来评估人员就要对备选可比企业进行财务业绩方面的比较分析，以确定这些企业能否最终作为合适的可比企业。评估人员比较分析的重点应放在成长性、盈利能力、资产利用效率、资本结构等方面的差异，凡是那些与被评估企业差异较大的公司应该从备选可比企业中剔除。

（九）可比企业选择的次要标准

评估人员确定可比企业除了依据股票交易活跃程度、企业规模、企业成长性、企业财务绩效等主要标准外，还应该考虑一些次要标准，包括企业的注册地、业务活动的地域范围以及其他因素，当然次要标准所起作用不是很大。

需要说明的是，在某种程度上，规模相近、业务有些联系的公司比业务非常接近但规模或财务业绩差异较大的公司更适合作为可比企业。此外，可比企业数量足够多的话可以消除某一可比企业的异常情况，进一步讲，每一个企业都是复杂的，没有一个可比企业能够与被评估企业所有特征都接近，对可比企业的全面考察可以更好地把握被评估企业的特性。

二、规范财务报表（第二步）

对被评估企业和可比企业的历史财务报表进行规范调整的目的在于，使企业财务报表中的数据具有可比性，并剔除与企业价值评估无关的信息和数据。可比企业比较法的第二步是审视被评估企业和可比企业的财务报表，进而进行以下三个方面的规范和调整：统一会计政策和会计估计以增加可比性、规范特别项目及非经常性项目以增加可预测性、调整非经营性项目及溢余资产以突出核心业务。

（一）统一会计政策和会计估计以增加可比性

各个企业所采用的会计政策和会计估计可能存在差异，比如，发出存货成本的计量，有的企业采用先进先出法（FIFO），也有的企业采用后进先出法（LIFO）或其他方法，同一企业采用不同的会计政策和会计估计所核算出的经营业绩可能会出现较大差异，因此，有必要对不同企业的会计政策和会计估计进行统一。

1. 存货成本的核算。存货成本核算方法的差异普遍存在，下面举例说明存货核算方法从后进先出法调整到先进先出法后，企业利润发生的变化，例中所得税税率为40%，后进先出准备表示用后进先出法与先进先出法对存货进行计价的差值。相关分析如下：

表8－8　　存货成本核算方式的调整及其对企业利润的影响

年份	20A1	20A2	20A3	20A4	20A5
汇总					
后进先出准备	40100	42600	45400	47200	49400
调整销货成本		(2500)	(2800)	(1800)	(2200)
调整税前利润		2500	2800	1800	2200
细目					
期初 LIFO 存货		37985	51364	49793	51628
购入		157882	132878	127211	110090
期末 LIFO 存货	37985	51364	49793	51628	48529
LIFO 销货成本	170650	144503	134449	125376	113189
后进先出准备	40100	42600	45400	47200	49400
期初 FIFO 存货		78085	93964	95193	98828
购入		157882	132878	127211	110090
期末 FIFO 存货	78085	93964	95193	98828	97929
FIFO 销货成本		142003	131649	123576	110989

将20A5年度的资产负债表从后进先出法调整为先进先出法，相应的会计处理为

借：存货——后进先出准备　　49400

　贷：递延税款　　19760（49400×40%）

　　留存收益　　29640［49400×（1－40%）］

将后进先出法调整为先进先出法后，20A5年末的存货应该为

20A5年末 LIFO 存货	48529
加：20A5年 LIFO 准备	49400
等于：20A5年末 FIFO 存货	97929

同时，对留存收益（考虑税收因素）进行调整为

20A5 年 LIFO 准备	49400
乘以（1－40%）	×60%
等于：经调整的税后留存收益	29640

存货计价方法调整对 20A5 年的净利润影响为

20A5 年 LIFO 准备变化	2200
乘以（1－40%）	×60%
等于：经调整的税后净利润	1320

2. 收入确认。收入确认是指收入如何入账，包括定时和计量两个方面问题。定时是指收入在什么时候记入账册，比如商品销售（或长期工程）是在售前、售中，还是在售后确认收入；计量则指以什么金额登记，是按总额法，还是按净额法；劳务收入按完工百分比法，还是按完成合同法。我国的会计制度虽然对收入确认条件进行了规定，但仍给企业留下了较大的选择余地，不同企业甚至不同的会计人员，由于其获取信息渠道的不同、操作经验的不同、所处角度的不同、对利润的取向不同等，都会对收入实现可能性的判断产生差异，从而会运用不同的收入确认方法，比如在建筑行业，有的企业按照完工进度进行收入确认，而有的企业则按照合同实施进度进行收入确认。因此，对可比企业之间以及可比企业与被评估企业之间的收入确认原则的差异应进行统一。

3. 折旧。固定资产折旧可以采用直线折旧法，也可以采用加速折旧法，这就可能造成企业之间折旧方法的差异。但在通常情况下，评估人员很难获得足够的信息来对这种差异进行调整，而一旦折旧方法对企业经营业绩影响较大时，则价格乘数的选择必然会受到影响。

4. 税收问题。上市企业之间以及上市企业与被评估企业之间另一常见差异在于税收水平差异，有些企业可能因为某些方面的特殊原因而享受到税收优惠，税负水平很低甚至是免税，而另外一些企业则只能按照正常水平纳税。同样情况下，低税、免税企业的净利润以及现金流要高于正常税负的企业。税收差异对企业价值的影响应该通过相应的调整加以消除。

5. 其他差异。其他会计政策和会计估计差异在此不再一一列出，凡有可能应尽量加以调整。另外，随着新的会计制度的出台，可能一些可比企业或被评估企业已经采用，而有些企业则可能没有采用，这种差异同样需要调整。

（二）规范特别项目及非经常性项目以增加可预测性

对特别项目及非经常性项目进行规范调整，是为了使历史财务报表能够更好地预测未来的经营业绩。就某些项目而言，如果未来不再发生，则应该将其从可比企业或被评估企业的财务报表中去除。常见的项目包括终止经营业务、一次性重组成本、历史上形成的商誉的摊销、其他一次性费用等。

（三）调整非经营性项目及溢余资产以突出核心业务

对非经营性项目及溢余资产进行调整主要是将与企业核心业务无关或关系不大的支出与收入、资产与负债加以剔除，从而使企业的经营活动集中于核心业务。非经营性收

入，支出项目以及资产、负债项目应从被评估企业中去除，因为这些项目在上市公司的股价中不会得到反映。所以，上市公司中几乎没有这些项目，即使有的话数目也不会很大。

在资产负债表中的非经营性项目包括过剩的现金及现金等价物（流通证券）、收藏的古董、艺术品、度假建筑及其他娱乐设施、溢余的机器设备、非经营性土地等。

损益表中的非经营性项目包括利息收入及支出、来自非经营性资产的租金、房地产税、保险费、过量的福利、非经营性娱乐和旅行、支付给企业所有者的超额租金等。

对非经营性（非主业）收入或支出的处理，一般是将收入和费用从企业整体收入和费用中扣除，对非经营性收入或支出价值单独评估，然后再加入到企业股权价值或企业整体价值中去。这种处理方法对溢余资产同样适用。

三、价格乘数的计算和选择（第三步、第四步）

上市公司比较法是利用价格乘数进行企业价值评估，计算和使用价格乘数应考虑所有与价格乘数相关的各种因素，包括用于价格乘数计算的基本因素选择、数据时间段的选择、数据处理方法的选择、股票价格数据的时效性、选择何种价格乘数应用于被评估企业、可比企业与被评估企业之间的差异如何通过价格乘数加以调整等。

（一）价格乘数的形式（第三步）

价格乘数有多种形式：价格乘数的分子可以是股权资本价格，也可以是投入资本价格。价格乘数的分母可以是各种税前或税后的财务绩效指标，如息税前利润、净利润、现金流等。

需要特别强调的是，乘数分子中的价格要与合适的收益指标（销售收入、利润、现金流等）相匹配，收益指标选择的关键是看收益将向哪些资本所有者支付。例如，如果收益选择 EBIT，那么分子中价格的概念则是投入资本的市场价格，因为息税前利润需要用于支付债务人和股票持有人。

（二）财务绩效指标的时间段选择

财务绩效是企业在特定时间段内的经营结果，在不同的时间段，企业的经营绩效必然存在差异。评估人员对时间段的选择有多种方法，可以选择最近 12 个月、上一财政年度、下一财政年度、历史平均数或加权平均数等，价格乘数会因时间段选择的不同而不同。

（三）价格乘数计算中的统计方法

对于任何一种价格乘数而言，不同的可比企业所计算出来的价格乘数都可能会不同，因此，来自可比企业样本的价格乘数往往集中在某一个范围，并具有中位数、平均值、变异系数、调和平均值等统计特征（样本中有多家参考企业）。

1. 中位数和百分位数。中位数和百分位数是一种位置指标，将一组观察值按照从小到大的顺序排列，位置居于最中央的那个数据就是中位数，第 25 百分位数表示位置居于前 25% 的那个观察值，即样本中大约有 25% 的观察值比第 25 百分位数小，大约 75% 的观察值比第 25 百分位数大。

由于多种价格乘数呈正偏态分布，出现异常值和极端值的可能性较大，比如，在我国股票市场上，许多微利企业的股票交易价格很高，此时计算出来的市盈率可能高达数百、数千倍，甚至更高，如果参考企业中包括这种上市公司，那么计算出来的平均数就没有太大的意义，而用中位数和百分位数则能够很好地说明问题。

2. 用算术平均值。算术平均值用来反映一组观察值的平均水平，在价格乘数的汇总分析中，可用简单平均值或复合值平均值。简单平均值是对价格乘数采用简单的加和平均；复合平均值是将一组可比企业视为一个大企业，然后计算各种价格乘数。

3. 用调和平均值。调和平均值是算术平均值的一种变形，指的是倒数平均值的倒数。简单调和平均值是各观察值倒数的简单算术平均数的倒数。调和平均数虽然不常用，但在计算利润率或价格乘数时不失为一个有益的方法。

$$H = \frac{1}{\sum_{i=1}^{n}(1/m_i)/n}$$

式中：H——调和平均数；

n——可比企业数量；

m——可比企业的价格乘数。

4. 变异系数。变异系数反映观察值相对于平均值的离散程度，也称为标准差系数，计算方法是用样本的标准差除以样本的平均值。由于变异系数已经考虑了平均值的不同对观察值离散程度的影响，所以它可以用来比较不同组别样本的离散程度，而不管它们平均数值是否相近。例如，可以用来比较销售收入的离散程度和净利润的离散程度，虽然从量上看销售收入要远大于净利润。同样，也可以用来比较不同价格乘数的离散程度。

【例 8.9】现有下列两组价格乘数，分别求第 25 百分位数、中位数、平均值、调和平均值、标准差及变异系数。

第一组：	11.7	14.2	14.7	15.1	19.2
第二组：	6.1	11.6	14.8	17.2	34.7

解：（1）第一组第 25 百分位数为 14.2，第二组第 25 百分位数为 11.6；第一组中位数为 14.7，第二组中位数为 14.8。

（2）第一组平均值为

$$\frac{11.7+14.2+14.7+15.1+19.2}{5}=15.0$$

第二组平均值为

$$\frac{6.1+11.6+14.8+17.2+34.7}{5}=16.9$$

（3）第一组调和平均值为

$$\frac{1}{\dfrac{\dfrac{1}{11.7}+\dfrac{1}{14.2}+\dfrac{1}{14.7}+\dfrac{1}{15.1}+\dfrac{1}{19.2}}{5}}=14.6$$

第二组调和平均值为

$$\frac{1}{\frac{\frac{1}{6.1}+\frac{1}{11.6}+\frac{1}{14.8}+\frac{1}{17.2}+\frac{1}{34.7}}{5}}=12.4$$

（4）第一组标准差为

$$\sqrt{\frac{(11.7-15.0)^2+(14.2-15.0)^2+(14.7-15.0)^2+(15.1-15.0)^2+(19.2-15.0)^2}{5-1}}=2.7$$

第二组标准差为

$$\sqrt{\frac{(6.1-16.9)^2+(11.6-16.9)^2+(14.8-16.9)^2+(17.2-16.9)^2+(34.7-16.9)^2}{5-1}}=10.8$$

（5）第一组变异系数为 $\frac{2.7}{15.0}=0.2$

第二组变异系数为 $\frac{10.8}{16.9}=0.6$

以上计算结果总结如表 8－9 所示，通过对比可以发现，第二组的价格乘数变动范围比较大，变异系数也较大，虽然两组的中位数基本相同，但第二组的平均值比第一组高，而调和平均值则比第一组低。

表 8－9　　　　价格乘数统计指标计算结果

组别	第 25 百分位数	中位数	平均值	调和平均值	标准差	变异系数
第一组	14.2	14.7	15.0	14.6	2.7	0.2
第二组	11.6	14.8	16.9	12.4	10.8	0.6

（四）选择合适类型的价格乘数（第四步）

在完成了被评估企业的分析、可比企业的选择、财务报表的规范等工作后，接下来要做的工作是选择合适的价格乘数应用于被评估企业的价值评估，这是整个评估过程中难度较大的一步，因为其中包括大量信息处理和主观判断。

1. 价格乘数的四种基本类型。价格乘数有四种基本类型：价格/收益或现金流乘数（如 PE）、价格/收入乘数（如 PS）、价格/账面价值乘数（如 PBV）、价格/其他度量指标（通常是行业特有的经营指标）乘数。针对这些价格乘数，评估人员必须明确价格乘数是用来评估股权价值还是用来评估投入资本价值，同时，要根据企业的业务特点选择合适的价格乘数，那种试图对所有的企业应用相同类型价格乘数的想法在评估实践中是难以行得通的。

2. 股权资本价格乘数与投入资本价格乘数的选择。如果评估少数股权价值，或者被评估企业与可比上市企业之间的资本结构相似时，选择股权资本价格乘数比较合适，此时，股权资本价值的计算公式为

$$股权资本价值 = \left[\frac{可比企业股权资本市场价格}{经规范的可比企业收益}\right] \times 经规范的被评估企业收益$$

如果评估控股股权价值，或者可比企业与被评估企业之间的资本结构存在较大差异时，选择投入资本价格乘数比较合适，此时，股权资本价值的计算公式为

$$股权资本价值 = \left[\frac{可比企业投入资本市场价格}{经规范的可比企业收益}\right] \times 经规范的被评估企业收益 - 经规范的被评估企业负债价值$$

如果企业间的资本结构存在差异，但不是很大时，评估人员既可以选择股权资本价格乘数，也可以选择投入资本价格乘数。

3. 价格乘数的选择——业界惯例。在评估实践中，评估人员根据长期经验总结，对价格乘数选择已经形成了一些惯例，例如，制造业企业的价值评估一般选择市盈率乘数或价格/现金流乘数，银行业企业的价值评估一般选择市净率乘数，服务业企业的价值评估一般选择市销率乘数，医院的价值评估一般选择单位床位收入乘数。通常情况下，每一行业的企业价值评估所常用的价格乘数都有一个或者多个。

4. 价格乘数的选择——乘数集中程度。选择价格乘数的另外一种方法是：分析参考企业价格乘数的变化范围以及集中程度，以变异系数小的价格乘数作为合适的选择对象。价格乘数越集中，表明投资者的买卖决策越趋向于一致，用于价值评估的可靠性越高。表 8－10 数据表明，投入资本价格乘数中，PIC/EBIT 乘数的变异系数最小，因此，可以作为合适的选择对象；股权资本价格乘数中，PE 和 PBV 的变异系数都比较小，且非常接近，所以都可以作为合适的选择对象。

表 8－10　　价格乘数的集中程度（最近 12 个月的财务数据）

乘数 / 项目	投入资本价格乘数			股权资本价格乘数		
	PIC/S	PIC/EBIT	PIC/BVIC	PS	PE	PBV
A 参考企业	2.5	17.9	3.9	1.9	29.8	6.0
B 参考企业	2.1	10.5	2.6	1.6	16.4	4.3
C 参考企业	0.9	11.3	1.9	0.6	18.3	4.9
D 参考企业	1.5	15.0	2.0	1.3	22.2	3.3
E 参考企业	0.6	12.0	1.0	0.5	18.0	1.8
平均值	1.5	13.3	2.3	1.2	20.9	4.1
变异系数	46%	26%	41%	47%	28%	27%
调和平均值	1.2	12.8	1.8	0.9	20.0	3.4
中位数	1.5	12.0	2.0	1.3	18.3	4.3
最大值	2.5	17.9	3.9	1.9	29.8	6.0
最小值	0.6	10.5	1.0	0.5	16.4	1.8

5. 价格乘数的选择——被评估企业的环境。选择何种价格乘数还要考虑被评估企业所处的特定环境。例如，某行业企业价值评估通常所采用的价格乘数是市盈率，如果被

评估企业尚未盈利，且预计以后一两年内也不会盈利，此时，利用市盈率乘数来评估该企业就没有意义，可行的做法是选择其他类型的收益指标及相应的价格乘数，如市销率。

另外，如果被评估企业所处行业并没有通用的价格乘数，那么评估人员也许能够从被评估企业所有者那里得到有益的信息。

四、价格乘数的比较和调整（第五步、第六步）

上市公司比较法的第五步是对被评估企业和参考企业进行定性和定量比较分析，常用分析方法包括定性的 SWOT（优势、劣势、机遇、调整）分析和定量的财务绩效分析（财务比率、发展趋势、行业比较）。比较分析的关键在于明确被评估企业与可比企业在风险、成长性等方面的差异，从而为下一步的价格乘数调整提供依据。

（一）定性因素的比较分析

评估人员必须对被评估企业和可比企业之间，影响价值的定性因素的差异进行分析，尤其是要分析这些差异如何对价值产生影响。需要考虑的定性因素很多，以下是一些比较普遍的因素：

（1）相对规模；

（2）市场竞争地位、市场占有率（领导者还是追随者等）；

（3）管理深度、管理延续性；

（4）无形资产状况（智力资本、商誉等）；

（5）产品线的多样化；

（6）市场的区域多样化；

（7）供应商或客户的依赖度、集中度；

（8）产品所处生命周期的阶段。

如果与可比企业相比，上述定性因素的差异导致被评估企业的风险增加、成长性降低，那么，应用于被评估企业的价格乘数将低于参考企业；相反，如果上述定性因素的差异导致被评估企业的风险减少、成长性提高，那么，应用于被评估企业的价格乘数将高于可比企业。

（二）定量财务绩效比较分析

定量财务绩效比较分析是对比分析可比企业与可比企业、可比企业与被评估企业之间的财务经营绩效，从而发现哪些价值决定因素显著异于行业正常水平，这些因素对企业价值产生的是积极影响还是消极影响。在评估实践中，常用两种基本类型的财务绩效分析方法为趋势分析（纵向比较）、同行业对比分析（横向比较）。定量财务绩效比较同样是为了分析企业在风险、成长性等方面的差异，在此基础上，评估人员可以将价格乘数调整到合适的水平。

（三）可比企业价格乘数的调整

上市公司比较法的第六步是对可比企业的价格乘数进行调整，以便应用于被评估企业的价值评估。价格乘数的调整是市场法中评估人员必须作出的关键性的评估判断。对上市公司比较法相关理论的全面理解是正确运用这一评估方法的先决条件。

由于价格乘数与价值乘数保持一致性，价值乘数的计算公式表明，价格乘数蕴含了风险调整后的资本成本和预期的收益增长率。价格乘数究竟是选择第 25 百分位数、中位数、第 90 百分位数、平均数，还是调和平均数？这必须基于被评估企业和可比企业的比较。很显然，被评估企业与可比企业相比优势越明显，则价格乘数会越高。评估人员不能简单地选用平均数或中位数，任何选择结果都要有分析依据。

被评估企业与可比企业之间进行比较的关键就在于两者之间风险性和成长性差异的比较，评估人员的主要任务就是根据两者之间的差异，对可比企业的价格乘数进行调整，以反映被评估企业的风险性和成长性。

1. 价格乘数定性调整技术。一般而言，如果与可比企业总体相比，被评估企业风险较小、增长较快，则选择比中位数稍高的价格乘数；如果被评估企业的风险性与成长性接近可比企业的平均水平，则选择接近中位数的价格乘数；如果被评估企业的风险较大、增长较慢，则选择低于中位数的价格乘数。

许多评估人员根据信息判断对可比企业的价格乘数作出数量上的调整，这种方法其实是建立在定性分析基础之上，虽然方法没有什么不对，但问题是调整方向和调整幅度必须保证价格乘数的准确性。

2. 价格乘数定量调整模型。常用的价格乘数定量调整模型有以下几种：

（1）根据财务绩效（如销售净利率、净资产收益率等）与价值乘数相关性调整价格乘数；

（2）根据规模及其他风险因素差异调整价格乘数；

（3）根据成长性差异调整价格乘数。

根据财务绩效与价值乘数相关性调整价格乘数模型尤其适用于账面价值类、销售收入类价格乘数，而根据风险和成长性调整模型比较适用于收益类价格乘数。以收益类价格乘数调整为例，具体思路如下：

$$V = \frac{R}{k - g}$$

式中：R 为收益，如税后利润。上式经变换得

$$\frac{V}{R} = \frac{1}{k - g} \qquad \text{或} \frac{R}{V} = k - g$$

式中：k 是与特定收益流相对应的折现率，g 是特定收益的增长率，V/R 即为收益类价值乘数，风险性、成长性方面的差异可以直接在等式右边 $k - g$ 中进行调整。

3. 财务绩效与价值乘数相关性基础上的调整

（1）ROE 和市净率之间的相关性。可比企业的净资产收益率与市净率乘数之间存在紧密相关关系，因为较高的净资产收益率可以给予股权投资者较高的既有投资回报以及较高的未来再投资回报，当然，这种关系的假设前提是当前的净资产收益率指标与预期的未来净资产收益率指标相近。

（2）销售净利率和市销率之间的相关性。从理论上看，可比企业销售净利率与市销

率之间存在紧密正相关关系，因为较高的销售净利率可以使同样的销售收入获得更多的利润，且可以使同样的留存收益再投资后获得高的增长率。

市销率乘数中的价格理论上应为投入资本的价格，销售收入应为投入资本的销售收入。但在实践中，许多评估人员基于股权资本，将价格/销售比中的价格定义为股权资本的市场价格，将销售收入定义为与股权资本对应的销售收入。

（3）其他绩效指标与价值乘数相关性。除了上述两种财务绩效指标外，可能还有其他财务绩效指标与价值乘数之间存在紧密相关关系，评估人员如果能够发现这种相关关系的话，则可以用来进行价格乘数的调整。

4. 对价格乘数进行规模风险调整。这是价格乘数定量调整模型中的一种。企业规模小很可能包含一系列风险因素，包括：

（1）管理缺乏深度；

（2）产品缺少多样性；

（3）业务缺少区域化或全球化；

（4）融资渠道有限；

（5）研发能力和市场资源有限，等等。

证券市场的大量实证研究表明，企业规模对股权投资收益率具有重大影响，企业规模越大，股权投资回报率越低，表 8－11 是美国 Ibbotson Associates 出版的 SBBI 年鉴（*Stock*，*Bonds*，*Bills and Inflation Yearbook*）中 1926 年至 2003 年不同档次企业的规模风险溢价，其中第 1 档企业是规模最大的企业，其规模风险溢价为－0.33%，第 10 档是规模最小的企业，其规模风险溢价为 6.34%。

表 8－11　　10 档规模风险溢价（SBBI：1926—2003）

档次	β 值	实际风险溢价	CAPM 计算的风险溢价	规模风险溢价
1	0.91	6.21%	6.54%	－0.33%
2	1.04	7.94%	7.44%	0.50%
3	1.10	8.55%	7.88%	0.67%
4	1.13	9.20%	8.09%	1.11%
5	1.16	9.68%	8.32%	1.36%
6	1.18	10.09%	8.50%	1.59%
7	1.23	10.42%	8.85%	1.57%
8	1.28	11.42%	9.16%	2.26%
9	1.34	12.53%	9.63%	2.90%
10	1.41	16.50%	10.16%	6.34%

由注册估值分析师协会颁布的《中国企业资本成本估计参数表（2019 年版）》，选取 1997 年至 2018 年所有沪深 A 股市场的上市公司（股票代码前三位为 600，601，000，002），剔除金融企业后按照流通市值进行排序，并等比例地将其分为 10 档，计算出了各档的规模风险溢价，如表 8－12 所示。

表 8－12　　沪深 A 股上市公司规模风险溢价（1997—2018 年）

档次	规模最小公司市值（亿元）	规模最大公司市值（亿元）	规模风险溢价（%）
1	180. 85	14262. 49	0. 88
2	91. 39	179. 27	0. 73
3	59. 41	91. 36	0. 01
4	43. 41	59. 12	1. 71
5	33. 92	43. 29	0. 90
6	27. 02	33. 90	2. 51
7	21. 19	26. 99	4. 71
8	16. 75	21. 17	6. 79
9	11. 36	16. 73	8. 18
10	4. 13	11. 34	13. 44

由于股权资本回报率与企业规模相关，因此，折现率及价格乘数需要根据企业规模作相应调整。基本认可的市盈率乘数的调整方程如下（可比上市公司与被评估企业之间仅存在规模方面的差异）：

$$\begin{aligned}\frac{1}{PE_M} &= \frac{1}{VE_M} = \frac{E_M}{V_M} = E_M \div \left(\frac{E_M}{K_M - g_M}\right)\\ &= K_M - g_M\\ &= K_G + (K_{MS} - K_{GS}) - g_G\\ &= K_G - g_G + (K_{MS} - K_{GS})\\ &= \frac{1}{PE_G} + (K_{MS} - K_{GS})\end{aligned}$$

式中：PE_M——被评估企业的市盈率；

PE_G——可比企业的市盈率；

E_M——可比企业的净利润；

K_G——可比企业的股权资本成本；

K_{MS}——被评估企业的规模风险溢价；

K_{GS}——可比企业的规模风险溢价；

g_G——可比企业的收益增长率。

上述公式中，因为被评估企业和可比企业仅仅在规模方面存在差异，故而 K_M 和 K_G 相等，g_M 和 g_G 相等。

【例 8. 10】 假设可比企业规模处于 SBBI 中的第 6 档，市盈率为 15. 0，被评估企业规模处于第 10 档，对可比企业的市盈率乘数进行规模风险调整以应用于被评估企业。

解：根据公司规模对可比企业市盈率乘数进行调整的步骤为

（1）计算可比企业的利润/价格比，即市盈率乘数的倒数 $1/PE_G = 1/15.0 = 6.67\%$

（2）计算被评估企业和可比企业之间的规模风险溢价差额 $K_{MS} - K_{GS} = 6.34\% - 1.59\% = 4.75\%$

（3）计算调整后的利润/价格比率 $1/PE_M = 6.67\% + 4.75\% = 11.42\%$

（4）经规模风险调整后的市盈率乘数 $PE_M = 1/11.42\% \approx 8.76$

通常情况下，以上规模风险调整是针对股权资本价值评估，如果不是股权资本价值评估，规模风险调整过程将比较复杂。

5. 根据成长性对价格乘数进行调整。这同样是价格乘数定量调整模型中的一种。利用类似的基本等式可以对市盈率乘数进行成长性差异调整（可比上市公司与被评估企业之间仅存在成长性方面的差异）：

$$
\begin{aligned}
\frac{1}{PE_M} = \frac{1}{VE_M} = \frac{E_M}{V_M} &= E_M \div \left(\frac{E_M}{K_M - g_M}\right) \\
&= K_M - g_M \\
&= K_M - [g_G + (g_M - g_G)] \\
&= K_G - g_G - (g_M - g_G) \\
&= \frac{1}{PE_G} - (g_M - g_G)
\end{aligned}
$$

式中：g_M为被评估企业的增长率，利润/价格比率的倒数即为新的价格乘数。此调整过程，只需知道可比企业和被评估企业的持续增长率差异即可。

【例 8.11】 假设可比企业的市盈率乘数为 15.0，可比企业的持续增长率为 5.00%，被评估企业的持续增长率为 7.00%。请对市盈率乘数进行调整。

解：市盈率乘数的调整步骤如下：

（1）计算利润/价格比率，即市盈率乘数的倒数 $1/PE_G = 1/15.0 = 6.67\%$

（2）减去被评估企业与可比企业之间的增长率差异，得调整后的利润/价格比率 $1/PE_M = 6.67\% - (7.00\% - 5.00\%) = 4.67\%$

（3）计算调整后的市盈率乘数 $PE_M = 1/0.0467 \approx 21.4$

6. 其他风险因素的定性调整。企业其他方面的风险因素包括对单一供应商和顾客的过度依赖、竞争能力脆弱、销售收入的波动、高比例固定成本（经营杠杆）、过度依赖新产品、高财务杠杆等，同样需要加以考虑，然而，对于这些风险因素如何进行价格乘数的定量调整，目前尚没有实证研究成果，评估人员在定性分析的基础上，根据评估经验来调整价格乘数。

7. 价格乘数调整的有关说明。上述所讨论的价格乘数调整对象往往是一些发展稳定、业务关系比较简单的企业（可比企业和被评估企业），例如，根据成长性调整价格乘数的模型中，暗含了企业保持稳定增长的假设前提，因此，模型适用于稳定增长企业，非稳定增长企业如高速增长企业则不适用于该模型。此时，评估人员可结合本章第三节中有关价值乘数的计算公式对价格乘数进行定量和定性调整。

五、价格乘数的应用及计算结果处理（第七步至第九步）

（一）将调整后的价格乘数应用于被评估企业（第七步）

上市公司比较法的第七步是将调整后的价格乘数应用于被评估企业，即用调整后的价格乘数乘以相应的财务指标，以得出被评估企业的价值。结合表 8－10，选择变异系数最小的 PIC/EBIT、PE、PBV 三种价格乘数，应用于被评估企业的价值评估，具体过程如表 8－13 所示。

表 8－13　　　　价格乘数的应用（最近 12 个月财务指标）

价格乘数类型	PIC/EBIT	PE	PBV
A 可比企业	17.9	29.8	6.0
B 可比企业	10.5	16.4	4.3
C 可比企业	11.3	18.3	4.9
D 可比企业	15.0	22.2	3.3
E 可比企业	12.0	18.0	1.8
均值	13.3	20.9	4.1
变异系数	26%	28%	27%
中位数	12.0	18.3	4.3
最大值	17.9	29.8	6.0
最小值	10.5	16.4	1.8
所选价格乘数统计指标 中位数	12.0	18.3	4.3
+/－调整	×80%	×80%	×80%
调整后的乘数	9.6	14.6	3.4
被评估企业财务指标	$ 1250000 EBIT	$ 510000 E	$ 2237500 BV
计算值	$ 12000000	$ 7458750	$ 7623252
债务价值	－3675000		
股权价值	$ 8325000	$ 7458750	$ 7623252

（二）不同计算结果的处理（第八步）

如果使用多个价格乘数就会得到多个评估结果，此时，评估人员就需要决定每一个价格乘数所得结果应该赋予多大权重，这是上市公司比较法第八步所做的工作。一般而言，与企业及企业所在行业越相关的价格乘数，据其所得结果所赋予的权重越大，例如，在服务业，价格/销售收入乘数和价格/营业利润乘数所得结果应该赋予较大权重，价格/账面价值乘数所得结果赋予的权重要小一些。表 8－14 提供了一个不同结果处理的例子。

表8－14　　不同价格乘数计算结果的处理（最近12个月财务指标）

价格乘数类型	PIC/EBIT	PE	PBV
中位数	12.0	18.3	4.3
+/－调整	×80%	×80%	×80%
调整后的乘数	9.6	14.6	3.4
被评估企业财务指标	$1250000 EBIT	$510000 E	$2237500 BV
计算值	$12000000	$7458750	$7623252
债务价值	－3675000		
股权价值	$8325000	$7458750	$7623252
不同结果权重	×20%	×40%	×40%
赋权重计算值	$1665000	$2983500	$3049301
加权平均值	$7697801		

对同一种方法如市场法（也可能是不同的方法）得出的不同价值评估结果，评估人员需要考虑以下因素，根据自己的判断作出处理。

（1）权重的确定经过充分分析判断，且在报告中加以清楚地解释。

（2）对不同计算结果的赋权往往依赖于评估人员的评估经验。

（3）对某一价格乘数所得评估结果赋权大小，依赖于评估人员对行业以及对企业价值决定因素的理论和实践理解（例如，服务型企业通常基于收入评估价值，资本密集型企业基于净利润或账面价值评估价值，房地产企业基于毛现金流评估价值等）。

（4）选择价格乘数时所考虑的因素也是确定不同结果权重时需要考虑的因素。

（三）考虑适当的折溢价（第九步）

采用可比企业的股票价格计算相关价格乘数时，可比企业的股票价格往往反映的是少数股权的价值，因此在分析被评估企业全部股权价值时需要考虑少数股权和控股权之间产生的折价或溢价。评估人员在得出被评估企业最终评估值之前，必须根据折溢价因素作出相应调整，具体调整方法将在第十一章中加以介绍。

对不同价值评估结果进行赋权处理，并进行折溢价调整后，评估人员就基本完成了上市公司比较法的评估任务。

第五节　交易案例比较法

一、交易案例比较法概述

交易案例比较法是市场法中另外一种常用的具体方法，该方法通过分析同行业或类似行业的并购交易案例，得出合适的价格乘数应用于被评估企业的价值评估。

（一）并购的定义

并购交易活动是市场经济中企业竞争、发展的必然结果，其实质为产权转让。并购包括企业兼并与企业收购两层意思，英文表述为 Merger and Acquisition（M&A）。

对于企业兼并，英国《大不列颠百科全书》解释为："两家或更多的独立企业合并组成一家企业，通常是由一家占优势的公司吸收一家或更多的公司。"《牛津金融与银行词典》的定义为："两个或更多经济实体的合并，导致新的会计主体的产生。合并经济实体的股东平等地承担风险和分配报酬，同时，不存在一方控制另一方的现象……"我国《公司法》指出："公司合并可以采取吸收合并或者新设合并。一个公司吸收其他公司为吸收合并，被吸收公司解散。两个以上公司合并设立为一个新的公司为新设合并，合并各方解散。"

企业收购是指一家企业用现金、债券或股票收购另外一家企业的股票或资产，以获得对该企业控制权的行为。其中，购买方称为收购公司、出价公司，另外一方称为被收购公司、目标公司。收购的结果可能是收购目标公司的全部股权或资产，也可能是获得较大一部分股权或资产以实现控制权，还有可能是获得一小部分股权，但对目标公司具有较大影响。

（二）并购交易类型

被评估企业是否上市，对评估人员的信息收集影响很大。根据收购公司和目标公司是否为上市公司，并购交易可以分为以下四种类型。

1. 上市公司并购另外一家上市公司，即收购公司和目标公司均为上市公司。由于政府监管部门对上市公司有严格的信息披露要求，所以，对于这类并购交易案例，评估人员可以方便地收集到详细的信息资料，包括交易价格、交易方式、交易双方的财务状况、生产经营状况、管理层的构成等。

2. 非上市公司并购上市公司，即收购公司是非上市公司，目标公司是上市公司。由于涉及上市公司控股权变动，因而需要进行详细的信息披露。对于这类并购交易案例，评估人员可以比较方便地收集到有关交易细节以及交易对象的详细资料，这些资料基本能够满足评估过程中比较分析的需要。

3. 上市公司并购非上市公司，即收购公司是上市公司，目标公司是非上市公司。在这类并购案例中，上市公司需要公开披露交易方面的信息，包括交易价格、交易方式、交易对象的基本情况等。由于交易对象是非上市公司，所以评估人员难以获得目标公司的详细信息。

4. 非上市公司并购非上市公司，即收购公司和目标公司都是非上市公司。对于非上市公司，信息披露的强制要求非常少，因此，评估人员收集信息的难度最大。

（三）运用交易案例比较法的一些要求

交易案例比较法中，被评估企业的价值评估建立在既有交易案例比较分析的基础之上，因此，交易案例必须能够提供充分客观的数据和信息用于价格乘数的确定。交易案例中的目标公司与被评估企业之间应该具有投资特点方面的可比性，理想的交易案例是目标公司和被评估企业处于同一行业。但是，如果在同一行业可选的交易案例数量较少，则评估人员就有必要选择其他行业中与被评估企业有着相似投资特性的交易案例，诸如相似的市场、产品、成长性、业务变动周期及其他价值影响因素。

评估人员搜寻和选择并购案例时，应该首先建立相应的标准，以保证所选择并购案例的客观、可信；由于上市公司的信息披露比较详细、充分，所以，评估人员可以考虑首先收集涉及上市公司的交易案例。

对于所收集的并购案例，评估人员应尽可能获取并分析并购活动中目标公司的财务与经营数据。如果目标公司与被评估企业的会计政策、会计估计存在较大差异，则评估人员必须设法消除二者之间的差异。非正常项目及非经常项目经分析后也要加以适当调整。

评估过程中的价格乘数是在并购交易价格基础之上，通过比较分析目标公司与被评估企业在财务、经营等方面的差异，经计算调整而得到。如果采用几个价格乘数得到不同的评估结果，则评估人员应该考虑对不同的评估结果给予恰当的权重，以得到初步价值评估结论。然后对此前评估过程中没有考虑的因素如控股程度、股权流动性、并购交易与评估基准日差异、并购的战略价值或投资价值、管理的规模和深度、市场的多元化等加以分析，并调整初步价值评估结果以得到最终的价值评估结果。

二、交易案例比较法的分析过程

（一）并购案例选择

选择并购案例的原则虽然与上市公司比较法中选择可比上市公司的原则差不多，但由于并购案例的交易数据要少得多，因此在原则的把握上可以放宽一些。选择并购案例的指导思想是，并购交易的目标公司与被评估企业具有可比性，可比性的判断标准可参照上市公司比较法中的有关标准；评估人员能够收集到足够的并购案例方面的数据，包括所交易股权数量，股权所占比重，股权交易价格，并购交易双方情况尤其是被并购企业的财务状况、经营状况等；能够收集被并购企业所在行业的基本数据，包括行业的进入壁垒、行业的集中度、行业竞争状况、被并购企业在行业中的地位等；并购案例的交易时间与评估基准日相差不能太久，否则会降低市场条件及企业经营环境的可比性。

（二）调整价格乘数分子——交易价格的非现金项目

并购交易价格取决于特定的交易安排和被并购企业的特定情况，在计算价格乘数之前首先要对交易价格中所包含的非现金项目进行调整。

1. 限制性股权。如果并购交易的股权存在一定的限制，则交易价格将受到相应影响，比如我国《公司法》规定，公司公开发行股份前已发行的股份，自公司股票在证券交易所上市交易之日起一年内不得转让。此时，交易价格就比具有完全流动性股权的价格低。

2. 雇佣协议和非竞争协议。雇佣协议是指股权出售者要求购买方签署雇佣协议或咨询协议，在未来一段时间内由股权出售者向股权购买方提供咨询服务，咨询服务费的现值将体现在交易价格中。非竞争协议是指股权购买方要求股权出售者，在并购交易完成后不得或在一定时间内不得从事与并购目标企业相同或类似的业务，当然，股权购买方必须给予相应补偿。如果并购交易中包括雇佣协议和非竞争协议，那么交易价格必须剔除咨询服务费和非竞争补偿费。

3. 留任薪酬（Earnouts）。留任薪酬是一种经理人在特定时间、达成特定绩效目标所获得的奖励。当收购公司发现目标公司有杰出经营管理人才而希望将他们留下来时，则通过薪酬激励设计来达到目标，如果这些人员能够达到特定的经营目标，比如销售目标或利润目标，则给予丰厚的奖励。

4. 分期付款。在有些并购案例中，卖方为了缓解买方的资金压力，同意买方分期支付并购交易价款。如果分期付款承担的不是公平市场利率，则应该用交易日的市场利率重估并购交易价。

（三）价格乘数的选择和计算

在选择和计算各种价格乘数之前，首先要界定并购交易的对象，确定并购交易价格是对应于股权交易价值还是对应于股权和负债的整体价值，在此基础上选择合适的股权资本乘数或投入资本乘数，并计算其具体数值。

1. 股权资本乘数。股权资本乘数有多种，各种股权资本乘数都有特定的适用条件，在交易案例比较法中，主要股权资本乘数的选择通常如下。

（1）市盈率乘数：当并购交易中的目标公司与被评估企业在资本密集性、折旧方法和税率方面比较相似时常采用该乘数。

（2）价格/税前利润乘数：当并购交易中的目标公司与被评估企业在资本密集性、折旧方法方面比较相似时常采用该乘数。

（3）市销率乘数：当并购交易中的目标公司与被评估企业在同一行业，且行业中有统一的利润率，或者市销率乘数与销售利润率之间有强相关性时常采用该乘数。

（4）价格/权益现金流乘数：如果并购案例中的目标公司和被评估公司都是上市公司，则可以采用该乘数；如果目标公司是非上市公司，该乘数通常很难准确地计算。

2. 投入资本乘数。在交易案例比较法中，投入资本乘数的选择通常如下。

（1）投入资本价格/税后营业净利润乘数：当并购交易中的目标公司与被评估企业在资本密集性、折旧方法和税率方面比较相似时常采用该乘数。

（2）投入资本价格/息税前利润乘数：当并购交易中的目标公司与被评估企业在资本密集性、折旧方法方面比较相似，而不考虑目标公司和被评估企业之间税率差异时常采用该乘数。

（3）投入资本价格/息税折旧及摊销前利润乘数：如果忽略并购目标公司和被评估企业在资本密集性和折旧方法等方面的不同，则常采用该乘数。

（4）投入资本价格/投入资本现金流乘数：这一乘数评估人员很希望采用，但是在实践中由于数据收集方面的原因，通常很难计算。

（四）价格乘数分析

分析价格乘数的最大值、最小值、平均数、中位数等统计指标，可以通过 Excel 中的统计工具或交易案例数据库本身的统计功能很方便地得到所需要的结果，但是，如果不对目标公司和被评估企业在成长性、风险性等方面的差异进行深入分析，则在应用价格乘数的时候很可能出现问题。因此，评估人员应该像上市公司比较法中那样，通过比较分析并购目标公司和被评估企业之间的价值决定因素，如成长性、风险性等方面的差异，来调整应用于被评估企业的价格乘数。

三、并购交易数据库的使用

并购交易数据库是由一些信息服务公司或研究机构收集、整理的大量并购交易案例的集合，其中包括并购交易双方的基本情况、并购交易价格、并购交易价款的支付方式等信息。在西方评估实践中，并购交易数据库在并购案例比较法中普遍使用，这主要是由于以下几方面原因。

（1）评估人员可选择的并购交易数据库种类多。

（2）数据库包含的交易案例数量大。

（3）数据库价格适中。在美国，购买 CD－ROM 安装版并购数据库通常仅需 300 美元到 600 美元。

（4）使用方便。许多数据库都具有分析功能，相关数据及统计结果能够以 Excel 表格形式输出，且能够与价值评估软件对接。

我国产权市场发展的历史比较短，市场规模还比较小，市场运行机制尚不完善，建立并购交易数据库的难度很大，因此，我国目前非常缺乏应用于价值评估的并购交易数据库，这也是评估人员使用并购案例比较法所面临的最大问题之一。

第六节　市场法的适用性与局限性

一、市场法的适用性

市场法首先需要市场对可比企业进行准确价值判断，然后才能通过类比分析得出被评估企业的价值。被评估企业价值评估的准确性在很大程度上取决于市场对可比企业的定价是否合理，这就要求市场具有足够的有效性，也就是说，市场法适用于资本市场发育比较成熟，市场有效性比较强的评估环境中。

在评估实践中，市场效率是评估人员选择评估方法（主要是收益法和市场法）的重要依据，评估人员往往根据其对市场效率的判断，来决定究竟是选择收益法还是选择市场法。如果评估人员认为资本市场效率欠缺，市场定价存在偏差，这种偏差普遍存在于整个板块乃至整个市场，市场纠正定价偏差需要相当长时间，此时，会考虑选择收益法评估企业价值。如果评估人员认为，市场总体而言能够准确定价，只是在个别企业上出现定价偏差时，则会考虑选择市场法来评估企业价值。

既然要进行类比分析，因而除了市场的有效性外，运用市场法还必须有足够数量的与被评估企业相同或相似的可比企业，即能够找到足够多的可比企业。

另外，由于股票市场经常波动，评估结果的时效性就显得非常重要。根据相关评估准则，资产评估机构出具的评估报告，自评估基准日开始，一年内有效，不要说一年的时间，有时几天时间内，股票市场就已经发生了很大变化，如此一来，评估结果就可能难以得到认同，因而，在评估实践中，资产评估机构一般很少采用市场法来评估企业价值。而在证券投资领域，投资者、咨询人员需要通过市场比较分析，发现价值相对高估或低估的股票，根据评估结果及时指导投资行为，评估结果的时效性很强，因此，市场法成为一种普遍采用的、行之有效的企业价值评估方法。

二、市场法的局限性

市场法的局限性在于其对资本市场有严格的要求。市场法运用的前提之一是必须有一个充分发展、活跃的资本市场，即资本市场充分有效，或者资本市场接近于有效市场。有效市场是一个充分竞争的市场，所有的市场参与者都是价格的接受者；所有的投资者具有足够的理性，对证券价格的预期基本相同；即使市场上存在非理性的投资者，他们的交易会表现出随机性，其行为也会相互抵消，从而不会造成价格的大规模波动。

我国股票市场经过三十余年的发展，已经取得了巨大成就，市场规模不断扩大，截至2022年11月末，境内A股上市公司已经有近5000家，市价总值占GDP的比重超过80%；市场体系不断完善，A股市场和B股市场相继建立，并在A股主板市场基础上建立了中小企业板市场、创业板市场和科创板市场。但是中国资本市场尚不完善，突出表现在市场投机气氛浓厚，存在股价操纵现象，股票市场波动剧烈，以上海股票市场为例，自2000年1月以来涨幅超过25%的多头市场就发生10多次，跌幅超过10%的空头市场也发生了10多次，其中，涨幅超过100%有2次，最大涨幅为514%，跌幅超过50%有2次，最大跌幅为73%。在这样的股票市场中，市场法运用的前提条件很难满足，市场法的适用性受到很大影响。同样，中国并购市场的发展起步比较晚，市场规模有限，市场的透明度比较欠缺，评估人员使用并购案例比较法也有相当难度。

市场法的另一大局限在于，容易产生"乘数弹球效应"，助长市场泡沫的形成。所谓"乘数弹球效应"是指投资者使用估价乘数时，仅仅着眼于市场上的价格乘数，而没有紧密结合企业的基本情况，由此导致估价乘数以及使用估价乘数所得评估值的不断攀升。举例说明，当企业A由于某种原因提高价格乘数后，市场上同行业其他企业将会相继调高价格乘数。然而，许多投资者认为，由于A公司的经营业绩超过了行业的平均水平，因此在评估A公司的价值时应该使用更高的价格乘数，股价也应该比同行业的其他公司更高，这样就导致A公司的价格乘数进一步提升。可以预见，这种股价循环增长的态势会一直持续下去，直到市场认识到价格乘数已经高得不合情理，与公司基本情况不符时，公司的股价就会暴跌，泡沫随之破裂。

【本章小结】

✧ 市场法也称为相对估价法，是国际上广泛运用的一种企业价值评估方法，它以市场上可比企业的既有交易价格为基础，通过对被评估企业和可比企业在预期基础现金流、成长性（增长率）及风险特征等方面的差异进行比较，从而对企业价值进行评估。

✧ 在有效市场中，市场交易价格反映了其价值，价格接近或等于价值，价格乘数也就接近或等于价值乘数，对企业价值进行评估时，就用可比企业的价格乘数经调整后应用于被评估企业的价值评估。

✧ 市场法常用的两种具体方法为上市公司比较法、交易案例比较法。两种方法都是通过对市场上可比企业交易数据的分析比较得出被评估企业的价值，所不同的只是可比企业的来源不同，前者来源于公开交易的股票市场，而后者来源于个别的并购交易案例。

✧ 市场法的应用必须遵循以下基本原则：可比性原则、可获得性原则、及时性原则、透明度原则、有效性原则等。

✧ 能否运用市场法评估企业价值必须首先分析市场的有效性，运用市场法的前提之一是要有一个充分发展、活跃的资本市场，即有效性较好的资本市场，或者说接近于有效市场的资本市场。

✧ 价格乘数一般按照四个步骤来加以运用：界定价格乘数的内涵、把握可比企业以及整个市场的价格乘数的分布特征、分析价格乘数的决定性因素、根据可比企业和被评估企业之间的差异对价格乘数加以调整，并将调整后的价格乘数应用到被评估企业的价值评估中去。

✧ 根据被评估企业和可比企业之间的差异，可以运用主观调整、修正乘数、局部回归、市场回归等方法，对可比企业的价格乘数进行调整。

✧ 在上市公司比较法中，市盈率是最为广泛运用的一个价格乘数，该乘数的决定因素为分红派息率、风险水平、税后利润的增长率。

✧ 影响市销率的关键因素为公司销售净利率、分红派息率、税后利润的增长率、风险水平。

✧ 市净率乘数定义为每股交易价格与每股净资产的比率，其决定因素为净资产收益率、分红派息率、税后利润的增长率、风险水平。

✧ 应用上市公司比较法时，选择可比企业的主要标准为股票交易活跃、业务（行业）相似、规模相近、成长性相仿、财务业绩相近等。

✧ 对被评估企业和可比企业的历史财务报表进行规范调整的主要工作包括统一会计政策和会计估计以增加可比性、规范特别项目及非经常性项目以增加可预测性、调整非经营性项目及溢余资产以突出核心业务。

✧ 市场法适用于资本市场发育比较成熟、市场有效性比较强的评估环境中。而我国股票市场的有效性比较欠缺，市场法运用的前提条件常常难以满足，市场法的适用性受到很大影响。

【思考题】

1. 价格（价值）乘数中的分母为什么要根据评估对象（股权资本、投入资本）的不同而选用不同的经济变量？

2. 被评估企业与可比企业之间的可比性表现在哪些方面？

3. 市净率乘数、市销率乘数的最主要决定因素分别是什么？最主要决定因素如何影响价格乘数？

4. 如何根据被评估企业和可比企业之间的差异，对可比企业价格乘数进行调整以应用于被评估企业的价值评估？

5. 上市公司比较法和交易案例比较法之间的主要区别和联系是什么？

【计算题】

1. 计算20A0年1月ABC公司的价值乘数VE。预计公司在前5年处于高速增长阶段，其后公司将进入稳定增长阶段，公司的增长来自经营利润的再投入。高速增长阶段的预期净资产收益率为18%，预期分红派息率为20%，稳定增长阶段的预期净资产收益率为16%，预期分红派息率为60%。数据表明公司高速增长期的β值为1.45，稳定期为1.1。国债利率为7.5%，市场风险溢价为5.5%。

2. 假设可比企业规模处于SBBI中的第5档（见表8－11），市盈率为16.0倍，被评估企业规模处于第9档，可比企业的持续增长率为6.00%，被评估企业持续增长率为8.00%。对可比企业的市盈率乘数进行调整以应用于被评估企业。

第九章

成　本　法

一件真正完美的艺术品，没有任何一部分是比整体更加重要的。

——罗丹

【本章学习目的】

- 理解成本法的评估思路。
- 了解基于账面价值评估方法的应用及其局限性。
- 熟悉基于现场勘察评估方法的程序。
- 掌握单项资产清查和评估的具体方法。
- 理解企业单项资产价值评估与整体价值评估之间的关系。
- 了解成本法的适用性与局限性。

第一节　成本法的基本原理

一、成本法概述

企业价值评估中的成本法也称为资产基础法、加和法，是在合理评估企业各项资产价值和负债价值的基础上确定企业价值的评估方法。在许多评估书籍或教材中，还有其他一些名称，如净资产价值法、经调整的净价值法、账面价值调整法、重置成本法等，需要指出的是，这些名称不同的评估方法虽然从评估的技术路径上看归属于成本法，但还是有些区别，以净资产价值法为例，其评估对象只是针对股东全部权益价值，而成本法的评估对象包括企业整体价值、股东全部权益价值、股东部分权益价值。

《欧洲评估准则》第四十四条称成本法为资产价值基础法，明确指出这一方法是从调整后的资产中扣除经过调整的负债的净值而得出的账面净值，过去以历史成本为基础编制的资产负债表将会被取代，成为包括所有有形资产、无形资产以及以市值表示的负债的资产负债表。

美国评估师协会的《企业价值评估规范》称成本法为资产基础法，是采用一种或多种评估方法，以企业总资产扣除负债之后的各项资产价值为基础，确定企业、企业所有者或企业证券价值的常用评估方法。

2017 年版的《国际评估准则》也明确了企业价值评估可以采用成本法，该方法被称为基于资产的企业价值评估方法。该方法运用中，历史成本标准的资产负债表将被以市场价值或者其他合适价值形式列出所有资产（包括有形的和无形的）及所有负债的资产负债表所代替。

我国企业价值评估理论与方法是在 20 世纪 80 年代末 90 年代初与实物资产评估同步从国外引进，虽然国外评估理论和评估准则指明，收益法、市场法和资产基础法是通用的企业价值评估基本方法，在持续经营前提下对企业价值进行评估时，资产基础法通常不应当作为唯一使用的方法。但在我国评估实践中，由于历史原因，评估机构、管理部门和委托方、使用方都习惯于资产基础法，在相当长的一段时间内，资产基础法成为企业价值评估的首选方法和主要方法，以各单项资产价值简单累加方式对企业整体价值发表意见，较少采用其他评估方法。2004 年 12 月 30 日由中国资产评估协会颁布的《企业价值评估指导意见（试行）》（2011 年 12 月修订为《资产评估准则——企业价值》，2017 年 12 月修订为《资产评估执业准则——企业价值》）明确要求注册资产评估师选择评估方法时，应当充分考虑评估对象、价值类型、资料收集情况等相关条件，分析收益法、市场法和成本法三种资产评估基本方法的适用性，恰当选择一种或多种资产评估基本方法；同时指出，以持续经营为前提对企业价值进行评估时，成本法一般不应当作为唯一使用的评估方法。《企业价值评估指导意见（试行）》颁布实施后，成本法占垄断地位的局面逐步得到改变。

二、成本法的思路

成本法的基本思路是企业价值等于投资者重建或重置企业所需发生的全部合理费用之和，即如果将企业也作为一项资产的话，根据替代原则，任何一个精明的潜在投资者，在购置一项资产时所愿意支付的价格不会超过建造一项与所购资产具有相同用途的替代品所需的成本。在使用成本法评估企业价值时，评估人员通过调整企业财务报表的所有资产和负债以及表外资产和负债来反映它们的现时市场价值，该价值是公司所有投资者对公司资产要求权价值的总和，即企业整体价值；用企业整体价值扣除付息债务价值可以得到股东全部权益价值。

在运用成本法评估企业价值时，评估人员需要注意以下几个方面的问题。

第一，财务报表中资产的历史成本仅仅是评估分析工作的起点，而非评估分析工作的终点。基于公认会计准则的资产负债表反映了资产的历史成本，评估人员基于资产的历史成本，通过进一步评估分析，最终得出评估结果。在形式上，以评估结果为依据的资产负债表通常与以历史成本为依据的资产负债表非常相似（如资产在资产负债表的左列，负债在资产负债表的右列），但在内容上却存在着很大的差别：（1）以评估结果为依据的资产负债表中的资产与负债科目在评估基准日进行了重估；（2）以评估结果为依据的资产负债表可能增加了若干新的资产科目和负债科目。

第二，在运用成本法评估企业价值的过程中，所有的资产和负债将根据所选择的恰当价值类型重新体现其价值。如果某一资产科目或某一负债科目无关紧要，或其重估后并无实质性的变动，则评估人员可保留其在资产负债表中的历史成本价值。另外，评估人员可根据资产与负债的项目或类别，对每一个资产或负债项目分别考虑和分析，选择恰当的价值类型。需要指出的是，单项资产评估所采用的价值类型不一定与企业价值评估所采用的价值类型相同，比如，企业价值评估所采用的价值类型为市场价值，而在评估某一机器设备时，由于其不宜整体使用，只能拆零变现，此时针对该机器设备所采用的价值类型则为残余价值。

第三，在选定恰当的价值类型后，企业所有的资产和负债将以所选择的价值类型予以重估。在许多情形下，企业价值评估人员可能需要不动产评估、机器设备评估或其他评估门类的专家来协助工作。

此外，企业许多极有价值的资产可能没有记录在以历史成本为依据的资产负债表中，其中包括企业的许多无形资产。评估实践中经常遇到的是，许多发挥重要作用的无形资产通常不包括在财务报表的资产负债表中（除入账的购入无形资产外）；同时，企业的许多重要负债也没有记录在以历史成本为依据的资产负债表中，如或有负债。这些科目都作为成本法评估内容的一部分，将出现在以评估价值为依据的企业资产负债表中。

三、成本法分别重估的资产和负债

运用成本法评估企业价值时，企业所有的资产和负债项目将分别单独进行分析和评估，其中，需要分别予以鉴定、评估的资产和负债包括：

（1）流动资产（现金、应收账款、预付费用和存货等）；

（2）长期投资（包括股权、债权性长期投资）；

（3）固定资产（机器设备、交通运输工具、建筑物、构筑物及相关设施等）；

（4）无形资产（租赁权、特许经营权、通行权、矿产开采权、用气用水权、开发权、专利、商标、版权、计算机软件、商业机密、客户名单等）；

（5）流动负债（应付账款、应交税金、应付工资、应记费用等）；

（6）长期负债（保证金、票据、应付债券等）；

（7）或有负债（未解决的税负争议、未判决的诉讼、未解决的环境污染问题等）；

（8）特殊债务（暂时借入的费用、重新购入雇员持股产生的债务等）。

对上述资产包括有形资产和无形资产分别评估后加总，得到企业全部资产的评估值，再扣除非付息债务价值，即企业整体价值；同样对所有付息债务进行评估，用企业整体价值减去付息债务的评估值，即可得企业所有者权益的价值。

第二节　成本法——基于账面价值的评估

基于账面价值的评估是证券投资界早期应用的一种企业价值评估方法，历史上许多著名的投资大师比如本杰明·格雷厄姆、戴维·多德等曾应用这一方法进行证券投资分析。

一、评估思路

资产负债表能够揭示有关企业价值的许多信息，依据建立在历史成本基础上的资产负债表对企业价值进行评估，这种方法是成本法中非常简单、准确性很低的一种具体方法。一般只在无法使用其他评估方法、缺乏有关企业资产的充分信息，或者只对企业价值作初步评估等情况下使用。

资产负债表反映企业资产、负债和所有者权益的账面价值。如果评估企业整体价值可以有两种技术路径：其一，从投资者要求权的角度，通过加总投资者要求权的价值，即资产负债表中所有者权益价值和负债中的付息债务价值，直接计算出企业整体价值；其二，通过加总所有资产价值，然后扣除非付息流动负债和递延税款来计算。表 9－1 为伟杰公司 20A1 年 6 月 30 日的资产负债表。该资产负债表反映伟杰公司有两类投资者：债权持有者、普通股持有者，其中，债权持有者为银行。

表 9－1　　伟杰公司 20A1 年 6 月 30 日资产负债表　　单位：元

现金	383168	应付账款	510258
银行存款	43244	应付工资	358577
应收账款和票据	2885742	应付票据（付息）	581146
存货	933087	其他应付款	35496
其他流动资产	251801	流动负债合计	1485477
流动资产合计	4497042	长期贷款	1768929
		递延所得税	227682
固定资产	6842370	长期负债合计	1996611
累计折旧	4029501	总负债	3482088
固定资产净值	2812869	股本	1113580
		留存收益	2714243
		股东权益合计	3827823
总资产	7309911	负债和股东权益合计	7309911

应用投资者要求权价值加总法和总资产减去非付息债务法分别求得伟杰公司的整体价值如表 9－2 所示。投资者要求权包括伟杰公司的付息应付票据、长期借款、股东权益，将这些项目加总，得到企业整体价值为 6177898 元，这一价值结果中包括所有投资者的要求权。商业信用和企业员工的要求权，比如应付账款、应付工资，反映了企业营运过程中应付未付成本、费用，并不是对企业的投资。

表 9－2　　根据资产负债表评估伟杰公司整体价值　　单位：元

投资人要求权法		总资产扣减非付息债务法	
应付票据（付息）	581146	总资产	7309911
长期贷款	1768929	减：非付息流动负债	904331
股东权益合计	3827823	减：递延所得税	227682
总计	6177898	总计	6177898

注：非付息流动负债等于流动负债合计减去应付票据。

递延所得税不应该包括在估算的价值之内，因为它不属于投资者的要求权。之所以会发生递延税收，是因为税务部门允许企业出于避税目的采用加速折旧，而同时依据直线折旧来报告利润。下面以一个简单的例子说明递延所得税是如何产生的。

假设一个公司折旧和税前利润为 500000 元，该公司购置一台新机器，总成本为 1000000元，寿命周期为 10 年。如果采用直线折旧法，每年折旧额为 100000 元，为减少税收支出，公司采用了加速折旧，确定第一年折旧额为 200000 元。如果所得税税率为 40%，公司第一年需上缴 120000 元税收（应交税收等于税前利润 500000 元减折旧 200000 元所得之差乘以 40%）。然而，如果公司按照直线折旧 100000 元上报利润所得，相应的税款将为 160000 元（税前利润 500000 元减折旧 100000 元所得之差乘以 40%）。为反映这一差别，公司会计账目上登记 120000 元为已付税款，40000 元为递延税款。

递延税款表明税款仅仅是延期缴纳而已，因为随着该项资产使用年限的增长，加速折旧法的折旧额会降至直线折旧法的折旧额以下，而已付税款相对不断上升。最终，实际当期递延税款成为负值，而递延税款总额不断下降。在该项资产寿命周期的最后，该项资产的递延税款为 0。当然，如果一个公司不断购买新的资产，总的递延税款也许会不断上升，但是相对陈旧资产对递延税款的贡献最终将变为负值。显然，加速折旧的好处并非是减少税收，而是推迟税收的支付。假设税率保持为常数，在一项资产的寿命周期内，所支付的税收总额是相同的，只是在开始的年份上缴的税款相对较少，而在后来的年份上缴的税款相对较多。考虑到这种延期支付是有价值的并且延期支付的好处并没有包括在资产负债表之内，因此，它将引起企业的实际价值高于其账面价值。

二、方法的局限

基于账面价值评估方法的准确性取决于资产的账面价值与其市场价值接近的程度。企业资产的账面价值通常与其市场价值不一致，其中最主要原因有三个方面：第一，通货膨胀使得一项资产在评估基准日的市场价值并不等于其历史成本减去折旧；第二，资产贬值与资产折旧之间存在较大差异；第三，由于存在组合效应，多种资产组合的价值会超过相应各单项资产价值之和。正因为如此，基于账面价值评估方法的准确性较差。

（一）通货膨胀因素

通货膨胀表现为商品及服务价格的普遍上涨，同时也表明一国货币价值在降低。历史成本会计的一个不足之处，以及由此导致的基于历史成本的价值评估技术的缺陷，是它忽略了货币购买力变化的影响。资产负债表中一项资产的价值是以该项资产购买年份的货币价值来计价的。比如，伟杰公司的一台印刷设备如果是在20A1年购买的，就按20A1年人民币价值计价，如果是在20A5年购买的，就按20A5年人民币价值计价。由于每项资产折旧预算是按历史成本安排的，实际折旧也是按相应的历史成本来提取的，随着单位货币价值量的下降，资产实际价值要大于其账面价值。

可以通过一个简单的例子来说明通货膨胀的影响。假设伟杰公司在20A1年按100万元的价格购买了一台印刷设备，这台印刷设备在它的10年寿命周期中，按照直线折旧法提取折旧（为简化起见，假设10年也正好代表该项资产的经济寿命，而直线折旧也与资产的贬值相等。通常这些假设并不一定都会成立，但这与通货膨胀问题无关）。到20A6年，这台印刷设备的账面价值在资产负债表上显示为50万元（购买价格减去5年的折旧，年折旧额为10万元）。假设20A1年到20A6年之间，平均通货膨胀率为每年4.5%，那么20A1年的1元相当于20A6年的1.25元。假设这种印刷机的价格增长与通货膨胀率相一致，一台新的印刷设备在20A6年将需要125万元。如果该印刷设备按照直线法折旧，以125万元为折旧基数，5年之后，到20A6年，调整的账面价值将为62.5万元，比资产负债表上的账面价值多12.5万元。

在伟杰公司的案例中，资产负债表中每项资产的价值，特别是那些寿命较长的资产，会受到通货膨胀较大影响。因为今天1元的购买力比那些资产购买时1元的购买力要少，资产的净账面价值几乎都会低估伟杰公司各项资产的市场价值（之所以加上“几乎”这个词，是因为除了通货膨胀，还有其他一些因素影响账面价值与市场价值的关系）。显然，在存在通货膨胀的时期，要评估市场价值，就必须调整账面价值。

需要注意的是，通货膨胀的影响远不止进行价值评估时需要对账面价值进行调整。比如，现金流折现法是基于未来年份现金流的预测，未来年份收到的现金则要以另一种价值的货币表示，所以还必须考虑通货膨胀问题。不仅如此，通货膨胀还影响债务利息率，使得对于证券回报率的要求在某种程度上有所提高，因此，也会改变资本成本。

【参考案例9-1】　　33年间100万元缩水85万元，百万富翁不如当年万元户

2011年1月，中国人民银行行长周小川在接受新华社记者采访时说：“在抗击危机期间，财政政策和货币政策都是扩张型的，国家有意地扩大了货币的供应量，这是应对金融危机的有针对性的举措，它帮助中国经济实现了快速企稳回升，如果不这样做，经济一定会出现很严重的下滑局面。”

那么，除了大家熟知的“4万亿元”，中国到底发行了多少货币？中国人民银行数据显示，2009年，我国银行新增贷款是9万多亿元。如果用广义货币量M_2来计算，1990年，中国的M_2余额为1.53万亿元，2010年末已经达到72.58万亿元。20年间，广义货币增加了46.44倍。而且这一趋势还在延续。

通常，人们用广义货币供应量/国内生产总值（M_2/GDP）比例来说明货币与实体经济之间的量化比例关系。这一比例相对合理，反映了一个经济体的健康发展。一般而言，M_2/GDP越大，货币超发越严重。据《中国经济周刊》报道，到2010年末，中国GDP总额为39万亿元，是1978年的109倍；而同期的M_2从1978年到2010年末，增加了842倍。

超发货币的后果非常直观，就是货币购买力的下降和物价的上涨。

汇添富基金公司首席投资理财师、基金策略分析师刘建位经计算得出，1990年1月至2009年12月间，我国居民消费价格指数（CPI）增幅月平均值为4.81%。据此得出的结论是，如果在1978年改革开放之初拥有100万元，按购买力论，到2011年只值当年的15万元。也就是说，33年来，通胀悄悄“偷走”了85万元。

还有个更直观的对比，现在的百万富翁与20世纪80年代的万元户相比，哪一个购买力更强？

北京师范大学金融研究中心教授钟伟，曾经从居民家庭人均收入和居民人均储蓄着手研究，分别选取1981年、1991年、2001年和2007年四个时间点，对“万元户”财富的变迁进行测算。从居民人均储蓄看，上述四个时点居民储蓄总额分别为532亿元、9200亿元、7.4万亿元和17.3万亿元，考虑人口变化之后的人均储蓄为52元、800元、5900元和1.3万元。这样算来，1981年的万元财富相当于当时人均储蓄的200倍，折算到2011年差不多是255万元。

资料来源：根据2011年7月15日《钱江晚报》整理。

（二）资产贬值

企业资产在其寿命周期内必然会存在各种贬值，包括由于资产使用及自然力的作用导致的资产物理性能的损耗或下降而引起的实体性贬值；由于技术进步引起的资产功能相对落后而造成的功能性贬值；以及由于外部条件的变化引起资产闲置、收益下降等而造成的经济性贬值。资产贬值程度和资产累计提取的折旧之间往往不一致，有一些资产在折旧已经计提完毕、账面价值为0的情况下，仍然正常使用；也有一些资产由于所生产产品市场需求不足，常常开工不足，或处于闲置状态，其账面价值可能会高于其实际市场价值，因此，资产的账面价值一般不大可能等于其市场价值。

测定一项资产贬值程度的最直接的办法是观察其市场价值与其净账面价值的差别。遗憾的是，在很多情况下这一点难以办到，因为许多企业的资产并没有相应的活跃的市场。比如，铜质电话线生产设备因为光缆的普及而出现贬值，由于铜质电话线生产设备并不存在市场交易，所以，也就很难知道有什么人将为这样的生产设备付多少钱。相反，二手的柴油卡车市场交易却非常活跃。因此，通过比较账面价值与二手车市场的价值，一个货运公司可以很容易地估算其卡车的贬值程度。

另一个估计贬值程度的方法是根据预测的获利能力估计资产的价值。按照这一思路，一项资产贬值程度相当于，如果该项资产净账面价值投资于最新式的设备，公司的利润将会有所增长。因而，资产贬值程度等于根据资产获利能力计算的价值与该项资产账面价值之差。

（三）组织资本

作为持续经营组织的一部分，企业各项资产的价值常常超过该项资产作为单项资产的价值，资产组合在一起产生价值增加的因素即为组织资本。组织资本包括一些可确指的无形资产和不可确指的商誉，具体形式表现在以下几方面。

1. 经营管理人员与员工之间长期的融洽关系，从而使得他们可以有效地配合和工作。例如，随着共事时间的增加，人们之间的交流变得更容易，员工根据管理者的三言两语和分配任务时的感觉就可以很好地完成工作，无须多费口舌。

2. 公司在客户和供应商中的良好声誉，包括各种品牌知名度，这会使公司的产品销售以及商业谈判变得容易。比如，人们愿意为海尔冰箱付更高的价钱，因为这样一个品牌代表着上乘的质量。

3. 由公司的经理人员和一般工作人员的特殊技能所产生的以及由于与客户的特殊关系所产生的获取丰厚利润的投资机会。这类机会，有时也被称为投资选择权或增长选择权，有可能会成为公司价值的一个重要组成部分。比如，许多高科技公司都是靠新产品开发而生存和发展的，而不是单纯依赖于公司现有产品的生产。

4. 相关的供应商网络、分销商网络以及售后服务网络，如果公司的产品在这些网络中有相当的知名度，并且能够得到相应的支持，公司的价值就会相应增加。比如，西藏5100矿泉水曾通过与铁路系统建立销售合作关系，使得其知名度以及销量迅速扩大。

企业组织资本有一个非常重要的特点，从持续经营角度看，它很难与企业相分离。比如，海尔的品牌价值很难从企业价值中分离出来，也很难将品牌像卖出一台冰箱那样销售出去。由于这一原因，一个品牌的价值通常无法反映在相应固定资产的重置成本或者变卖价值中。品牌的价值与绝大多数其他形式的组织资本价值一样，只有通过考察公司的获利能力来估计。

基于账面价值的评估是通过对公司资产负债表项目的逐个考察，然后得出评估对象的价值，所以，这一方法也就容易忽略组织资本。在企业存在大量组织资本的情况下，最终评估结果的误差会非常大。

三、方法的改进

以基于历史成本计量的账面价值来评估企业价值，这一方法的改进主要有两种：调整账面价值以反映重置成本、调整账面价值以反映变卖价值，当然，方法的改进仅仅是克服了基于账面价值评估方法的个别局限之处，忽略组织资本这一最大局限并未得到改进。

（一）调整账面价值以反映重置成本

人们不容易将一项资产的获利能力与该项资产的历史成本相联系，特别是当该项资产使用年限较长时更是如此。然而，人们却很容易将资产的获利能力与当前重置成本联系起来。因此，调整资产负债表项目的一种方法是用估计的重置成本取代各项资产的账面净值。遗憾的是，仅仅根据资产负债表如何测定重置成本，目前并没有统一的意见。一种可行办法是选用一种价格指数，比如 PPI（生产资料指数），将资产在购置年份时的价值换算为当前的价值。在前面讨论的例子中，20A1 年购置的价格为 100 万元的印刷设备，账面价值从 50 万元调整到 62.5 万元，已反映出从 20A1 年到 20A6 年货币购买力下降 25% 的情况。

然而，这样使用价格指数，并没有考虑资产的贬值问题，因此一个更好的方法是，分别调整每一项资产，同时反映通货膨胀和资产贬值这两个因素的影响，以反映各项资产当前真正的重置成本。遗憾的是，仅仅根据企业公开的信息以及企业资产负债表，评估人员几乎不可能知道各项资产真正的贬值程度，也不可能知道通货膨胀对各项资产的影响，除非评估人员有可靠的渠道，获得企业资产使用、购置等方面的详细信息。

重置成本法的最大不足是它忽略了组织资本。正像前面已经提到的一样，企业之所以会存在，是因为它们可以按照一定方式组合资产和人员，使得总体的价值超过每一部分单独价值之和。依据重置成本评估，无论各项资产的重置成本测定得多么完美，也会忽略了这样一种追加的组合价值。

（二）调整账面价值以反映清算假设下的市场价值

根据企业的资产负债表估算其资产的市场价值，最直接的方法是确定如果该企业在评估基准日进行清算，企业各项资产在公开市场交易可以获得现金数量。如果相应资产有活跃的二手市场，比如，柴油卡车，那么，资产的交易价格就等于资产二手市场价格。然而，正像前面已经指出的，企业许多资产都没有相应的二手市场，这就需要评估人员作出估算，在可以卖掉的情况下，这类资产的假设价格是多少。

在某些情况下，评估清算假设下的市场价值也许特别适用，其中之一是对于自然资源公司价值的评估。如果公司所拥有的主要是一些自然资源资产，那么，公司的价值应该接近于这类资产的变卖价值，因为对于这样的公司来说，很少有组织资本。当然，情况也并非总是如此，如果相应自然资源的开采需要特别的技术，或者如果公司在地质勘探方面也有大量业务，那么，企业就有可观的组织资本。

与重置成本方法一样，评估清算假设下的市场价值这一方法的关键不足在于忽略了组织资本。它不是将公司看做一个持续经营的整体来评估其价值，而是将公司看做一个由各项将要单项变卖的资产组成的集合。

值得注意的是，在有些情况下，评估清算假设下的市场价值方法与其他评估方法相结合，可以使评估大获成功。例如，考虑一个财团由各种各样松散联合的分公司所组成，每一个分公司有相当大的组织资本，如果对这些分公司分别测算获利能力，结果很可能是，公司总部所带来的组织资本将是很少的。在这种情况下，整个公司的价值可以通过先估算每个分公司的价值，然后将每个分公司作为一项可以单独变卖的资产，将其价值加总便得出整个公司的价值。

在 20 世纪 80 年代的并购浪潮中，这种方法常常被公司收购者所采用。有学者解释说，如果收购者认为集团公司中各个分公司作为一个独立的单位出售，所得的价值总和超过集团公司的总价值，收购者就会出价购买这一集团公司，其目的在于引起内部管理人员竞争以及企业重组，通过消除总公司系统的官僚体系，以及将分公司卖给同类的企业，大大减少分摊的管理费用，经济效率将显著改善，由此，收购者获得可观的收益。

第三节 成本法——基于现场勘察的评估

成本法中基于现场勘察的评估是指，评估人员深入企业一线，对企业各项资产、负债进行逐一核查，在掌握充分信息的基础上，评估出企业资产、负债的价值，进而评估出企业价值的方法。这一方法通常被资产评估机构所采用，在接受企业股东、企业管理者等相关方面的委托后，对企业价值进行评估。

一、基本程序

评估机构和评估人员在接受客户委托后，通常按如下步骤展开评估工作：评估前期工作与准备、资产清查与核实、评定估算各单项资产与负债、评估结果汇总、完成评估结论与报告。

运用成本法评估企业价值，评估对象远比单项资产复杂，评估思路和具体实现形式与其他评估方法差别很大，因而各个步骤的工作技巧和侧重点有很大的特殊性，对此本节将重点加以介绍，至于各评估步骤中的常规做法，本节就不作详细解释。

（一）评估前期工作与准备

正式接受委托后，评估项目负责人应与委托方负责人洽谈协商，列出委托方和相关当事方需要准备的资料和应协助的工作，指导资产占有单位清查资产；并依据考察、了解到的企业基本情况，参考委托方及资产占有方提供的证件和资料，根据企业价值评估的目的及评估基准日明确评估范围，初步拟订评估计划。

1. 准备所需的相关证件和资料。准备相关证件和资料一方面是为此后的评估工作准备素材和依据，另一方面也是评估机构建立评估工作底稿的需要。这一环节需要准备的证件和资料主要包括以下几个方面。

有关被评估企业基本情况：主要是指公司营业执照、章程、验资证明等材料的复印件。

有关评估目的：主要是指评估立项批文及评估委托书，反映被评估企业经济行为类型的资料，如关于股权转让的股东大会决议、产权变更协议等文件的复印件和合资协议书、股份制改造批文等的复印件。

有关评估范围与对象：主要包括由被评估企业提供的资产清查明细表及其他相关资料，由委托方或相关当事方提供的反映评估对象法律权属的资料，如房屋建筑物的产权证明、建筑图纸、预决算资料，土地使用权证；重要设备的原始购置合同和发票的复印件；所有车辆的机动车行驶证的复印件；其他重要资产的产权证明复印件等。

有关评估基准日：主要指与评估基准日相关的会计报表及其他申报资料。其中最重要的是企业的资产负债表，因为成本法评估企业价值起始于企业的历史成本资产负债表。最理想的资产负债表是报表日与评估基准日相同。如果不能获得评估基准日的资产负债表，评估人员也可以采取以下办法。

（1）要求评估委托方的会计师编制评估基准日的历史成本资产负债表，为评估人员的评估工作提供帮助。

（2）评估人员可依赖距评估基准日最近的财务核算期限已结束的资产负债表。需要注意的是，这个近期的财务核算期限已结束的资产负债表通常比评估基准日的资产负债表需要进行更多的评估调整。但使用此类资产负债表可以给予评估人员一个考虑问题的起始点，总比根本没有资产负债表好得多。

2. 明确评估目的。企业价值评估目的决定了应选用的评估方法、程序和遵循的价值类型。评估人员应根据评估目的，审慎地分析成本法在企业价值评估中的适用性，例如，在企业兼并中，若交易对象是具有持续经营能力以及具有整体获利能力的企业，此时就不宜仅仅使用成本法评估企业价值，而应同时采用收益法或市场法来评估企业价值；如果评估的目的是企业破产清算，则可以采用成本法并遵循相应的评估程序和价值类型来评估企业价值。评估目的常用来解释委托方经济行为类型及评估应满足委托方的何种需要。明确评估目的是恰当地拟订评估计划、选用合适的评估方法与价值类型的前提和基础。

3. 确定评估范围与对象。企业的资产种类繁多，数量众多，在确定评估范围和评估对象时评估人员一般应遵循以下几个原则。

第一，评估对象应是被评估企业的全部资产和负债。确定评估的具体范围以被评估企业提供的会计报表及资产清查明细表为基础。凡列入资产负债表和资产清查明细表并经核实无误的资产均在评估范围之内。纳入评估范围的资产与委托评估时确定的资产范围应当一致。

第二，资产负债表之外的资产也应纳入评估范围。企业的有形资产和无形资产是企业获利能力、产生现金流能力和红利股息支付能力的基础。企业本身内部发展而形成的无形资产一般都没有出现在资产负债表中。某些有形资产也可能对其支付了费用但在其获得时却没有被资本化。而某些有形资产即使仍有使用寿命和相当的价值，但可能在财务报表中已被全部提取了折旧。由于这些原因，评估人员应寻找这些没有在账上体现的有形资产和无形资产。

第三，资产负债表之外的或有负债需要纳入评估范围。在一般公允会计准则的规定中，或有负债是不记入以历史成本为基础编制的资产负债表中的。但在审计和财务报表的审核中，重要的或有负债需要在其附注中予以标明。相对来说或有负债的确定和评估在成本法中是不经常应用的。一般情形下，中小型企业和专业服务机构不存在重大的或有负债。但评估人员在应用成本法时应考虑此项内容。对于那些存在未予判决的经济诉讼、所得税或资产税方面的争议或环境治理要求等情形的企业，或有负债将对企业的经营风险有重要影响（通常可以量化），从而对企业的评估值也将产生重要影响。

第四，是否将某单项或某类资产列入评估范围，应当以委托方或相关当事方提供的相关法律权属资料作为主要判断依据。

第五，企业价值评估的范围不仅应包括企业自身占有的全部资产和负债，还应包括企业拥有的控股子公司资产的相应份额以及全资子公司的资产。一般将这部分资产放在长期投资项目中进行具体评估。

在确定评估范围与对象的时候，需要特别说明以下几个问题。

（1）关于评估委托方与被评估企业。在许多情况下，评估的委托方可能与被评估企业身份不一致。比如当发生经济纠纷时，由法院出面委托评估机构评估某企业价值时，评估的委托方是法院而不是被评估企业。区分委托方及评估对象有助于明确评估的具体范围。

（2）关于商誉。商誉是企业的一项无形资产，对于有些企业而言甚至是至关重要的无形资产，理论上也应该纳入评估范围，但在评估实践中，这项无形资产常常被忽略，原因主要有以下两点。

其一，商誉是否存在没有明确而统一的判断标准。

其二，因为商誉不可复制，形成商誉的个别因素也不能够单独计量，因而无法估算其重置成本。又由于商誉不具有可比性，故也不能用市场法评估。所以它只能用收益法单独估算。而用收益法评估商誉是以全面考虑影响企业盈利能力的因素，客观、公正地对企业未来收益作出合理预测为基础和前提。既然评估商誉时所收集的资料以及所做的评估工作已经完成了收益法评估企业价值所必须完成的大部分工作，那么就意味着成本法不是一个直接、合理的评估方法。

（3）有关资产的法律权属。成本法通过评估企业单项资产并加总求和而得到企业价值，而资产的基本特征之一是资产为经济主体拥有或控制，如果某资产不属于被评估企业，就不能列入评估范围内。因此，运用成本法评估企业价值时，是否纳入评估范围以设定产权为前提，评估对象的产权前提在成本法评估中非常重要。反观收益法评估活动中，企业价值的确认遵循贡献原则。即使是一项租来的设备，不论是企业有偿使用还是无偿使用，不论是长期使用还是短期使用，只要为企业整体获利作出了贡献，都可以作为企业的收益来源来评估企业价值。所以在用收益法评估企业价值时，不必强调每一项资产的产权归属。

关于资产的法律权属，中国资产评估协会于 2017 年 9 月颁布的《资产评估对象法律权属指导意见》作了如下定义：“本指导意见所称资产评估对象法律权属，是指资产评估对象的所有权和与所有权有关的其他财产权利。”在实际操作中，资产评估师应根据该指导意见的规定和解释，来处理与法律权属相关的有关问题，以明确执业责任，保证执业质量。

此外，在成本法评估企业价值时，具体处理与法律权属相关的问题时还可参照如下做法。

①对于未纳入评估范围的较重要的经营性租赁资产，可在“评估报告特别事项说明”中单独描述，并明确表示未将其纳入评估结果汇总表。

②对于一时难以界定的产权或因产权纠纷暂时难以估算的资产，可划为“待定产权资产”，暂不列入企业价值评估的范围内。

③特殊情况下，对于存在产权纠纷的某些重要资产，也可暂时先作评估，但应在“评估报告特别事项说明”中披露，并具体介绍产权纠纷情况及目前协调处理的进展，同时应明确表示已将该部分资产价值汇总计入企业价值中。

④对无效资产的分析与处理。无效资产是相对有效资产而言的，也就是对企业盈利能力的形成没有作出贡献，甚至可能削弱了整体盈利能力的某项资产。由于企业价值取决于要素资产组合的整体获利能力，因此无效资产是否应纳入评估的具体范围就是一个很值得推敲的问题。通常在成本法评估企业价值时，对无效资产有两种处理方式。

其一，将无效资产在评估企业价值之前剥离出去，即不列入企业价值评估的具体范围，但在评估报告中予以披露。

这种处理方式的理由是成本法评估企业价值的思路是重建企业。换句话说，把重建一个具有与被评估企业相同获利能力的资产组合体所需的全部投资额看做被评估企业的价值。既然无效资产未对企业获利作出贡献，那么在重建时不需要为其成本付出代价，因而也不计入重建的投资总额之内。

其二，对无效资产采取适当的方法评估，汇总计入评估的最终结果中，即列入企业价值评估的具体范围内。

这种处理方式的理由是无效资产不会无限期闲置下去。如果企业打算优化资产结构，进行资产重组，无效资产可能在不久后就能发挥作用。如果企业确定该项资产在将来不会对生产经营作出贡献，或者说在未来某时点将其转让能产生最大效益，那么企业应该能以市场价值转让该项“闲置资产”，转让收益会带来企业未来现金流的增加。从理论上讲，公允的转让价格应当等于其市场价值。预计企业未来收益必须预计未来某时点上可能的转让收益。在运用成本法评估企业价值时，通常倾向于用这种方式处理无效资产。

4. 选定评估基准日。评估基准日的确定是评估机构将持续经营、动态变化的企业价值静止于某一时点，以便根据静态时点上资产的数量、质量和种类进行评估；同时使不同资产的计价基于同一时点，从而有助于评估报告与结论的使用者了解评估对象在基准日的现实状况，并对预期状况作出合理分析和预测。

评估基准日的确定原则和基本要求主要有如下几条：

（1）评估基准日的确定应由评估机构根据被评估企业经济行为的性质，与委托方商量后确定，并尽可能与评估目的的实现日接近。

（2）评估基准日的确定应当有利于保证评估结果有效地服务于评估目的；有利于减少和避免评估基准日后的调整事项；应当有助于准确地划分评估范围，准确高效地清查核实资产。

（3）评估基准日的确定应结合企业的会计报表日。

（4）评估基准日的确定应考虑各项资产及负债的取价便利性。

（二）资产清查与核实

资产清查与核实是指评估人员对委托单位或被评估企业提供的证件和资料进行必要的查验，对被评估企业所占有的资产及与相关负债的具体情况进行现场查看，并作出清查结论的过程。

1. 资产清查与核实的内容。资产清查与核实的内容应当是由委托方委托评估，并由评估机构设定的被评估企业所占有的全部资产及相关负债，也就是说资产清查和核实的范围应当与评估范围一致。

从会计报表及账户的角度看，可能列入评估范围的包括资产部分的流动资产（货币资金、短期投资、应收票据、应收股利、应收利息、应收账款、其他应收款、预付账款、应收补贴款、存货、待摊费用、一年内到期的长期债权投资、其他流动资产）、长期投资（长期股权投资、长期债权投资）、固定资产（包括入账固定资产、工程物资、在建工程等）、无形资产、长期待摊费用、其他长期资产以及负债部分的流动负债（包括短期借款、应付票据、应付账款、预收账款、应付工资、应付福利费、应付股利、应交税金、其他应交款、其他应付款、预提费用、预计负债、一年内到期的长期负债、其他流动负债等）、长期负债（包括长期借款、应付债券、长期应付款、专项应付款、其他长期负债等）、或有负债（未解决的诉讼、未解决的税负争议等）、特殊债务等。

2. 资产清查与核实的具体步骤

（1）将资产与负债分类。通常评估人员可依据被评估企业提供的资产负债表、账册及资产清查明细表，对被评估企业的资产及负债项目进行分类。但同时应注意检查被评估企业所申报的资料有无分类不当的地方，申报资料所反映的时点与资产清查日、评估基准日是否相一致。如果存在时间上的差异，要注意在此期间内资产的数量与实物形态有无重大变化。除了可依据申报资料分类外，为了便于现场抽查核实，还可将实物存放地点作为进一步分类的标准。此外，对于同一类资产，还可以根据资产的重要性，或评估人员经验及主观判断作进一步细分。

比如可以运用存货管理的 ABC 控制法，依据资产重要性的不同对资产进行分类，以便于着重对重点资产进行核查和评估，即依据资产品种、数量以及占用资金的多少，分成 A、B、C 三类：其中 A 类资产品种数量少（5% ~10%），而占用资金却很多（60% ~70%）；B 类资产品种数量较少（20% ~30%），占用资金较多（15% ~30%）；C 类资产品种数量多（60% ~70%），占用资金少（10%左右）。据此应对 A 类资产重点查验，必要时应详细调查每一件资产的购买时间及使用状况、功能、质量状况及完好状况。如果 B 类资产价值及完好状态十分接近，可以小规模抽查。抽查结束后可以对该类型资产的总体完好状况作一个综合评价，初步估计 B 类资产的分类成新率，为以后评估 B 类资产价值提供估价依据。对 C 类资产可以进行一次性的核实和评估。通过这样的分类，可以确定清查与评估中的重点资产，有利于评估人员抓住主要问题，从而有助于提高评估质量和评估效率。

此外，不同属性、不同特点的资产，清查的方法、技巧和侧重点也不相同。比如低值易耗品，清查时主要关注申报资料上所列总数是否与实际相符，在库未用和在用的低值易耗品分类是否恰当，经清点后数量是否与申报资料一致。而房屋、车辆、设备等固定资产清查重点主要是勘察完损状况，查验有无产权证明（通常有产权文件的复印件即可），并关注产权资料的来源和可信度。将不同资产进行分类有利于评估人员针对资产特点，分别选择合适的方法展开清查、评估工作。

在依据申报资料对所有资产进行分类之后，为了能够按时保质完成清查工作及评估工作，评估项目负责人应制订清查时间进度方案，并依据资产分类将评估人员及协助工作人员分为若干清查小组，以使资产清查工作能按计划有序地进行。

（2）现场清查工作。清查工作的主要环节是查验资产的“真实性”。它有三层含义：一是核实资产是否真实存在，对于机器设备、车辆、房屋等应实地查看并逐项与申报的资产清查明细表相核对；二是对资产的描述是否真实，检查申报资料上所列示的资产的数量、品质、规格、型号、购买日期、存放地点等是否与实地考察所见情况相符；三是对重点资产查验有无产权证明，并关注产权资料的来源和可信度，从而在设定产权的前提下，对纳入评估范围的各项资产进行评估。

在资产清查工作进行的同时，还应当尽可能地收集相关资料作为资产评估取价依据，主要包括下列工作内容。

其一，向被评估企业索要资产的技术经济标准，价格资料；向富有经验的专业人员询问资产的运转及使用情况并做好详细记录。

其二，观察待评估的实物资产的分布情况及特点，做好详细记录。

其三，现场对固定资产逐项清点，全面勘查其性能及状况，做好详细记录并拍照备案。

此外，清查时还应该注意一些特别事项。

第一，残次、变质失效、积压过时及其他待核销报废的资产，需进行必要的查验核实。

第二，在检测鉴定待修理、待报废的固定资产或高精尖重要设备及特殊建筑物时，若手头现有的资料不充分，则需要动用技术检测手段进行必要的鉴定，必要时应聘请专家协助。

第三，应调查并记录可能影响资产清查的有关事项，比如是否存在资产性能的限制、存放地点的限制、诉讼保全限制、技术性能的局限，是否涉及商业秘密和国家秘密。若有不能直接清查的资产，应在评估报告中逐项列示并说明原因，同时尽可能考虑用间接方法清查。

（3）撰写资产清查核实情况说明。资产清查核实情况说明是企业价值评估报告书的一部分内容。该部分主要包括：资产核查人员组织、实施时间和过程，影响资产核查的事项及处理方法，核查结论。

（三）评定估算

被评估企业的资产与负债经评估人员清查核实后，就应当全部列入评定估算的具体范围内。在估算之前，通常需要依据属性或价值类型等对全部资产及负债进行分类。针对每一类、每一项资产的具体情况，评估人员应当尽可能地搜集到充分的资料与信息，充分估计各种影响评估价值的因素，选择合适的评估方法，合理确定相关参数来评估资产的价值。取价依据可以来自经核实的申报资料，也可来自现场的检测与鉴定，还可以是经调查与分析后所收集到的市场信息。

1. 评定估算工作的组织。在企业价值评估中，由于企业资产千差万别，数量繁多，为提高评估效率、保证评估质量，一般需在全部资产分类的基础上组织评定估算工作，这项活动一般体现在两个层次上。

第一个层次，依照被评估企业会计账簿中的资产分类方法，结合委评资产规模及具体特点以及对评估结果详略程度的要求，可以按资产性质分类并组织若干个分类评估小组，比如流动资产评估小组、机器设备评估小组、房地产评估小组、无形资产评估小组、负债审核与评估小组等。每个小组的负责人应做好分类资产评估计划，并将具体工作落实到每一个小组成员。最后小组负责人在复核、验算之后将具体单项资产的评估结果汇总后编制分类资产评估汇总表。

第二个层次，在同一类别的资产中，按一定的标准将资产细分组合，并落实到具体的评估人员。分类的方法与标准有很多，下面以机器设备为例简单介绍几种分类方法。

（1）按清查明细表分类。比如分为机器设备、电子设备、车辆、设备安装与工程等部分。这种分类可直接利用清查的工作结果，便于评估人员现场勘察，账实核对。同时评估人员可在清点现场时搜集相关数据，并对该选用什么评估方法作出初步判断。这样的分类，由于对实物存放现场及实物特征、相关资料比较熟悉，可大大提高评估效率。

（2）按使用状况分类。评估人员通常都可获得被评估企业的设备清单，可根据清单上所注明的设备属于现行用途设备，还是多余设备，或是将对外投资的设备，确定合适的计价标准和估算方法。

（3）按机器设备来源分类。可分为进口设备、外购设备、自制设备等。不同类型设备来源不同，其重置成本的构成不同，从而可以方便评估人员针对不同的要求搜集必需的相关数据及资料为估价提供依据。

（4）基于设备重要性的 ABC 分类法。原理同前面介绍的存货管理的 ABC 分类法。

2. 评估方法的确定。不同的分类对于应选择什么样的评估方法、考虑哪些因素、如何设计评估清查工作底稿和评估明细表，都具有较大影响。评估方法的选择并不是绝对的，通常应按照被评估单项资产的性质、功能和形态等具体情况作具体判断。在确定某种方法之前，一般需明确该资产的价值类型是什么，与该价值类型相符合的评估方法有哪些，所能搜集到的数据和信息能否满足评估方法技术上的要求，同时也要考虑取证的效率。对于需用多种方法评估的资产项目，在相互验证并确定了最终评估值后，还需在评估报告中具体披露并说明使用多种方法的原因。

通常在确定了评估方法之后，需要设计评估明细表，其目的一是能提供收集整理数据的明细纲目，便于提高工作效率并防止疏漏；二是便于前后工作的衔接与过渡，为编制分类汇总表、撰写评估报告做好准备。

评估明细表一般按照企业会计核算所设置的会计科目来编制，其格式和内容基本要求如下：表头应当含有被评估资产负债类型（会计科目）名称、被评估单位（或者产权持有单位）、评估基准日、表号、金额单位、页码；表中应当含有资产负债的名称（明细）、经营业务或者事项内容、技术参数、发生（购、建、创）日期、账面价值、评估价值、评估增减幅度等基本内容。必要时，在备注栏对技术参数或者经营业务、事项情况进行注释；表尾应当标明被评估单位（或者产权持有单位）填表人员、填表日期和评估人员。不同类型的资产，不同的具体估算方法，评估明细表的内容通常是不一样的。比如车辆的评估明细表基本格式一般如表 9－3 所示。

表 9－3　　固定资产——车辆评估明细表

评估基准日：　　年　　月　　日

被评估单位（或者产权持有单位）：　　　　金额单位：人民币元

序号	车辆牌号	车辆名称及规格型号	生产厂家	计量单位	数量	购置日期	启用日期	已行驶里程（公里）	账面价值		评估价值			增值率（%）	备注
									原值	净值	原值	成新率（%）	净值		
合　计															
减：车辆减值准备															
合　计															

被评估单位（或者产权持有单位）填表人：　　　　评估人员：

3. 搜集整理资料及估算资产价值。究竟该搜集哪些评估资料在很大程度上取决于所选择的评估方法，也就是说作为取价依据的资料不仅应该真实、可靠，同时也应该充分为所选择的评估方法服务，并且对估算出的评估结果有很强的证明力。数据的整理与分析是去伪存真、去粗取精的过程，评估人员应选取那些最可信、最有证明力的数据资料作为评估时的取价依据。

评估人员除了需对被评估企业提供的资料加以汇总、核对整理外，还需进行现场勘察，了解资产的账面原值、已使用时间、磨损情况、维修、改造、实际功能和技术状况，并记录在工作底稿中。评估人员应对现场取回的资料进行分类、筛选、审核、编号，关注资料的来源，分析资料的完整性与可靠性。若采用成本法评估，对所需的相关技术参数如成新率、功能性贬值率等，应通过技术检测手段进行必要的现场鉴定。

搜集资料的过程通常还包括进行必要的市场调查与分析。比如用市场法评估库存材料，不仅需掌握市场行情及价格信息，还需关注材料的变现能力及可能的跌价风险。评估应收账款、分期收款发出商品时，对大额项目除需查看债权形成时的原始凭据或进行函证外，还应了解债务方的资信状况以分析应收账款收回的可能性、时间及成本。此外，运用市场法评估房地产、机器设备时，往往要尽可能收集并掌握参照物的情况来与被评估资产进行对比。在企业价值评估中，对于单项资产所采用的评估方法还可能要涉及国内价格指数、行业数据和经验数据，以及其他类型参数的分析与选择，这也是评估资料搜集与整理中的重要内容，特别需要谨慎。

在评估中如果上面一系列工作进展顺利，那么估算资产价值就水到渠成了，即评估人员根据提供的资料和数据，查验产权归属状况，查核资产数目及质量后，就可以对资产的本质特征，包括技术性能、可使用年限或可收回程度、损耗、资产功能变化等作出合理判断，在此基础上能够运用恰当的计算公式估算该项资产的价值。

4. 编写评估技术说明。评估技术说明是为了阐明各项资产、负债评估的具体情况。各项资产负债评估技术说明应当包含资产负债的内容和金额、核实方法、评估值确定的方法和结果等基本内容。以货币资金为例，其评估技术说明编写内容如下。

（1）货币资金的内容（包括库存现金、银行存款及其他货币资金）和金额。

（2）现金存放地点、核实方法和过程。

（3）查阅银行对账单、银行余额调节表的情况，银行账户函证情况及不符情况下的处理方式，并说明未达账项（如存在）是否影响净资产及其金额。

（4）其他货币资金的类型（银行汇票存款、银行本票存款、信用卡存款、信用证保证金存款、存出投资款、外埠存款等）及核实方法、评估值确定的方法。

（5）如现金出现负数，应当说明原因及评估处理方式。

（6）评估结果及差异。

（四）汇总评估结果

每一项资产估算后得出的初步评估数据，应交给小组负责人进行分析和复核，也可组织小组内有关工作人员讨论，对确实不合理的评估数据应进行调整。

完成资产初步评估数据的复核与调整后，可着手评估明细表的数字汇总。评估明细表设立逐级汇总，先对明细表内数字进行汇总，然后分类汇总，再到资产负债式的综合汇总。不具备采用电脑软件自动汇总的评估机构，在数字汇总过程中需反复核对有关表格、数字的关联性和各表格栏目数字之间的钩稽关系，防止出错。

资产评估明细表一般按会计科目顺序设置，通常作为企业价值评估报告的附件，装订在分类评估汇总表之后。分类评估汇总表格式一般比较固定（如表 9 – 4 所示），通常表头、表尾应列示评估基准日、被评估单位名称（或者产权持有单位）、表号、金额单位及评估人员的署名。表格的具体内容包括账户名称及明细科目名称、账面价值、评估价值、评估价值与账面价值的差异（相对数及绝对数）等。资产评估结果汇总表的数据是由各分类汇总表综合汇总后得到的，其格式和内容与分类汇总表基本相同。

表 9－4　　流动资产评估汇总表（分类汇总表）

评估基准日：　　年　　月　　日

被评估单位（或者产权持有单位）：　　金额单位：人民币元

编号	科目名称	账面价值	评估价值	增减值	增值率（%）
3－1	货币资金				
3－2	交易性金融资产				
3－3	应收票据				
3－4	应收账款				
3－5	预付账款				
3－6	应收利息				
3－7	应收股利				
3－8	其他应收款				
3－9	存货				
3－10	一年内到期的非流动资产				
3－11	其他流动资产				
流动资产合计					

评估人员：

（五）结论与报告

在完成评估明细表的逐级汇总后，经各分类小组负责人初步验算，由项目经理进行专业审核，再交评估机构负责人复审无误并征求委托方意见后就可以出具评估报告。

评估结论应用文字叙述账面价值和评估价值，如果还采用其他评估方法评估企业价值，则分别说明其评估价值以及确定最终评估结论的依据和理由。对于存在多家被评估单位的情况，应当分别说明评估价值。对于不纳入评估汇总表的评估结果，应当单独列示。

评估结论与账面价值比较变动情况及原因应加以说明，包括绝对变动额和相对变动率，并分析评估结论与账面价值比较出现变动原因。

在适当及切实可行的情况下需要考虑由于控股权和少数股权等因素产生的溢价或者折价，以及流动性对评估对象价值的影响，包括但不限于：说明是否考虑了溢价与折价；说明溢价与折价测算的方法，对其合理性作出判断。

评估报告书初稿及评估初步结论应与委托方交换意见。委托方验证评估目的是否准确，评估项目的范围是否与委托评估范围相一致。对于委托方提出的问题和建议，在坚持独立、客观、公正立场的前提下，考虑是否有疏忽、遗漏和错误之处，是否需作修改，然后再正式撰写评估报告。

由评估人员复查后出具的正式报告，需交项目经理及评估师审核签章，再送复核人审核签章，最后由评估机构负责人审定签章并加盖公章。

二、单项资产评估的前提假设及其选择

（一）单项资产评估的前提假设

前提假设是资产评估要素之一，它将被评估资产置于一个相对固定的市场环境中，以及将被评估资产设定到某一种状态下，这样，评估人员就可以根据评估前提假设所限定的市场条件及评估对象的作用空间和作用方式，评定估算出符合特定评估目的的评估结果。因此，评估前提假设在资产评估中创造或构筑了资产评估得以顺利进行的基础和条件。

运用成本法来评估企业价值，实际上是把对企业的整体评估分解成对企业所有单项资产的分别评估，对每一单项资产的评估可以采用不同的评估方法。那么，在考虑企业某一项资产的各种评估方法之前，评估分析人员首先需要考虑每项资产适用的价值类型和恰当的前提假设。

一般而言，在决定运用成本法对企业进行价值评估之时，评估人员已经确定了评估的前提假设，这是根据评估目的和企业所有者权益所体现的最佳用途（Highest and Best Use）价值来确定的。然而对企业的各种单项资产，其最佳用途可能不完全一致，并且与企业整体的最佳用途不一致。所以各单项资产评估的合理前提假设与企业整体评估的合理前提假设可能不相同，比如，整体企业评估的合理前提假设是持续经营假设，而对于企业中闲置的单项资产评估，其合理前提假设则可能是清算假设。

成本法评估企业价值时，常用的单项资产评估前提假设有：该资产作为持续经营企业的一部分并将继续使用假设、作为资产集合体的一部分将适当放置假设（可能没有使用而作为备用品）、公开市场交易假设、清算假设。

1. 作为持续经营企业一部分并将继续使用假设。在此前提假设下，被评估资产假设是作为一个盈利企业的一部分，以对资产组合体的贡献体现其价值，且认为企业的有形资产和无形资产之间存在相互促进的关系，即在企业中共同存在而产生协同效应和增进效益（增加价值）。

2. 作为资产集合的一部分将适当放置假设。在此前提假设下，假设所评估资产也是资产集合体的一部分，只是当前没有投入使用。该前提假设认为企业的有形资产对无形资产，或者是企业的无形资产对有形资产都还存在着部分的相互协同效应关系，但可能排除了经培训的组合劳力这种类型的无形资产和持续经营以及商誉形式的无形资产的价值贡献。

3. 公开市场交易假设。在此前提假设下，假设被评估的资产是一件一件在公开市场上分散出售，而不是作为资产集合体的一部分出现，并假设这些被评估资产在市场上进行了充分的销售展示。然而，由于假设是通过公开市场有序处置，因此，不考虑任何有形资产对无形资产或无形资产对有形资产的价值影响。

4. 清算假设。此前提假设同样假设被评估资产是一件一件地出售，而不是以资产集合体的一部分出现，同时还假设被评估资产在市场上无法进行长时间的销售展示，只允

许在拍卖的环境下，有一个等待最高开价者的有限展示时间（这样的最高开价者可能出现在对此资产有集中需求的市场上，也可能不出现）。由于所假设的是被迫清算下的市场交易，因此，此前提下不存在有形资产对无形资产，或无形资产对有形资产的价值贡献。

（二）单项资产评估的前提假设选择

单项资产评估的前提假设描述了不同交易条件下的资产，包括运行状态下的企业资产、企业备用资产，通过公开市场出售的单项资产、拍卖的单项资产。评估人员应根据评估目的并根据企业（或者说被评估企业资产）最可能的出售方式，选择合适的评估前提假设。此外，其他一些因素也直接影响合理前提假设的选择，主要有：

（1）被评估资产的实际环境和运行状况，即所评估资产是在使用中，还是处于闲置状态，或是（在有序处置或被迫清算的前提下）即将出售。

（2）被评估资产的最佳用途，即前提假设应使所评估企业获得可能的最高评估价值。

毫无疑问，在应用成本法时，单项资产评估选择适当的前提假设至关重要。这是因为即使在同样的企业价值评估类型下，单项资产选择不同的评估前提假设，则可能得到不同的企业价值评估值。

三、资产清查和估算的具体方法

在运用成本法评估时，企业整体价值等于各单项资产评估值之和减去非付息债务价值；企业所有者权益价值等于各单项资产的评估值之和减去负债评估值。各项资产和负债是企业构成的要素，选用合适的方法估算每一项资产和负债的价值是科学、客观地评估企业价值的基础和关键所在。成本法评估企业价值在思路上可视做化整为零，在具体实现手段上可视做“由点到线，由线到面”。也就是说，将全部资产和负债根据评估技术要求分为若干类，同一类资产和负债中可再细分为若干组。这样在评估的计划阶段先搭建起单项资产（点）到分类资产（线）再到企业整体价值（面）的空间架构。具体估算时，在清查核实的基础上，依据资产的类型、特点及所掌握资料的实际情况，选用合适的方法进行评定和估算，并分类汇总，最后综合汇总得到企业价值的评估值。

至于如何选择合适的方法评估不同资产，各种方法的原理、核算过程如何，有哪些适用前提及适用范围，这些内容在许多资产评估教材中都有详细介绍，在此不作进一步讨论，下面仅简单介绍在成本法评估企业价值过程中，几类重要资产清查时的注意事项及具体估算方法。

（一）流动资产

流动资产是企业资产的重要组成部分，具有周转快、流动性强、容易变现、账面价值和市场价值较为接近等特点。流动资产包括现金、存款以及其他货币资产、短期投资、应收及预付款项、存货以及其他流动资产等。评估流动资产时一般不需要考虑功能性贬值因素，计算实体性贬值也只适用于低值易耗品、积压存货等资产的评估。因而在通常情况下，流动资产的账面价值经核实后基本上可作为其评估值。

1. 货币资金。对于库存现金，评估人员在现场会同企业出纳人员对库存的人民币按面额大小整理、清点、加总求得实存现金数，然后倒推算出评估基准日的库存现金，作为评估值，推导公式为

$$\frac{\text{评估基准日}}{\text{现金评估值}}=\frac{\text{清查日}}{\text{实存现金}}+\frac{\text{评估基准日至清查日}}{\text{支出现金数额}}-\frac{\text{评估基准日至清查日}}{\text{收到现金数额}}$$

对于银行存款，评估人员按企业不同的存款账户逐个将其日记账余额与银行对账单核对。余额若与对账单不符，编制未达账调节表或向银行询证（书面或电话），以调节一致后企业评估基准日的“银行存款”账面值作为该项评估值。对于外币存款，应按评估基准日的国家外汇牌价折算为人民币。

2. 短期投资。在清查时，评估人员应重点查看账簿记录、原始凭证，注意投资期限及投资的合法性。同时依据原始凭证详细记录下证券投资的种类、名称、票面利率、发行时间及账面余额，并在资产评估报告的“评估说明”中予以披露，如可写为“所评估的企业短期投资经核实为××××年××公司发行的无息建设债券，到期日为××××年××月××日”。

对于短期投资的评估，应注意两种情况下所用的不同方法：对于公开挂牌交易的债券、基金，一般按评估基准日的收盘价计算确定评估值；对于不公开挂牌交易的债券、基金，则按其本金加持有期利息之和作为评估值。

3. 应收款项及预付款。从会计分类来看，该类资产包括企业的应收账款、应收票据、预付账款及其他应收款等。清查时，评估人员应核对清单，查看原始凭证等财务记录，关注债权关系是否真实，会计科目设置是否正确、合理。对于金额较大、账龄较长的债权关系应进行函证和分析，将每笔款项可能收回的数额作为评估值。

从实际操作来看，对应收账款评估应该谨慎。评估人员不仅要逐笔进行账面核实、账龄分析，还要对金额较大、账龄较长的款项进行函证，函证率应在80%以上。对未回函的要采用替代程序，通过查阅发票、有关合同、工程计价单等凭据判断是否能收回。

4. 存货。存货的范围较广，内容也较复杂，涉及原材料、辅助材料、外购半成品、在产品、产成品、低值易耗品、包装物及库存商品等。

清点存货时，评估人员应依据被评估企业提供的清单，抽查核对存货的数量及质量状况，查看重要的购置发票和会计凭证。通常以抽查数量占总量的40%以上、抽查部分的账面价值量占总值的60%以上为宜。同时在现场勘察原材料、包装物和库存商品的仓储保管情况，了解该企业仓储制度，观察各类存货堆放是否整齐。对于残次、变质失效、积压过时及待核销报废的存货，需特别关注其存放地点及完损状况。对盘盈、盘亏的存货查明原因并作记录，注意有无代他人保管和来料加工存货，有无未作账务处理而置于他处的企业存货。

在清查之后，主要依据现行市价和购买时发生的合理费用，视具体情况对各项存货用现行市价法或重置成本法进行评估。

对于原材料、辅助材料、燃料、外购半成品、在库未用低值易耗品等外购存货，一般根据清查后的数量乘以现行市价，再加上合理运输费、入库费及运输途中的合理损耗

等费用进行估算。如果企业经营状况正常，存货周转较快，市场价格波动较小，这些存货还可按账面价值评估。

对产成品的评估，可按照出厂价扣除销售费用、销售税金及附加、所得税并扣除适当的利润，估算其价值。或者也可用成本法，按现行市价下完成被评估资产所需投入的合理工料费用确定评估值。对于在产品和自制半成品可折算为产成品的约当量，比照产成品的评估值进行估算。

评估在用低值易耗品通常用重置成本法，成新率可依据质量检测和技术勘测结果或直接依据其已使用程度估算，重置成本可参照在库未用低值易耗品的估算方法。对于存货中严重变质、报废的部分，需根据质量检测和技术勘测结果或有关凭证，以可变现净值作为该存货的评估值。

（二）长期投资

企业的长期投资包括长期债权（主要是债券）投资、长期股权（股票）投资及其他长期投资。

非上市流通债券的评估是债权评估中的难点，具体又分为一次性还本付息债券，每年付息、到期一次性还本债券，贴现债券三种类型。具体评估时应针对债券的不同类型选择合适的估算公式，同时还应注意两条原则：一是风险与折现原则，也就是说债券投资属于一种风险投资，在评估时不仅要考虑货币的时间价值，还要考虑风险因素，即本息无法收回和本息贬值的可能性；二是实际变现原则，债券不同于存货等流动资产，非上市流通债券评估时要充分考虑债券的信用等级、有无抵押等因素对其变现能力的影响，进而全面地估算其价值。

股票投资评估之前，应清查并记录股票的名称、购进日期、账面投资额、股数及占被投资单位股份的比例。评估时也有多种方法可供选择。市场法主要运用于上市股票的评估。收益法运用于非上市流通股票的评估，这也是股票评估的难点部分，备选估价模型有固定股利模型、股利增长模型和分段式模型等，在估值时需要注意每种模型适用的条件。

（三）机器设备

机器设备一般采用成本法和市场法进行评估。可根据设备是否继续使用、设备的市场活跃程度、取得相关资料的难易程度等因素来选择具体的估算公式。估算方法不同、设备类型不同，清查与勘察侧重点也有所区别。

清查机器设备时需首先了解设备账面价值及正常生产能力。评估人员到现场后应核对设备的数量，观察设备外观，了解使用情况及维护保养情况。核查中，应特别关注企业有无设备已报废但账面价值仍存在的情况，有无待报废的机器设备，有无已设定抵押的设备。关注设备的产权归属资料及资料来源，逐辆核对机动车行驶证，对重要设备应查验原始购置合同及发票。清查过程中重点收集一些高精尖设备的运行、管理记录及大修、技术改造记录，为下阶段具体估算提供有用的资料。

成本法是机器设备评估的主要方法，使用前应注意资产的具体情况是否满足其适用条件。评估人员可以选用不同的计算方法估测机器设备的重置成本、实体性贬值、功能性贬值和经济性贬值。

此外评估各种设备时需结合其形态和功能，具体分析后选择恰当的评估方法。比如地下电缆线在形态与功能上与一般设备不同，它作为建筑物附属设备与土地结合在一起，实际上构成不动产评估的一部分，不宜对其单独评估。

（四）房地产

评估企业价值时，因房地产部分价值高、评估难度大、复杂程度高，评估人员可在委托方负责人配合下组成房地产清查小组，专门进行现场勘察与核实。评估人员须查看房产所有权证和建设工程规划许可证，并以房产所有权证或规划许可证登记面积作为估价时使用的建筑面积。评估人员在现场需对房屋质量进行考察，并在工作底稿中详细记录结构类型、功能用途、装修状况、配套设施、维护现状及使用状况（已使用年限）等情况。此外，还需进行必要的市场调查，了解房屋的位置、楼层、朝向、区位等级、环境条件、交通状况等项目，并对房屋外观及主要内、外装修拍照备案。在现场查看中由于技术条件的限制，对于结构承载能力等情况无法作出具体描述和评定的，需在评估报告中披露。对于已设定抵押权的房地产也应在评估说明中列示。

房地产评估是资产评估业务中较难的评估项目。具体表现在评估对象情形差异很大，并且常常包括复杂的地下、地上建筑物配套设备与设施（比如高档办公楼和娱乐场所一般都有价值昂贵的消防设施），其价值影响因素也非常多。房地产评估的基本方法有成本法、市场法和收益法，由这三种基本方法派生出其他一些评估方法，如剩余法、路线价法、长期趋势法等，也是目前常用的房地产评估方法。需要注意的是，每种方法的评估依据和评估步骤并不同，评估人员应针对评估对象的特点，正确运用评估方法。

房地产评估是一项综合性很强、技术难度较高的工作。目前由于我国房地产市场日趋成熟与完善，银行抵押贷款业务、二级市场交易、拍卖等业务也都越来越活跃，在当前国内单项资产评估业务中房地产评估份额最高，评估需求最旺盛，这些都推动了房地产评估领域理论与实践的发展。

（五）无形资产

无形资产是企业中不具有实物形态，能持续发挥作用且能带来经济利益的资源。无形资产包括可确指无形资产和不可确指无形资产，可确指无形资产包括专利权、商标权、著作权、专有技术、销售网络、客户关系、特许经营权、合同权益等；不可确指无形资产是商誉。

在企业价值评估过程中，评估人员在对无形资产进行评估时，应当关注以下事项：

（1）无形资产权利的法律文件、权属有效性文件或者其他证明资料；

（2）无形资产是否能带来显著、持续的可辨识经济利益；

（3）无形资产的性质和特点，目前和历史发展状况；

（4）无形资产的剩余经济寿命和法定寿命，无形资产的保护措施；

（5）无形资产实施的地域范围、领域范围、获利能力与获利方式；

（6）无形资产以往的评估及交易情况；

（7）无形资产实施过程中所受到的国家法律、法规或者其他资产的限制；

（8）无形资产转让、出资、质押等的可行性；

（9）类似无形资产的市场价格信息；

（10）宏观经济环境。

评估无形资产时，应当关注宏观经济政策、行业政策、经营条件、生产能力、市场状况、产品生命周期等各项因素对无形资产效能发挥的制约，关注其对无形资产价值产生的影响。

对于评估方法的选择，评估人员应当根据评估目的、评估对象、价值类型、资料收集情况等相关条件，分析收益法、市场法和成本法三种资产评估基本方法的适用性，恰当选择一种或者多种资产评估方法。

第四节　成本法的适用性和局限性

一、成本法的适用性

成本法将企业价值评估建立在可以感觉到的单项资产和负债评估的基础上，该方法理论上易于接受，实践上容易操作；同时将评估结果以惯用的资产负债表形式表示出来，具有一定财务会计知识的企业收购者和出售者、投资银行家、个人投资者和机构投资者，都十分熟悉这种形式的价值评估结果，因此，成本法在企业价值评估实践中尤其是在中国市场体系发育不成熟的背景下具有比较明显的优势。

（一）成本法的适用前提

一般而言，成本法的适用前提主要有以下两个方面。

首先，资产继续使用，即各单项资产处于继续使用状态或假设处于继续使用状态。成本法是从再取得各单项资产的角度来反映企业价值，只有当各项资产能够继续使用（在用续用、转用续用、移地续用），并且在继续使用中为潜在所有者和控制者带来经济利益，各项资产的重置成本才能为潜在投资者和市场所承认。从评估的角度看，只有明确了被评估资产在评估时点继续使用状态，才能把握运用成本法评估各项资产中的各个经济技术参数的构成和取舍。比如，在在用续用的前提下，再取得被评估资产的全部费用才能构成其重置成本的内容。

其次，历史资料的可获得性和资产的可比性。成本法的应用是建立在历史资料基础上的，企业价值评估时涉及大量资产，对于这些资产的历史信息资料和指标，评估人员必须能够获得。同时，被评估各项资产在实体特征、结构、功能等方面必须与假设重置的全新资产具有可比性。

（二）成本法适用的企业类型

根据成本法的技术思路以及评估特点，成本法主要应用于不存在商誉或商誉极少，且无形资产较少的企业，具体包括以下几种。

（1）资本密集型制造企业。这类企业固定资产投入量很大，固定资产价值在企业价值构成中占有非常大的比重，相比较而言，商誉及其他无形资产的价值在企业价值构成中所占比重较小，如钢铁冶炼企业、船舶制造企业、石油冶炼企业、机械制造企业等。

（2）仅进行投资或仅拥有不动产的控股型企业。这类企业主要是房地产公司、投资公司等，其资产主要为不动产或者是对外投资的股权和债权，资产之间的关联性不大，资产和资产之间难以形成显著的协同效应，因此，企业价值主要取决于各单项资产的价值。评估人员可以针对各单项资产的特点，选择合适的评估方法，在评估出各单项资产价值的基础上得出企业价值的评估值。

（3）即将进入清算的企业。进入清算的企业不可能再持续经营，依附于企业的商誉将随着企业的解体而消失，企业价值体现为各单项资产的清算价值或市场价值，此时，评估人员通过评估各单项资产的清算价值或市场价值，并扣除相关清算费用，如支付给将离开雇员的补偿、支付清算过程费用等，即可得到企业价值的评估值。

（4）可能进入清算的企业。评估人员有义务让委托方了解企业的最大价值，因为企业在持续经营前提下的价值并不必然大于在清算前提下的价值。如果相关权益人有权启动被评估企业清算程序，评估人员经分析认为，评估对象在清算前提下价值可能大于在持续经营前提下价值，此时，应运用成本法在清算假设下对企业进行价值评估。

二、成本法的局限性

运用成本法评估企业价值，是通过分别估测构成企业的所有可确指资产价值加和而成，这种方法无法把握一个持续经营企业价值的整体性，也很难把握各个单项资产对企业的贡献，更难衡量企业各单项资产间的工艺匹配和有机组合因素可能产生出来的整合效应，即不可确指的无形资产（商誉）。而在企业中不可确指的无形资产（商誉）以多种形式存在着，比如企业经营管理人员与员工之间的长期融洽关系，使得他们可以有效地配合、高效地工作；公司在客户和供应商中的良好声誉，包括品牌的知名度，使得公司产品销售更加容易等。商誉这种无形资产在企业的持续经营过程中发挥着重要作用，也是企业价值的重要构成部分。

正因为成本法很容易少评或漏评企业中的无形资产特别是不可确指的无形资产（商誉），不能体现企业的整体价值，因而对于持续经营企业，成本法不应作为唯一评估方法，这在国外评估准则如《欧洲评估准则》、美国评估师协会的《企业价值评估规范》、《国际评估准则——企业价值评估》中均有类似规定；中国资产评估协会于2004年12月颁布的《企业价值评估指导意见（试行）》第三十四条也规定“以持续经营为前提对企业进行评估时，成本法一般不应当作为唯一使用的评估方法”（中国资产评估协会2017年12月颁布的《资产评估执业准则——企业价值》中已经没有相关表述）。

成本法的局限性还表现在评估的工作量大，计算复杂。在评估昂贵的成套精密仪器设备时，往往需动用技术检测手段获取相关数据，特别是在评估企业价值时，由于资产数量繁多，价值构成千差万别，评估工作的繁杂程度不言而喻。

【本章小结】

✧ 企业价值评估中的成本法也称为资产基础法、加和法，是在合理评估企业各项资产价值和负债价值的基础上确定企业价值的评估方法，具体包括基于账面价值的评估和基于现场勘察的评估。

✧ 基于账面价值的评估是依据建立在历史成本基础上的资产负债表，对企业价值进行评估的方法。由于通货膨胀、资产贬值与会计折旧之间存在差异以及资产的组合效应，企业资产的账面价值通常与其市场价值不一致，因而，基于账面价值评估方法的准确性较差。

✧ 基于现场勘察的评估是指，评估人员深入企业一线，对企业各项资产、负债进行逐一核查，在掌握充分信息的基础上，评估出企业资产、负债的价值，进而评估出企业价值的方法。

✧ 确定评估的具体范围以被评估企业提供的会计报表及资产清查明细表为基础，资产负债表之外的资产和负债也应纳入评估范围。对于每一项资产及负债，在清查核实的基础上，依据各自的类型、特点及所掌握资料的实际情况，选用合适的方法进行评定和估算，并分类汇总，最后综合汇总得到企业价值的评估值。

✧ 成本法主要应用于不存在商誉或商誉极少，且无形资产较少的企业，具体包括资本密集型制造企业、仅进行投资或仅拥有不动产的控股型企业、即将进入清算的企业、可能进入清算的企业等。

✧ 正因为成本法很容易少评或漏评企业中的无形资产特别是不可确指的无形资产（商誉），不能体现企业的整体价值，因而对于持续经营企业，成本法不应作为唯一使用的评估方法。

【思考题】

1. 试比较基于账面价值的评估与基于现场勘察的评估。
2. 基于账面价值评估方法的主要缺陷是什么？
3. 基于现场勘察评估方法中，应如何确定评估范围和对象？
4. 应用基于现场勘察评估方法时，如何处理无效资产？
5. 运用成本法评估企业价值时，单项资产评估的前提假设是否必须与企业价值评估的前提假设一致，为什么？
6. 为什么国内外评估准则均规定，以持续经营为前提对企业价值进行评估时，成本法一般不应当作为唯一使用的评估方法？

【计算题】

1. 待评估公司 20A1 年 12 月 31 日有形资产的市场价值为 4000 万元，经营性负债为

50 万元，根据历史数据分析，企业在正常情况下每年的净收益可达 800 万元，预计未来将保持这一盈利水平。再根据市场资料以及行业资料分析，这类企业的有形资产的公允回报率大约为 15%。而根据企业类型和风险估算无形资产的公允回报率为 20%。运用成本法对该公司 20A1 年 12 月 31 日的整体价值进行评估（假设有形资产、无形资产回报稳定，回报期限为无限期）。

2. 运用成本法对某企业整体价值进行评估时，其中一项设备的相关资料和数据如下：

（1）通过分析得知，若现在购买后安装该设备，需材料费用 12 万元，人工费用 3 万元，零部件费用 1.5 万元，施工管理费用 2 万元，临时设施费 1.5 万元。机器设备购买价为 580 万元。

（2）该设备 6 年前购建，在 6 年中，该设备满负荷运转，预计未来仍可使用 10 年。由于该设备自动化程度较低，与目前广泛使用的同类设备相比，每年需多用工人 15 名，平均每人每年工资 7000 元。该企业适用的所得税税率为 25%，折现率取 10%。由于所生产产品市场竞争激烈，预计未来该设备的生产能力利用率只能达到 80%。

估算该设备的重置成本、实体性贬值、功能性贬值、经济性贬值（功能价值指数取 0.7），并用成本法评估该设备的价值。

第十章

期权定价与企业价值评估

我们只有用期权定价法才能对股票进行准确的数量化的定价。

——米勒

【本章学习目的】

- 了解期权的概念、期权的分类、期权的功能。
- 理解期权定价的基本思路。
- 掌握期权价值的决定因素。
- 熟悉期权定价模型并掌握其参数的确定。
- 掌握布莱克—斯科尔斯期权定价模型在企业价值评估中的应用。

第一节　期权相关知识

一、期权的产生

期权的英文是Option，源于拉丁语Optio，有“选择买卖的特权”之意。作为一种金融衍生工具，期权又称选择权，是指在期权买方支付给期权卖方一定的金额后，赋予期权买方在规定的期限内按照双方约定的价格（也称协议价格 Strike Price 或执行价格 Exercise Price）购买或出售一定数量某种资产（标的资产）的权利。对于期权买方来说，通过支付一定数额的期权费给期权卖方，则获得以约定价格买入或卖出某种资产的权利，这种权利可以在规定的时间内行使，也可以放弃。对于期权卖方而言，通过从期权买方收取一定数额的期权费后，则承担期权买方行使期权时，以约定价格卖出或买入某种资产的义务。期权买方（持有人）拥有的是以约定价格卖出或买入某种资产的权利，而非义务。

期权交易活动最早可以追溯到古希腊时代。公元550年，亚里士多德在其《政治学》中记载了古希腊智者泰利斯，通过预先确定橄榄榨油机租金价格而获利的例子。在某一年的冬季，泰利斯通过对星象进行研究，预测橄榄来年春天将有好收成。因此，经与农户协商，他得到第二年春天以固定价格使用榨油机的权利。橄榄丰收后，榨油机供不应求，泰利斯通过转让榨油机使用权而获利。这便是最早期的期权实践活动。

1790 年，美国出现了第一个现代意义的期权合约；进入 19 世纪后，农产品期权交易在欧洲和美国已经比较盛行。1934 年，美国的《投资法》使期权交易合法化，有组织的期权交易开始产生。20 世纪 70 年代，以黄金为基础、以美元作为最主要国际储备货币的布雷顿森林体系走向崩溃后，各发达国家纷纷采用浮动汇率政策，许多发展中国家也相继采用钉住某一主要货币的有管理浮动汇率政策，这一货币体系的变迁使得全球汇率波动更加频繁，汇率风险急剧加大；与此同时，石油危机使得全球经济受到了沉重打击，日益走向全球化的经济体所面临的系统性风险也被无限放大，期权作为一种避险工具因此而获得了突飞猛进的发展。如今，期权已经成为国际资本市场的主要金融工具，多年来始终保持高速增长的势头。

期权交易的产生和发展为企业进行套期保值、防范价格风险提供了更多的选择。期权定价的思想已经进一步延伸，应用到现实经济生活中。现实经济生活中存在许多隐蔽的期权，例如定期存款隐含着可以提前支取的期权；公司制企业在破产清算时，股东只承担有限债务责任隐含着股东有放弃企业、将部分亏损转移给债权人的期权等。

相对于期权实践活动而言，期权定价的理论研究则要晚得多。1900 年，法国数学家路易斯·巴舍利耶（Bachelier）首次运用随机过程理论来描述证券价格的动态变化，这一研究为期权定价奠定了理论研究基础，此后，各种经验公式或计量定价模型纷纷面世，但因种种局限难以得到普遍认同。1973 年，费希尔·布莱克（Fischer Black）和迈伦·斯科尔斯（Myron Scholes）关于期权定价的开拓性论文《期权和公司债务的定价》提出了被当今理论界和实务界广泛接受和使用的模型：布莱克—斯科尔斯期权定价模型，这一期权定价模型的创立，成为现代金融学的一座辉煌里程碑。此后，不少学者又对该模型进行了修正、发展与推广，极大地推动了期权定价理论的研究和应用。

二、期权的一些基本概念

（一）期权的交易双方

期权买方（Option Buyer）是指买进期权合约的一方，也称期权持有者。在期权交易中，期权买方在支付一笔期权费之后，就获得期权合约所赋予的在合约规定的时间内，按照事先确定的执行价格向期权卖方买进或卖出一定数量标的资产的权利。

期权卖方（Option Seller）是指卖出期权合约的一方，也称期权出售者。在期权交易中，期权卖方在收取期权买方的期权费之后，负有在期权买方执行期权时按照事先确定的执行价格向期权买方买进或卖出一定数量标的资产的义务。

期权交易中，买卖双方的权利、义务是不对等的。期权买方支付期权费后，获得买进或卖出的权利，而不负有必须买进或卖出的义务。期权卖方收取期权费后，负有应期权买方要求必须买进或卖出标的资产的义务，而没有不买或不卖的权利。

（二）标的资产

标的资产（Underlying Assets）是指期权合同中规定的双方买入或卖出的资产。期权可以适用的标的资产种类范围广泛，可以是权益（股票）、权益（股票）指数、利率（或是债券价格）、外汇汇率以及商品等。

（三）执行价格

执行价格（Exercise Price）是指期权被执行时支付的资产买价、卖价。期权合约规定了履约的约定价格，这一价格与到期日标的资产的市场价格并不一定相同。多数情况下，这两个价格是有差别的，它们之间的差价决定了期权持有者可从期权获得的收益的多少。

（四）内在价值

期权的内在价值（Intrinsic Value）是指期权持有者立即履行期权合约时可以获得的收益。如果从期权的立即执行中能够得到正的收益，则该期权为实值期权（In the Money）；如果所得收益为零则为平值期权（At the Money）；如果所得收益为负则为虚值期权（Out of the Money）。平值期权和虚值期权的内在价值均为0。

若期权持有者拥有买进标的资产的权利，当标的资产的现价大于执行价格时，期权的内在价值大于0；当标的资产的现价小于或等于执行价格时，期权的内在价值为0。若期权持有者拥有卖出标的资产的权利，当标的资产的现价小于执行价格时，期权的内在价值大于0；当标的资产的现价大于或等于执行价格时，期权的内在价值为0。

（五）期权价格

期权价格（Option Price）是指期权的购买价格，即获得期权所需要付出的代价，或购买期权这一资产的费用，也称做权利金、期权费。

期权价格等于期权的内在价值加上时间价值（Time Value）。期权的时间价值是指在期权有效期内，标的资产价格波动为期权持有者带来收益的可能性所隐含的价值。标的资产价格的波动性越高，期权的时间价值就越大。

（六）到期日

到期日（Expiry Date）是指期权的执行日期，或期权权利终结的日期。期权合约一般约定某一天作为期权的到期日，在到期日前不得执行；但有些期权允许持有者在某一时期内的任意一天执行。前者称做欧式期权，后者称做美式期权。显然，美式期权的权限更大。

在期权的到期日，期权持有者可以有以下三种决策：

（1）若到期日市场行情使期权的执行有利可图，持有者则可以选择执行期权，向期权的卖方发出买入或者卖出标的物的命令，从而进行实际标的物交割。

（2）若到期日市场行情使期权的执行有利可图，而期权持有人由于某种原因并不想进行实际标的物的交割，此时，期权持有者可以就执行期权所带来的收益，通过银行从期权卖方银行账户划转。

（3）如果到期日市场行情出乎持有者的意料，期权的执行毫无意义，则期权持有者可以选择放弃权利。在这种情形下，他损失的只是先期缴纳的期权费。期权到期之后，期权买卖双方的权利义务终止。

三、期权的分类

期权有很多种类，不同种类的期权是从不同角度、按照不同标准划分的。

（一）按期权购买者的权利划分

1. 看涨期权（Call Option）。看涨期权是期权持有者拥有在将来确定的到期日或之前，以确定的价格购买一定数量某种资产的权利。看涨期权的买方之所以要购买这一权利，是因为期权的买方对标的资产的价格看涨，故向期权的卖方支付一定的期权费，以获得按执行价格买入该标的资产的权利。如果标的资产市场价格的变化与预测一致，即标的资产的市场价格高于执行价格，看涨期权买方就可以用期权合约上约定的执行价格购买标的资产获得收益；标的资产的市场价格上涨越高，期权持有者执行期权获得的收益越大。如果市场价格的变化与其预测相反，即标的资产市场价格小于或等于执行价格，看涨期权的买方可以放弃购买标的资产的权利，最大损失为所支付的期权费。

2. 看跌期权（Put Option）。看跌期权的买方预期标的物的价格将会下跌，因此愿意支付一定数额的期权费，购买在某一特定的时期或之前以确定的执行价格出售一定数量某种资产的权利。如果在未来规定的时间内市场价格与其预测一致，即标的资产的市场价格低于执行价格，他就可以按期权合约约定的执行价格出售标的资产，期权的卖方必须买入。如果标的资产的市场价格与其预测相反，即标的资产的市场价格上涨，看跌期权持有者则可以不执行期权。

（二）按照执行期限来分

1. 美式期权（American Option）。美式期权允许其持有者在期权有效期内的任何一天行使买入或卖出标的物的权利。美国国内交易的绝大多数期权都是美式期权，但在芝加哥期权交易所交易的外汇与股票指数期权除外。

2. 欧式期权（European Option）。欧式期权的持有者只能在到期日当天执行权利。与美式期权相比，欧式期权的行权时间要短得多，所以价格也较低。

（三）按照标的物来分

1. 股票期权。股票期权允许期权的持有者在合约的有效期内以约定的价格购买或出售一定数量的股票。证券交易所内的股票期权有标准化的数量，成为交易标的物的股票一般是上市公司股票，但一些场外交易活跃的大公司的股票也可以成为标的物。

2. 股票指数期权。股票指数期权的交易标的物为某种股票的指数，每一份合约的金额为指数的标准倍数。股票指数由一组股票组成，因而，期权交割时不可能交割组成指数的所有股票，而采用现金结算合约，由期权的卖方支付一定现金给期权买方。

3. 货币期权。货币期权是指期权买方有权在规定的时间内以约定的汇率购入或出售一定数量的某种外汇。货币期权所交易的标的物为国际上的主要货币，如英镑、美元、日元、欧元等。

4. 利率期权。利率期权是指期权持有人在期权到期日可以按预先约定的利率，借入或贷出一定金额、一定期限的货币。投资者购买利率期权是为了避免利率变化带来的风险。当市场利率向不利方向变化时，期权买方可以固定其利率水平；当市场利率向有利方向变化时，期权买方可以放弃行权，而获得利率变化的好处。

5. 期货期权。期货期权指买方有权在期权行权期内以约定的价格向卖方买入或卖出指定的期货合约。如果期货期权是买权，则期权买方有权以执行价从卖方买入指定的期货合约。如果期货期权是卖权，则期权买方有权以执行价向卖方卖出指定的期货合约。

6. 实物期权。实物期权是指以实物性资产如小麦、玉米、石油等为标的物的期权。

四、期权的功能

期权在世界范围内的快速发展，在很大程度上得益于期权在经济生活中所具有的独特功能，具体表现在以下几个方面。

（一）风险规避功能

风险规避功能是期权最主要、最突出的功能。作为一种有效的风险管理工具，期权购买者不仅能够预先锁定价格，防范价格的不利变动，而且可以避免对价格变动的误判，充分利用市场价格的有利变动，实现利益最大化。

假设某企业为防止生产中需要的主要原料 M 价格上涨，而买入 M 的看涨期权，期限为 3 个月，执行价格为 100 美元，期权费为 3 美元，M 的现时价格为 100 美元。该企业在期权到期日后持有期权的收益如图 10－1所示。当到期日 M 的价格低于 100 美元时，该企业可以直接从现货市场上以较低的价格买进 M，而不必从期权卖方手中以 100 美元的价格买进 M，企业的全部损失就是期权费 3 美元。当到期日 M 的价格为 100 美元时，执行期权没有经济价值，该企业的损失也为 3 美元。当到期日 M 的价格高于 100 美元时，不论 M 价格有多高，该企业都可以 100 美元的执行价格买入 M，考虑到购买看涨期权的成本 3 美元，当到期日 M 的价格高于 103 美元时，该企业能够实现净收益。比如到期日 M 的价格为 123 美元，执行期权获益 23 美元，减去 3 美元的期权成本，净收益为 20 美元。

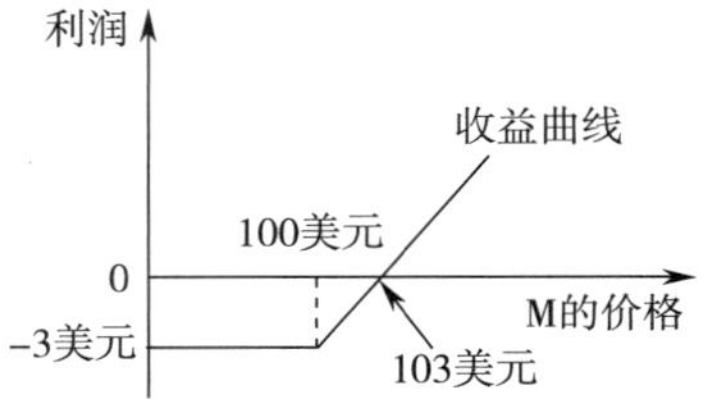

图 10－1 看涨期权购买者的收益

同样，假如某企业为防止其所生产产品 N 价格下跌，而买入 N 的看跌期权，期限为 2 个月，执行价格为 100 美元，期权价格为 2 美元，产品 N 的现时价格为 100 美元。该企业持有期权到期后的收益状况如图 10－2 所示。到期日 N 的价格低于 100 美元时，不论 N 的价格有多低，该企业均可以 100 美元的价格向看跌期权的卖方卖出 N。当 N 的价格低于 100 美元时，企业行权可以获得收益，当 N 的价格低于 98 美元时，该企业获得净收益，N 的价格越低，净收益越大。当到期日 N 的价格为 100 美元或高于 100 美元时，该企业放弃执行期权，最大损失为期权购买价格 2 美元。

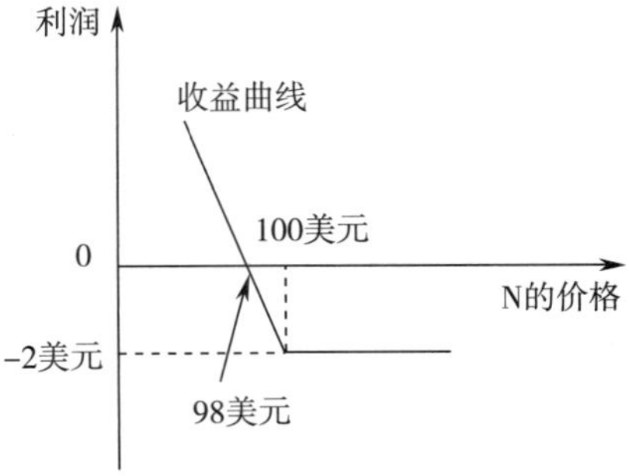

图 10－2 看跌期权购买者的收益

（二）为投资者提供更多的投资机会和投资策略

期权交易中，标的资产价格无论是处于牛市还是处于熊市或者处于盘整，均可以为投资者提供获利的机会。如果投资者预期标的资产的价格将上涨，则可以买进看涨期权，在期权到期日，若标的资产价格上涨了，超过期权执行价，投资者可行权获利。与此同时，投资者也可以卖出看跌期权获得期权费。如果标的资产价格上涨了，那么看跌期权的购买者将放弃执行期权，看跌期权的出售者最终将赚得期权费。

同样，如果投资者预测某项标的资产的价格将下跌，投资者可以买进看跌期权，当标的资产价格下跌时，期权持有者将可以从中获益。当然，投资者也可以出售看涨期权，获得期权费，若标的资产价格走势确如所料，在期权到期日，期权的买方将不得不放弃执行该期权，从而出售期权的投资者最终将赚得期权费。

（三）增加公司借债能力

将期权嵌入债务中，赋予债权人“兑现”他们债券的权利，或者将债券返还给发行者，或者将债权转换成股权，从而降低公司违约的可能性，这样潜在的债权人将更加愿意购买企业的债券。

如果潜在债权人担心股东通过增加负债或者增加高于自身等级的债务来稀释债权人的要求权，那么提供看跌期权将有助于减轻这种担心。如果潜在债权人担心股东投资于风险大的项目，可转换债券则减少了这种担心。一旦股东企图将债务融资投入到风险性大的项目，从而侵占债权人的利益，那么债权人可以执行期权，将债券转化为股票。通过这样的期权安排，可以增加公司的举债能力。

（四）为投资者提供较大的杠杆作用

期权可以为投资者提供较大的杠杆作用，对于买方来说，买入平值期权或到期日较短的虚值期权，就可以用较少的期权费控制金额远大于期权费的合约。

【参考案例10－1】　　中国航油的噩梦

历史往往会出奇地巧合。1995年，也是在新加坡，巴林银行驻新加坡交易员尼克·里森（Nick Leeson）在日经225期货指数交易中失利，损失12亿美元，导致这家具有200多年历史的老牌英国银行倒闭。

差不多10年后，历史重演。2004年末，新加坡爆出巨大新闻，在新加坡交易所上市的中国航油（新加坡）股份有限公司（以下简称中国航油）在石油衍生品交易中亏损5.5亿美元，公司辛辛苦苦打下的基业顷刻间灰飞烟灭。中国航油的掌门人陈久霖也成为新加坡金融市场上的“第二个里森”。

中国航油成立于1993年，由中央直属大型国企中国航空油料控股公司控股，总部和注册地均位于新加坡。公司成立之初经营十分困难，一度濒临破产，后来在总裁陈久霖的带领下，一举扭亏为盈，从单一的进口航油采购业务逐步扩展到国际石油贸易业务，并于2001年在新加坡交易所主板上市，成为中国首家利用海外自有资产在国外上市的中资企业。

经过一系列扩张运作后，公司已成功从一个贸易型企业发展成工贸结合的实体企业，实力大为增加。短短几年间，其净资产增长了700多倍，股价也是一路上扬，市值增长了4倍，一时成为资本市场的明星。

据新交所网站的介绍，21世纪初，公司几乎100%垄断中国进口航油业务，同时公司还向下游整合，对相关的运营设施、基础设施和下游企业进行投资。通过一系列的海外收购活动，中国航油的市场区域已扩大到东盟、远东和美国等地。

2003年，《求是》杂志曾发表调查报告，盛赞中国航油是中国企业“走出去”战略棋盘上的过河尖兵，报告称，公司的成功并无特殊的背景和机遇，完全是靠自己艰苦奋斗取得的。同时，国资委也表示，中国航油是国有企业走出国门、实施跨国经营的一个成功典范。

公司经营的成功为其赢得了一连串声誉，新加坡国立大学将其作为MBA的教学案例，2002年公司被新交所评为“最具透明度的上市公司”，并且是唯一入选的中资公司。公司总裁陈久霖被《世界经济论坛》评选为“亚洲经济新领袖”，陈久霖还曾入选“北大杰出校友”名录。

2003年下半年，中国航油开始进入石油期权交易市场，交易策略是看跌石油价格，年底公司所持仓位是空头200万桶，当时账面为盈利。但随着2004年石油价格一路上涨，到3月28日，公司已经出现580万美元账面亏损。陈久霖遂决定以展期掩盖账面亏损，致使交易盘位放大。截至6月，公司因期权交易导致的账面亏损已扩大至3500万美元。

直到此时，陈久霖仍未设定交易头寸上限，赌博之心益重，当期将期权合约展期至2005年及2006年，同意在新价位继续卖空。到2004年10月，中国航油持有的期权总交易量已达到5200万桶之巨，超过公司每年实际进口量的3倍，公司账面亏损已达1.8亿美元，公司现金全部耗尽。

10月10日以后，陈久霖开始向母公司中国航油集团写报告请求救助。中国航油集团本应立即对此违规操作进行制止，强令其择机斩仓。恰恰相反，集团领导竟不顾国内监管部门有关风险控制的规定，决定对此疯狂的赌徒行为施行救助。10月20日，中国航油集团以私募方式卖出手中所持的15%的中国航油股份，获资1.08亿美元，立即交给中国航油补仓。然而，中国航油在衍生品市场上的债权人纷纷要求公司付款，公司当时的资金流量已经难以应付债务需求，日常业务也无法继续运作，董事会因此向新加坡法院申请重组债务。

2005年6月8日，经过中国航油集团的艰苦努力，债权人表决通过了中国航油债务重组方案。

2006年3月21日，中国航油前总裁陈久霖因涉及6项指控，被新加坡初级法院判处监禁4年零3个月，罚款20.74万美元。这个昔日叱咤风云的石油大亨，最终受到了法律的制裁。

资料来源：根据新浪网财经栏目相关文章整理。

第二节　期权定价模型

一、期权价值的决定因素

期权价值由期权的内在价值和时间价值所决定，影响期权内在价值及期权时间价值的因素主要有六个，即标的资产的现价、期权的执行价格、距离期权到期日时间、期权有效期内预期的标的资产价格波动程度、期权有效期内的无风险利率、期权有效期内预期的标的资产的现金支付。

（一）标的资产现价

标的资产现价（S）是影响期权价值的重要因素。对于看涨期权而言，该期权提供了以固定的执行价格购买标的资产的权利，因此标的资产价格的上升能够增加看涨期权的价值；而标的资产价格的下跌将减少看涨期权的价值。反之，对于看跌期权而言，当标的资产价格上升时，持有人通过期权而获得的收益将减少，期权的价值相应降低；而标的资产价格下跌时，持有人通过期权获得的收益将增加，期权的价值相应会上升。

（二）期权的执行价格

期权的执行价格（K）主要通过影响期权的内在价值来影响期权价值。对于看涨期权而言，其内在价值等于标的资产价格减去执行价格，即 S－K，当标的资产价格 S 不变时，执行价格 K 越低，则看涨期权的内在价值越高；反之，执行价格 K 越高，看涨期权的内在价值越低。

对于看跌期权而言，其内在价值等于执行价格减去标的资产价格，即 K－S，当标的资产价格 S 不变时，执行价格 K 越低，看跌期权的内在价值越低；执行价格 K 越高，看跌期权的内在价值越高。

（三）距离期权到期日时间

距离期权到期日时间的长短会影响期权的时间价值。距离到期日时间越长，标的资产价格发生有利于期权持有人变化的可能性越大。一般而言，若不考虑其他因素影响，随着距离到期日时间的延长，标的资产就有更多的时间发生价格波动，从而会增加期权的价值。此外，期限长短还会影响执行价格的现值变化。对于看涨期权而言，由于持有人到期执行期权时支付固定的价格，随着期权有效期的增加，这一固定价格的现值将会降低，这显然会增加看涨期权的价值。而对于看跌期权而言，持有人在期权到期日可以按照约定价格出售标的资产，随着距离到期时间的延长，其所得的销售收入的现值将会降低。

对于美式期权而言，由于它可以在有效期内任何时间执行，有效期越长，多头获利机会就越大，而且有效期长的期权包含了有效期短的期权的所有执行机会，因此有效期越长，期权价格越高。

（四）期权有效期内预期的标的资产价格波动程度

期权赋予其持有者按照固定价格购买或者销售标的资产的权利，因此，标的资产价格的波动越大，期权的价值就越大，对于看涨期权和看跌期权来说，情况都是如此。

标的资产市场价格波动程度从幅度和频率两个方面来影响期权价格。就标的资产价格波动幅度来说，当波幅较小时，期权价值较低；当波幅较大时，期权卖方可能由于买方履约带来较大的亏损，从而要求较高的期权费。高期权费一方面弥补亏损，另一方面减少买方需求，减少买方履约可能性。标的资产波动频率高，期权执行期间向实值方向变动可能性加大，期权费相应增加，期权买方也愿意接受期权卖方增加期权费的要求。

（五）期权有效期内的无风险利率

对于看涨期权来说，期权买方锁定了未来的买入价，因此现阶段可以节省大量的现金流，直至到期日时才需要付钱购买。因此，利率越高对买家越有利（可以用节省下来的现金流获得更高的利息收入），也就是说，无风险利率上升，看涨期权的价值相应增大。看跌期权则相反，期权买方是锁定了未来的卖出价，现阶段现金流无法流入，因此无风险利率越高，看跌期权的价值就越低。

（六）期权有效期内预期的标的资产的现金支付

所谓现金支付是指从标的资产获得的现金收益，如股票的现金红利收益。标的资产的现金支付将使标的资产的市场价格下降，因此，如果执行价格不作调整的话，标的资产的现金支付将使看涨期权的内在价值下降，而使看跌期权的内在价值上升，反映在期权价值上，看涨期权的价值将下降，看跌期权的价值将上升。在期权实际运用中，期权合约一般规定执行价格随标的资产的现金支付而做相应调整。

以上六个方面因素对期权价格的影响情况如表 10－1 所示。

表 10－1　　　　影响期权价值的因素

影响因素	看涨期权	看跌期权
标的资产的现价	+	－
期权的执行价格	－	+
距离期权到期日时间	+	+
预期的标的资产价格波动程度	+	+
无风险利率	+	－
预期的标的资产的现金支付	－	+

注：“＋”表示期权价格与相应变量之间是同向关系；“－”表示期权价格与相应变量之间是反向关系。

二、期权定价理论的基本思路

20 世纪 70 年代以后发展起来的期权定价理论（OPT）为企业价值评估提供了一种新的思路。它重点考虑了选择权或不同的投资机会所创造的价值，在传统的方法不太适用或很难适用时，期权定价模型可以以独特的视角达到理想的估值结果。在期权定价模型中，最著名、应用最广的是布莱克—斯科尔斯模型（B－S 模型）。

布莱克和斯科尔斯运用复制投资组合的思路，即由标的资产和无风险资产构成的投资组合，其现金流与待评估的期权完全一样，从而根据投资组合的价值推导出他们的期权定价模型。下面通过一个假设的简单例子来说明投资组合复制原理。

【例 10.1】 假设 ABC 公司股票的当前市价为 50 元。有 1 份以该股票为标的资产的看涨期权，执行价格为 52.08 元，到期时间是 6 个月。6 个月以后股价有两种可能：股价上涨 33.33%，或者下降 25%。无风险利率为每年 4%。拟建立一个投资组合，包括购进适量的股票以及借入必要的款项，使得该组合 6 个月后的价值与购进该看涨期权相等。

可以通过下列过程来确定该投资组合。

1. 确定 6 个月后可能的股票价格。假设股票当前价格为 S_0，未来变化有两种可能：上升后的股价 S_u 和下降后的股价 S_d。为便于用当前价格表示未来价格，设：$S_u = u \times S_0$，u 称为股价上行乘数；$S_d = d \times S_0$，d 为股价下行乘数。用二叉树图形表示的股价分布如图 10－3 所示，图的左侧是一般表达式，右侧是将例 10.1 的数据代入后的结果。其中，$S_0 = 50$ 元，$u = 1.3333$，$d = 0.75$。

图 10－3　股票价格分布

2. 确定看涨期权的到期日价值。由于执行价格 $K = 52.08$ 元，到期日看涨期权的价值如图 10－4 所示。左边是一般模式，右边是代入本例数据后的结果。

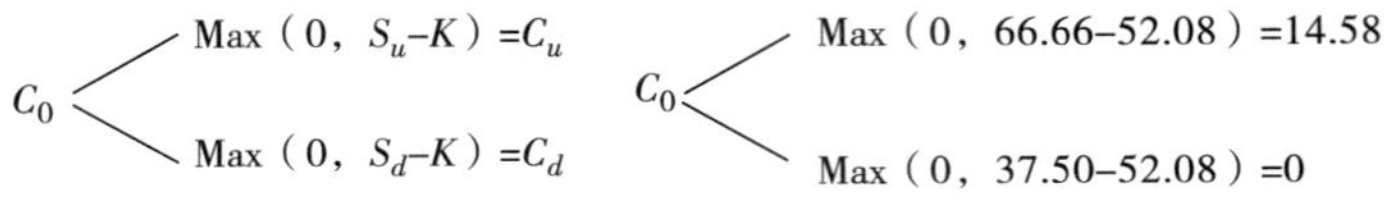

图 10－4　看涨期权到期日价值分布

3. 建立对冲组合。从以上分析可以知道，期权的到期日价值有两种可能：股价上行时为 14.58 元，股价下行时为 0。已知借款的利率为 2%（半年）。下面将要复制一个股票与借款的投资组合，使之到期日的价值与看涨期权相同。

该投资组合为：购买 0.5 股的股票，同时以 2% 的利息借入 18.38 元。这个组合的收入同样也依赖于年末股票的价格，如表 10－2 所示。

表 10－2　　投资组合的收入　　单位：元

股票到期日价格	66.66	37.50
组合中股票到期日收入	66.66 × 0.5 = 33.33	37.5 × 0.5 = 18.75
组合中借款本利和偿还额	18.38 × 1.02 ≈ 18.75	18.38 × 1.02 ≈ 18.75
到期日收入合计	14.58	0

该组合的到期日净收入分布与购入看涨期权一样。因此，看涨期权的价值就应当与建立投资组合的成本一样。

组合投资成本 = 购买股票支出 - 借款 = 50 × 0.5 - 18.38 = 6.62（元）

因此，该看涨期权的价值应当是 6.62 元（如图 10 - 5 所示）。

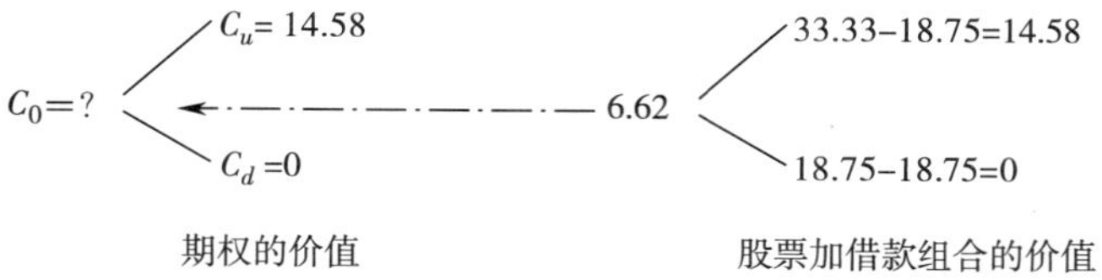

图 10 - 5　期权价值与投资组合价值

三、布莱克—斯科尔斯期权定价模型

布莱克—斯科尔斯模型与以往期权定价模型的重要差别在于，它只依赖于可观察到的或可估计出的变量，从而使模型避免了对未来标的资产价格概率分布和投资者风险偏好的依赖，投资组合的收益完全独立于标的资产价格的变化。在无套利情况下，期权价值应等于购买投资组合的成本，即期权价值仅依赖于标的资产价格的波动程度、无风险利率、期权到期时间、执行价格、标的资产现价，上述几个变量除标的资产价格波动量外都是可以直接观察到的，而对标的资产价格波动量的估计也比对标的资产价格未来期望值的估计简单得多。正因为如此，布莱克—斯科尔斯模型成为一种实用的期权定价方法，并引发此后期权市场和整个衍生金融工具交易的飞速发展。

（一）不考虑红利的期权定价模型

费希尔・布莱克（Fischer Black）和迈伦・斯科尔斯（Myron Scholes）于 1973 年发表了第一篇关于期权估值一般化均衡解的文章，提出了布莱克—斯科尔斯模型，该模型用来给股票的欧式看涨期权进行估值，其中包括一系列的假设前提：

1. 股票不支付股利；
2. 交易成本和税收为零；
3. 股票收益率的方差和无风险利率在期权有效期内为常数；
4. 标的资产价格服从对数正态分布；
5. 所讨论的期权为欧式期权；
6. 投资者能以相同的无风险利率自由借贷。

布莱克—斯科尔斯欧式看涨期权的定价模型为

$$C = S \cdot N(d_1) - Ke^{-rt} \cdot N(d_2)$$

其中，$d_1 = \dfrac{\ln(S/K) + (r + \sigma^2/2) \cdot t}{\sigma\sqrt{t}}$，

$$d_2 = d_1 - \sigma\sqrt{t} = \frac{\ln(S/K) + (r - \sigma^2/2) \cdot t}{\sigma\sqrt{t}}。$$

式中：C——看涨期权的价值；

S——标的资产的当前价格；

K——期权的执行价格；

$N(d_1)$、$N(d_2)$——正态分布随机变量值小于或等于 d_1、d_2的概率；

r——无风险利率；

t——期权到期的时间，以年为单位；

σ^2——标的资产价格变化的方差；

Ke^{-rt}——执行价格的现值。

在期权定价模型中，等号右边第一项为资产的期望价值，第二项为资产的期望成本，即期权价值为期望价值与期望成本之差。

从布莱克—斯科尔斯期权定价模型的数学表达式可以得出影响看涨期权价值的变量。这些变量有期权的执行价格 K，股票的当前价格 S，股票价格变化方差 σ^2，期权到期时间 t，无风险利率 r。看涨期权的价值与股票的当前价格 S、股票价格变动的方差 σ^2、期权到期时间 t、无风险利率 r 呈同方向变化，而与期权的执行价格呈反方向变化。

需要说明的是，在布莱克—斯科尔斯模型中，到期期限、无风险利率、股票价格变动方差三个参数的时间单位必须相同，或者同为日、周、月，或者同为年，年是经常被用到的时间单位。就股票价格变化方差而言，以日为时间单位的方差可以转换为以年为时间单位的方差，公式为

$$\sigma^2_{年} = \sigma^2_{日} \times 年交易天数$$

布莱克—斯科尔斯模型中，期权由标的资产与无风险资产动态复制而得，它的价值波动能够完全“映射”在标的资产的价格波动上。该模型暗含这样的推论，即期权价值不依赖于标的资产的期望收益，也不依赖于投资者的风险偏好，仅仅取决于给定的外生变量。布莱克—斯科尔斯期权定价模型的提出，使复杂的期权定价问题变得十分简单，并且得到了实证研究的有力支持。该模型具有良好的应用性，可以广泛应用于企业价值评估、企业债务定价、企业投资决策分析中。

布莱克—斯科尔斯模型对期权进行定价的步骤可分为以下几步。

第一步：利用所需的数据求解 d_1和 d_2；

第二步：利用标准正态分布函数的参变量，求出正态分布累计概率密度 $N(d_1)$ 与 $N(d_2)$ 的值；

第三步：计算出期权执行价格的现值 Ke^{-rt}；

第四步：运用期权定价公式计算看涨期权的价值。

【例 10.2】若某股票市价 164 元，看涨期权执行价格为 165 元，无风险利率为 0.0521，股票价格年变动方差为 0.0841，到期时间为 0.0959 年，计算该期权的价值。

解：由题可知 $S=164$，$K=165$，$r=0.0521$，$\sigma^2=0.0841$，$t=0.0959$

（1）$$d_1=\frac{\ln(S/K)+(r+\sigma^2/2)\cdot t}{\sigma\sqrt{t}}$$

$$=\frac{\ln(164\div165)+(0.0521+0.0841\div2)\times0.0959}{\sqrt{0.0841\times0.0959}}$$

$$=0.0328$$

$$d_2 = d_1 - \sigma\sqrt{t} = 0.0328 - \sqrt{0.0841 \times 0.0959} = -0.0570$$

（2）查正态分布累计概率密度表得知：

$$N(d_1) = N(0.0328) = 0.5120$$
$$N(d_2) = N(-0.057) = 0.4761$$

（3）执行价格的现值 $= Ke^{-rt} = 165 \times e^{-0.0521 \times 0.0959} = 164.1777$

（4）$C = S \cdot N(d_1) - Ke^{-rt} \cdot N(d_2)$

$= 164 \times 0.5120 - 164.1777 \times 0.4761$

$= 5.803$（元）

理论上该期权的价值是 5.803 元。如果该期权市场实际价格是 5.75 元，那么这意味着该期权被低估。

（二）布莱克—斯科尔斯模型的修正：考虑红利的发放

上述布莱克—斯科尔斯模型没有考虑股票红利的影响。红利的发放会降低股票的价格，如果执行价格没有作相应调整的话，那么，股利发放将会降低看涨期权的价值，而提高看跌期权的价值。

当期权的有效期比较短（不到一年）时，可以估计期权有效期内期望股票红利的现值，并从资产的现价中扣除，得出经红利调整后的资产现价，以此作为布莱克—斯科尔斯模型中的 S。

【例 10.3】某企业股票的看涨期权执行价格为 45 美元，有效期为 4 个月。股票当前交易价格为 50 美元。根据以往股票价格估算，该企业股票价格变动比率的方差为 0.06。在期权有效期内有一次红利，数额为 0.56 美元，预计发放时间为 2 个月之后，无风险利率为 0.0521。计算该看涨期权的价值。

解：期望红利价值的现值 $= 0.56 \div (1 + 0.0521)^{2/12} = 0.5553$（美元）

经过红利调整的股票价格 $S = 50 - 0.56 = 49.44$（美元）

布莱克—斯科尔斯模型的其他变量为

执行价格 $K = 45$（美元），股票价格变动比率的方差 $\sigma^2 = 0.06$

到期时间 $t = 4$ 个月 $= 4/12$（年），无风险利率 $r = 0.0521$

根据布莱克—斯科尔斯模型计算得

$$d_1 = \frac{\ln(S/K) + (r + \sigma^2/2) \cdot t}{\sigma\sqrt{t}}$$
$$= \frac{\ln(49.44 \div 45) + (0.0521 + 0.06 \div 2) \times 4/12}{\sqrt{0.06 \times 4/12}}$$
$$= 0.8072$$

$$d_2 = d_1 - \sigma\sqrt{t} = 0.8072 - \sqrt{0.06 \times 4/12} = 0.6658$$

查正态分布累计概率密度表得知：

$$N(d_1) = 0.7901 \qquad N(d_2) = 0.7472$$

看涨期权的价值 $C = S \cdot N(d_1) - Ke^{-rt} \cdot N(d_2)$

$$= 49.44 \times 0.7901 - 45 \times e^{-0.0521 \times 4/12} \times 0.7472$$

$=6.02$（美元）

当期权的有效期比较长（在一年以上）时，如果在期权有效期内，标的资产每年可获得的红利收益率（红利/资产当前价格，用 y 表示）预计保持不变，则可以通过调整布莱克—斯科尔斯模型来考虑红利的影响，模型变形为

看涨期权的价值 $C=S\cdot e^{-yt}\cdot N(d_1)-Ke^{-rt}\cdot N(d_2)$

其中，$d_1=\dfrac{\ln(S/K)+(r-y+\sigma^2/2)\cdot t}{\sigma\sqrt{t}}$，

$$d_2=d_1-\sigma\sqrt{t}=\frac{\ln(S/K)+(r-y-\sigma^2/2)\cdot t}{\sigma\sqrt{t}}$$

上述经调整得到的模型有两个效果：第一，考虑了因为红利的支付而造成的价值的下降，资产的价值按照红利收益折现得到现在的价值。第二，利息率部分地被红利收益所抵消，反映了股票（在复制的投资组合中）持有成本因此而降低。

第三节　期权定价模型在企业价值评估中的应用

期权定价模型已经成为分析许多经济问题必不可少的工具。在企业价值评估中，资产负债中的资产方和负债方都可能拥有期权。资产方的期权主要是开发选择权，固定资产选择权，一些无形资产包括合同、契约选择权等。具有选择权的合同与一般的合同不同，一般合同如果有优惠条款，可根据优惠价与市场价之间的差距，用收益法来估算出该合同的价值。但包含期权的合同，可能有一些选择性的条款，提供了选择的灵活性。例如对一块矿产资源的开采权，合同条款不仅表述了双方的意愿，而且对何时开业、关闭以及放弃经营都有明确的规定，如在矿石价格超过多少元/吨时开始采矿。这样的合同显然比那些其他条件相同但没有选择权的合同要灵活些，因而也就更有价值，而要对这样具有选择权的合同价值进行评估，就可以应用期权定价模型。

负债方的期权，则更加明显。随着我国证券市场的发展，更多的企业在其负债表上出现了大量的各种各样的证券，比如认股权证、可赎回债券、可转换债券、规定最高最低限额的可变利率贷款等，这些负债都包含了期权。这类负债的价值不仅直接影响到企业净资产的价值评估结果，而且也影响企业的资本成本，进而影响公司的整体价值。

对于某些特殊类型的企业，如濒临破产企业、高新技术企业等，传统的评估方法往往难以可靠地评估其价值，而运用期权定价理论则可以顺利地解决估价难题。下面以濒临破产企业和高新技术企业为例说明期权定价理论在企业价值评估中的应用。

一、濒临破产企业的估价

（一）濒临破产企业的价值特点

企业破产是指企业不能偿还到期债务，依法定程序被法院（或自己要求）宣告终止经营活动。根据规定，破产以不能清偿到期债务为标准。不能清偿到期债务是指：

第一，债务人的清偿期限已经届满；

第二，债权人已经要求清偿；

第三，债务人明显缺乏清偿能力。

濒临破产企业是指接近于破产，但尚未进入破产清算程序的企业。濒临破产企业的最大特点是，从账面上看企业已经资不抵债，没有经济价值。但是，濒临破产企业蕴含着重获生机的可能。包括中国在内的许多国家，均实施破产重整制度，对可能或已经发生破产原因但又有希望再生的企业，通过各方利害关系人的协商，并借助法律，强制性地调整他们的利益，对濒临破产企业进行生产经营上的整顿和债权债务关系上的清理，以期摆脱财务困境，重获经营能力。此外，即使不通过法律意义上的破产重整，濒临破产企业也可能成为其他企业的并购目标，通过并购重组而获得新生。这也是国内许多濒临破产上市公司在股票市场上有上佳表现的主要原因所在。这一现象显然不是传统的资产定价理论所能解释的，但运用期权定价模型则能给出合理的解释。因为该模型既不偏重于公司的实物资产，也不偏重于公司的当前表现。相反，该模型更倾向于将濒临破产企业视为一种未来获利的机会。在该模型看来，投资者眼中的濒临破产企业虽然目前连年亏损，甚至还要不断地注入后续资金以维持公司的存续，然而，一旦条件成熟，这些企业通过重整或重组获得新生后，将给投资者带来巨大的投资回报。

（二）濒临破产企业的价值评估思路

濒临破产企业以及陷入财务困境的企业、处于经济衰退期的周期性企业都有共同的特征：收益或现金流为负，没有偿债能力，不派发股息，负债权益比很高，企业的后续收益表现将因为市场的高波动性和不稳定性而显得很难预测。这些特征使收益法很难应用于这类公司的价值评估，而恰恰为期权定价法提供了用武之地。

将期权定价理论应用于企业的价值评估当中，可以把公司制企业的股权看做一个看涨期权。这主要是因为在企业债务到期日，如果企业的总资产的价值小于债务的价值，根据破产清算的原则，此时企业应当破产，企业股东将放弃继续经营的权利。由于这类企业是有限责任的，企业各股东的损失仅为其在企业内的投资，这与期权定价模型中，期权合约持有者在期权合约到期时放弃执行期权，其最大损失为付出的期权费相一致。反之，在债务到期日时，如果企业的总资产大于总债务的价值，企业便可以继续经营。此时，企业的股东按约定的价格清偿到期的债务，继续进行经营活动。这与看涨期权中，期权合约持有者在期权到期日执行期权合约获得净收益道理相同。

企业整体价值由股东全部权益价值和企业债务价值构成。股东全部权益即企业所有者权益，指所有股东对企业剩余资产的要求权和对企业净利润的分配权。但是，这种要求权的享受必须满足两个条件，即企业按合同于当期应付债务的利息和本金已经全部付清，也就是说，在对企业资产的要求权上，企业债权持有人的债权优先于股东股权。同时企业的所有债务总和仅以企业这一独立法人的所有资产为保障，亦即企业股东对债权人负有有限责任，这是由公司制企业的有限责任性质决定的。在这两个条件的约束下，理性的企业股东必然遵从这样的行为模式：如果企业因某种原因而陷入资不抵债、濒临破产的境地，且企业的债务已经到期，则股东将选择清算企业，以企业的所有剩余资产清偿债务，而不会为维持企业的存续，选择按时足额支付全部到期债务的本利。

举例说明如下：假设企业资产的市场价值为 S，企业所有在外债券的面值为 K，可以分析一下在企业的债务到期日，企业在不同情况下采取的行为以及这种行为的影响。当企业资产价值大于债券价值时，企业所有者将选择按时足额地清偿其所有债务，此时剩余的资产 $S-K$ 便是企业所有者的股权净值。反之，当企业已经资不抵债或者资产与负债相当的时候，企业的所有者将选择清算企业，所清算资产不能足额（资不抵债时）或刚好足额（资债相当时）偿付债务本息，此时企业所有者将不能凭借其股东地位而获得任何收益，因为这时企业的剩余资产为零。用数学表达式表示为

$$企业股权净值 = \begin{cases} S-K & 当 S > K 时 \\ 0 & 当 S \leqslant K 时 \end{cases}$$

通过上面的分析可知，企业股权的收益与前面已经分析过的看涨期权的收益结构非常相似。由此，可以考虑将整个企业股权价值看做相应企业的一个看涨期权，资不抵债企业，其股权的价值是一个处于虚值状态的看涨期权，当然可以用期权定价的方法来评估其价值。将企业这一虚拟“看涨期权”的有关经济量与期权定价模型中的变量一一对号入座，则期权的标的资产实际上就是整个企业资产，执行期权就意味着在债务到期日能按时足额清偿企业的所有债务，执行价格即企业目前所承担的所有债务的面值（假设企业所发行的所有债券均为到期一次性还本付息，且所有债券到期日均在同一天）。期权到期日对应于假定的债券的到期日。这样，期权对应标的资产（整个企业资产）、标的资产现价（整个企业的市值）、期权执行价格（债券面值总和）、期权到期日（债券的到期日），所有计算期权价值的变量都能够逐一取得，通过对这些变量的采集，便可以对整个企业股权进行估价了。

（三）期权定价法在濒临破产企业价值评估中的应用

【例 10.4】某国有企业资产的现值为 2 亿元，公司资产现值变动方差为 0.36，假设企业债务的面值为 1.5 亿元，债券种类为 10 年到期的贴息债券。市场上 10 年期国债利率为 8%。计算该企业股权的价值。

解：运用布莱克—斯科尔斯期权定价模型，对应的变量为

期权标的价值 $S=2$ 亿元

期权执行价格 $K=1.5$ 亿元

期权期限 $t=10$ 年

期权无风险利率 $r=8\%$

标的资产价格年变动方差 $\sigma^2=0.36$

（1）$d_1=\dfrac{\ln(S/K)+(r+\sigma^2/2)\cdot t}{\sigma\sqrt{t}}$

$=\dfrac{\ln(20000\div15000)+(0.08+0.36\div2)\times10}{\sqrt{0.36\times10}}$

$=1.5219$

$d_2=d_1-\sigma\sqrt{t}$

$$=1.5219-\sqrt{0.36\times10}$$
$$=-0.3754$$

（2）查正态分布表得知：

$$N(d_1)=N(1.5219)=0.9357$$
$$N(d_2)=N(-0.3754)=0.3557$$

（3）看涨期权的价值：

$$C=S\cdot N(d_1)-Ke^{-rt}\cdot N(d_2)$$
$$=20000\times0.9357-15000\times e^{-0.08\times10}\times0.3557$$
$$=16316\text{（万元）}$$

即公司股权价值为 16316 万元。

以上案例表明：在其他条件不变的情况下，一家公司的债务负担越沉重，该公司的股权价值越低；债务期限越长，公司股权价值越高；公司的市值波动越大，公司的股权价值越高。

【例 10.5】 Acxion 公司的现行市场价值为 1 亿美元，发行在外的债券面值为 1.2 亿美元。其发行的债券全部为 10 年后到期的贴息债券，Acxion 公司市值年变化方差为 0.25，市场无风险收益率为 10%。试确定公司的股权价值。

解：公司的现行市场价值为 1 亿美元，发行在外的债券面值为 1.2 亿美元，该公司已经陷入资不抵债的境地。公司发行的债券全部为 10 年后到期的贴息债券，那么 10 年后公司需对外支付 1.2 亿美元方能存续。由题可知：

期权标的物价值 $S=1$ 亿美元 $=10000$ 万美元

期权执行价格 $K=1.2$ 亿美元 $=12000$ 万美元

期权标的资产价格变动方差 $\sigma^2=0.25$

期权期限 $t=10$ 年

无风险市场收益率 $r=10\%$

（1）$$d_1=\frac{\ln(S/K)+(r+\sigma^2/2)\cdot t}{\sigma\sqrt{t}}$$
$$=\frac{\ln(10000\div12000)+(0.1+0.25\div2)\times10}{\sqrt{0.25\times10}}$$
$$=0.027$$

$$d_2=d_1-\sigma\sqrt{t}=0.027-\sqrt{0.25\times10}=-1.5541$$

（2）查正态分布表得知：

$$N(d_1)=N(0.027)=0.512$$
$$N(d_2)=N(-1.5541)=0.0606$$

（3）期权的价值：

$$C=S\cdot N(d_1)-Ke^{-rt}\cdot N(d_2)$$
$$=10000\times0.512-12000\times e^{-0.1\times10}\times0.0606$$

=4852（万美元）

Acxion 公司的股权价值为 4852 万美元。

从以上案例可以看出，Acxion 公司似乎已经陷入资不抵债的境地，但公司的股权价值仍达到 4852 万美元，这主要是因为公司的价值波动幅度较大（波动标准差为 0.5），同时债券的到期期限长，这使得公司具有很大的喘息空间，有可能通过改组、改革、改造或加强管理，在后续经营中扭亏为盈，给投资者带来丰厚回报，或者通过兼并、联合、重组、债转股等资本运营方式实现企业价值的迅速提升。

二、高新技术企业的估价

在新经济市场环境下，高新技术的飞速发展显著地提高了整个经济的劳动生产率，然而人们对未来基于高新技术的经济增长模式难以预测，在这样的环境下，技术的发展及其应用前景都很不确定，对于企业来说能否把握不确定环境下的各种投资机会在很大程度上决定着企业的价值。因而期权定价在新经济环境中应用前景广阔，凡具有“或有索偿权”“选择权”特征的问题，都可以考虑纳入期权理论的框架来定价。

（一）高新技术企业的价值特点

高新技术企业是指企业的组织和产品（或服务）知识技术含量水平高，管理观念和产品服务均处于超前地位，发展前景广阔，资本投入量与面临风险程度较高的现代企业。与传统企业相比，高新技术企业具有高新技术密集、高知识密集、高投入与高产出、高风险和高发展速度的特点。

以专业评估师的视角，从高新技术企业资产价值来看，高新技术企业有以下特点。

（1）企业有形资产少，无形资产比重大。无形资产和智力资本在高新技术企业的盈利活动中起着关键性作用，其重要性超越了货币资本和其他实物资产，然而，大部分无形资产并不反映在企业的账面上，对其价值评估是高新技术企业价值评估的主要难题。

（2）高风险、高收益。创新是高新技术企业的优势所在，知识的不可储存性和创新效益的溢出效应，导致企业投资风险大大增加，主要表现为技术风险和市场风险大、投资周期长。据统计，美国高新技术企业的成功率只有 15% ~20%，而某些高科技项目的成功率在 3% 以下。高收益性表现在创新技术一旦成功将给投资者带来高于原始投资数倍、数十倍甚至上百倍的巨额利润。

（3）企业经营历史短，当前盈利不确定。大部分企业会在创业初期出现亏损，盈利为负意味着无法根据盈利记录预测盈利增长率，对估值而言，预测和推断将缺乏有说服力的依据。同时，对高新技术企业风险往往缺乏有效的计量方法，且许多高新技术企业的经营历史都不是很长。

（4）决策的动态序列性。高新技术企业的决策是一个动态过程。企业研究开发成功后，若市场有利，则追加科技成果商品化所需的后续投资；若市场前景不看好，则暂不追加后续投资，这样可以把风险锁定在研发费用的范围内。投资者可以根据阶段性的研究成果和对最新市场信息的把握，不断地调整预期现金流，重新对科研成果的经济价值进行评估并作出新的决策。

（5）企业的增长速度快，但未来的不确定性也大。企业面临的不确定性既包括环境的不确定性，如市场反应难以把握，以及技术领先的稳定性、持久性的不可预见性等，也包括企业本身市场价值和组织结构变革的不确定性。

（二）传统方法评估高新技术企业的局限

收益法、市场法、成本法这些传统的企业价值评估方法均不能充分反映高新技术企业的潜在盈利能力和高成长性，对高新技术企业的价值评估表现出一定的不适应性。

1. 收益法。收益法在长期的评估实践中得到了广泛应用，已经日趋完善和成熟，在企业价值评估中形成了一些经典的估值模型。高新技术企业的科技创新一般要经过研究开发、中间试验、商业化等阶段，在每一阶段都存在较大的风险，且每个阶段的风险水平、特征状况差别较大，收益法中的折现率以及预期收益不能反映技术创新的阶段性差异。由于企业投资决策的动态性，也就是说项目即使已经投资，管理人员仍然可以根据市场情况来决定该项目是否继续进行下去，这样的选择权实质上就是该项目内在的期权价值，收益法没有考虑到这个内在价值，因而可能低估该项目以及企业的真实价值。

2. 市场法。由于高新技术的差异性，一般很难找到行业、技术、规模、环境及市场都类似的具有可比性的企业。

3. 成本法。无形资产的成本与价值之间存在着弱对应关系，应用成本法评估无形资产的价值面临很大挑战，而在高新技术企业中，无形资产占有举足轻重的地位，要准确评估这些无形资产难度很大。

综上所述，高新技术企业在作出产品开发与投入市场的决定时，要根据市场变化及时作出相应调整，而不能拘泥于初始的规划与决策，这使得传统的估值方法不能反映这种灵活性的价值。企业在其持续经营过程中会面临众多的投资机会或选择，其价值由两部分组成：企业现有业务或投资项目所形成的价值和未来投资机会或选择权的价值。前者往往用传统估价方法进行估算，后者则需用特定的期权定价模型来评估其价值。

（三）高新技术企业的价值评估思路

高新技术企业的价值首先是基于技术转化为生产的巨大价值，而另一个价值源泉就是其自身的未来发展潜力。要评估这类公司的价值，传统的评估方法并不是很适合，但可以把企业的高新技术、股权看做一种机会而运用期权理论进行估价。具体而言，就是把企业的高新技术、高新技术企业股权看做一种看涨期权，然后应用期权定价模型对此看涨期权进行评估。当然，期权定价理论并不是评估高新技术公司价值的唯一方法，但却是在其他传统评估方法之外另辟蹊径，提供了一种全新的视角。

以专利权为例，高新技术企业所拥有的专利权，表明企业对该项专利技术在专利期限内享有排他的独占权。产品专利使企业获得了开发产品并进行市场销售的权利，企业可以在任何时候开发和制造这种专利产品。开发的时机有待于市场的变化，只要新产品的期望销售收入超过开发制造这种产品的成本，企业就会应用相应的技术专利。否则，企业宁愿继续等待时机，甚至放弃开发，以避免产生任何新的投资成本，届时的损失也只是专利权本身的成本。如果 I 是应用专利技术开发制造产品的成本的现值，V 是从产品开发和营销中获得的期望现金流现值，拥有一项产品专利的损益或者等于 $V-I$（当 $V>I$ 时），或者等于0（当 $V\leqslant I$ 时）。因此，产品的专利可以看做一种看涨期权，产品本身则是标的资产。

（四）期权定价法在高新技术企业价值评估中的应用

期权定价法在高新技术企业中的应用主要包括以下几类。

1. 产品专利。企业在开发该项专利的过程中发生的研究费用与注册费用可以视为期权费，企业拥有专利后就拥有了开发和制造该项专利产品的权利。企业是否追加后续投资应用专利进行产品生产，取决于对该专利产品未来产生的现金流的预期。此时可将专利权视为看涨期权进行评估，专利产品本身为标的资产，而标的资产的现时价值就是现在生产该产品的预期现金流的现值，追加的投资为期权的执行价格。

设 I 为应用该专利进行产品开发成本的现值，V 是预期现金流的现值，则拥有该专利产品的损益状况如下：

$$\text{拥有产品专利的损益} = \begin{cases} V-I & \text{当 } V > I \text{ 时} \\ 0 & \text{当 } V \leqslant I \text{ 时} \end{cases}$$

也就是说企业决定为生产专利产品而进行投资时，这个专利期权就被执行；否则就不执行。运用期权定价模型对专利权进行评估时所需的输入变量与评估其他期权相同。

（1）标的资产当前价值（价格）。对产品专利而言，标的资产就是专利产品本身。这一资产的当前价值等于目前生产该产品预期可获得现金流的现值。

（2）标的资产价值波动程度。对专利产品的现金流的波动变化，可以采用以下几种办法估算：第一，如果该产品以前曾经生产过，或有过类似产品的生产经验，则可以用它们的波动率作为待评估专利产品的价值波动方差的估计值；第二，不同的市场情况出现的概率不同，可以分别计算每种情况下的现金流及现值的变化，然后估算出它们的价值波动方差；第三，利用与该专利产品处于同一行业的上市公司或行业的价值的平均变化情况作为参考。如用生化技术公司价值的平均变动情况作为估算生化技术项目专利产品的期权参数。期权的价值在很大程度上取决于现金流的变动情况。这种变化越大，即价值变动方差越大，产品专利的价值越高。因此，稳定行业中的项目，其期权价值要比在技术、竞争和市场变化很快的环境下项目的期权价值低。

（3）期权的执行价格。当公司决定为生产和销售该专利产品进行投资时，专利期权就被执行。对此专利产品进行投资的成本就等于期权的执行价格。

（4）期权的期限与无风险利率。当产品专利的保护期结束时，专利期权也就到期了。在期权定价时使用的无风险利率必须与期权的期限相对应。

（5）红利收益率。由于专利权是有固定期限的。如我国《专利法》第四十二条规定：发明专利权的期限为20年，实用新型专利权的期限为10年，外观设计专利权的期限为15年，均自申请日起计算。美国专利期限为17年。所以在专利期权中存在着延迟成本的问题。因为专利在其期限之后会失效，那么，失效之后随着竞争者的出现，以前的超额利润便会逐步消失。因此，在专利有效期内，每推迟执行专利期权一年就意味着失去一年创造超额利润价值的现金流。假设专利期权期限内，现金流是均匀分布的，专利有效期为 n 年，延迟成本可写为

$$年延迟成本 = 1/n$$

因此，如果产品专利的有效期为 20 年，则每年的延迟成本为 5%。这个延迟成本降低了标的资产的价值，所以实际上它就相当于股票期权修正模型中的红利收益率。所以在应用期权定价模型对专利权评估时，大多采用考虑红利收益率的修正模型。

2. 研究开发费用。高新技术企业的研究开发费用在其总支出中所占比例较大，这也是高新技术企业区别于传统企业的地方。与专利权相似，研发费用也可以视为一项看涨期权。

3. 陷入财务困境的高新技术企业的股权。在这种情况下，可以把股权视为以企业为标的资产的看涨期权，其执行价格为流通在外的债务的价值，当企业预期价值（整体企业价值）超过债务价值时，股东则继续持有股权，否则就放弃股权。通过这种估值方法评估企业价值，也许能够解释为什么那些处在困境中的高新技术企业在兼并中仍能取得高于其账面价值的补偿。

【例 10.6】某医药研究与生产企业拥有一种治疗胃溃疡药品的专利权，可在今后 20 年内享有此项专利权。虽然这种药品确有较好的疗效，但非常昂贵，市场也相对较小。假设生产这种药品的原始投资为 5 亿元，当前销售这种药品所获现金流的现值仅为 3.5 亿元。由于医药产品市场和生产技术经常变化，通过计算机模拟，估计产品现金流现值的年变动方差为 0.05，20 年期的国债收益率为 7%。评估该专利权的价值。

解：虽然目前销售药品所获净现值为负，但生产这种产品的专利权可能仍是有价值的，因为现金流的现值会发生变化。换句话说，一两年后完全有可能出现这种药品的生产不仅可行而且还可能盈利的状况。为了正确地给这一专利权定价，首先确定期权定价模型中的一些输入变量：

标的资产价值为生产销售该药品所获现金流的现值，即 $S=3.5$ 亿元 $=35000$ 万元

执行价格为生产该药品所需原始投资，即 $K=5$ 亿元 $=50000$ 万元

期权有效期为专利权的寿命，即 $t=20$ 年

无风险利率等于与期权期限相同的国债收益率，即 $r=7\%$

标的资产价格变动方差为计算机模拟现金流现值的方差，即 $\sigma^2=0.05$

红利收益率为延迟成本，即 $y=1/$专利权的寿命 $=1/20=0.05$

根据上述参数，分别计算各项数据如下：

$$d_1=\frac{\ln(S/K)+(r-y+\sigma^2/2)\cdot t}{\sigma\sqrt{t}}$$

$$=\frac{\ln(35000/50000)+(7\%-5\%+0.05/2)\times 20}{\sqrt{0.05\times 20}}$$

$$=0.5432$$

$$d_2=d_1-\sigma\sqrt{t}=0.5432-\sqrt{0.05\times 20}=-0.4567$$

查正态分布表得：

$$N(d_1) = 0.7065 \qquad N(d_2) = 0.3240$$

计算 $e^{-\gamma t}$、e^{-rt}分别为 0.3679、0.2466，则

$$\begin{aligned}股权价值 = 看涨期权价值 &= S \cdot e^{-\gamma t} \cdot N(d_1) - K \cdot e^{-rt} N(d_2) \\ &= 35000 \times 0.3679 \times 0.7065 - 50000 \times 0.2466 \times 0.3240 \\ &= 5102（万元）\end{aligned}$$

通过以上案例可以看出这种治疗胃溃疡的药品专利，虽然测算目前实施的净现值为负，但对专利所有者而言还是有价值的。

三、期权定价模型应用时一些参数的确定

应用布莱克—斯科尔斯模型评估企业价值的关键在于确定各参数的数值，下面介绍 $B-S$ 模型所涉及主要参数的确定方法。

（一）标的资产的价值 S

模型中标的资产的价值即为公司整体价值，包括公司股权价值和公司债务价值。对于不同的情况，可以有几种不同的方法确定公司的整体价值。

1. 如果公司是上市公司，且公司债务是市场上公开交易的债券，则公司股权价值和债券价值可以分别从相应的证券市场上得到，两者相加即得到公司的整体价值。

2. 如果公司属于非上市公司，则必须借助传统的估价方法来确定参数。比如，可以用收益法，用适当的折现率对公司未来的预计现金流折现，即可得出公司整个资产的市场价值。或者当现行市场上有着类似资本结构或行业特征的上市公司作为对比的时候，可以考虑通过市场上同类公司的相应信息的比较，经过一系列的系数修正，将其结果作为待估公司的整体价值。由于评估实践中大部分是针对一些非上市公司，所以，这里所阐述的两种处理方法具有很重要的实用价值。

在拥有产品专利的情况下，标的资产就是专利产品本身，而这一资产的当前价值是现在引入这一产品所获得的未来预期现金流的现值。

（二）期权的执行价格 K

执行价格即为企业的债务面值，这一参数比较容易确定，从借款合约中可以得到企业从不同债权人所借入的资金，加以汇总即可；也可以从企业的财务报表中得到这一参数的数值。

（三）期权到期期限 t

在运用布莱克—斯科尔斯期权定价模型对公司股权定价的时候，对公司的债务进行了简化假设，即假设公司只发行不可提前兑付的、到期一次还本付息的、同时到期的贴息债券。实际中，很多公司往往发行不止一种债券，而且一般不是贴息发行的债券，而是期中定期支付利息甚至本金。此时，应当把这些债券及其利息支付折算到同一时间点，即转变为单一的等价贴息债券。

【例 10.7】 假设某公司发行在外的债券全部为贴息发行债券，如表 10－3 所示，市场无风险收益率为 10%。

表 10-3 公司发行债券一览表

债券种类	期限（年）	面值（万元）	债券利率（%）	现值（万元）
b_1	20	10000	15	1486.44
b_2	15	20000	14	4787.84
b_3	10	10000	13	3855.33
b_4	5	40000	12	24836.85
b_5	1	60000	11	54545.45
合计		140000		89511.91

解：表中 b_1 债券的现值 $=\dfrac{10000}{(1+10\%)^{20}}=1486.44$（万元），其他债券现值计算方法相同。该公司发行的债券的加权平均持续期为

$$D=\frac{20\times1486.44+15\times4787.84+10\times3855.33+5\times24836.85+54545.45}{89511.91}$$

$$=3.5619\text{（年）}$$

在运用布莱克—斯科尔斯期权定价模型对该公司股权估价时，可以将公司发行的债券视为面值为 14000 万元（即期权执行价格），到期期限为 3.5619 年的贴息债券。

（四）标的资产价值变化方差 σ^2

1. 如果公司是上市公司，公司的股票和债券均在公开的证券交易市场交易的话，则可以很简单地从各自的历史交易记录中确定各自的方差。假设 $\sigma_1{}^2$ 为股票价格变化的方差，$\sigma_2{}^2$ 为债券价格变化的方差，W_1 为公司资产中股权资本所占的权重，W_2 为债务资本所占的权重，σ^2 为公司价值变化的方差。由概率论的知识可知，整个公司价值变化的方差为

$$\sigma^2 = W_1\sigma_1^2 + W_2\sigma_2^2 + 2W_1W_2\rho\sigma_1\sigma_2$$

式中：ρ——股票价格和债券价格的相关系数。

这一公式同样适用于对合并公司整体价值方差的确定。下面举例说明。

【例 10.8】有甲乙两个公司，为了增强市场竞争力，希望通过合并重组迅速获得实力的增长。两个公司的财务资料如表 10-4 所示。设国债收益率为 10%。

表 10-4 甲、乙公司价值、标准差及现金流相关系数一览表

项目	甲公司	乙公司
公司价值（万元）	20000	80000
公司价值的标准差	0.4	0.6
公司现金流的相关系数	0.5	

解：W_1 = 甲公司价值的权重 = 20000/（20000 + 80000） = 0.2

W_2 = 乙公司价值的权重 = 80000/（20000 + 80000） = 0.8

ρ = 两个公司现金流的相关系数 = 0.5

σ_1 = 甲公司价值的标准差 = 0.4

σ_2 = 乙公司价值的标准差 = 0.6

合并后公司总价值的方差：

$$\begin{aligned}\sigma^2 &= W_1\sigma_1^2 + W_2\sigma_2^2 + 2W_1W_2\rho\sigma_1\sigma_2 \\ &= 0.2\times0.4^2 + 0.8\times0.6^2 + 2\times0.2\times0.8\times0.5\times0.4\times0.6 \\ &= 0.3584\end{aligned}$$

2. 如果公司是上市公司，但公司的债券并没有上市交易，则债务资本的方差可以用现行市场上相似信用等级的债券的价格变化方差来代替，同时用该替代债券与公司股票的相关系数作为 ρ 的取值。

3. 如果待评估公司是非上市公司，公司的债券也不在公开市场上交易，可有两种不同的处理方法。一种方法是将可比上市公司的股价变动方差调整为目标公司的股权价值变动方差，用相似信用等级债券的价格变动方差来代替债务资本价格变动的方差，用其相关系数作为模型输入的相关系数。另一种方法是在用收益法求公司价值的同时，确定各种市场状况可能出现的概率，估计各种情况下的现金流，并估算其现值变动的方差，以作为待评估公司价值变动的方差。

（五）无风险利率 r

期权计算是以期权合约的剩余期间为基准的，因此，无风险利率通常采用与期权期限相匹配的国债收益率。

第四节　对期权定价模型评估企业价值的评价

一、布莱克—斯科尔斯期权定价模型的优越性

随着信息技术及相关产业的迅猛发展，企业在经营中面临越来越多的不确定性和风险，也面临大量的投资机会和发展机会，在此背景下出现的期权估价理论给企业价值评估提供了一种新思路，在此理论指导下建立起来的期权估价方法也为企业价值评估提供了一种有意义的工具。与传统价值评估方法相比，期权估价法考虑并计算未来机会及选择权的价值，从而拓宽投资决策的思路，使企业价值评估更为科学合理。例如，运用现金流折现模型或相对估价模型难以对一家陷入严重困境的企业进行估价（因为无收入及利润），但却可以用期权定价模型为其估价。

在企业价值评估中，可能会涉及单项资产的评估，期权定价模型比较适合于对一些具有期权特性的单项资产进行估价。由于参数确定存在一定难度，虽然该方法目前在我国难以广泛应用，但是它在一些自然资源、产品专利、符合期权特性的股权等特殊资产评估方面具有独特的优势。

二、布莱克—斯科尔斯期权定价模型的局限性

布莱克—斯科尔斯模型是对现实问题的简化和抽象，是对现实状况尽可能地模

拟，但很难做到与实际情况完全一致，它只是反映现实而并不是现实。模型应用的最基本假设包括：交易成本和税收为零，股票不支付股利，股票收益率的方差和无风险利率在期权有效期内为常数，标的资产价格服从对数正态分布，所讨论的期权为欧式期权，投资者能以相同的无风险利率自由借贷。这些假设在现实中很少能够得到完全满足。

布莱克—斯科尔斯期权定价模型应用于企业价值评估时还存在一些突出问题。首先，在将期权定价模型运用于企业价值评估的过程中，对待评估企业的相关当事人作了如此假设：假设企业中只存在两种人——股东和债权人。这显然过于简化，实际经济活动中，企业在运营过程中涉及的当事人往往相当复杂，且其中的很多当事人与企业还存在着紧密的利益关系，如公司债务的担保人、公司优先股股东等。之所以作这种简化的假设，是为了使其与所运用的布莱克—斯科尔斯期权定价模型能够更好地拟合。其次，在应用期权定价模型时还假设公司只发行一种债券，这种债券以纯粹的贴息方式发行，且均在同一天到期，所有债券不存在提前兑付的现象。这种假设在企业中更是不现实的。相反，实际中的公司债券总是多种多样的，在债券的发行方式、付息方式、还本方式、到期期限、利率确定方式、可否提前兑付等诸多方面都有着很大的灵活性。所以，在模型的运用过程中，评估人员必须作出合理的调整，以确定期权到期日这一参数，以使其更贴近实际。

【本章小结】

✧ 作为一种金融衍生工具，期权又称选择权，是指在期权买方支付给期权卖方一定的金额后，赋予买方在规定的期限内按照双方约定的价格购买或出售一定数量某种资产的权利。对于期权卖方而言，承担期权买方行使期权时，以约定价格卖出或买入某种资产的义务。期权买方（持有人）拥有的是以约定价格卖出或买入某种资产的权利，而非义务。

✧ 期权价值主要由标的资产的现价、期权的执行价格、距离期权到期日时间、期权有效期内预期的标的资产价格波动程度、期权有效期内的无风险利率、期权有效期内预期的标的资产的现金支付六个方面因素所决定。

✧ 在期权定价模型中，最著名、应用最广的是布莱克—斯科尔斯模型（B－S 模型）。该模型运用复制投资组合的思路，即由标的资产和无风险资产构成的投资组合，其现金流与待评估的期权完全一样，从而根据投资组合的价值推导出期权定价模型。

✧ 期权定价模型逐渐应用于某些特殊类型企业的价值评估中，如濒临破产企业、高新技术企业等，也应用于企业中拥有期权性质的资产和负债的价值评估中。

✧ 与传统价值评估方法相比，期权估价法考虑并计算未来机会及选择权的价值，从而拓宽投资决策的思路，使企业价值评估更为科学合理。但期权定价模型是对现实问题的简化和抽象，假设前提在现实中很少能够得到完全满足，此外，模型参数的计算难度也较大。

【思考题】

1. 期权价值的决定因素有哪些？它们如何影响期权价值？
2. 布莱克—斯科尔斯期权定价模型应用的前提假设有哪些？
3. 标的物价格的波动性是怎样影响期权价值的？
4. 期权定价应用于企业价值评估时，相关参数如何确定？
5. 有学者认为，传统价值评估方法常常低估企业的价值，这种看法是否有道理，为什么？

【计算题】

1. 假设某公司整体价值为1亿美元，整体价值变动的标准差为0.4，债务的账面价值为8000万美元（相当于是零息债券，到期时间为10年），10年期的政府债券利率为10%，试评估股权价值。

2. 假定某公司因为刚刚运营，目前没有效益，但在试验中有一种产品很有希望成为治疗糖尿病的药物。公司已经申请了专利，并拥有20年的专利权。该专利所生产产品的未来收益现值为1亿元，收益现值波动方差$\sigma^2=0.20$，开发此产品的投资成本现值为8000万元，如果年无风险利率为7%，试评估该专利的价值。

第十一章

评估值的调整

一项评估只是某人根据其所拥有的技巧、训练、数据、专业知识，客观地对价值所做的一种个人判断。

——里查德·M. 贝兹

【本章学习目的】

- 熟悉各种价值水平的内涵。
- 知晓控股权溢价、流动性溢价产生的原因。
- 知晓评估方法与价值水平之间的关系。
- 掌握控股权溢价/非控股权折价调整方法。
- 掌握流动性溢价/缺乏流动性折价调整方法。

前面章节介绍了企业价值评估的各种方法，评估人员在选择合适评估方法、对企业价值进行评估后，必须考虑是否要对评估值进行溢价、折价调整，主要是控股权溢价、非控股权折价、流动性溢价、缺乏流动性折价的调整，以反映股权性质和状态，在此基础上，对不同方法经调整后的评估值进行处理以得出最终的评估结论。

第一节　溢价、折价与价值水平

溢价、折价是一个相对概念，是不同价值水平之间的比较，即某一价值水平相对于另一价值水平而言存在溢价或折价，反过来，另一价值水平相对于某一价值水平而言，则存在折价或溢价。

一、控股权溢价与非控股权折价

（一）控股权与非控股权

所谓控股权就是指投资者拥有的控制企业发展战略、经营方针等方面的权利，简单地说就是控制了董事会的权利；相反，对企业发展战略、经营发展等方面缺乏控制权利的股权即为非控股权，非控股权也称为少数股权。

控股权有绝对控股权和相对控股权之分。绝对控股权是指控制了一家公司50%以上的股权。相对控股权是指股东出资额或者持有股份的比例虽然不足50%，但依其出资额或者持有的股份所享有的表决权已足以对董事会、股东会（或股东大会）的决议产生重大影响。相对控股需要拥有多少股权要视不同的公司而定，在一些股权比较分散的公司，有时20%就能达到控股地位，而在一些股权相对集中的公司，30%也未必能控制公司，比如2010年发生的国美电器控制权之争中黄光裕虽然控制了国美电器33%的股权，但是他却不能控制董事会。

（二）控股权利益与控股权溢价

股东之所以希望取得控股权，是因为相对于非控股权而言，控股权具有许多优势和特权，可以获得控股权利益，具体包括以下20个方面。

（1）任命或改变企业经营管理层；

（2）任命或改变企业董事会成员；

（3）确定管理层人员的工资待遇与奖金补贴；

（4）确定企业经营策略与战略方针以及改变企业经营方向；

（5）收购、租赁或变卖企业资产，包括厂房、土地和设备；

（6）选择供货商、销售商和分销商；

（7）主导兼并与收购活动，并完成整个并购工作；

（8）对企业进行清算、解散、变卖或进行企业重组；

（9）卖出或购进本公司股份（公司留存股份是为了实施期权激励计划或增加新的投资者）；

（10）在一级证券市场或二级证券市场上发行公司股票；

（11）在一级证券市场或二级证券市场上发行公司债券；

（12）确定公司经营盈余的分配；

（13）修改公司章程或规章制度；

（14）确定某一股东或相关团体、雇员的工资与奖金；

（15）选择合资伙伴，并与之签署有关协议；

（16）确定所生产产品或提供服务的种类，并为产品或服务定价；

（17）确定产品或服务的生产地点与销售市场，确定其进入或退出相关事宜；

（18）确定开发消费市场的类型；

（19）签署有关境内或境外知识产权的许可或分享协议；

（20）对上述个别或所有条款设置障碍。①

很显然，拥有了企业的控股权就拥有了非控股权所没有的许多非常有价值的权利，也就是说控股权比非控股权具有更大的价值，相对于非控股权而言，多出来的这部分价

① 王少豪．企业价值评估［M］．北京：中国水利水电出版社，2005.

值就是控股权溢价。美国《控股溢价研究》杂志把控股权溢价定义为："一个投资者为了获得公司普通股里的控股权益而愿意付出比市场流动的少数权益价值（流动的公开交易股票价格）更高价格的这部分附加价值。"

（三）非控股权折价

非控股权折价主要是针对这样一种经济现象，即企业不具有控股权的部分股权的价值要低于企业全部股权价值乘以这部分股权比例所得出来的价值。比如说，股东全部权益价值为1亿元，某股东准备将其持有的2%的股权在公开市场上抛售，此时这部分股权价值可能要低于股东全部权益价值乘以2%后所得到的价值，即要低于200万元。这种股权减值现象是由于这部分股权的所有者不能控制企业的财务、经营和法律等方面的事务，相对于控股权而表现出来的股权折价。

二、流动性溢价与缺乏流动性折价

流动性（Liquidity）是指将一项投资性资产转化成现金所需要的时间和成本。如果在较短的时间以接近市价的价格将资产转换成现金，则称该资产有较高的流动性。与之相对应，如果在较短时间内要将某一项资产转化成现金而必须以远低（高）于其市价的价格出售（购买），则称该资产流动性差。

流动性差的资产因涉及较高的交易成本（在卖出该资产时承受较大的价格折扣），其市场价格应比同类流动性高的资产的价格低，或者说，投资者对该资产要求较高的预期收益。这种流动性低的资产与同类流动性高的资产的预期收益差额就是流动性溢价（Liquidity Premium）。

具体到企业股权，所谓股权流动性是指股权可以在证券交易市场上竞价转让，通常指上市公司的可流通股股票，缺乏流动性是指股权不能在证券交易市场上竞价转让。所谓股权流动性溢价和缺乏流动性折价是指具有流动性的股权其价值与同样的缺乏流动性的股权相比存在一个溢价；反之，缺乏流动性的股权价值与同样的具有流动性的股权价值相比存在一个折扣。

流动性溢价与缺乏流动性折价产生的原因主要有三个方面：其一，股权所有者承担的风险不同，股权流动性很强，一旦发生风险事项，股权持有者可以迅速出售所持有股权，减少或避免风险。其二，拥有的投资收益机会不同，流动性好的股权可以很快变现，抓住更多的投资机会。其三，交易的活跃程度和市场参与者数量不同，流动性股权交易活跃，参与买卖的人员较多，竞争充分，因此一般价格较高。

国外一些职业评估师教材常常提到两个概念：一个是"非流动性"（Illiquidity），另一个是"缺乏市场流通性"（Lack of Marketability）。它们的区别在于，前者是指整个企业的所有者缺乏把他的投资在一个合理和可以预见的低成本下很快地转换为现金的能力；后者则是指企业非控股股权的所有者缺乏把他的投资在一个合理和可以预见的低成本下很快地转换为现金的能力。在实践中，评估人员往往不对两者作明确区分，本教材同样如此，以下统一以缺乏流动性表示。

三、溢价、折价与价值水平

价值水平（Level of Value）反映股权价值在控股程度、流动性等方面的特征，每一价值水平都与特定的控股程度、特定流动性相关，不同价值水平的股权表明相互之间存在流动性、控股权程度等方面的差异。价值水平与价值类型是两个不同的概念，价值类型表明评估结果的价值属性及其表现形式，其选择的依据是评估目的、市场条件、企业自身状况等；而价值水平选择依据的是股权的流动性及对企业的控制程度。

常见的价值水平及其相互关系如图 11－1 所示。由于证券市场是公开、活跃、信息透明的市场，证券交易价格反映了其内在价值，所以，常见的价值水平体系以证券市场上公开交易股票的价值水平为基准，该价值水平反映的是普通投资者进行少数股权买卖时的价值水平，即流动性的、非控股权价值。如果持有流动性股权比重较大，能够对企业实行控制，那么这部分股权将会有控股权溢价，其价值水平反映的是具有流动性和控股权的价值；从数量关系上看，流动性、控股权价值大于流动性、非控股权价值。

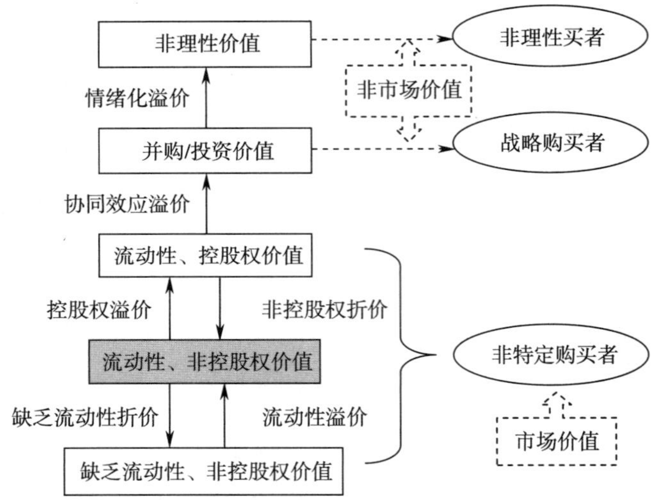

图 11－1　常见的价值水平及相互关系

相对于流动性、非控股权价值，如果投资者所持有的少数股权缺乏流动性，那么将存在流动性折价，所得价值水平即为缺乏流动性、非控股权价值；从数量关系上看，该价值水平将低于流动性、非控股权价值。

以上三种价值水平都是针对非特定股权购买者，从价值类型的定义上看，均属于市场价值的范畴。

如果特定投资者对上市公司进行收购后，可以发挥协同效应，比如扩大生产规模、降低生产成本，或者可以避税、增强融资能力等，由此反映的价值水平则是并购价值，也称为投资价值；从数量关系上看，并购/投资价值要高于流动性控股权价值。

如果特定投资者对上市公司的并购缺乏理性，存在情绪化倾向或者个人感情因素，比如在对目标公司的竞购中为了击败竞争对手，通过并购扩大个人影响等，那么对目标公司的价值评判将会高于合理的并购/投资价值，由此反映的是非理性价值。

并购/投资价值以及非理性价值都是针对特定投资者，从价值类型的定义上看，属于非市场价值的范畴。

上述五种价值水平从数量大小上构成了清晰的层次关系，当然，除了这五种价值水平外，还有其他一些价值水平，比如缺乏流动性、控股权价值，缺乏流动性的投资价值等，这些价值水平难以在整体上构成层次关系，所以也就没有在图表中表示出来。

第二节　评估方法与价值水平

评估值的调整实际上是根据股权的流动性和控股程度，将依据某种评估方法得到的处于某一价值水平的评估值调整到与被评估股权相吻合的价值水平上。在评估过程中，评估方法不同，可能会得到不同价值水平的评估值。

一、收益法与价值水平

（一）收益法与股权流动性

收益法评估出来的股权价值是否具有流动性主要取决于折现率的确定方法。如果以上市公司作为计算的基础，通过资产定价模型（CAPM、APT、Fama - French 三因素模型等）所得股权资本成本，以此作为折现率所得股权评估值具有流动性。如果不是通过上市公司计算股权资本成本（如累加法），以此作为折现率所得股权评估值则缺乏流动性。

很显然，上市公司由于具有良好的流动性，相对于缺乏流动性股权而言，存在流动性溢价，即其价值要高于缺乏流动性股权的价值，表现在股权资本成本上，在其他条件相同的情况下，上市公司的股权资本成本要低于非上市公司的股权资本成本。

（二）收益法与控股权

收益法评估值是否具有控股性质主要由现金流种类所决定。如果采用股权现金流来评估股权价值，或者通过企业现金流来评估投入资本价值，再减去付息债务价值来求取股权价值，那么，由于现金流反映了控股股权的利益，则评估值应该为控股权价值。如果采用股息现金流，由于现金流中没有代表控股权益则评估值为缺乏控股权价值。

有人认为，通过资产定价模型（如 CAPM）得出的折现率是少数股权的回报率，所以以此为折现率得出的股权价值应属于非控股权价值。从国际评估惯例看，普遍的观点是，控股权性质与折现率如何确定关系不大，折现率如何取得主要影响股权流动性。

综合收益法中股权流动性和控股权的决定因素，与收益法对应的价值水平如表 11 - 1 所示。

表 11－1　收益法中的价值水平

项目		流动性　取决于折现率	
		基于上市公司（如 CAPM）	未依赖上市公司（如累加法）
控股权取决于收益流	股息现金流	流动性、非控股权价值	缺乏流动性、非控股权价值
	股权现金流或企业现金流	流动性、控股权价值	缺乏流动性、控股权价值
	基于协同效应的现金流	流动性、投资价值	缺乏流动性、投资价值

二、市场法与价值水平

价格乘数是市场法应用的关键参数，价格乘数分子中，可比企业交易价格形成方式决定了评估值是否具有流动性，而分母中，收益状态决定了评估结果是否具有控股权。下面就市场法的两种具体方法——上市公司比较法、交易案例比较法分别进行讨论。

（一）上市公司比较法

1. 上市公司比较法与股权流动性。上市公司比较法的可比企业来源于证券市场的上市公司，其股权都是具有流动性的，因此采用上市公司比较法估算的价格乘数都是具有流动性的，应用具有流动性的价格乘数所得评估结论都是具有流动性的股权价值。这种情形与收益法中流动性的决定具有内在一致性。

如果可比公司是上市公司，在有效市场中，价格乘数等于价值乘数，价值乘数实际是资本化率的倒数：

$$\frac{P}{R}=\frac{V}{R}=\frac{\frac{R}{k-g}}{R}=\frac{1}{k-g}$$

在收益法评估中，收益法评估结论是否具有流动性是由折现率确定方式所决定的，如果折现率是基于上市公司确定的，则评估值具有流动性。

2. 上市公司比较法与控股权。上市公司比较法的评估结论是否具有控股权性质取决于价格乘数分母中收益指标的状态。如果计算价格乘数的收益是代表控股权状态的，则评估结论具有控股权性质；否则，就是缺乏控股权性质。代表性的收益指标如下。

销售收入：只有控股股东可以支配，因此具有控股权性质；

EBIT/EBITDA：只有控股股东可以支配，因此具有控股权性质；

税后现金流：只有控股股东可以支配，因此具有控股权性质；

总资产/净资产/固定资产：只有控股股东可以支配，因此具有控股权性质；

股息：可以认为是少数股东可以享有的，因此不具有控股权性质。

同样，可以与收益法评估结论的控股权性质进行对比分析。收益法的未来预测收益流如果采用股权现金流，则由于股权现金流被认为是控股东才可以支配的收益流，因此评估结论被认为是具有控股权性质的；收益法的未来预测收益流是股息收益流，则由于该收益流被认为是少数股东可以支配的收益流，因此评估结论是代表少数股权性质的。收益法控股权性质的分析与上市公司比较法的分析具有内在的一致性。

（二）交易案例比较法

1. 交易案例比较法与股权流动性。交易案例比较法中可比企业来自非上市企业，这些企业的股权缺乏流动性，交易价格反映的是缺乏流动性的并购市场的价格，因此以其确定的价格乘数都是代表非流动性质的，采用该方法的评估结论都是缺乏流动性的。

2. 交易案例比较法与控股权。交易案例比较法的评估结论是否具有控股权性质也是由价格乘数分母中的收益状态决定的。由于并购交易案例本身包括控股权交易案例和少数股权交易案例，因此在交易案例比较法中价格乘数本身分为控股状态的价格乘数和少数股权状态的价格乘数；相应地，根据控股权状态的价格乘数所得的评估值具有控股权性质，根据少数股权状态的价格乘数所得的评估值缺乏控股权。

综合市场法中股权流动性和控股权的决定因素，与市场法对应的价值水平如表 11－2 所示。

表 11－2　　市场法中的价值水平

项目		控股权　取决于价值乘数中分母的状态	
		控股股东支配的收益	少数股东享有的收益
上市公司比较法	具有流动性	流动性、控股权价值	流动性、非控股权价值
交易案例比较法	缺乏流动性	缺乏流动性、控股权价值	缺乏流动性、非控股权价值

三、成本法与价值水平

由于小股东无法决定企业资产的配置方式，也无法影响企业既有资产的价值实现，因此运用成本法所得的评估值是具有 100% 控股权的价值。

至于评估值是否具有流动性，目前评估实践中一般不加以考虑。

第三节　控股权溢价/非控股权折价调整

一、控股程度及其影响因素

投资者对企业股权存在一个控制程度问题，前面提到的控股权所拥有的 20 条特权或优势，基本上囊括了所有的控股行为。股东拥有这些特权或优势数量的多少，表明了股东对企业的控制程度，如果一个控股股东能够拥有所有20项特权，那他就是绝对控股。股东拥有的特权数量越少，那么该股东对企业的控制程度越低。需要指出的是，股权份额的多少和控股程度之间没有必然的对应关系，如果一个股东拥有公司50%以上的股权，但是不能行使20项特权或优势中的许多条款，那么该股东对企业的控制程度就不会很高，在评估的时候，只能给予很少一点的控股权溢价。与这种情况类似的是一个股东拥有公司100%的股权，但是却经营政府高度控制行业中的公司，此时拥有大部分特权的并不是股东，而是政府。所以，控股权和非控股权都是相对而言的，控股程度的影响因素主要有合同条款约束、政策法律约束、股权集中度等几个方面。

（一）合同条款的约束

合同条款主要指公司的章程或股东协议以及规章等，这些合同文件对公司的经营或投资行为有一定的约束。比如说，公司章程可能授权非控股股东在特别情况下具有特殊权利。所以评估人员在评估非控股权价值的时候，应仔细研究和理解公司的章程以及其他规章文件，才能更好地理解这种影响非控股股权价值的因素，主要是控股支配的程度和限制绝对控股的能力。

（二）政策法律约束

公司所在地法律法规的不同，直接影响控股权与非控股权权利的分配。如在美国一些州，一个简单的多数股权就可以批准公司兼并、整体资产出售、公司清算等重大事项；而在另外一些州则需要2/3以上或更多股权才能批准这些公司行为，此时，即使股东拥有超过50%以上的多数股权，只要没有达到2/3以上，也只能处于相对控股，而不是绝对控股地位。

我国证券市场上也存在约束大股东行为而授予非控股股东特殊权利的政策法规。比如2004年中国证监会发布的《关于加强社会公众股股东权益保护的若干规定》指出，上市公司的五大事项按照法律、行政法规和公司章程规定，经全体股东大会表决通过，并经“参加表决的社会公众股股东所持表决权的半数以上通过”，方可实施或提出申请。五大事项包括：

（1）上市公司向社会公众增发新股（含发行境外上市外资股或其他股份性质的权证）、发行可转换公司债券、向原有股东配售股份（但具有实际控制权的股东在会议召开前承诺全额现金认购的除外）；

（2）上市公司重大资产重组，购买的资产总价较所购买资产经审计的账面净值溢价达到或超过20%的；

（3）股东以其持有的上市公司股权偿还其所欠该公司的债务；

（4）对上市公司有重大影响的附属企业到境外上市；

（5）在上市公司发展中对社会公众股股东利益有重大影响的相关事项。

（三）股权集中度

某一股东持有的股权是否存在控股权溢价，还需要视股权集中度或者说股权分布状况而定。如果某人持有公司49%的股份，而另一个人持有公司51%的股份，则此持有

49% 股份的股东一般来说没有控股权。如果情况有所变化，两个人各持有 49% 的股份，第三个股东持有剩下的 2% 的股份。前面两个持有 49% 的股份的股东支配能力表面上不相上下，最终对企业的控制实际上取决于第三个股东与谁的关系密切，此时，这 2% 的股权价值可能具有相当大的溢价，远远大于其按比例计算得出的股权价值。但需要注意的是，此时的价值类型为投资价值，而非市场价值。

如果三个股东各自拥有公司 1/3 的股份，没有一个人绝对控股，也没有一个人处于相对劣势，由此形成“三足鼎立”的局面，除非三人中有两人结成同盟，才会破坏这个均衡的局面。同样，假设三个股东为甲、乙和丙，每个人刚好持有公司 1/3 的股份，但甲是公司总经理，公司章程确定总经理有权执行上面所描述的 20 项控股特权中的多数，而且要更换总经理，需要 50% 以上的股权同意方可。在这种情况下，除非乙和丙联合起来反对甲，否则甲的 1/3 的少数股权绝对优于乙和丙所拥有的 1/3 的股权。这一例子表明，评估人员在确定非控股权折价时，必须具体问题具体分析，而不能简单套用某种固定的模式来处理千变万化的具体情况。

二、控股权溢价的影响因素

控股权溢价受到多方面因素的影响，这些因素主要有以下几点。

1. 控股程度。控股权溢价是由于控股股东拥有控股优势或特权而表现出来的溢价，控股股东拥有控股优势或特权的多少决定了控股权溢价的大小，控股优势或特权越多则控股权溢价越大，而控股优势或特权的多少一般取决于控股程度。

2. 公司规模。控股股东从所控制的公司获取的控制权权益随着公司规模的扩大而增多，因此在股权转让时，如果控股股东拥有的优势或特权项目不变，那么控股权溢价会因规模扩张而相应提高。

3. 股权转让比例。一方面，转让比例越高，股东所获取的控股权收益越高，投资者会对此多支付较高溢价，这会提高股权转让价格水平。另一方面，对于少数股权折价而言，转让比例会从两个方面影响折价水平，比例高意味着对企业决策影响的能力较强，因此能获得更高的价格水平；而较高的比例又会影响股权交易的流动性，会导致折价水平更高，最终影响由两个方面综合决定。

4. 公司业绩。公司业绩越好，控股股东从中获取的控股权收益越高，控股权溢价也就越高。

三、控股权溢价调整

在评估实践中，常见的假设是，存在公司控制权溢价，也存在控股权与少数股权价值的差别。按照这种假设，许多评估人员都会评估控股权价值与少数股权价值的差别。然而控股权溢价究竟是多少，并没有统一标准，只能通过研究控股权交易的有关数据，并结合被评估股权的具体情况来确定。

在国外实证研究中，主要有两种方法用来估计控股权溢价。第一种方法是如果企业发行了具有不同投票权的股票，根据这些具有不同投票权股票的价格差可以估计控股权溢价。这种方法需要具备一个最基本的条件，即企业必须发行投票权不同的股票，然而，很多国家不允许发行投票权不同的普通股，这也是方法的一大局限。Zingales（1994）应用这种方法发现，在意大利具有投票权的股票相对于没有投票权的股票有高达82%的溢价。Nenova（2003）对1997年来自18个国家的661家企业的研究发现，各国普遍存在较高的投票权溢价，从而证明控股股东能够从其控制权中攫取控股权溢价。在新兴市场，Chung和Kim（1999）发现，韩国大公司的控股权溢价约为企业股权价值的10%。

第二种方法是以上市公司的大宗股权协议转让事件为研究对象，将大宗股权转让支付的每股价格与公开市场中流通的每股价格之差定义为控股权溢价。Barclay等（1989）运用这种方法测得美国纽约证券市场的控制权平均溢价水平为20%，Bradley（1980）依据不同数据测得美国证券市场上的控股权溢价水平为13%。Dyck和Zingales（2004）对1990—2000年来自39个国家的393宗控制权转让事件的研究发现，控股权溢价在不同的国家变化很大，最小的为-4%，而最大的达到65%，平均为14%。

国内学者根据我国证券市场的特殊性，对控股权溢价水平进行了研究。Bai、Liu和Song（2002）以1998—2000年的66家陷入严重财务困境而被特别处理（ST）的上市公司为样本，将上市公司被宣告为ST前后22个月的累计超额收益率定义为控股权溢价，结果发现控股权溢价为29%。唐宗明和蒋位（2002）以1999—2001年沪深两市88家上市公司的90个大宗国有股和法人股转让事件为样本，以转让价格和每股净资产之差与每股净资产的比值来衡量控股权溢价，结果发现样本公司的平均转让价格高于净资产价值近28%，这个结果与Bai、Liu和Song的结果很接近。余明桂、夏新平、潘红波（2006）通过对1998—2004年发生的54个大宗股权协议转让事件的估计发现，买方为获得上市公司的控制权，支付的平均溢价水平达17%。许文彬（2009）应用大宗股票交易溢价法，通过实证研究发现：我国上市公司控制权转让比例整体偏高，上市公司存在较高水平的控股权溢价，总体均值达到26.66%左右。

综合国内学者的实证研究结果，我国控股权溢价水平在15%～30%，评估人员可以在这一区间内，根据控股程度、公司规模、公司业绩等因素对被评估股权进行控股权溢价调整。

四、非控股权折价调整

非控股权折价和控股权溢价是两个相对概念，控股权溢价水平（CP）是控股股权价值（V_C）高出非控股股权价值（V_M）部分与非控股股权价值的比值；而非控股权折价水平（MID）是非控股股权价值低于控股股权价值部分与控股股权价值的比值。即

$$CP = \frac{V_C - V_M}{V_M}$$

$$MID = \frac{V_C - V_M}{V_C}$$

因此，如果知道了控股权溢价水平，那么就可以计算出非控股权折价水平，两者之

间的换算关系可以用下面的公式来表示：

$$MID = 1 - 1/(1 + CP)$$

例如，假设一上市公司目前市场交易价格是50元/股，如果某投资者以每股70元/股的价格大比例要约收购，20元的每股溢价除以每股50元的市价，得出控股权溢价水平为40%。按照上述计算公式，少数股权折价水平为29%［1－1/（1＋40%）＝29%］。通常少数股权折价不是来自收购少数股权，而是源于获得控股权而支付了控股权溢价。

在具体评估实践中，是否进行溢价和折价调整，不仅取决于待评估股权的性质，也取决于评估人员所选择的评估方法，如果被评估股权具有控股权性质，且采用的评估方法所得结果就是具有控股权性质，那么就无须进行调整；如果采用的评估方法所得评估结果是非控股权性质，那么就需要进行控股权溢价调整。

五、控股权溢价与协同效应溢价

控股权溢价和协同效应溢价往往容易混在一起，其实两者之间有着明显的区别。控股权溢价是由于被评估公司股东基于控股地位享有特权和优势，从而使得控股权具有更大的价值；而协同效应溢价则是由于被评估公司具有特别资源，在与控股股东资源结合后，可以使价值得到增加，这些增加的价值即为协同效应溢价。协同效应主要包括经营协同效应和财务协同效应。

（一）经营协同效应

经营协同效应主要指的是并购给企业生产经营活动在经营效率方面带来的变化及效率的提高所产生的效益，经营协同效应主要表现在以下几个方面。

1. 规模经济效应。在横向并购中，被评估企业被并购后，由于被评估企业和新的控股股东产销相同（或相似）产品，有可能在经营过程的任何一个环节（供、产、销）和任何一个方面（人、财、物）获取规模经济效应。

2. 纵向一体化效应。在纵向并购中，被评估企业要么是新控股股东的原材料或零部件供应商，要么是新控股股东产品的买主或顾客。纵向一体化后，可以减少商品流转的中间环节，节约交易成本；可以加强生产过程各环节的配合，有利于协作化生产；不但可以使营销手段更为有效，还可以使单位产品的销售费用大幅度降低。

3. 市场力或垄断权。获取市场力或垄断权主要是针对横向并购而言的，两个产销同一产品的公司相合并，有可能导致该行业的自由竞争程度降低；合并后的大公司可以借机提高产品价格，获取垄断利润。

4. 资源互补。合并可以达到资源互补从而优化资源配置的目的，比如有这样两家公司A和B，A公司在研究与开发方面有很强的实力，但是在市场营销方面十分薄弱，而B公司在市场营销方面实力很强，但在研究与开发方面能力不足，如果将这样的两个公司进行合并，就会把整个组织机构好的部分同本公司各部门结合与协调起来，而去除那些不需要的部分，使两个公司的能力达到协调有效的利用。

（二）财务协同效应

所谓财务协同效应就是指被评估企业被兼并后，新控股股东将其低资本成本的内部资金，投资于被评估企业的高效益项目上，从而使兼并后的企业资金使用效益提高。财务协同效应能够为企业带来效益，主要表现在以下几方面。

1. 企业内部现金流入更为充足，在时间分布上更为合理。企业兼并发生后，规模得以扩大，资金来源更为多样化。被评估企业可以得到新控股股东的闲置资金，从而投向具有良好回报的项目；而良好的投资回报又可以为被评估企业带来更多的资金收益。这种良性循环可以增加企业内部资金的创造机能，使现金流入更为充足。

2. 企业资本扩大，破产风险相对降低，偿债能力和取得外部借款的能力提高。企业兼并扩大了自有资本的数量，自有资本越大，由于企业破产而给债权人带来损失的风险就越小。合并后企业内部的债务负担能力会从一个企业转移到另一个企业。因为一旦兼并成功，对企业负债能力的评价就不再是以单个企业为基础，而是以整个兼并后的企业为基础，这就使得原本属于高偿债能力企业的负债能力转移到低偿债能力的企业中，解决了偿债能力对企业融资带来的限制问题。另外，那些信用等级较低的被兼并企业，通过兼并，其信用等级提高到收购企业的水平，为外部融资减少了障碍。

3. 企业的筹集费用降低。合并后企业可以根据整个企业的需要发行证券融通资金，避免了各自为政的发行方式，减少了发行次数。整体性发行证券的费用要明显小于各企业单独多次发行证券的费用之和。

4. 获得避税利益。新控股股东并购被评估企业后，两个公司所付的税款可能比两家公司未并购时单独交税的金额少。如果一家公司有税收减免的优惠待遇，然而却由于亏损并未享受；而另一家公司有收益，却要付出大量税款；将这两家公司合并可以使税务由两家公司分担，从而获得避税的利益。

（三）控股权溢价与协同效应溢价的区别

协同效应溢价与控股权溢价的最主要区别在于两种溢价产生的原因不同。协同效应溢价是由于被评估公司与控股股东之间的资源整合、资源共享等协同效应而带来价值增值，协同效应溢价等于并购后基于协同效应的两个公司价值之和减去没有协同效应的两个公司价值之和。很显然，协同效应取决于被评估公司和新控股股东所拥有的资源状况，如果新控股股东对被评估公司并购后无法发挥协同效应，那么协同效应溢价将为0。而控股权溢价主要是由于控股股东凭借控股地位而获得的经济利益，它取决于被评估公司的规模、经营状况等，和新控股股东的资源状况无关。

从价值类型的角度看，由于协同效应只针对控股股东即特定的投资者而言，价值类型选择“投资价值”。如果选择“市场价值”这一价值类型，则不应该考虑协同效应溢价，而控股权溢价则需要加以考虑；如果选择的价值类型是“投资价值”，那么，既需要考虑协同效应溢价，也需要考虑控股权溢价。

有时协同效应溢价和控股权溢价难以严格划分，比如，某投资者经分析后发现，对被评估公司进行收购后可以获得非常显著的协同效应溢价，因此，溢价25%收购被评估公司。在25%的溢价中，除了控股权溢价外，还有投资者为获得协同效应溢价而付出的代价。

【参考案例11－1】　由哈利公司的价值评估引发的法律诉讼

哈利公司是一家在纽约股票交易所上市的公司，其70%的股票被威廉姆·哈利房地产公司所持有，而威廉姆·哈利房地产公司为哈利先生所拥有。

1979年，哈利先生溘然去世。为了对威廉姆·哈利房地产公司征收财产税，美国国内收入局评估该公司所持有的哈利公司股票价值为每股26.5美元，而在评估基准日，哈利股票的市场价值是每股18美元。美国国内收入局评估的依据是威廉姆·哈利房地产公司持有的哈利公司股票是具有控股权的，根据学者对实际发生的公司并购和管理层收购案例分析表明，在评估基准日前三年中，股权收购和管理层收购的实际出价平均比第一次发出收购通知之前6周股票的市场价格高出45%。

威廉姆·哈利房地产公司并不认同美国国内收入局的评估结果，于是向法庭提出诉讼。公司律师的理由是，并购者之所以支付并购溢价，是希望通过并购获得协同效应，或者改变被并购企业的低效管理、压缩被并购企业的过高津贴费用，以及获得税收利益等。而哈利公司已经是美国经营管理最好的公司。进一步，公司的管理层也没有消费额外的津贴，收购哈利公司不可能得到税收方面的利益或者协同性。据此，这位律师断言，新的可以控制公司决策的股东将无法使公司的现金流量超过它目前已经达到的水平。从而，也就没有理由认为，有潜在的购买者可以支付比哈利目前市场价值更高的价钱。相应地，控股权溢价为0。尽管人们无法通过实验来验证公司律师的上述陈述，但连美国国内收入局的律师都觉得上述观点很有说服力。法庭裁决的结果是，将哈利公司股票价值定在每股不到19美元。

资料来源：根据布瑞德福特·康纳尔等．公司价值评估——有效评估与决策的工具［M］．北京：华夏出版社，2001整理。

第四节　流动性溢价/缺乏流动性折价调整

一、影响股权流动性的因素

影响股权流动性的因素主要有以下几个方面。

1. 股权的替代性。股权的替代性是指不同企业股权均能满足投资者需求的特性。某一行业或某一特征股权的种类越多，股权的替代性越好；股权的替代性越好，其流动性也就越高。在证券市场中，许多公司的股票是可以相互替代的，比如，我国A股市场上有多家银行类上市公司，这些银行类上市公司的股票之间具有良好的替代性，股票表现出非常好的流动性。

2. 股权价值的不确定性。股权价值的不确定性程度越高，投资该项股权的机会成本可能越大，进而导致投资者对该项股权作出较大的折扣，以弥补其机会成本。

3. 股权的交易特征。股权交易特征包括交易价格、每笔交易规模和总交易量。一般来说，交易价格越高，或每笔交易规模越大，股权的流动性就相对较低；而总交易量越多，流动性不足折价就越高。股权交易越大，由于资金的约束，投资者会丧失一些投资机会，因此需要对大宗交易进行折价以弥补其机会成本。比如，2021 年最后一个交易日（12 月 31 日），贵州茅台的每股收盘价为 2050 元，交易最小单位为 1 手（1 手等于 100 股），那么投资者购买 1 手的资金量必须超过 205000 元（需要支付手续费），资金量低于 205000 元的投资者就无法购买贵州茅台股票。

4. 市场竞争程度。在其他因素不变的情况下，市场上的有效竞争程度会对股权的流动性产生重要影响，有效竞争程度越高，流动性溢价就越高；与此相对应，流动性不足折价也就越高。

5. 股权锁定期（不可交易的时间）。股权锁定期是指在规定的期限内股票不可以上市流通，只有在期限到期后才可以上市流通，不可以上市流通的规定期限就是股权锁定期间。在其他条件相同的情况下，股权锁定期越长，其折价水平也就越高。

二、缺乏流动性折价调整

在评估实践中，一般是以证券市场上具有流动性的、非控股股权的价值水平作为基准，因此，关于流动性方面的价值调整更多的是缺乏流动性折价的调整，调整幅度并没有确定的标准，一般以实证研究结果作为调整依据。

国外研究缺乏流动性折价的具体方法主要有三类：第一类是利用“流通受限”股票研究缺乏流动性折价水平；第二类是利用公司股票 IPO 前后价格变化研究缺乏流动性折价水平；第三类是从上市成本角度研究缺乏流动性折价水平。

国内对缺乏流动性折价的研究方法主要有两种：其一，在股权分置改革前，根据法人股交易价格和社会公众股交易价格的比较研究来确定缺乏流动性折价水平；其二，股权分置改革后，对受限流通股进行研究来确定缺乏流动性折价水平。

我国股权分置改革前法人股交易的高折价是一个特定历史时期的现象，对股权分置改革后的缺乏流动性折价调整没有太大的指导意义，因此，主要应该以股权分置改革后的研究成果以及国外的研究成果作为参考。

从现有文献研究结果看，缺乏流动性折价水平基本上在 20% ~50%，同时，折价水平与公司收入、净利润、流动性限制条件等因素相关。收入与净利润水平越高，缺乏流动性折价水平越低；流动性限制期限越短，折价水平越低。

近年来，国际上对股权缺乏流动性折价出现了一些争论。这些争论的焦点集中在，对于控股股权是否还需要额外考虑缺乏流动性折价。

一部分评估师认为对于控股股权不应该再考虑缺乏流动性折价问题，因为缺乏流动性折价主要是由投资者承担的不同风险造成的，对于控股投资者来说，其承担的企业经营风险与少数股权相比不是被动的，而是主动的，也就是说企业本身的经营风险已经考虑在控股权中了，因此，缺乏流动性折价无须再考虑；在缺乏流动性折价的研究中一般都是考虑少数股权的变现，由于法律或监管机构一般对这种少数股权交易没有限制，因此其流通性较好，但对于上市公司的控股权如果要变现或流通、转让，则由于存在众多的法律规定和监管要求，实际完成交易时并不是人们所想象的可以在短时间内完成，因此对于上市公司的控股股权实际流动性没有想象的那么好。

另一部分评估师则认为对于非上市公司的控股权来说仍然需要考虑缺乏流动性折价，他们认为，上市公司的控股权转让仍然快于非上市公司，上市公司是公众公司，与一个非上市公司相比，投资者仍愿意优先投资公众公司，因此即便是风险因素也不会产生像非控股权那样大的折价率，折价率相对要小一些；另外一个因素就是公众公司股权交易参与人数一般会比非公众公司多，从而导致交易价格偏高。

目前，美国评估界在评估控股权时，采用的缺乏流动性折价一般不高于15%。结合中国的具体情况，国内评估非上市公司的控股权时仍应该考虑缺乏流动性折价，折价水平可参照美国评估界的折价水平。

三、流动性溢价调整

流动性溢价和缺乏流动性折价是两个相对概念，流动性溢价水平（LP）是具有流动性股权价值（V_L）高出缺乏流动性股权价值（V_{UL}）部分与缺乏流动性股权价值的比值；而缺乏流动性折价水平（ULP）是缺乏流动性股权价值低于具有流动性股权价值部分与具有流动性股权价值的比值。即

$$LP = \frac{V_L - V_{UL}}{V_{UL}}$$

$$ULP = \frac{V_L - V_{UL}}{V_L}$$

因此，如果知道了缺乏流动性折价水平，那么就可以计算出流动性溢价水平，两者之间的换算关系可以用下面的公式来表示：

$$LP = \frac{ULP}{1 - ULP}$$

第五节　最终评估值的确定

企业价值有多种评估方法，在评估实践中，评估人员往往同时应用两种或两种以上的方法对企业价值进行评估。一旦评估人员利用多种评估方法评估出企业价值，并进行控股权溢价/非控股权折价以及流动性溢价/缺乏流动性折价调整后，紧接着面临的问题是，对不同评估方法所得评估结果该如何处理，以得出最终的评估结论。

一、多个评估值的处理方法

评估人员应用不同评估方法得到不同的评估值后，常用两种方法进行处理，从而得

到最终的评估结论。其一，对各种评估值进行简单平均或加权平均；其二，以某一评估值作为最终的评估结论。

简单平均是将不同方法所得评估值加总在一起，再除以所用评估方法的种类数；加权平均则是对不同评估方法的评估值赋予不同的权重，将权重和评估值相乘后再相加。比如，评估人员对某企业的股东全部权益运用收益法评估的结果是 1.2 亿元，应用市场法评估的结果是 1.4 亿元。如果对两个结果进行简单平均，就是 1.3 亿元；如果进行加权平均，评估人员根据分析，收益法评估值的权重取 0.6，市场法评估值的权重取 0.4，则加权平均后的评估值为 1.28 亿元。

加权平均的权重并没有固定的取值，也不可能事先确定。评估人员在应用各种方法得到评估值后，对各种评估方法适用前提的满足程度、各种参数确定的准确性、被评估企业的特征等进行综合分析后，才能对各种方法的权重进行合理的分配。

在企业价值评估中，评估方法的适用性是决定评估值准确性的重要因素，一种评估方法可以有效地评估某一企业的价值，而对另一个企业可能就无能为力；同样的，对某一企业进行价值评估，一种方法可以得到比较准确的结果，而另一种方法所得结果可能偏差很大。企业价值评估的艺术性就体现在评估人员能够对评估结果的准确性和可靠性作出判断，选择准确和可靠的评估结果作为最终的评估结论，而对缺乏准确性和可靠性的评估结果可以忽略不计，这就是评估结果的第二种处理方法，即以某一评估方法所得评估值作为评估对象的评估值。

二、评估值处理的指导性原则

由于被评估企业所面临的情况千差万别，评估人员对评估结果需要灵活处理，不能机械地运用某一种模式，尽管如此，仍然有一些指导性的原则，可以有助于评估人员合理地处理评估结果。

第一，成本法所得的评估结果不宜给予太大权重。由于成本法难以评估企业“组织资本”的价值，且容易忽略企业的一些无形资产价值，评估结果的准确性常常会存在一些问题，所以，一般情况下，需要慎重对待成本法所得的评估结果，如果采用加权平均法处理评估结果，赋予成本法的权重不宜过大。当然在一些特殊情况下，比如评估面临清算的企业、只进行对外投资活动的企业等，成本法所得结果将被给予较大权重，甚至可以直接以成本法评估值作为最终的评估结论。

第二，市场法所得评估结果的准确性取决于评估人员能否找到真正的可比公司，以及市场是否对可比公司价值作出了准确反映。如果评估人员非常有信心，认为可比公司与被评估公司的确相似，那么，就可以给予市场法所得结果以相当大的权重。如果可比性并不明显，或者市场对于可比公司的价值反映可能存在偏差（比如市场投机气氛比较浓厚），那么，评估人员就应该相应地给予市场法所得结果以较小的权重。

第三，收益法的好处是，几乎可以在任何情况下应用于任何公司的价值评估。而它的缺点是，评估结果取决于评估人员对未来现金流的预测以及对于资本成本的估计。对于历史较长的公司，现金流预测和资本成本估计有大量的历史数据作为依据，从而可以比较可靠地确定相关参数。然而，收益法有时也会被滥用，尤其是对于新公司或者对于风险很大的公司进行价值评估时，更是如此。在这种情况下，根据乐观的现金流预测所得出的公司价值可能会严重偏高。因此，收益法的权重应该根据对现金流预测的可靠性来确定。

尽管上述原则提供了一种方向性的指导，但不应该将它们看做评估操作的指令。评估人员如果有信心相信一种方法会产生更精确的价值评估结果，就应该考虑给相应的方法以更大的权重。因为每一个企业都有其特殊性，而价值评估模型又很难将所有的特殊性都考虑进去，最终的评估结果还要依赖评估人员的判断。拒绝这种判断而硬性规定一种平均价值的计算方法，就不能将评估个案的特殊性考虑在内，从而会导致更不精确的价值评估结果。

【本章小结】

- ✧ 在选择合适评估方法、对企业价值进行评估后，还需要进行控股权溢价、非控股权折价、流动性溢价、缺乏流动性折价的调整，以反映股权性质和状态。
- ✧ 拥有了企业的控股权就拥有了非控股权所没有的许多非常有价值的权利，也就是说控股权比非控股权具有更大的价值，相对于非控股权而言，多出来的这部分价值就是控股权溢价。
- ✧ 非控股权折价是指企业不具有控股权的部分股权的价值要低于企业全部股权价值乘以这部分股权比例所得出来的价值，即相对于控股权而表现出来的股权折价。
- ✧ 可以在证券交易市场上竞价转让的股权价值，与同样的缺乏流动性的股权相比存在一个溢价；反之，缺乏流动性的股权价值与同样的具有流动性的股权价值相比存在一个折价。
- ✧ 价值水平反映股权价值在控股程度、流动性等方面的特征，每一个价值水平都与特定的控股程度、特定流动性相关，不同价值水平的股权表明相互之间存在流动性、控股权程度等方面的差异。
- ✧ 在评估过程中，评估方法不同，可能会得到不同价值水平的评估值。收益法评估出来的股权价值是否具有流动性主要取决于折现率的确定方法；是否具有控股性质则主要由现金流种类所决定。对市场法而言，价格乘数分子中，可比企业交易价格形成方式决定了评估值是否具有流动性，而分母中，收益状态决定了评估结果是否具有控股权。运用成本法所得的评估值是具有100%控股权的价值，至于评估值是否具有流动性，目前评估实践中一般不加以考虑。
- ✧ 在评估实践中，控股权溢价究竟是多少，并没有统一标准，只能通过研究控制权交易的有关数据，并结合被评估股权的具体情况来确定。综合国内学者的实证研究结果，我国控股权溢价水平在15%～30%，评估人员可以在这一区间内，根据控股程度、公司规模、公司业绩等因素对被评估股权进行控股权溢价调整。
- ✧ 控股权溢价和协同效应溢价有着明显的区别。控股权溢价是由于被评估公司股东基于控股地位享有特权和优势，从而使得控股权具有更大的价值；而协同效应溢价则是由于被评估公司具有特别资源，在与控股股东资源结合后，可以使价值得到增加，这些增加的价值即为协同效应溢价。

✧ 关于流动性方面的价值调整更多的是缺乏流动性折价的调整，调整幅度并没有确定的标准，一般以实证研究结果作为调整依据。从现有文献研究结果看，缺乏流动性折价水平基本上在20%～50%，同时，折价水平与公司收入、净利润、流动性限制条件等因素相关。

✧ 应用两种或两种以上的评估方法得到不同的评估值后，或者对各种评估值进行简单平均（加权平均）作为最终的评估结论，或者以某一评估值作为最终的评估结论。

【思考题】

1. 控股权溢价和流动性溢价产生的原因是什么？
2. 常见的价值水平有哪几种？
3. 请比较价值水平和价值类型。
4. 应用收益法所得的评估结果代表什么样的价值水平？
5. 应用市场法所得的评估结果代表什么样的价值水平？
6. 控股权溢价和非控股权折价之间是什么样的关系？
7. 请比较控股权溢价与协同效应溢价。
8. 影响股权流动性的因素有哪些？
9. 应用不同方法得到多个评估值后应如何处理以得到最终的评估值？

第十二章

特殊情形的企业价值评估

知识不是简单的加和，而是累积和联系。数据和信息是知识的基础，它们是马赛克的构成元素，但它们却不是其图案。

——托马斯·A. 斯图尔特

【本章学习目的】

- 掌握多业务企业的业务单元财务报表创建与预测。
- 熟悉业务单元资本成本的估算。
- 掌握周期性企业价值评估方法。
- 掌握收益法评估非上市企业时主要参数的确定。

前面章节介绍了在稳定经营环境以及正常经营状况下，业务相对单一企业的价值评估。但现实经济中，企业经营活动往往呈现多样性特征，除了经营稳定、业务单一的企业外，还有同时经营多种完全不同业务的企业，以及经营活动呈现周期性变化的企业等。对这些特殊情形下的企业进行价值评估，特别是应用收益法进行价值评估具有一定的挑战性。本章将利用企业价值评估的基本理论和方法，阐述多业务企业、周期性企业、非上市企业的价值评估问题。

第一节　多业务企业的价值评估

许多大型企业都经营多种业务，比如在上海证券交易所上市的清华同方股份有限公司（证券代码 600100），产品涉及计算机系统、数字城市、安防系统、知识网络、军工、数字电视系统、照明、水务等众多领域，2020 年度营业收入达 259 亿元，拥有控股、参股公司 180 多家。经营多种业务的企业通常会在多个行业的细分市场展开竞争，每个行业具有不同的市场特征，相应具有不同的财务特征（如增长率、回报率、风险等）。同样以清华同方为例，2020 年度的财务报告显示，其在数字内容出版领域的全资子公司同方知网（北京）技术有限公司销售毛利率高达53.93%，而全资子公司同方工业有限公司的毛利率仅有18.78%。财务特征差异较大的多业务企业价值评估不同于单业务企业价值评估，其具体评估思路是，构建业务单元，对每个业务单元单独进行价值评估，然后加总各个业务单元价值，从而得出企业整体价值或股东全部权益价值。评估的具体步骤包括：业务单元财务报表的创建与预测、估算每个业务单元的资本成本、评估业务单元价值并加总。

一、业务单元财务报表的创建与预测

经营差异性多业务的企业一般采用企业集团组织形式，所公布的财务报表是由母公司编制的综合反映企业集团（主要是具有控股关系的母子公司）整体财务状况、经营成果和现金流量的报表。为预测企业集团中每个业务单元的现金流（每个业务单元由经营同一种业务或处于同一行业的一个或多个子公司组成），必须构建以业务单元为基础的历史财务报表和预测财务报表，为此需要解决以下4个问题：分配母公司的日常管理费用、处理业务单元间的交易活动、处理母公司与业务单元间的应收和应付关系、计算业务单元的投入资本及现金流。

（一）分配母公司的日常管理费用

大多数多业务公司都共享母公司提供的管理和服务，由此产生的成本费用需要合理分配，即需要确定哪些成本应该分配给业务单元，哪些成本应该留在母公司层面。母公司提供的服务如法务、人力资源、会计等，应根据成本驱动因素进行分摊。例如，母公司提供的人力资源服务的总成本可根据各业务单元员工数量进行分配。但如果某项成本的产生与业务单元不相关或与业务单元规模大小不相关（如首席执行官的薪酬或公司的艺术收藏），一般不需要分摊这些成本，而应将其作为母公司的成本进行保留，并单独进行估值。这样做有两个原因：第一，如果将不属于业务单元的成本分摊给业务单元，则会降低业务单元和同类单一业务公司的可比性（大多数业务单元有它们自己的高级管理人员、财务总监和审计人员，和单一业务的竞争对手已经具有可比性）。第二，将母公司作为一个独立的业务单元，可以反映其创造或消耗多少公司价值。

（二）处理业务单元间的交易活动

多业务公司的各业务单元间有时会提供产品和服务（内部交易）。为了得到合并后集团公司的财务结果，会计部门将互相抵消内部收入和成本以避免双重记账，只有从外部发生的收入和成本才会被保留在合并报表上。表12－1说明了合并财务报表时如何处理不同业务单元间的交易活动。业务单元A为业务单元B提供了价值100元的装饰品，并确认收到了收入和相应的毛利润，随后，业务单元B对装饰品进行了加工，并将其出售给外部客户。假设只有80%的装饰品在第二阶段被加工和出售，剩下的20%（20元）以预处理成本入账并成为业务单元B的存货。由于存货部分并没有被卖出，它们仍将留在业务单元B的资产负债表上。为了合并损益表，需要抵消业务单元A内部获得的100元收入，以及业务单元B产生的80元的产品销售成本。对于合并后的财务报表，净回报是毛利润减去 20 元。

表 12－1 业务单元利润表项目的合并 单位：元

项目	业务单元 A	业务单元 B	A＋B	抵消	合并结果
外部收入	500	414	914		914
内部收入	100		100	(100)	—
总收入	600	414	1014	(100)	914
产品销售成本	(540)	(290)	(830)	80	(750)
毛利润	60	124	184	(20)	164

建立业务单元财务报表需要以业务单元为核算对象，将来自业务单元外部的收入作为业务单元的总收入，在此基础上，进行成本费用、税金、利润的核算。这一过程有时需要将合并报表中的数据分拆给各个业务单元，实际上是合并报表的反向操作。

在预测每个单独业务单元的增长率时，需要估计业务单元间的销售是否也会一起增长，业务单元间销售增长率可以通过分析内部交易产生的方式和原因进行估计。最简单的方法是假设内部交易额与业务单元整体销售额以相同的比例进行增长。另外，为了精确地为每项业务单元估值，在记录公司内的交易活动时应该采用与第三方交易的相同价格，否则，业务单元之间的相对价值会被扭曲。

如果某个业务单元是由多个子公司构成，那么，该业务单元需要对多个子公司进行类似于集团公司的合并报表业务活动。

（三）处理母公司与业务单元间的应收和应付关系

多业务公司通常会集中管理所有业务单元的现金流和债务。现金流为正的业务单元通常会将所产生的一些现金转账给母公司，设立一项与母公司间的内部应收账款账户。现金流为负的业务单元从母公司获得现金支持，设立一个与母公司间的内部应付账款账户。这些与母公司间的应收账款和应付账款与第三方的应收账款和应付账款不同，因此不应该视为营运资本的一部分。在计算投入资本时，应该将其视为公司间的权益。

表 12－2 说明了合并财务报表时母子公司间应收、应付账款的处理。合并的公司包括两个公司：母公司（P）和子公司（S）。母公司在子公司的权益中投入 25 元，记做权益投资（这项会计处理只用做内部报告；由于母公司完全拥有子公司，在制作对外报表时，必须合并报表）。母公司也借款 20 元给子公司，对母公司而言，视为一项公司间的应收账款；对子公司而言，视为公司间的应付账款。如果将这些金额视为母公司或子公司营运资本的一部分是错误的。对于母公司来说，它代表并不能产生经营利润的非经营资产，因此不应该包含在母公司营运资本中。对于子公司来说，它代表一项类似于权益的注入资金，因此是子公司资本结构的一部分，而不是其营运资本。母公司资产负债表上的内部应收账款应被视为一项对子公司的权益投资；子公司资产负债表上的对母公司的应付账款应被视为来自母公司的一项权益。

表 12－2　　合并财务报表时母子公司间应收、应付账款的处理　　单位：元

资产负债表	母公司 P	子公司 S	P＋S	抵消	合并结果
应收账款（外部）	100	30	130	—	130
应收账款（母子公司间）	20	—	20	(20)	—
其他资产	150	50	200	—	200
对子公司的权益投资	25	—	25	(25)	—
总资产	**295**	**80**	**375**	**(45)**	**330**
应付账款（外部）	80	15	95		95
应付账款（母子公司间）	—	20	20	(20)	—
负债	100	20	120		120
权益	115	25	140	(25)	115
总负债和权益	**295**	**80**	**375**	**(45)**	**330**
投入资本					
应收账款（外部）	100	30	130	—	130
应付账款（外部）	(80)	(15)	(95)	—	(95)
营运资本	20	15	35	—	35
其他资产	150	50	200	—	200
投入资本	**170**	**65**	**235**	—	**235**
负债	100	20	120	—	120
权益	115	25	140	(25)	115
权益等价物——对母公司的应付账款	—	20	20	(20)	—
应收账款（母子公司间）	(20)	—	(20)	20	—
对子公司的权益投资	(25)	—	(25)	25	—
投入资本	**170**	**65**	**235**	—	**235**

不能正确处理母子公司间的应收账款和应付账款可能会导致严重的后果。在上面例子中，如果母子公司间的应收、应付账款被视为营运资本而不是权益，那么子公司的投入资本将被低估30%左右，投入资本回报率（ROIC）将被高估同等幅度。

（四）计算业务单元的投入资本与现金流

如果是评估机构接受客户委托进行企业价值评估，评估人员可以获得比较完整的有关各业务单元的财务报表数据；但如果无法从内部着手，仅仅从外部对多业务公司进行估价，比如股票市场上的投资者，一般难以掌握按照业务单元分类的完整的财务报表。根据上市公司公开披露的信息，可以得到如表 12－3 所示的收入、经营利润（或类似项目，如 EBIT）、总资产、折旧和资本支出等信息，在此基础上，将这些项目转换为NOPAT、投入资本和业务单元现金流。

表 12－3　　DOFF 家化公司 20A0 年度报告中提供的业务单元信息　　单位：百万元

项目	原料生产	护肤产品	食品服务	抵 消	母公司	合并
外部收入	2400	2200	1200		—	5800
内部收入	400			(400)		—
总收入	2800	2200	1200	(400)	—	5800
经营成本	(2184)	(1826)	(1056)	400	(70)	(4736)
EBIT	616	374	144	—	(70)	1064
折旧	17	22	12	—	8	59
资本支出	84	77	38			199
总资产	1200	1100	540		150	2990

下面将以 DOFF 家化公司为例，说明 NOPAT、投入资本、业务单元现金流的计算。DOFF 家化公司是一家虚构的公司，拥有三项消费品业务，分别是一个拥有独立品牌的原料生产单元，一个护肤产品业务单元和一个食品服务业务单元。20A0 年，原料生产单元贡献公司收入的 40% 和一半以上的利润，在其他原料生产企业的激烈竞争下，该项业务正在逐渐萎缩。护肤产品业务单元贡献了公司收入的 40%，但仅占利润的 1/3，这个部门的产品组合包括强大且成熟的品牌，其增长率与 GDP 增长率相当。食品服务业务占收入的 20% 左右和余下的利润，与其他业务单元相比，该业务具有更高的增长前景，但是却处于一个竞争激烈和对手分散的行业里。

1. NOPAT 的计算。计算 NOPAT 可以从各业务单元 20A0 年度的 EBIT 开始（见表 12－4），在 EBIT 的基础上，对每个业务单元进行所得税调整。如果要分配集团公司的租赁资产，通常假设各业务单元租赁的资产占其购买资产的比例相同，从而调整每个业务单元的租赁资产。对于养老金调整，通常按照业务单元的员工人数来分配。关于所得税税率，如果可以获得每个业务单元的税率，则按各业务单元的所得税税率计算所得税；如果无法获得各业务单元的税率，那么对所有业务单元使用公司整体税率。在估计出 NOPAT 后，将所有业务单元的 NOPAT 重新进行整合、加总，并与总的税后净利润相比较，以核对 NOPAT 是否吻合。

业务单元的 NOPAT 计算也可以从税后净利润出发，在税后净利润的基础上，进行税后利息的调整。

表 12－4　　业务单元的 NOPAT 计算　　单位：百万元

项目	原料生产	护肤产品	食品服务	抵 消	母公司	合 并	注 释
总收入	2800	2200	1200	(400)	—	5800	见表 12－3
经营成本	(2184)	(1826)	(1056)	400	(70)	(4736)	见表 12－3
EBIT	616	374	144	—	(70)	1064	见表 12－3
所得税	(240)	(146)	(56)	—	27	(415)	公司整体税率 39%

续表

项目	原料生产	护肤产品	食品服务	抵 消	母公司	合 并	注 释
NOPAT	**376**	**228**	**88**	—	**（43）**	**649**	
调整税后净利润求 NOPAT							
税后净利润						564	
税后利息支出						86	
税后利息收入						（1）	
NOPAT						649	

2. 投入资本的计算。为计算投入资本，可以先计算各个业务单元的总资产，然后减去非经营性资产和非付息经营性负债。非经营性资产包括富余现金、对非合并子公司的投资、养老金资产和递延税收资产。为了计算不含商誉的投入资本，须从每个业务单元中减去所分配的商誉（见表 12 －5）。

如果非经营性资产包含在业务单元资产之中，则需要从业务单元中找出这些非经营性资产加以评估，并加以调整。如果非经营性资产为母公司持有，并不属于业务单元，就不需要进行调整。非付息经营性负债包括应付账款、应付职工薪酬等，可以按照收入或者总资产将其分配到各个业务单元。

一旦估算出各个业务单元和母公司的投入资本，可以进行计算结果的检验，各个业务单元和母公司的投入资本总和应该等于合并财务报表中计算出来的投入资本。

表 12 －5　　业务单元投入资本的计算　　单位：百万元

项目	原料生产	护肤产品	食品服务	抵 消	母公司	合 并	注 释
总资产	1200	1100	540		150	2990	见表 12 －3
商誉	（150）	（100）	—	—	—	（250）	
应付账款	（157）	（143）	（78）			（378）	按收入分配
应付职工薪酬	（62）	（57）	（31）			（150）	按收入分配
其他当期负债	（41）	（38）	（21）			（100）	按收入分配
投入资本（不含商誉）	790	762	410		150	2112	
负债						2000	
权益						362	
商誉						（250）	
投入资本（不含商誉）						2112	
ROIC（%）	48	30	21			31	

3. 现金流的计算。现金流的计算包括历史现金流和预测现金流的计算。历史现金流从各个业务单元（包括母公司）的 NOPAT 开始，在 NOPAT 的基础上加上折旧，再减去维持简单再生产的资本性支出（折旧再投入）以及追求增长率的资本性支出（见表 12 －6）。

追求增长率的资本性支出来自业务单元的部分 *NOPAT* 投入，投入比例取决于业务单元增长率和 *ROIC*。以原料生产业务单元为例，为了获得 20A1 年 1% 的增长率，则 20A0 年的 *NOPAT* 投入比例和投入金额分别为

$$NOPAT\ 投入比例 = \frac{增长率}{ROIC} = \frac{1\%}{48\%} = 2.08\%$$

$$NOPAT\ 投入金额 = 376 \times 2.08\% = 7.8（百万元）$$

由于母公司的特殊性，所以母公司追加资本性投入用 20A0 年的 *NOPAT* 与增长率相乘。

在得到 20A0 年各业务单元的现金流后，根据现金流的增长率，可以得到 20A1 年的预测现金流。

表 12－6　　业务单元的现金流计算　　单位：百万元

项目	原料生产	护肤产品	食品服务	母公司	注 释
20A0 年现金流					
NOPAT	376	228	88	（43）	见表 12－3
折旧	17	22	12	8	见表 12－3
资本性支出（折旧再投入）	（17）	（22）	（12）	（8）	
追求增长的资本性投入	（7.8）	（22.8）	（16.8）	（1.3）	根据增长率和 ROIC
现金流	368.2	205.2	71.2	（44.3）	
20A1 年现金流					
增长率（20A1 年及以后，%）	1	3	4	3	
ROIC（20A1 年及以后，%）	48	30	21		
现金流	371.9	211.4	74.0	（45.6）	根据增长率

二、业务单元资本成本的估算

每个业务单元经营现金流的风险程度（β 值）和支持债务的能力随业务单元的不同而不同，每个业务单元需要根据自身情况对资本成本进行估算。为了确定业务单元的资本成本，需要知道业务单元的目标资本结构、权益资本成本和债务资本成本。

（一）业务单元的目标资本结构

关于每个业务单元目标资本结构的确定，可以使用同类上市公司资本结构的中位数，尤其是当大多数同类公司都有相似的资本结构时，这种方法更加可行。使用行业负债水平的中位数，将各个业务单元的负债（按行业负债水平计算）进行加总，并与公司的目标负债水平（并不一定是其当前的水平）相比。如果各业务单元的总负债与合并后公司的目标负债不同，一般会将差异作为母公司项目记录下来。这样做的目的是，将业务单元的资本成本与同类公司资本成本，以及业务单元与同一行业单一业务公司的估值差异降到最低。

如果业务单元没有可比的同类公司，或同类公司的资本结构差异很大，就需要将合

并债务分配到各业务单元之间，使它们拥有相同的利息保障倍数（EBITA/利息费用）。各业务单元拥有相同的利息保障倍数，可以确保它们承担大致相同的财务风险，并对公司整体信用风险承担相同的责任。

在某些例子中，一个或多个业务单元可能有高杠杆比率的有形资产（如不动产、酒店和飞机）。在这种情况下，可以用有形资产将负债分配给这些业务单元。

（二）业务单元的资本成本

在确定了业务单元的目标资本结构后，下一步要确定每个业务单元的无杠杆 β 值和权益资本成本。为了确定业务单元的 β 值，首先估计可比企业无杠杆 β 值的中位数（在第六章中有详细介绍）。根据业务单元的目标资本结构计算其杠杆下的 β 值。对于公司总部的现金流，应使用业务单元资本成本的加权平均值作为资本成本。

表 12-7 总结了 DOFF 家化公司的资本成本估算，其中，债务成本的所得税税率为 25%，计算有杠杆 β 值时，需要将目标债务资本比［$D/(D+E)$］换算成债务权益比（D/E），比如，目标债务资本比为 20%，换算成债务权益比为 0.25。虽然该公司业务单元的无杠杆 β 值波动幅度处于较小的范围内（0.7～0.9），但资本结构上的较大差异导致加权平均资本成本的变化范围较大，从原料生产业务单元的 8.0% 到食品服务业务单元的 9.1%。

表 12-7　业务单元资本成本的估算

项目	原料生产	护肤产品	食品服务	母公司	注 释
无杠杆 β 值	0.7	0.8	0.9	0.8	同类公司中位数
目标债务资本比（%）	25.0	20.0	15.0	20.0	同类公司中位数
有杠杆 β 值	0.88	0.95	1.02	0.95	目标资本结构
债务成本（%）	6.0	6.0	6.0	6.0	
权益成本（%）	9.2	9.6	9.9	9.6	
WACC（%）	8.0	8.6	9.1	8.6	
无风险利率（%）	5.0				
市场股权风险溢价（%）	4.8				

三、业务单元价值评估与加总

确定了业务单元的现金流与资本成本后，最后一步是对每个业务单元的现金流进行折现以计算业务单元的价值，然后汇总得到集团公司投入资本价值。对母公司的现金流也同样单独进行估价，一般预期母公司成本增长率和公司总收入增长率相同。在确定连续价值时，通常不使用价值驱动因素公式，因为母公司的 NOPAT 常常是负的（母公司仅有成本），ROIC 没有意义。比较可行的做法是选择永续年金公式，首先计算稳定期第一年的税后现金流，并且假设它的增长率永远和整个公司的增长率相同。

将非经营资产价值加上各业务单元的经营现金流折现值之和以及母公司价值（一般为负值），即得到集团公司的整体价值。用集团公司整体价值减去负债和其他非权益要求项目，就得到了集团公司的股东权益价值。

将上述过程应用到 DOFF 家化公司的例子上，表 12－8 显示了 DOFF 家化公司各个业务单元的现金流折现值。从各现金流折现值加总得出的权益价值是合理的，接近市场上观察到的权益价值。

表 12－8　　集团公司整体价值和股东权益价值计算　　单位：百万元

项目	原料生产	护肤产品	食品服务	母公司	注 释
现金流（20A1 年）	371.9	211.4	74.0	(45.6)	见表 12－6
WACC	8.0	8.6	9.1	8.6	见表 12－7
增长率（20A1 年及以后，%）	1	3	4	3	
现金流价值	5313	3775	1451	(814)	
集团公司投入资本价值	9725				
非经营性资产	—				
负债和其他负债	(2000)				
集团公司股东权益价值	7725				
市场股东权益价值	7500				根据市场交易价格

第二节　周期性企业的价值评估

周期性企业是那些经营业绩呈现明显反复波动的企业，正是这种业绩反复波动性给评估人员预测收益流带来了挑战。近期历史业绩变化趋势可能与明确预测期截然不同，如何将企业的周期性体现在价值评估中成为评估人员需要解决的关键问题。

一、企业周期性的产生

企业周期性主要来自两个方面：一是经济周期导致市场需求的周期性波动；二是行业投资反复波动导致供给的周期性波动。当然，这两种原因有时会同时存在。

（一）需求周期性波动

宏观经济在运行中往往会出现经济扩张与经济紧缩交替更迭、循环往复的现象，一般可分为繁荣、衰退、萧条和复苏四个阶段，如图 12－1 所示。

许多行业的市场需求与宏观经济之间保持着紧密关系，比如钢铁、化工、水泥、工程机械、装备制造业等，当经济高速增长时，市场对这些行业产品的需求高涨，这些行业内公司的业绩改善就非常明显；而当经济景气度低迷时，宏观经济对其产品的需求则减弱，企业业绩就会迅速回落。

（二）供给周期性波动

商品价格是市场需求与市场供给共同作用的结果，在市场需求保持不变的情况下，

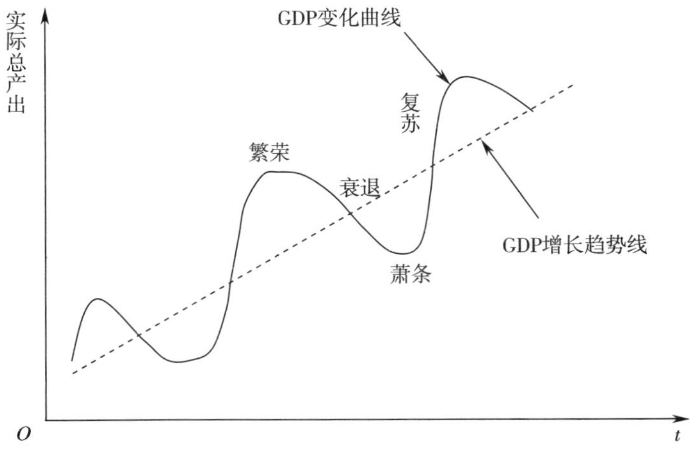

图 12－1 宏观经济的周期性波动

商品价格的高低取决于市场供给量的多少。有证据显示，在许多周期性行业，公司本身就是周期性的始作俑者。当行业产品价格和投资回报率上升或处于高位时，企业就会进行大量投资，其结果是，由于产能大量增加，市场供给随之大量增长，而市场需求不能同步增长，产品供大于求，随后导致企业设备实际利用率下降，以及商品价格和回报率的下降。在这种情况下，对产能的周期性投资成了公司盈利出现周期性波动的动因，也就是说导致盈利出现周期性波动的根源恰恰是生产者自身。

【参考案例 12－1】 正邦科技豪赌猪周期濒临破产

昔日头部猪企正邦科技因豪赌猪周期，正遭遇强烈反噬。2022 年 10 月 30 日，正邦科技发布 2022 年三季报。公司前三季度亏损 76.44 亿元，其中第三季度亏损 33.58 亿元。

自 2022 年下半年起猪价进入上行区间，头部猪企纷纷步入扭亏通道，正邦科技这一业绩表现可谓惨烈，不过并不意外。自上一轮周期上行末端起，正邦科技积极布局，不惜加大杠杆举债扩张。没想到一番豪赌之后，没等来猪周期，自己却深陷债务泥潭。眼下行情上行、猪肉价格大涨，正邦科技不得不调减产能、甩卖资产，最终走到破产重整的边缘。

正邦科技的大举扩张始于 2020 年。彼时，公司在内部提出了“四抢”战略——抢母猪、抢仔猪、抢栏舍、抢人才。

或许是在上轮猪周期中尝到了甜头，正邦科技在行情即将下行时铤而走险。2020 年 6 月，正邦科技在完成了一笔 16 亿元可转债的发行之后，随即又抛出了一份 75 亿元的非公开发行 A 股股票预案；根据预案的内容显示，其募集到的 75 亿元资金中约有 28 亿元投入生猪养殖事业，剩余部分用于补充流动资金。

不过，受猪周期下行影响，正邦科技自2021年开始业绩大幅下滑。2021年公司净利润同比下降427.62%至-188.19亿元，在头部上市猪企中亏损额居首位，超过其自2007年上市以来的盈利总额。

早在2022年7月，正邦科技已被曝出因无力支付饲料而导致“猪吃猪”的情况。而从年内爆出的商票逾期、拖欠代养费等一系列资金链断链事件来看，正邦科技早已深陷债务泥潭。

分析人士认为，行业的过度投资和部分巨头的盲目扩张，是造成企业破产的根本原因。2020年和2021年，国内养猪行业经历了连续两年高强度投资，分别达到5458亿元和6414亿元。尤其2021年，投资额已超过种植业的6258亿元；而在消费端，2017年以来我国居民实际消费能力逐年下滑；再叠加持续大量低价进口猪肉，在内外力量的共同作用下，成本较高的大集团的死亡不可避免。

“正邦科技踩错了猪周期节奏，猪多的时候行业亏钱，行业赚钱时公司缩减产能，陷入恶性循环。”在中国生猪预警网首席分析师冯永辉看来，生猪养殖行业自2022年6月底进入盈利阶段，目前单头生猪出栏可获利800元左右，出栏均重普遍在110~130公斤。正邦科技生猪出栏均重偏低、未达到体重提前出栏，反映出公司资金问题未得到彻底解决。

对于后续情形，正邦科技表示，如果南昌中院裁定受理对公司的重整申请，公司将依法配合南昌中院及管理人开展相关重整工作，并依法履行债务人的法定义务，同时对公司股票实施退市风险警示。如果公司顺利实施重整并执行完毕重整计划，将有利于优化公司资产负债结构，改善持续经营能力。若重整失败，公司将存在被宣告破产的风险。如果公司被宣告破产，公司股票将面临被终止上市的风险。

资料来源：根据钛媒体App文章整理。

二、周期性企业价值评估困境

运用收益法评估企业价值时，一般都是以接近评估基准日的历史经营业绩为基础，根据评估基准日之前几年的经营发展状况来预测未来的收益和现金流。随着评估基准日所处周期阶段不同，企业盈利状况差别很大，如果处于衰退期，企业当前收益可能会很低，表现出来的盈利能力也较弱；如果处于繁荣期，企业的盈利水平会很高，表现出来的盈利能力则较强。由于企业面临周期性变化时，盈利水平和盈利能力会发生较大变化，在进行价值评估时，如果没有剔除周期性的影响，则会导致评估结果的严重偏差。下面以一案例加以说明。

Chake公司是一家生产建材的上市企业，其业务具有周期性。20B0年①，该企业每股收益（E）为0.74元，与20A6年的2.51元相比，有大幅下滑。若以20B0年的盈利

① 年序规则为20A0年，20A1年，20A2年……20A9年，20B0年，20B1年，20B2年……

水平为预测基础，除非根据经济周期的变换调整预期增长率，否则会明显地低估 Chake 公司的价值。相关数据及评估结果如下：

20B0 年每股收益 $E=0.74$ 元

20B0 年每股折旧 $=2.93$ 元

20B0 年每股资本性支出 $=3.63$ 元

20B0 年每股营运资本增加 $=0.20$ 元

20B0 年每股营运资本 $=3.53$ 元

资本支出净增加、营运资本增加中的负债融资比例 $\delta=45\%$

收益的长期增长率 $=6\%$

权益资本成本 $=7\%+1\times5.5\%=12.5\%$

（无风险利率 $=7\%$，市场股权风险溢价 $=5.5\%$，$\beta=1$）

$$
\begin{aligned}
20B0\text{ 年 FCFE} &= E-(1-\delta)(\text{资本性支出}-\text{折旧})-(1-\delta)\text{营运资本增加}\\
&=0.74-(1-0.45)\times(3.63-2.93)-(1-0.45)\times0.20\\
&=0.245\ (\text{元})
\end{aligned}
$$

$$
\text{股票价值}=\frac{0.245\times(1+6\%)}{12.5\%-6\%}=4.00\ (\text{元})
$$

由于市场投资者预期 Chake 公司的经营衰退是暂时的，因而股票交易价格可能要高于 4 元/股。20B1 年 1 月 10 日，Chake 公司的实际股票价格为 20 元。

三、周期性企业价值评估方法

为了反映企业盈利的周期性波动，对周期性企业进行价值评估的方法主要有三种：在企业盈利水平虽然下降，但收益仍然为正的情况下，可以采用调整预期增长率法；在企业盈利水平下降且收益为负的情况下，则采用标准化（平均）收益法；或者采用详细估算转换阶段现金流法。

（一）调整预期增长率以反映商业周期变化

对于收益为正的周期性企业，最简单的方法就是调整预期增长率，尤其是明确预测期的增长率，以反映商业周期的变化。这就意味着如果被评估企业正处于衰退期，企业收益水平虽然下降但仍为正数，企业盈利水平有望恢复，那么可以采用较高的增长率对明确预测期的收益流进行预测；反之，如果企业正处于繁荣期，企业收益水平极高，预计企业增速将会放缓，那就采用相反的对策。该方法的缺点就是公司的价值取决于评估人员在评估时对宏观经济预测的准确性。虽然会招致各种批评和质疑，但评估周期性企业，必然要对未来经济增长作出某种假设。

转折年度（进入或走出衰退期的年度）收益增长率可参考以前衰退时期该公司或类似公司的经验数据进行估计。

同样以 Chake 公司为例，评估该公司在 20B1 年 1 月 10 日的市场价值。假设经济将在 20B1 年缓慢复苏，20B2 年回升速度加快。因此 Chake 公司的增长率调整如表 12－9 所示。

表 12 - 9　　Chake 公司的增长率及收益水平预测

年份	预期增长率	每股收益（EPS）
20B1	6%	0.78
20B2	100%	1.56
20B3	40%	2.18
20B4 年及以后	6%	

在进行价值评估时，Chake 的 β 值为 1.00，政府长期债券利率为 7%，市场股权风险溢价为 5.5%。

股权资本成本 = 7% + 1 × 5.5% = 12.5%

资本支出、折旧、营运资本预计将以 6% 的速度增长。FCFE 的预测数据如表 12 - 10 所示。

表 12 - 10　　Chake 公司的收益流预测

年份	20B1	20B2	20B3	20B4
每股收益 E	0.78	1.56	2.18	2.31
－（1 - δ）×（资本性支出 - 折旧）	(0.41)	(0.43)	(0.46)	(0.49)
－（1 - δ）× 营运资本增加	(0.12)	(0.13)	(0.14)	(0.15)
股权现金流	0.25	1	1.58	1.67

$$\text{从 20B4 年开始的连续价值} = \frac{1.67}{12.5\% - 6\%} = 25.69\ (\text{元})$$

$$\text{每股价值} = \frac{0.25}{1+12.5\%} + \frac{1}{(1+12.5\%)^2} + \frac{1.58}{(1+12.5\%)^3} + \frac{25.69}{(1+12.5\%)^3} = 20.16\ (\text{元})$$

（二）将收益标准化（平均）作为预测基础

处于衰退期、收益为负数的企业，调整增长率法并不适用，一种解决途径就是用时间跨度长达一个经济周期的平均每股收益作为预测基础，由于考虑到周期性的变化，这一平均的每股收益被视为标准化的每股收益。

上述方法隐含着一个假设，即当经济周期变化时，无论是从衰退到复苏，还是从复苏到衰退，企业会很快恢复到这一标准水平。如果公司基本面发生重大变化，则该假设就可能与实际有出入，并会导致评估值的偏差。

以 Jord 汽车公司为例，20B0 年，Jord 汽车公司公布了每股 1.46 元的亏损，主要原因是经济正处于衰退阶段。当年公司资本支出为每股 10.81 元，每股折旧为 10.31 元，每股销售收入为 40 元。20A6—20B0 年的平均每股收益为 3.14 元，此数据作为标准化收益。20B1—20B5 年标准化收益的预期增长率为 12.2%，此后增长率保持在 6%；资本支出、折旧、销售收入增长率均为 10%，此后维持在 6%。营运资本一直维持在销售收入的 40%。资本支出净增加、营运资本增加中的负债融资比例 δ 为 45%。20B0 年的 β 值为 1.20，预计在稳定增长阶段会降至 1.10。20B1 年 1 月 10 日对 Jord 汽车公司股票市场价值进行评估。20B1—20B5 年的预测 FCFE 如表 12 - 11 所示。

表 12－11　　　　Jord 汽车公司的收益流预测

年份	20B1	20B2	20B3	20B4	20B5	20B6
每股收益（E）	3.52	3.95	4.43	4.97	5.58	5.91
－（1－δ）×（资本性支出－折旧）	(0.30)	(0.33)	(0.36)	(0.40)	(0.44)	(0.47)
－（1－δ）×营运资本增加	(0.88)	(0.97)	(1.07)	(1.18)	(1.30)	(1.38)
股权现金流	2.34	2.65	3	3.39	3.84	4.06
现金流现值	2.06	2.05	2.05	2.04	2.03	

20B1—20B5 年的股权资本成本 ＝7%＋1.2×5.5%＝13.60%

稳定增长阶段的股权资本成本＝7%＋1.1×5.5%＝13.05%

预测的 20B6 年 FCFE＝4.06（元）

$$从\ 20B6\ 年开始的连续价值=\frac{4.06}{13.05\%-6\%}=57.59（元）$$

$$连续价值现值=\frac{57.59}{(1+13.60\%)^5}=30.44（元）$$

股票价值＝2.06＋2.05＋2.05＋2.04＋2.03＋30.44＝40.67（元）

（三）详细估算转换阶段的现金流

对于周期性企业而言，收益的波动性要比销售收入的波动性大得多，所以，周期性企业的另一种评估方法就是从销售收入开始，详细预测企业从周期性下降阶段转换到稳定阶段这一期间的现金流。因此，一个当前收益为负的周期性的企业，随着经济走出衰退期，它的销售收入将有希望比成本增长更快，从而使未来收益和现金流也更迅速地增加。

同样需要指出的是，评估结果仍与评估人员对经济预期的准确性有关。在评估周期性公司的价值时，对经济增长乐观的评估人员得到的结果会高于对经济增长悲观的评估人员所得到的结果。

Sandy 公司是一家重型机械生产企业，总股本为 10 亿股。20A1 年 1 月 10 日评估股权价值时企业正处于经济周期的转换阶段，预计 20A1 年和 20A2 年将会进入复苏阶段。20A0 年销售收入为 1001.32 亿元，20A1 年增长 10%，20A2 年增长 8%，20A3—20A5 年增长 6%，此后增长率维持在 5% 的水平。20A1 年的销售成本将为当年销售收入的 86%（与 20A0 年相同），此后该比率预计将维持在 85%。增加的营运资本为增加的销售收入的 50%，综合税率为 36%。20A0 年，资本支出为 523.6 亿元，折旧为 50 亿元；在 20A1—20A5 年，这两者的预期增长率都为 6%。20A0 年 Sandy 公司的 β 值是 1.20，负债成本是 8.50%，且证券市场上公司负债与权益的市场价值分别为 1000 亿元和 245 亿元。Sandy 公司的资本成本估算如下：

股权资本成本＝13.60%

$$权益/（付息债务+权益）=\frac{245}{1000+245}=19.68\%$$

税后债务资本成本＝8.50%×（1－36%）＝5.44%

付息债务/（付息债务+权益）$=\frac{1000}{1000+245}=80.32\%$

WACC $=13.60\%\times19.68\%+5.44\%\times80.32\%=7.05\%$

表 12－12 列出了 20A1—20A5 年 Sandy 公司的预测企业现金流 FCFF。

表 12－12　　Sandy 公司的预测企业现金流　　单位：百万元

项　目	20A1 年	20A2 年	20A3 年	20A4 年	20A5 年
销售收入	110145	118957	126094	133660	141679
－销售成本	94725	101113	107180	113611	120428
－折旧	5300	5618	5955	6312	6691
EBIT	10120	12226	12959	13737	14561
－EBIT×t	3643	4401	4665	4945	5242
NOPAT	6477	7825	8294	8792	9319
＋折旧	5300	5618	5955	6312	6691
－资本性支出	5550	5883	6236	6610	7007
－营运资本增加	5007	4406	3569	3783	4010
FCFF	1220	3154	4444	4711	4993
现值	1140	2752	3623	3588	3553

预计 20A6 年的 FCFF 将达 62.80 亿元，资本成本预计为 9.09%，负债比率降至 50%，因此连续价值为

从 20A6 年开始的连续价值 $=\frac{6280}{9.09\%-5\%}=153545$（百万元）

连续价值现值 $=\frac{153545}{(1+7.05\%)^5}=109220$（百万元）

转换阶段现金流现值 $=1140+2752+3623+3588+3553=14656$（百万元）

投入资本价值 $=14656+109220=123876$（百万元）

债务价值 $=100000$（百万元）

评估的股权市场价值 $=123876-100000=23876$（百万元）$=238.76$（亿元）

评估的每股股权市场价值 $=238.76\div10=23.88$（元）

第三节　非上市企业的价值评估

非上市企业是指企业股权没有在证券市场公开交易的企业。在证券投资领域，企业价值评估主要针对上市公司，而在资产评估行业以及在企业内部财务决策等活动中，企业价值评估主要针对非上市企业。相对于上市企业而言，非上市企业的价值评估将会面

临较多问题。

一、非上市企业价值评估中的问题

非上市企业价值评估中的问题主要表现在两个方面：一是折现率如何确定，二是被评估企业的现金流如何预测。

1. 折现率的确定。广泛应用于折现率确定的资产定价模型建立在上市企业股票价格波动与市场整体价格波动之间关系基础上，模型使用参数都来自历史交易价格或历史收益率，但对于非上市企业，资产定价模型也就难以直接加以应用。

2. 现金流的预测。非上市企业当前现金流的计算和未来增长率的预测估计都要比上市公司困难，例如，估算当前现金流，评估人员就很难区分非上市企业的管理者报酬与资本收益，因为许多非上市企业的所有者常常也是企业的经营者。因此，一位拥有所有者身份的经理，尽管目前工资很低，但如果非上市公司变为上市公司，则他一定会要求高得多的报酬。此外，与上市公司相比，由于缺少严格的信息披露要求，非上市公司的财务报告不太可靠。

在估计上市公司的预期增长率时，评估人员通常都有很丰富的信息来源，包括长期的历史收益报告以及其他评估人员预测的增长率等。但对于非上市企业来说，可获得的信息就要少得多，历史数据通常是缺乏的，公开的预期增长率也非常少，所以，非上市企业的预期增长率更易发生偏差。

就不同的评估主体而言，资产评估机构的评估人员以及企业内部评估人员进行企业价值评估时，所获得的信息相对比较多，而与企业没有直接关系的外部人员对一个非上市企业进行价值评估时，所获得的信息则非常有限。

二、非上市企业折现率的确定

对上市公司而言，折现率一般通过资本资产定价模型来确定，模型关键参数之一是β值，可以运用公开市场交易数据计算得到。而对于非上市企业而言，基于公开市场交易数据计算β值的方法就行不通，但可以从其他角度、通过变换的方式来求出非上市企业的β值。

（一）通过可比上市企业确定非上市企业的β值

这是确定非上市企业β值常用的一种方法，它通过将可比上市企业的β值转换成无财务杠杆的β值，然后再根据被评估企业的财务杠杆，确定被评估企业的β值。考虑到β值的决定因素，可比上市企业选择那些处于同样业务领域，具有相同经营特征，财务杠杆利用程度接近的公司。这种估算方法主要是要调整由于财务杠杆差异引起的可比公司β值的差异。

假设要估计 XH 出版传媒公司（以下简称 XH 公司）的β值，该公司是一家非上市企业，经营图书、报刊、音像的出版业务。该公司未偿还负债的账面价值是 5000 万元，权益的账面价值是 1 亿元，目标资本结构是负债/权益为 0.4，所得税税率为 25%。表 12－13 为与 XH 公司主营业务相同的几家上市公司的β值。

表 12－13　　可比公司的 β 值

可比公司	β_L 值	负债/权益	β_u 值
C1	1.35	65.40%	0.91
C2	1.45	81%	0.90
C3	1.35	31.20%	1.09
C4	1.35	20.40%	1.17
C5	1.25	12.64%	1.14
C6	1	30.20%	0.82
C7	1.4	82.40%	0.87
C8	1.3	85.60%	0.79
平均			0.96

假设 XH 公司的无财务杠 β 值等于可比上市公司的平均值，即等于 0.96，根据 XH 公司的目标资本结构，计算其有财务杠杆的 β 值为

$$\beta_L = \left[1 + \frac{(1-t)W_d}{W_e}\right] \times \beta_u = [1 + (1 - 25\%) \times 0.4] \times 0.96 = 1.25$$

如果 XH 公司的目标资本结构发生变化，则可以根据上式计算任意资本结构的 β 值。计算出 β 值后，则可以运用资本资产定价模型计算 XH 公司的股权资本成本。

（二）会计 β 值

股权投资者之所以获得风险报酬，是因为企业经营利润具有波动性和不确定性，进而给予投资者的回报具有波动性和不确定性，经营利润的波动性和不确定性越大，投资者获得的风险报酬越高。会计 β 值是从企业经营绩效的会计核算角度，而不是从证券市场价格波动的角度，来计算非上市企业的 β 值，即用非上市企业历年税后净利润的波动率与市场整体税后净利润波动率进行比较，通过两者之间的回归分析，回归方程中市场整体税后净利润波动率变量的系数即为非上市企业的 β 值。下面以 XH 公司为例加以说明。

XH 公司已经经营 10 年，这 10 年中每年的净利润都可从公司的利润表中获得。同时在这一时期中所有上市公司净利润的波动率也可以通过公开渠道得到。具体数据如表 12－14 所示。

表 12－14　　有关净利润及净利润波动情况

年份	XH 公司的净利润（百万元）	XH 公司净利润变化率（%）	市场整体净利润变化率（%）
20A0	11.00		
20A1	18.50	68.18	16.00
20A2	18.10	－2.16	－12.00
20A3	18.30	1.10	－1.00
20A4	22.80	24.59	18.00

续表

年份	XH 公司的净利润（百万元）	XH 公司净利润变化率（%）	市场整体净利润变化率（%）
20A5	35.10	53.95	30.00
20A6	37.50	6.84	15.00
20A7	42.50	13.33	10.00
20A8	42.00	-1.18	-10.00
20A9	37.20	-11.43	-15.00

根据表 12－14 中的数据可以得到 XH 公司净利润波动率（Y）和市场整体净利润波动率（X）之间的回归关系如下（括号中为 t 统计量）：

$$Y = 0.0924 + 1.3734X$$
$$(1.47) \quad (3.48)$$

根据回归方程，自变量 X 前的系数 1.3734 即为 XH 公司的 β 值。

会计 β 值法的主要问题是，与证券市场价格波动率相比，净利润波动率的计算需要相当长的时间段，而时间段过长的话，企业的风险特征可能已经发生很大的改变；另外，净利润的计算更为主观，存在操纵的可能。

（三）运用财务基本面分析

财务基本面分析方法的基本思路是：通过上市公司 β 值与其财务基本面如净利润增长率、股息支付率、财务杠杆比率之间的回归分析，得到相应的回归方程，然后再将非上市公司的财务基本面因素代入回归方程，求得非上市公司的 β 值。下面举例说明。

通过回归分析得到企业 β 值与五个变量（股息收益率、销售收入、营业利润的协方差、公司规模、负债/权益比和收益增长率）之间的回归方程关系：

β = 0.9832 + 0.08 × 营业利润的协方差 − 0.126 × 股息收益率 + 0.15 × 负债/股权 + 0.034 × 每股收益增长率 − 0.00001 × 总资产

上式中总资产的单位为百万元。XH 公司的相应各种数据为

营业利润的协方差 = 2.04

股息收益率 = 3%

负债/股权 = 0.5

每股收益增长率 = 10.29%

总资产 = 300（百万元）

将以上数据代入回归方程得

$$\beta = 0.9832 + 0.08 \times 2.04 - 0.126 \times 3\% + 0.15 \times 0.5 + 0.034 \times 10.29\% - 0.00001 \times 300 = 1.215$$

根据具体情况的不同，上述各种方法估计的 β 值的精度会有所不同。当可比公司的数量很大的时候，采用第一种方法估计 β 值最为合适。第二种方法和第三种方法在很大程度上依赖于输入数据的质量以及回归方程的拟合程度。

三、非上市企业现金流的估计

对于与非上市企业没有关系的外部评估人员而言，由于可获得的信息非常有限，因此估计其现金流的难度非常大；如果是接受评估委托对非上市企业进行价值评估，或者是非上市企业内部人员进行价值评估，那么预测现金流的信息相对要多一些。

评估人员在估计非上市企业现金流的时候，需要注意以下几个方面的问题。

1. 任何与管理者工资或奖金有关的费用必须仔细审查，判断其是否真正用于补偿管理服务或资本收益。

2. 如果一家非上市企业要公开发行上市，将成为一家上市公司，那么面临的税收、法律环境可能会发生变化，从而将对现金流产生一定影响。

3. 一旦成为上市交易的企业，还将面临其他费用支出，比如法律、财务审计等方面的成本将会上升很多，这些费用的增加必将影响未来现金流。

4. 由于历史数据可能存在较多的非正常波动，以及缺乏其他评估人员的预测作为参考，这就需要评估人员独自根据非上市企业的基本面情况得出其增长率，并预测未来收益流。

XH 公司当前收益为 3720 万元，预计未来 5 年收益增长率是 15%，5 年之后的增长率为 6%。目前，它的资本支出为 1500 万元，折旧为 800 万元，在未来，二者的增长速度都为 6%。前 5 年 β 值为 1.20，5 年之后为 1.10。增加的资本性支出中负债融资比例 δ 为 32%。表 12 – 15 为 XH 公司的预期 FCFE。

表 12 – 15　　XH 公司的股权现金流预测　　单位：百万元

项目	1	2	3	4	5	6
净利润	42.78	49.20	56.58	65.06	74.82	79.31
－（1 －δ）×（资本性支出 – 折旧）	(5.04)	(5.44)	(5.88)	(6.35)	(6.86)	(7.27)
－（1 －δ）×营运资本增加	0.00	0.00	0.00	0.00	0.00	0.00
FCFE	37.74	43.76	50.70	58.71	67.96	72.04
FCFE 现值	33.22	33.90	34.58	35.26	35.93	

无风险利率 = 7%

市场股权风险溢价 = 5.5%

前 5 年的股权资本成本 = 7% + 1.20 × 5.5% = 13.6%

5 年之后的股权资本成本 = 7% + 1.10 × 5.5% = 13.1%

第 6 年的 FCFE 是 72.04 百万元，从第 6 年开始的连续价值为

$$从第6年开始的连续价值 = \frac{72.04}{13.1\% - 6\%} = 1014.65（百万元）$$

$$连续价值现值 = \frac{1014.65}{(1 + 13.6\%)^5} = 536.32（百万元）$$

股权价值 = 33.22 + 33.90 + 34.58 + 35.26 + 35.93 + 536.32 = 709.21（百万元）

基于上述现金流预测，XH公司的股权价值是709.21百万元，即7.0921亿元，每股股权价值取决于该公司股权数量的多少。

【本章小结】

✧ 财务特征差异较大的多业务企业价值评估不同于单业务企业价值评估，其具体评估思路是，对每个业务单元单独进行价值评估，然后加总各个业务单元价值，从而得出企业整体价值或股东全部权益价值。评估的具体步骤包括：业务单元财务报表的创建与预测、估算每个业务单元的资本成本、评估业务单元价值并加总。

✧ 构建以业务单元为基础的历史财务报表和预测财务报表的主要工作为：分配母公司的日常管理费用、处理业务单元间的交易活动、处理母公司与业务单元间的应收和应付关系、计算业务单元的历史和预测投入资本及现金流。

✧ 每个业务单元经营现金流的风险程度（β值）和支持债务的能力随业务单元的不同而不同，每个业务单元需要根据业务单元的目标资本结构、权益资本成本和债务资本成本来计算加权平均资本成本。

✧ 企业周期性主要来自两个方面：经济周期导致市场需求的周期性波动，行业投资反复波动导致供给的周期性波动。这两种原因有时会同时存在。

✧ 为了反映企业盈利的周期性波动，对周期性企业进行价值评估的方法主要有三种：在企业盈利水平虽然下降，但收益仍然为正的情况下，可以采用调整预期增长率法；在企业盈利水平下降且收益为负的情况下，则采用标准化（平均）收益法，或者采用详细估算转换阶段现金流法。

✧ 非上市企业价值评估中的问题主要表现在两个方面：一是非上市企业的β值不能应用传统的方法直接计算，折现率难以确定；二是在信息不充分的情况下，被评估企业的现金流难以预测。

✧ 对于非上市企业的β值，可以借助可比上市企业来确定，也可以计算会计β值，或者运用财务基本面分析来确定。

✧ 评估人员在估计非上市企业现金流的时候，需要对相关项目特别留意，比如与管理者工资或奖金有关的费用必须仔细审查，判断其是否真正用于补偿管理服务或资本收益；一旦成为上市交易的企业，企业还将面临其他费用支出等。

【思考题】

1. 如何根据集团公司的合并财务报表创建业务单元的财务报表？
2. 如何确定业务单元的资本成本？
3. 企业经营活动的周期性是如何产生的？
4. 周期性企业常用的现金流预测有哪些？
5. 非上市企业的β值如何确定？

附录：收益法常用评估公式

1. 基本公式

企业未来第1，第2，第3，…，第n年的收益分别为R_1，R_2，R_3，…，R_n，折现率为r，则评估值V的计算公式为

$$V=\sum_{i=1}^{n}\frac{R_i}{(1+r)^i}$$

如果企业未来收益流具有一定的规律性，则可以在基本公式的基础上，推导出相应的评估公式。

2. 未来收益保持不变

若企业未来收益保持不变，每年均为A，收益年限为无限期，则评估值V的计算公式为

$$V=\frac{A}{r}$$

若企业未来收益保持不变，每年均为A，收益年限为n年，则评估值V的计算公式为

$$V=\frac{A}{r}\left[1-\frac{1}{(1+r)^n}\right]$$

若企业未来前n年收益变化不定，$n+1$年开始每年均为A，收益年限为无限期，则评估值V的计算公式为

$$V=\sum_{i=1}^{n}\frac{R_i}{(1+r)^i}+\frac{A}{r(1+r)^n}$$

3. 未来收益以等比级数变化

若企业未来第1年的收益为R_1，每年收益保持稳定增长，增长率为g，收益年限为无限期，则评估值V的计算公式为

$$V=\frac{R_1}{r-g}$$

若企业未来前n年收益变化不定，从$n+1$年开始收益保持稳定增长，增长率为g，收益年限为无限期，则评估值V的计算公式为

$$V=\sum_{i=1}^{n}\frac{R_i}{(1+r)^i}+\frac{R_{n+1}}{(r-g)(1+r)^n}$$

参考文献

［1］［美］阿斯瓦斯·达莫达兰．估值［M］．北京：机械工业出版社，2020.

［2］［美］阿沃斯·达莫达让．深入价值评估［M］．北京：北京大学出版社，2005.

［3］罗伯特·A. G. 蒙克斯等．企业价值评估［M］．北京：中国人民大学出版社，2015.

［4］［美］布瑞德福特·康纳尔等．公司价值评估——有效评估与决策的工具［M］．北京：华夏出版社，2001.

［5］曹中等．企业价值评估［M］．北京：中国财政经济出版社，2010.

［6］程兵．估值原理——理论及其应用［M］．北京：高等教育出版社，2007.

［7］成京联等．企业价值评估［M］．北京：北京大学出版社，2006.

［8］戴书松．公司价值评估［M］．北京：清华大学出版社，2009.

［9］［瑞典］戴维·弗里克曼等．公司价值评估［M］．北京：中国人民大学出版社，2006.

［10］［美］蒂姆·科勒等．价值评估——公司价值的衡量与管理（第4版）［M］．北京：电子工业出版社，2007.

［11］刘建位．巴菲特选股10招［M］．北京：中信出版社，2009.

［12］杨公朴，夏大慰．产业经济学教程［M］．上海：上海财经大学出版社，2002.

［13］［美］罗伯特·F. 赖利等．高级商业价值评估手册［M］．北京：中信出版社，2003.

［14］汪海粟．企业价值评估［M］．上海：复旦大学出版社，2005.

［15］王少豪．企业价值评估［M］．北京：中国水利水电出版社，2005.

［16］王少豪．高新技术企业价值评估［M］．北京：中信出版社，2001.

［17］徐爱农．中国股票市场价格失真研究［M］．上海：立信会计出版社，2008.

［18］俞明轩．企业价值评估［M］．北京：中国人民大学出版社，2004.

［19］张家伦．企业价值评估与创造［M］．上海：立信会计出版社，2005.

［20］张先治等．企业价值评估［M］．大连：东北财经大学出版社，2017.

［21］中国资产评估协会，中央财经大学资产评估研究所．企业价值评估与资本运营［M］．北京：经济科学出版社，2006.

［22］中国资产评估协会．《企业价值评估指导意见（试行）》讲解［M］．北京：经济科学出版社，2005.

［23］S. Sunder. Stock Price and Risk Related Accounting Changes in Inventory Valuation, Accounting Review 50 (April 1973), pp. 302－315, 1973.

［24］Scott Richardson, Irem Tuna, Peter Wysocki. Accounting Anomalies and Fundamental Analysis: A Review of Recent Research Advances. Working Paper, 2009.

计算题答案

［第五章］

1. （1）增长率为2%、4%时再投资比例分别为

$$\frac{g}{ROIC}=\frac{2\%}{8\%}=25\%$$

$$\frac{g}{ROIC}=\frac{4\%}{8\%}=50\%$$

增长率为2%时的企业现金流 $FCFF=NOPAT-25\%NOPAT$

$=2000\times(1-25\%)=1500$（万元）

增长率为4%时的企业现金流 $FCFF=NOPAT-50\%NOPAT$

$=2000\times(1-50\%)=1000$（万元）

（2）增长率为2%时的投入资本价值 $=\frac{FCFF}{WACC-g}$

$$=\frac{1500}{10\%-2\%}=18750（万元）$$

增长率为4%时的投入资本价值 $=\frac{FCFF}{WACC-g}$

$$=\frac{1000}{10\%-4\%}=16666.67（万元）$$

（3）本例中，企业增长率来自 $NOPAT$ 的再投入，由于投入资本回报率小于 $WACC$，所以增长率为4%的投入资本价值反而小于增长率为2%的投入资本价值，由此表明，如果成长性是以牺牲现金流为代价，那么并不是成长性越高，企业价值越大。

2. （1）营运资本＝流动资产－非付息流动负债

＝956－（818－39）＝177（万元）

投入资本＝营运资本＋长期经营性资产＝营运资本＋固定资产

＝营运资本＋（总资产－流动资产－股权投资）

＝177＋（2307－956－50）＝177＋1301＝1478（万元）

全投资＝投入资本＋非经营性资产

＝1478＋50＝1528（万元）

（2）$NOPAT$ ＝（销售收入－销售成本－营业和管理费用）×（1－所得税税率）

＝（4192－3544－528）×（1－25%）

＝120×75%＝90（万元）

全投资收益 = $NOPAT$ + 非经营性净收益

=90 + （6 - 4） × （1 - 25%） =91.5（万元）

20A0 年固定资产 = 2293 - 903 - 50 = 1340（万元）

20A0 年营运资本 = 流动性资产 - 非付息流动负债

=903 - （710 - 1） =194（万元）

企业现金流 $FCFF$ = $NOPAT$ + 折旧 - 资本性支出 - 营运资本增加

=90 + 136 - （1301 - 1340 + 136） - （177 - 194）

=146（万元）

全投资现金流 = $FCFF$ + 非经营性现金流

=146 + （6 - 4） × （1 - 25%） =147.5（万元）

（3）$ROIC = \dfrac{NOPAT}{IC} = \dfrac{90}{1478} = 6.089\%$

$ROIC = （1 - 所得税税率）\times \dfrac{EBIT}{销售收入} \times \dfrac{销售收入}{投入资本}$

$= （1 - 25\%）\times \dfrac{120}{4192} \times \dfrac{4192}{1478}$

$= 75\% \times 2.8626\% \times 2.83627 = 6.089\%$

（4）经济利润 = $NOPAT$ - 投入资本 × $WACC$

=90 - 1478 × 11% = -72.58（万元）

3. 预测数据见下表。

营运资本 = 503.36 - （383.76 - 81.12） =200.72（万元）

投入资本 = 营运资本 + 经营性固定资产 = 200.72 + 203.84 = 404.56（万元）

$NOPAT = EBIT \times$ （1 - 所得税税率） = （1092 - 795.6 - 198.64） × （1 - 25%） = 73.32（万元）

20A2 年末营运资本 = 484 - （369 - 78） =193（万元）

$FCFF = NOPAT$ + 折旧 - 资本性支出 - 营运资本的增加

=73.32 + 26.46 - 34.3 - （200.72 - 193）

=57.76（万元）

ABC 企业 20A2 年相关项目预测结果 单位：万元

项目	20A1 年	20A2 年（预测）	预测驱动因素及说明
流动资产	484	503.36	销售收入
流动负债	369	383.76	销售收入
流动负债中付息债务	78	81.12	销售收入
股权投资	50	50	保持不变
长期债务	236	245.44	销售收入
固定资产净值	196	203.84	销售收入

续表

项目	20A1 年	20A2 年（预测）	预测驱动因素及说明
总资产	730	759.2	各项资产相加
资本性支出	29.41	34.3	固定资产净值加折旧减上年固定资产净值
销售收入	1050	1092	每年增长 4%
其中，折旧	26	26.46	上年固定资产净值
营业和管理费用	191	198.64	销售收入
销售成本	765	795.6	销售收入
投资收益	2		
利息费用	16	17.27	上年付息债总额
所得税	8		所得税税率为 25%

[第六章]

1. 对于 A 债券有

$$1000 = \frac{1000 \times 10\% + 500}{1 + r} + \frac{500 \times 10\% + 500}{(1 + r)^2}$$

$20r^2 + 28r - 3 = 0 \quad r = 10\%$

对于 B 债券有

$$1000 = \frac{1000 \times 10\% \times 2 + 1000}{(1 + r)^2}$$

$5r^2 + 10r - 1 = 0$

$r = 9.54\%$

2. $\beta_u = \dfrac{\beta_L}{1 + \dfrac{W_d \times (1 - t)}{W_e}} = \dfrac{1.2}{1 + \dfrac{0.5}{0.5} \times (1 - 25\%)} = 0.6857$

$\beta'_L = [1 + \dfrac{W_d \times (1 - t)}{W_e}] \times \beta_u = [1 + \dfrac{0.4}{0.6} \times (1 - 25\%)] \times 0.6857 = 1.0286$

$k_e = r_f + \beta'_L \times (r_m - r_f) = 5\% + 1.0286 \times (14\% - 5\%) = 14.26\%$

$WACC = (4\% + 2\%) \times (1 - 25\%) \times 40\% + 14.26\% \times 60\% = 10.36\%$

[第八章]

1. 根据题中数据可以得到：

高速增长期的分红派息率 $\gamma_n = 20\%$

稳定增长期的分红派息率 $\gamma = 60\%$

高速增长期的净资产收益率 $ROE_n = 18\%$

稳定增长期的分红派息率 $ROE=16\%$

高速增长期的增长率 $g_n = ROE_n \times (1-\gamma_n) = 18\% \times (1-20\%) = 14.4\%$

稳定增长期的增长率 $g = ROE \times (1-\gamma) = 16\% \times (1-60\%) = 6.4\%$

高速增长期的股权资本成本 $k_{e,hg}$ = 无风险收益率 + β × 市场风险溢价

$= 7.5\% + 1.45 \times 5.5\% = 15.48\%$

稳定增长期的股权资本成本 $k_{e,st}$ = 无风险收益率 + β_n × 市场风险溢价

$= 7.5\% + 1.1 \times 5.5\% = 13.55\%$

$$VE = \frac{\gamma_n \times (1+g_n) \times \left[1 - \frac{(1+g_n)^n}{(1+k_{e,hg})^n}\right]}{k_{e,hg} - g_n} + \frac{\gamma \times (1+g_n)^n \times (1+g)}{(k_{e,st} - g)(1+k_{e,hg})^n}$$

$$= \frac{20\% \times (1+14.4\%) \times \left[1 - \frac{(1+14.4\%)^5}{(1+15.48\%)^5}\right]}{15.48\% - 14.4\%} + \frac{60\% \times (1+14.4\%)^5 \times (1+6.4\%)}{(13.55\% - 6.4\%)(1+15.48\%)^5}$$

$= 9.49$

2. 根据公司规模以及增长率对可比企业价值乘数进行调整的步骤为

（1）计算利润/价值比率（即市盈率乘数的倒数）$1/PE_G = 1/16.0 = 6.25\%$

（2）计算被评估企业和可比企业之间的规模风险溢价 $K_{MS} - K_{GS} = 2.90\% - 1.36\% = 1.54\%$

（3）计算被评估企业与可比企业之间的增长率差异 $g_M - g_G = 8\% - 6\% = 2\%$

（4）计算调整后的利润/价值比率 $1/PE_M = 6.25\% + 1.54\% - 2\% = 5.79\%$

（5）调整后的市盈率乘数为 $PE_M = 1/5.79\% = 17.27$

根据以上计算结果，应用于被评估企业的市盈率为17.27。

[第九章]

1. 企业资产价值包括有形资产价值和无形资产价值两部分，有形资产价值为4000万元，无形资产价值的估算如下：

无形资产带来的收益 = 800 − 4000 × 15% = 200（万元）

无形资产的价值 $= \frac{200}{20\%} = 1000$（万元）

该公司的整体价值 = 有形资产价值 + 无形资产价值 − 经营性负债 = 4000 + 1000 − 150 = 4850（万元）

2. 估算过程如下：

（1）重置成本 = 580 + 12 + 3 + 1.5 + 2 + 1.5 = 600（万元）

（2）实体性贬值 $= 600 \times \frac{6}{6+10} = 225$（万元）

（3）年超额运营成本＝15×7000＝105000（元）＝10.5（万元）

年超额运营成本净额＝10.5×（1－25%）＝7.875（万元）

功能性贬值＝7.875×（P/A，10%，10）＝7.875×6.1446＝48.389（万元）

（4）经济性贬值＝600×（$1-0.8^{0.7}$）＝86.77（万元）

（5）该设备的评估值＝重置成本－实体性贬值－功能性贬值－经济性贬值＝600－225－48.389－86.77＝239.841（万元）

[第十章]

1. 运用期权定价方法有关参数如下：

标的资产的价值 S＝公司的整体价值＝100 百万美元；

执行价格 K＝未偿还债务的账面价值＝80 百万美元；

期权到期期限 t＝零息债券的到期期限＝10 年；

标的资产价格波动方差 σ^2＝公司整体价值波动的方差＝0.4^2＝0.16；

无风险利率 r＝与期权到期期限对应的政府债券利率＝10%。

根据布莱克—斯科尔斯模型，看涨期权的价值如下：

$d_1=1.5994$　　　　$d_2=0.3345$

$N(d_1)=0.9451$　　　$N(d_2)=0.6310$

股权的价值＝$100\times0.9451-80\times e^{-0.1\times10}\times0.6310$＝75.94（百万美元）

2. 公司的产品专利拥有权被看做一个看涨期权，相关参数如下：

标的资产的现时价值 S＝产品预期收益现值＝1 亿元＝10000 万元；

收益现值波动方差 σ^2＝0.20；

执行价格 K＝生产该专利产品的初始投资成本现值＝8000 万元；

期权的期限 t＝公司拥有该专利产品的有效期＝20 年；

无风险利率 r＝7%；

红利收益率为延迟成本，即 y＝1/专利权的寿命＝1/20＝0.05。

上述变量代入布莱克—斯科尔斯期权定价模型：

$$d_1=\frac{\ln(S/K)+(r-y+\sigma^2/2)\cdot t}{\sigma\sqrt{t}}$$

$$=\frac{\ln(10000/8000)+(7\%-5\%+0.20/2)\times20}{\sqrt{0.20\times20}}$$

$$=1.3116$$

$$d_2=d_1-\delta\sqrt{t}=1.3116-\sqrt{0.20\times20}=-0.6884$$

查标准正态分布表得到 $N(d_1)=0.9052$，$N(d_2)=0.2456$

$$C=S\cdot e^{-yt}\cdot N(d_1)-K\cdot e^{-rt}\cdot N(d_2)$$

$$=10000\times0.3679\times0.9052-8000\times e^{-0.05\times20}\times0.2456=2607(\text{万元})$$

因此，公司拥有专利权的价值即为看涨期权价值 2607 万元。